云南省社会科学院学术名家文集

何耀华文集
（第二编）

何耀华 ◎ 著

中国社会科学出版社

图书在版编目（CIP）数据

何耀华文集/何耀华著 . —北京：中国社会科学出版社，2017. 8
ISBN 978 - 7 - 5203 - 0827 - 4

Ⅰ. ①何… Ⅱ. ①何… Ⅲ. ①社会科学—文集
Ⅳ. ①C53

中国版本图书馆 CIP 数据核字（2017）第 194310 号

出 版 人　赵剑英
责任编辑　郭晓鸿
特约编辑　席建海
责任校对　韩海超
责任印制　戴　宽

出　　　版　中国社会科学出版社
社　　　址　北京鼓楼西大街甲 158 号
邮　　　编　100720
网　　　址　http://www.csspw.cn
发 行 部　010 - 84083685
门 市 部　010 - 84029450
经　　　销　新华书店及其他书店

印刷装订　北京君升印刷有限公司
版　　　次　2017 年 8 月第 1 版
印　　　次　2017 年 8 月第 1 次印刷

开　　　本　710×1000　1/16
印　　　张　125.25
字　　　数　1648 千字
定　　　价　538.00 元（全五编）

目　录

第二编　彝学研究

彝族的历史与文化
　　——《中国彝族大百科全书》绪论 …………………… 371

单一民族集大成与创新研究之作
　　——《中国彝族大百科全书》简介 ………………… 402

论凉山彝族的家支制度 …………………………………… 406

论彝族的原始社会和原始宗教 …………………………… 430

奴隶制与凉山彝族奴隶制 ………………………………… 471

论川滇大小凉山彝族等级制度的起源 …………………… 490

略论彝族奴隶社会的发展阶段 …………………………… 505

论曲诺等级的几个问题 …………………………………… 525

彝族社会中的毕摩 ………………………………………… 566

彝族的图腾与宗教起源 …………………………………… 593

彝族的自然崇拜及其特点 ………………………………… 615

试论彝族的祖先崇拜 ……………………………………… 636

凉山彝族土司考索 ………………………………………… 666

元初罗罗斯土官宣慰使的设置问题 …………………………… 684

四川米易萨连《倮倮安氏纪功碑》质疑 ……………………… 700

驳所谓"独立罗罗"论 …………………………………………… 717

凉山彝族与汉族的历史关系 …………………………………… 736

武定凤氏本末笺证叙录 ………………………………………… 753

论"爨文化"的界定 ……………………………………………… 773

"爨"字在云南民族历史上的不同含义 ……………………… 778

楚雄彝族的文化瑰宝与游艺 …………………………………… 783

彝族历史研究述评
　　——为第二届国际彝学研讨会而作 ……………………… 789

中华彝族文化学派的崛起 ……………………………………… 798

石林彝族自治县经济发展史 …………………………………… 801

改革开放条件下石林彝族自治县的民族关系 ……………… 819

奴隶制社会经济形态理论学习札记 ………………………… 830

用马克思主义宗教理论研究西南少数民族宗教 …………… 837

评《凉山彝族奴隶制社会形态》 …………………………… 861

关于全国首届彝族学术讨论会文集的编辑出版 …………… 864

弘扬彝学，丰富世界文化宝库
　　——在德国特里尔大学第二届国际彝学研讨会
　　开幕式上的讲话 …………………………………………… 867

图腾信仰述略 …………………………………………………… 869

第二编

彝学研究

彝族的历史与文化

——《中国彝族大百科全书》绪论

彝族是中国统一多民族国家中，一个历史悠久、文化灿烂的民族。总人口 800 余万，主要分布在云南、四川、贵州、广西、重庆五省、区、市。除川、滇交界处的大小凉山呈大片聚居以外，其余与汉族等兄弟民族杂居。彝语属汉藏语系藏缅语族彝语支，共有 6 种方言，不同方言中有 50% 左右的同源词和 25% 以上的汉语借词，这说明分布于祖国西南广大地区的彝族，相互之间，以及与汉族之间，历史上有血肉不可分割的联系。

一　族源族称

彝族地区是人类的发祥地之一。1965 年，云南楚雄彝族自治州元谋县上那蚌村西北，出土两颗距今 170 万年的元谋人牙齿化石。[①]
1984 年 12 月，考古工作者又在元谋发现元谋人胫骨化石及大量旧石器文化遗物。元谋人胫骨保存完整，骨干长 227 毫米，外表呈红褐色。发现地点离元谋人牙齿化石出土地 250 米。经国内外许多专家鉴定，该化石被确定为元谋人化石。经用古地磁方法、电子自旋共振

---

① 参见胡承志《云南元谋发现的猿人牙齿化石》，《地质学报》（第 11 卷）1993 年第 1 期；冯醒华、钱方《古地磁与旧石器时代考古》，《考古》1978 年第 5 期。

法、氨基酸法进行测定，都表明元谋人的年龄为 170 万年。出土的旧石器遗物有 17 件，还有炭屑和几块烧过的骨头。考古学家的研究表明，元谋盆地内存在一个石器时代文化发展的序列。从旧石器早期到新石器时代各个时期，这里均有代表性器物发现。元谋人不仅会制作原始的工具，还发明了人工取火。[①] 彝族地区旧石器时代的遗址除元谋以外，还有石林彝族自治县的巴江河沿岸、贵州黔西县沙井乡的观音洞、水城艺奇乡的硝灰洞、兴义顶效乡的猫猫洞等处。

彝区出土的旧石器、新石器时代的文化遗物，不仅具有鲜明的地方民族特征，而且具有黄河中下游同类文化的风格，说明彝族的先民，很早就与祖国内地华夏等各族建立了密切的政治、经济、文化联系。这种联系使西南的彝族先民地区，自古就与黄河中下游结为一个整体。《通鉴前编》说："黄帝画野分州，得百里万国之区。颛顼高阳氏建九州……统领万国，北至幽陵，南至交趾，西至流沙，东至蟠木。"倪蜕《滇云历年传》解读说，云南为当时的"百里万国之区"，"建国即在万国之内，分州即在九州之内……在地乃梁州裔土，蜀之苑囿"。又万历《云南通志·沿革总论》说："云南，《禹贡》梁州之域，地曰百濮，三代时万国来朝，西南有'百濮'。"

所谓的"百濮"，早期非为越系民族的专称，而是指包括彝族先民在内的西南各族的先民。公元前 1066 年，周武王克商灭纣，参加的有"庸、蜀、羌、髳、微、卢、彭、濮" 8 族，"蜀、羌、微、濮"都与彝族的渊源有关。就彝族的主体族源而论，说彝族源于我国西南土著居民与西北南下羌人的融合体，是不成问题的。传说"黄帝二十五子，其得姓者十四人（指形成十四个氏族），正妻嫘祖生二子，其一曰玄嚣，是为青阳，青阳降居江水；其二曰昌意，降居若水"（《史记·五帝本纪》）。江水、若水指金沙江和雅砻江。夏禹是黄帝的后裔。杨雄《蜀王本纪》说："禹本汶山郡广柔县人也，生于石纽。"

---

① 参见《元谋人为我国最早古人类》，《光明日报》1990 年 11 月 18 日。

《吴越春秋·越王无余外传》说："禹家于西羌，地名石纽。"石纽在汶山郡广柔县，即今四川省茂文县。禹为我国原始社会末期洪水时代人物，说明羌人降居江水、若水，年代久远，至少在距今五六千年以前。商、周至战国时期，中原华夏族不断征伐羌方，加剧了氐羌南下的进程。甲骨文说："令五族伐羌方""一月伐羌众"①。《后汉书·西羌传》说，羌首领无弋爰剑曾孙忍时（约当战国初期），"季父卬畏秦之威，将其种人附落而南"，其后子孙繁衍，支分凡百五十种，九种在赐支河曲以西（今西藏地区）；又一些在西南，"或为牦牛种，越嶲羌是也；或为白马种，广汉羌是也；或为参狼种，武都羌是也"。早期南下的羌人，与所到地的土著居民融合，或从事"耕田有邑聚"的定居农耕；或"随畜迁徙，逐水草而居"，从事游牧。东汉时，蜀西牦牛徼外的古羌人白狼部落，向朝廷献歌三章，用白狼语写成，一百多个词汇中有二十多个与今天的彝文相同，其文法结构也颇似彝语②，说明彝与羌有关。在生活、文化特征方面，彝与羌也有很多共同之点，如彝与羌都有父子连名、披毡为衣、死则焚尸、"转房"、同氏族十二世以后相与为婚等习俗。另外，在体质特征上，二者都有深目、体高、面黑、齿白等特点。所以，古文献中常把彝族先民"夷"人称为"羌"，如"越嶲羌"（《后汉书·西羌传》）、"南中青羌"（《华阳国志·南中志》）是也。

彝族先民的历史名称，不同时期不同地域有不同的称谓，春秋战国时期的"夜郎""靡莫""滇""哀牢""徙""邛""笮都"；两汉时期的"嶲""昆明"；三国时期的"昆""叟"；南北朝时期的"爨"；唐、宋时期的"乌蛮"；元、明、清时期的"罗罗"，都是彝族先民。

① 董作宾：《殷代的羌与蜀》，《西南民族研究论文选（1904—1949年）》，四川大学出版社1991年版，第76页。

② 丁文江：《爨文丛刻》甲编，上海商务印书馆1931年版，第6—8页。

《华阳国志·南中志》说:"'夷人'大种曰昆,小种曰叟,南中在昔盖'夷'、越之地。"这种用"夷"字作为彝族先民统称的表述,常见于自春秋战国以来的文献。20世纪50年代,经过历史学家、民族学家、语言学家的实地调查,发现历史上用"夷"字作为民族统称的"夷人",还有数十种不同的自称和他称。自称主要有诺苏濮、迷撒拔、罗罗濮、泼哇、衣柯、颇罗、苏拉培、图拉拔、腊鲁濮、阿鲁、撒尼濮、尼濮、聂苏濮、罗婺、黎拔、山苏、阿租拔、阿细拔、阿哲濮、格濮、阿多濮、阿武、阿乌拔、罗缅、密期、阿罗濮、他鲁苏、他谷鲁、拉乌苏、撒马都、堂郎、纳若、纳渣苏、六得博等;他称主要有黑彝、白彝、彝家、土家、土族、蒙化子、保族、卜拉、明朗、撒梅、子君、花腰夷等。通过科学的识别,遵照本民族的共同意愿,从20世纪50年代开始,各种自称和他称的"夷"人统称为彝族。

二 彝族先民的氏族社会

在云南元谋大墩子和大理的佛顶、马龙、白云及滇池东岸等地区,考古学家们先后发现了内涵丰富,反映彝族先民原始社会生活的遗址、遗物。元谋大墩子发掘出一个原始氏族村落的遗址,有房屋基址15座,建筑在一块长方形的平地上。房屋为木结构。墙基的筑法是先挖沟,后挖柱洞,柱洞排列不规则,但四角的角柱较粗,层顶可推测为"平顶"。屋内有方形或椭圆形的火塘,在一个火塘的陶罐中发现有粳稻碳化物。遗址中有猪、狗、牛、羊、鸡、鹿、兔、豪猪、竹鼠、松鼠、猴、熊和鱼的骨骼化石。遗址中出土的陶器碎片,可以复原为罐、盆、壶、杯、纺轮、弹丸等器形。陶器上的饰纹有划纹、压印纹等,出土的磨制石器工具有斧、刀、镞、纺轮、弹丸、石球等。斧断面呈椭、扁圆形，平面略呈梯形，刀呈长方形和半月形，镞扁而薄，尖甚锋利。出土的骨制装饰品有锥、镞、针、环、镯、珠子、坠子等。经放射性碳元素测定，这个遗址的年代为公元前 1260±90 年。① 滇池东岸遗址多有螺壳堆积，有的厚 8—9 米，是居民们取食滇池螺蛳留下的。遗址中出土的陶片可复原为碗、盘、钵、纺轮、网坠、弹丸等器形。陶片上有谷壳的痕迹，经鉴定，确定为粳稻的谷壳。②

上述考古资料证明，彝族先民在原始时代以氏族聚落而居，进行以生产粳稻等作物为主的农业经营，饲养猪、牛、羊、狗、鸡等家畜家禽，兼营狩猎。从石器的种类、陶器的器形和纹饰、柱洞式房屋的建筑可以看出，彝族先民的石器琢磨、陶器制作和建筑技术已具有较高的水平，社会分工已向专业化方向发展。与这个时期生产力发展水平相适应，其社会组织最初是以母系氏族为基础而建立的母系氏族公社。据四川雷波彝族的一个古老传说，当时的婚姻是"生子不见父"的对偶婚或母居婚：

> 阿苏尼知山麓，挚阿底利一世，生子不见父；底利苏尼二世，生子不见父；书尼阿苏三世，生子不见父；阿苏阿窝四世，生子不见父；阿苏阿窝情急了，就背着黄金到各处买父亲。先到仙人砥矩家，值砥矩外出。又到仙人世些家，世些赠他一件东西叫作"宜执"。最后往访皇耳目神，才告诉他：只有行祭祀祖宗礼仪，然后父子才能相见。阿苏阿窝回来与乌尼奇卢为婚，生一子名阿窝阿古。到阿窝阿古之世，才开始祖与孙相见，父与子相见。③

---

① 参见云南省博物馆《元谋大墩子新石器时代遗址》，《考古学报》1977 年第 1 期。

② 有关滇池地区新石器时代的考古资料，参见黄展岳、赵学谦《云南滇洱东岸新石器时代遗址调查记》，《考古》1959 年第 4 期；云南省文物工作队《云南滇池周围新石器时代遗址调查简报》，《考古》1961 年第 1 期。有关粳稻的确定，参见诸宝楚《云南水稻栽培起源问题》，《云南学术研究》1962 年第 4 期。

③ 《都提特衣》（《都提经书》），此书为已故马长寿先生在四川当波米脚漕毕摩尼必家所得。马长寿遗著《彝族古代史》，李绍明整理，上海人民出版社 1987 年版，第 32 页。

母系氏族社会之后，彝族先民进入父系氏族社会。这也可从老彝文经典记录的传说中得到说明：

> 远古之时，上面没有天，下面没有地。在宇宙的上方住着恩体谷自家。为了开天辟地，恩体谷自请众仙子来商量。九天商量到深夜，宰了九条商量牛，九夜商量到天明，喝了九罐商量酒。尔施阿俄出计谋，颇宜阿约出计谋，儒惹古达出计谋，署惹尔达出计谋，阿俄署布出计谋，献给司惹低尼仙。司惹低尼仙啊！打碎九个铜铁块，交给阿尔老师傅。阿尔师傅啊！膝盖做砧凳，口腔做风箱，手指做火钳，拳头当铁锤，制成四把铜铁叉，交给四仙子。一把给儒惹古达，去开辟南方；一把给署惹尔达，去开辟西方；一把给司惹低尼，去开辟北方；一把给阿俄署布，去开辟东方。把天撬上去，把地掀下来，四方开了四裂缝。恩体谷自巡视地面以后说，天地还没有开好，四个铜铁球还在大地上。他让司惹低尼，派遣阿尔老师傅，将那四个铜铁球制成九把铜铁帚，交给九个仙姑娘，拿去扫天地。把天扫上去，天成蓝茵茵，把地扫下来，地成红艳艳。四根撑天柱，撑在地四方。四根拉天梁，扣在天地的四方；四个压地石，压在地四方。恩体谷自家，派遣阿尔老师傅，制造九把铜铁斧，交给九个仙青年，随同司惹约祖去造地。遇高山就劈，遇深谷就打。一处打成山，做牧羊的地方。一处打成坝，做放牛的地方。一处打成平原，做栽秧的地方。一处打成坡，做种荞的地方。一处打成山凹，做住家的地方。①

这个传说是一个以男性为中心的神话，恩体谷自赖以开天辟地的是众仙子，众仙子商量了九天，制定了具体的计谋，由四仙子把天撬上去，把地掀下来，劈高山，打深谷，造农牧地。仙姑娘只充当了使用铜

---

① 引自大凉山老彝文经典《勒俄特衣·开天辟地》，冯元蔚、曲比石美等翻译整理校订，《凉山彝文资料选译》，1978 年。

铁扫帚的配角。仙子仙女们使用的工具是由铜铁制成的。这个神话是彝族先民按其自身的原始社会状貌造出来的。因此，神仙们像凡间的人一样，社会的组织以"家"为单位，经营农、牧业，种植稻、荞等作物，饲养牛、羊等牲畜，能用粮食酿酒供聚会所用；有专营手工业的铜铁匠，能打制铜铁叉、铜铁帚、铜铁斧等生产工具。这个神话是早期铜铁并用时代的产物。它说明当时的社会已由"生子不见父"的母系氏族社会过渡到了父系氏族社会，恩体谷自是父系家长的象征。

三　奴隶制经济的形成和发展

公元 1 世纪初期，彝族先民"嶲""昆明"的众多部落，发动了一场震撼王莽及东汉在南中统治的大起义。这次起义战争持续了 30 年之久，席卷范围之广、影响之深，在中国西南历史上是空前的。它标志着彝族先民原始社会的终结和奴隶制社会的形成。《汉书·王莽传》说："天凤元年（14 年），益州蛮夷（'嶲''昆明'）杀大尹（太守）程隆，三边尽反"，"平蛮将军冯茂以击益州，出入三年，疾疫死者什七，莽征茂还，诛之。更遣宁始将军廉丹与庸部牧史熊大发吏民十万人，转输者合二十万，击之……三岁余，死者数万"。天凤六年（19 年），益州郡栋蚕、若豆等起兵杀郡守，越嶲、姑复"夷"人大牟亦皆叛，杀掠吏人（《汉书·西南夷传》《后汉书·滇王传》）。反抗战争从金沙江以南扩大到金沙江以北的越嶲地区；"更始二年（24 年）（越嶲郡）长贵率种人攻杀（郡守）牧根，自立为邛谷王，领太守事"（《后汉书·西南夷传·邛都传》）。东汉统治者倾力镇压，但"不能克"，且反抗战争一浪高过一浪，至建武十八年（42 年）达到高潮。这一年"夷渠帅栋蚕与姑复（华坪、盐边）、叶榆（大理、洱源、剑川）、弄栋（大姚、姚安、南华、牟定、楚雄）、连然（安宁）、滇池（晋宁）、建伶（昆阳）昆明诸种夷起义，杀长吏。益州太守樊胜与战而败，退保朱提（昭通）"（《后汉书·滇王传》）。

这次大规模的起义，既是由王朝对彝族先民的残酷压迫剥削引起的，又是彝族先民生产力发展和生产关系的质变使然。公元前2世纪末年，汉武帝在西南设置郡县，"募徙死罪及奸豪实之"，"徙天下奸猾吏民于边"，大批内地汉族人口被移徙到边疆来，加强了边疆各族与内地的经济文化交流，促进了"嶲""昆明"各部社会经济的发展。秦、汉之际尚处在"随畜迁徙，逐水草而居"阶段的各部，农业进一步从牧业中分离出来，并建立了以农业为基础的社会经济。原来以游牧经济为主业的叶榆（大理）、遂久（永胜）、弄栋（大姚、姚安）等县的彝族先民，也已转为定居农业，进入"土地有稻田"（《华阳国志·南中志》）的阶段。这个时期彝族先民各部的发展，还反映在手工业从农业中分离出来方面，以铸铁业的兴起而论。《续汉书·郡国志》说："台登（今冕宁）出铁"，"会无（会理）出铁"，"滇池出铁"，台登"山有磔石，火烧成铁，刚利"，这不但反映了铸铁业的普遍，而且说明了铸铁技术已有较高的水平。西南夷区使用铁器时间很早，唯东汉以前文献不见南中产铁的记载，东汉以前所用之铁器，当是由蜀中大贾卓氏、程氏等那样的人，从蜀地输入的。东汉以来由于"嶲""昆明"各部大量转为农耕，对铁制工具的需求增加，靠蜀地输来已不能满足需要，加之汉人传来铸铁技术，于是产生了"夷人"的铸铁业。铁在历史上起过革命作用，它使更大面积的农田耕作和开垦广阔的森林地区成为可能；它也给手工业的发展提供了一种锐利的工具。铁的广泛使用，使劳动生产率不断提高，对奴役劳动者的需求不断增长，导致原始社会解体和奴隶制度建立。正如恩格斯所指出的，出现了"第二次社会大分工，手工业和农业分离了。生产的不断增长以及随之而来的劳动生产率的不断增长，提高了人的劳动力的价值，在前一阶段上刚刚产生并且是零散现象的奴隶制，现在成为社会制度的一个本质的组成部分，奴隶们不再是简单助手了，他们被成批赶到田野和工场去劳动"①。在奴隶制下，奴隶主不但占有生产资料，而且占有生产工作者——可以作为牲畜来买卖和屠杀的奴隶。东汉初期，蜀人禽信"出使越嶲，为夷所得，传卖十一种"（《华阳国志·禽坚传》）。这说明当时越嶲叟人已盛行奴隶的买卖。以彝族先民部落酋长"夷帅"为代表的奴隶主，不但占有土地等生产资料，而且占有作为可以买卖的生产者奴隶。

东汉至元朝，是彝族先民奴隶制社会向上发展的时期。

其特点之一是生产力出现了空前的发展。如果说两汉时期，"嶲""昆明"生产力的发展，主要反映在农业从牧业、手工业中分离出来，冶铁业的产生和铁制工具的广泛使用方面，那么，蜀汉以后，则主要表现在生产规模的扩大、劳动生产率的提高和剩余产品的不断增加方面。《三国志·蜀志·诸葛亮传》说："南土平定，赋出叟、濮，耕牛、战马、金银、犀革，充继军资，于时费用不缺"；诸葛亮《出师表》说："南方（南中）已定，甲兵已足。"《华阳国志·南中志》说：晋宁郡（叟人聚居地）有"盐池田渔之饶，金银畜产之富"。《隋书·梁睿传》说：南宁州"户口殷众，金宝富饶，二河有骏马、明珠，益宁出盐井、犀角"等，都反映了南中叟夷社会经济的新发展。为什么南中会出现如此富裕繁荣的景象呢？重要原因之一是叟族新兴奴隶制生产关系推动了生产力的发展。《华阳国志·南中志》说："畲山为田，无蚕桑，寡畜产，虽有僮仆，方诸郡为贫。"所谓"僮仆"，即奴隶。这条材料说明，南中七郡（牂牁、越嶲、建宁、朱提、兴古、永昌、云南），生产上都广泛使用了僮仆奴隶，但还不如其他使用奴隶生产的郡富裕。

特点之二是出现了强势的新兴奴隶主集团——南中大姓。南中大

---

① 《马克思恩格斯选集》第 4 卷，人民出版社 1972 年版，第 159 页。

姓是汉族移民中完全夷化了的奴隶主阶级，他们是随着叟族奴隶制经济的向上发展而产生、发展和壮大的。汉、晋时期见于记录的南中大姓有雍、爨、李、雷、孟、毛、罗、董、王、朱、周、魏、庞、赵、杨、骆、陈、霍、吕、姚等姓，他们与夷人奴隶主阶级互通婚姻，结为"百世遑耶"①，共同压迫奴隶阶级。被他们奴役的奴隶称为"家部曲"，或"夷汉部曲"。"部曲"是奴隶主的私有财产，平时耕作，战时打仗，毫无人身自由，其人身地位和经济地位，与"夷帅"奴役下的"僮仆"没有本质区别。南中大姓奴隶主剥削部曲奴隶，与"夷帅"奴隶主阶级合为一体，势力不断强大。蜀汉经略南中，大姓以雍闿为首，据地反抗。公元225年，诸葛亮出兵南中，雍闿势力失败，但由于大姓是根植在叟族奴隶制经济基础之上的，不可能被消灭，诸葛亮不得不顺应叟族奴隶制不断发展的趋势，采取扶持奴隶主阶级的政策，"皆即其渠帅而用之"（《汉晋春秋》），并劝令大姓、富豪"出金帛聘恶夷为家部曲"（《华阳国志·南中志》）。所谓"恶夷"，就是指土著的叟人。由于"大姓"奴隶主阶级的强势，晋统治者经略南中，也不得不保障大姓得"世有部曲"。

特点之三是出现了爨氏奴隶主家族独统南中400年（347—746年）的政治局面。考察爨氏家族的历史，最早见于记录的是爨习，他在建安年间任建伶（昆阳）县令。随着叟族奴隶制经济的发展，其家族势力不断发展壮大。南宁州（曲靖）有都督爨归王，昆州（昆明）有刺史爨日进，黎州（澄江）有刺史爨棋，求州（武定）有爨守懿，螺山（昆明西北部）有大鬼主爨彦昌，南宁州（治曲靖）有大鬼主爨崇道，归州（屏边）有刺史爨仁哲，姚州（姚安）有首领左威将军爨彦征。西晋泰始元年（265年），王朝命南中大姓出兵，为首的叫爨谷。说明当时的爨氏已雄冠于其他大姓。东晋太宁二年（324年），爨量据兴古郡抗拒王逊。其后爨琛相继为兴古郡太守、交州刺

---

① 《华阳国志·南中志》说："与夷为婚曰遑耶，与夷至厚者谓之百世遑耶，恩若骨肉。"

史、南宁州刺史，"遂王蛮夷"。爨氏称王，不服从王朝政令，但仍以王朝官衔自命，《爨龙颜碑》说："祖，晋宁、建宁二郡太守、龙骧将军、宁州刺史；考，龙骧辅国将军、八郡监军、晋宁、建宁二郡太守、追谥宁州刺史、邛都县侯。"这些头衔，疑都是自封的。南朝时期，王朝屡任命宁州刺史，但都没有到任，《南齐书·州郡志》说："宁州，诸爨氏强族，恃远擅命，故数有土反之虞。"《梁书·徐文盛传》说："先是，（宁）州在僻远，所管群蛮，不识教义，贪欲财贿，劫篡相寻，前后刺史莫能制。"说明南中地区为爨氏奴隶主独统着。开皇五年（589年），隋遣黄荣开路，以备经略宁州，爨氏被迫遣使朝贡，隋置恭州（昭通）、协州（镇雄）、昆州（昆明），但不久即反。唐初，李渊拜爨宏达为昆州刺史，建治于爨区，但并不巩固。天宝初年，唐遣使筑城安宁，"郡蛮骚动，陷杀筑城使者"，唐朝无力镇压，直到南诏征服爨区，才结束爨氏独统的局面。爨氏独统，是在爨区奴隶制向上发展，爨区各部实现统一，产生"爨族共同体"之后形成的。

特点之四是滇东北、黔西北及金沙江以北分立的各部在奴隶制经济向前发展的基础上实现统一。滇东北分立的各部有阿旁（在今大关县）、阿猛（在今昭通）、卢鹿（在今昭通至东川一带）、暴蛮（在今威宁）、磨弥殿（在今宣威、沾益、富源）等。根据《明一统志》追述：今贵州威宁一带，"唐时乌蛮之裔孙曰乌岁者居此，宋时乌岁之后曰折怒者始并其地，号为乌撒部"；今镇雄一带，有"乌蛮之裔阿统与其子芒布居此地，其后昌盛，因祖号芒布部"；今昭通一带，有"乌蒙部"；东川有"闷畔部"。金沙江以北的西昌、大凉山地区，唐、宋时也分立着众多对峙的奴隶制部落。《元史·地理志》说：泸沽县，"昔罗落蛮所居，自号罗兰部，或称罗落"；里州，"蒙诏时，落兰部小酋阿都之裔居此，因名阿都部"；中县，"所居乌蛮，自别为沙麻部"；阔州，"乌蛮所居，昔仲由蒙之裔孙名科居此，因以名为部号"；姜州，"乌蛮仲牟由之裔阿坛绎始居闷畔部，其孙阿罗仕大理国主高升泰，是时会川有城曰龙纳，罗落蛮世居焉，阿罗挟高氏之势攻拔之，遂以祖名曰绛部"；会理州，"有蛮，名阿坛绛"；德昌路，"所居蛮，号屈部"；威龙州，"夷名巴翠部，领小部三，皆卢鲁蛮种"。在奴隶制客观经济规律的作用下，各部奴隶主集团之间长期进行着劫掠奴隶、土地、财物和牲畜的战争。如《隋书・梁毗传》说，西宁州（今凉山地区）"递相陵夺，每寻干戈"。随着奴隶制经济的向上发展，各部在唐、宋时期出现了统一的趋势。滇东北地区，由于乌撒酋折怒吞并芒布、阿晟二部而统一诸部；黔西地区，罗甸部酋阿珮开成元年（836年）内属后，"会昌中（841—846年），封其别帅为罗甸王"，区内各部由罗甸部统一。金沙江以北的嶲州（西昌）地区，也出现了以落兰统一各部的趋势。统一有利于经济的发展，生产场所的扩大和各部落之间经济、文化交流的加强，而经济的发展、部落界限的打破，则为封建制度的建立创造了条件。

四　封建社会经济的形成和发展

元宪宗三年（1253年），忽必烈平大理国，次年以兀良合台扫荡西南地区，设立大元帅府进行军事统治。至元十一年（1274年）建立云南行中书省，先后设罗罗斯（西昌、凉山地区）、乌撒乌蒙（滇东北地区）、亦奚不薛（黔西北地区）等宣慰司，对彝族先民进行统治。彝族先民，曾以强大的力量进行联合反抗，如至元年间有谷纳发动的罗罗斯地区的起义和阿谋领导的乌撒乌蒙地区的起义；大德年间有蛇节等领导的亦奚不薛地区的反抗战争等。在起义战争"巨浪"的冲击下，在元朝强制建立统治机构、驻军、设屯、开路置驿的政治风暴中，地区之间、部落之间，"夷"、汉之间的经济、文化交流得到加强，"夷"区生产力进一步发展，彝族先民社会中处于萌芽阶段的封建因素急剧增加。在中央王朝推行土司制度，封各地彝族先民部落酋长为土官，让其对辖区内的人民进行封建统治的情况下，滇、黔"夷"族地区自元朝开始，先后步入封建领主制社会。

在封建领主制社会中，统治关系是占有和被占有的关系，即领主在占有辖区领地的同时，亦占有领地上的全体生产者——农奴。为了对农奴进行剥削压迫，领主将一部分领地分给农奴作为份地，将他们束缚在土地上，迫使他们终年为自己提供各种繁重的生产劳役和杂役。天启《滇志》说："每酋长有庆事，令头目入村寨，计丁而派之。游行所至，合寨为供，邻寨数十里内者，皆以鸡黍馈。无以应诛求，往往潜出他境，劫掠所得，酋长头目私分之。"在云南武定、禄劝等罗婺部领主凤氏"专土"的地区，凤氏设"曲觉三人分管地方；遮古三人管理庄田；更资三人管理喇误（喇误者，钱粮之畸零也，指受理租谷和劳役）。一应调遣，各领步兵从征；扯墨（掌刑法）一人，管六班快手；管家十二人管庄田租谷，皆头目也，藉土衙之势索取，夷民畏之如虎"（乾隆《农部琐录》）。所谓的"庄田"，就是王朝封授给凤氏的封建领地。《圣武纪·雍正西南夷改流记》说：领主上交的"钱粮不过三百余两，而取于下者百倍。一年四小派，三年一大派，小派计钱，大派计两。土司一取子妇，则土民三载不敢婚。土民有罪被杀，其亲族尚出垫刀数十金，终身无见天日之期。东川虽已改流三十载，仍为土目盘踞，文、武长寓省城，膏腴四百里无人敢垦"。封建领主制下占有和被占有的人身依附关系，表现形式为"主"与"民"（百姓）的关系，如《武定凤氏本末》说："夷人愚而恋主"，封建领主"瞿氏与（凤）昭率众自省城回，武定蛮民相顾惊喜曰：'我主故在也，咸投凤昭降。'"所谓"主"，就是占有生产者人身的封建领主凤氏，所谓"民"（百姓），就是人身被领主凤氏占有的农奴。这种"主"与"民"的占有和被占有的统治关系，在政治上是靠封建领主的武装及其土府政权的专制机构来维持的，故檀萃在《武定凤氏本末》中说，对于凤氏领主的各种苛派，"民畏之如虎"，甚至不得不"甘为盗贼劫掠以应其求"。

明代在"夷"区推行卫所屯田制度，内地迁入"夷"区的汉族移民与日俱增，汉族移民传来先进的文化和生产技术，滇、黔"夷"区的社会经济在明代中叶出现了巨大的发展，促使社会经济形态也由封建领主制向封建地主制转变。中央王朝通过"改土归流"，废除土官而改派"流官"，最终使地主经济制度在"夷"区确立。以武定罗婺部"夷"区为例，弘治元年（1488年），土官凤英在汉文化的影响下，在辖区内推行"四礼正家，一经教子"的统治政策，使内地的封建道德和思想意识成为社会思想的主导。因此，尽管其后裔先后发动五次反对"改土归流"的战争，但由于社会生产力的发展，经济基础和上层建筑的更新，这些战争都以失败告终，封建领主制被封建地主制所取代。封建领主变为新兴的地主，农奴变为自由农民或佃农。

在封建地主制阶段，地主，即土地的私有主，对土地具有支配权，但不能占有生产者，只能迫使他们租种自己的土地，自己不劳动，依靠剥削地租为生。佃农（佃户）没有土地或只有很少的土地，他们佃种地主的土地，被迫向地主缴纳地租。比之农奴，佃农有较多的自由，少数的还可以购买土地而成为地主。但是佃农受到的新兴地主阶级的剥削奴役，实质上并不比封建领主的轻。

应该指出，在滇、黔"夷"区相继进入封建领主和封建地主制的社会之后，川、滇大小凉山地区一直发展着奴隶制。这是因凉山的物质生产条件与其他"夷"区不同，自然环境对劳动生产率的提高不利。据20世纪50年代的调查，这里的水稻收获量只有种子的25倍，旱地作物只有10倍左右。① 这样低下的劳动生产率，是与土地的贫瘠、气候的不佳等分不开的，它使人们不能获得较多的剩余产品，以

---

① 胡庆钧：《论凉山彝族的奴隶制度》，《教学与研究》1956年第8、9期合刊。

作为扩大再生产的源泉。凉山地区居民密度不高，人口增长极其缓慢，也影响了社会经济的发展。宋代峨眉进士杨佐于熙宁七年（1074年）出使大理议买马事，自虚恨（嘉州）出发，48日程至束密（姚安），纵穿凉山腹地，沿途麻苴筑路，荒无人烟，说明居民不普遍。①由于物质生产条件所造成的生产发展滞后，社会分工和交换的不发展，使凉山彝族先民的奴隶制发展变得十分缓慢，封建关系迟迟不能产生。元代在西昌地区建立罗罗斯宣慰司，辖32州、县，包括今凉山黄茅埂以西地区，其中，中县在沙麻部（瓦岗、美姑），里州在阿都部（金阳、布拖、普格），邛部州在邛部（西昌、昭觉）。这些凉山的州、县，后来虽然建为沙骂、邛部宣抚司及河东、阿都长官司，王朝委任部落土长做土司土官，要他们进行封建领主制的统治，但由于生产力发展滞后，封建领主性质的土司制度，不仅未能取代奴隶制，反而还成为奴隶制的牺牲品。

历代王朝在凉山分封土司，颁给印信号纸承袭者，只有河东安氏、阿都安都氏、沙骂安氏、邛都岭氏、暖带密岭氏、千万贯杨氏。马边地区的11家土百户，只承领号纸，无印信。绝大多数的土目，都未颁给印信号纸，只"历来替袭"，并明文规定"给委牌一张，不承袭，于本支内先放顶充"。这与其他彝区的情况不同，反映了凉山地区尚无适应封建领主土司制度的经济基础。即使领有印信号纸的土司，黑彝及奴隶主们也不服其管辖，雍正七年（1279年），川陕总督岳钟琪《题平阿驴疏》说："黑骨头，自来强悍，不服土司约束。"（嘉庆《四川通志》）《西昌县志》说："土司所属各支强夷，奴畜众多者，则悍然玩土司于股掌，稍不如意，则率众攻土司，擒其人，要其财，土司无可奈何。"（民国《西昌县志·改土归流议》）更有甚者，他们将封建土司直接赶走。如二百多年前，黑彝阿陆家、姐觉家

---

① 参见杨佐《云南买马记》，李焘《续资治通鉴长编》卷267，熙宁八年八月庚寅引此文。

把沙骂土司从美姑驱逐到瓦岗，并瓜分了他的土地和农奴；河东土司阿卓家原住美姑，后来也被赶到好古拉达（昭觉三湾河），而后又被赶到西昌。新吉土目也被黑彝阿陆家的势力所击败。封建土司斗不过黑彝及当地奴隶主，势力日趋衰败，其统治地区逐渐缩小至只占凉山地区的 10%。因此，当滇、黔"夷"区奴隶制度瓦解时，凉山却仍按原来的状况继续发展着奴隶制。

五　彝族与近代中国革命

1840 年鸦片战争以后，中国逐渐沦为半殖民地半封建的社会。彝族先民为改变国家和民族的命运，进行过一系列反帝、反封建和反官僚资本主义的英勇斗争。1853 年有田以政、普顺义领导的新平哈尼、彝族先民起义，1856 年有李文学领导的哀牢山彝族先民起义、杜文秀领导的滇西回族和彝族先民等各族人民大起义。这些起义都给了帝国主义、封建主义沉重的打击。杜文秀以各民族人民团结战斗为义军之本，制定"竖立义旗，驱逐鞑虏，恢复中华"[①] 的起义纲领。他说"窃思滇南一省，回、汉、夷三教杂处"。要求"三教（指回、汉、夷三族）同心，联为一体"[②]，他所说的"夷教"就是指"夷"族，他委任"夷"人李文学为大司藩，杨仙芝为西略将军，金肇盛、杨荣芝、起才顺为大都督、将军和都督。1895 年，元阳、金平等地的彝族、哈尼族先民奋起抗击法国侵略军的入侵；1900 年，法国侵略军入侵红河龙缚地区，又被彝族、哈尼族先民击退；与此同时，蒙自彝族先民领

---

① 中国史学会主编的中国近代史资料丛刊：《回民起义》（一），神州国光出版社 1952 年版，第 8 页。

② 中国史学会主编的中国近代史资料丛刊：《回民起义》（二），神州国光出版社 1952 年版，第 131 页。

导矿工和农民数千人，火烧了为侵略军鸣锣开道的法国领事馆。

在孙中山领导的辛亥革命中，彝族人民与全国各族人民浴血奋战，共同缔造了中华民国。1905 年 8 月，贵州水西土司后裔安健在日本加入孙中山领导的同盟会。1907 年，安健代表同盟会联络贵州自治学社，开展同盟会在贵州的工作。中华民国成立后，孙中山任命他为中华革命党贵州支部长，并亲笔题写"天下为公"四字赠给他。1915 年，袁世凯称帝，孙中山指定他为贵州讨袁的负责人。1918 年 8 月 25 日，孙中山当选军政府大元帅，安健被任命为大元帅府中将参议。1919 年 10 月，安健参加中国国民党，孙中山任命他为川边宣慰使。1906 年，四川永宁宣慰司余健光东渡日本留学，加入同盟会。1910 年夏，余健光随胡汉民等同盟会会员从日本回国开展革命运动，后前往广州，参加广州起义。随后，受孙中山委派，到上海协助陈英士（陈其美）开展革命活动。1915 年，护国讨袁战争爆发，他与彝族人民积极投入护国运动，1917 年从上海赴湖南参加护法运动。安健、余健光都是彝族人民在近代中国旧民主主义革命中的杰出代表。1919 年春，余健光病逝于上海。孙中山先生 1920 年 5 月 7 日亲笔为胡汉民撰写的《余健光传》题写序文说："健光之死也，民党知与不知者，皆为叹伤，以谓使天假之年，获竟其志，其所造当什百倍于今日矣。"余健光死后，葬于故里叙永县（今之水潦彝族乡），墓碑镌刻"湘西靖国军前敌总指挥余健光之墓"。

新民主主义革命时期，彝族人民在中国共产党的领导下，为建立新民主主义共和国而斗争。1927 年，云南蒙自彝、汉族人民在中国共产党的领导下，提出土地革命的口号，并在彝族居住的山区建立了苏维埃政权。红一、二方面军经过黔、滇、川彝区，彝族人民踊跃参加红军，护送红军渡金沙江、大渡河。凉山果基家头人果基小叶丹与红军总参谋长刘伯承在冕宁彝海结盟，并护送红军过彝区。刘伯承授"中国夷民红军沽鸡（果基）支队"的红旗给果基小叶丹。在抗日战争时期，彝族人民又做出了重大的贡献。朱德说："抗战军兴，滇省输送二十万军队于前线，输助物资，贡献于国家民族者尤多。"① 朱德所说的数字，彝族占了很大的比重，还未包括后勤服务的彝人。1938年4月、5月，彝族等各族官兵在滇军军长卢汉（彝族）、师长张冲（彝族）的率领下，在台儿庄与日军大战，取得毙伤、俘虏日军数万余人的重大胜利。张冲曾在前线八路军驻武汉办事处向叶剑英、罗炳辉将军提出："本人要求参加中国共产党，要求参加八路军，要求共产党组织遴派军事及政治工作人员来一八四师工作。"② 在解放战争中，彝族人民不但参加中国人民解放军作战，而且组织"云南人民讨蒋自救军"开展游击战争，配合中国人民解放军解放祖国的大西南。1947年张冲在延安加入中国共产党，历任东北人民解放军总部高级参谋，参与策动滇军东北起义。张冲是彝族人民在中国共产党领导下，为新民主主义革命做出重大贡献的杰出代表之一。

六　传统文化

彝族是一个善于科技创新的民族。还在遥远的古代，彝族先民就对"百谷自生"的普通野生稻不断进行驯化和品种改良，使云南成为世人公认的亚洲栽培稻的起源地之一。元谋大墩子新石器时代遗址中出土的三个陶罐中的粳稻炭化物，就是他们对野生稻驯化栽培的物证。商代至西汉末期，彝族先民生产出技术含量高超的青铜器。剑川海门口、祥云大波那、楚雄万家坝、四川安宁河流城、贵州赫章可乐等地出土的青铜

---

① 李根源：《朱德致龙云的信》"1938年8月21日"，《云南图书馆》（季刊）1981年第3—4期。

② 张致中：《抗日战争初期我在一八四师经历》，《云南文史资料选辑》第20辑，云南人民出版社1982年版，第69—70页。

器就是这样。剑川海门口遗址的年代为距今 3285±155 年。出土的铜钺、斧、刀含铜量都在 60% 以上，含锡量为 10%。彝族先民是铜镍合金"白铜"的原创者，其合金技术在 18 个世纪中曾独占世界鳌头。铜、镍可以无限固溶，把镍熔入红铜，含量超过 16% 以上时，合金色泽就会洁如白银。熔炼铜、镍的温度须高达 1300—1400℃，技术难度极高。白铜硬度强，耐蚀性高，色彩美观，延展性好，古时用以制造饰品、生活用具及铸币。晋人常璩在《华阳国志·南中志》中说：堂螂县（今会泽、巧家、东川）"出银、铅、白铜"。该书著于东晋永和三年（347 年），但彝族先民生产白铜并非始于此时。秦、汉时期，大夏国（今阿富汗）就已用白铜铸造货币，其白铜的镍含量高达 20%。从合金成分、色泽、形状分析，冶金史家认为，该国的白铜是从云南运去的。据此，迟至秦汉时期，彝族先民生产的白铜，就已辉耀于世界，并从西南古丝绸之路贩销往西亚、南亚。当时的波斯（今伊朗）人称它为"中国石"。另外，在纺织技术方面，西汉博望侯张骞出使大夏（今阿富汗）见到的"蜀布"（桐华布）；东汉时贩往南亚的"赵州丝""永昌绸"，也都是彝族先民创造的。

彝族先民的科技创新力，源于自身的智慧和勤劳，也与不断学习华夏族和汉族的先进文化密切相关。如东汉章帝元和年中（84—86 年），益州太守王阜在云南彝族先民地区"始兴起学校"，使其"渐迁其俗"；汉、晋时，彝族先民（包括夷化汉人）通过学习汉文化而成为举人或大儒的不少。朱提郡夷化汉人孟孝琚"受《韩诗》，兼通《孝经》二卷"①，建宁郡爨宝子"别驾举秀才"②，爨龙颜又"举义

---

① 引自《孟孝琚碑》，方国瑜考证，此碑立于永元八年（96 年）。光绪二十七年（1901 年）七月，出土于昭通城东十里之白泥井。今存昭通一中内。
② 载《爨宝子碑》，此碑为"晋故振威将军建宁太守爨府君之碑"。刻于东晋大亨四年（即义熙元年，405 年），乾隆四十三年（1778 年），出土于曲靖城南 70 里的杨旗田。今存曲靖一中内。

熙十年（414 年）秀才"①；唐朝时期，南诏王晟罗皮"立孔子庙于国中"（杨慎《滇载记》），供"夷人"学习；元朝时，"赛典赤……创建孔子庙，明伦堂，购经史，授学业"（《元史》之《赛典赤·詹思丁传》），中庆路（治今昆明）设学校"以栖生徒，使肄业其中，置田以资饩廪，虽爨、僰亦遣子入学，诸生将百五十人"（《中庆路学讲堂记》）。明朝时武定罗婺部凤氏以"四礼正家""一经教子"（檀萃《农部琐录·凤氏本末》）等等。

彝族先民创造和持续发展的民族文化内容丰富，多样性突出，现略举下列数项做介绍。

（1）彝文和彝文典籍。彝文是彝族先民创造的古老文字，汉文史书称"爨文""韪书""罗文"或"㑩文"，道光《云南通志·爨蛮》说："有夷经，皆爨字，状类蝌蚪，精者，能知天象，断阴晴"，"爨字为纳垢（此部落在今马龙）酋阿丁所撰，凡十千八百四十有奇，名曰之韪书"。明朝时凡有所征发，酋长皆用木片刻爨字书其事；民间有所贸易，亦用木刻书爨字于上。《后汉书·南蛮西南夷传》笮都夷条有白狼王所作的《远夷乐德歌》诗三章，丁文江在《爨文丛刻》自序中认为，"白狼文就是爨文的前身"，这说明古彝文最迟在两汉以前就已存在。爨字笔画简化，无初期象形文字的书法形式，表意字和同义假借字不少，而且字数较多，仅明代云南武定土知府凤昭刻印的爨文经典《劝善经》，就有 2.2 万余字。现今发现的爨文金石资料，最早的为"明代成化（1465—1487 年）大铜钟铭文"和刻于嘉靖十二年（1533 年）的镌字岩彝文摩岩刻石。

爨文典籍卷帙浩繁，早期有用竹片锤碎一端，蘸鸡血或木炭锅烟等写在木板上，用竹条将左边缝合，以黑布为皮，捆成一捆，装入皮袋珍藏的；后期有用棉布或棉纸制成本子，用墨笔写的。爨文经典多

---

① 参见《爨龙颜碑》，爨龙颜为宋龙骧将军、镇蛮校尉、宁州刺史、邛都县侯。该碑立于宋大明二年（458 年），今存陆良县马街镇的薛官堡村。

五言句，有音韵，比喻生动，便于背诵记忆。内容有祭祀用经、占卜经、律历、谱牒、伦理、历史、神话、医药、音乐、译著等多种。《齐书苏》是一本成书于明代嘉靖四十五年（1566 年），比李时珍《本草纲目》早 12 年的"配药方书"。该书载可治 56 种病症的 87 个药方，274 味药。其中植物类药 160 味，动物类药 94 味，矿物类药 12 味，其他类药 8 味。由于爨文经典的科学、历史、文化价值高，1852 年，法国人首先把其中的《宇宙源流》译成法文，并于 1898 年用法文、爨文对照形式出版。1905 年又出版用法文、爨文对照的《法保字典》（1909 年重印）。贵州的《西南彝志》（《哎哺啥额》）、云南的《阿诗玛》、四川的《勒俄特衣》都是彝文具有代表性的经典之作。

（2）服饰。川、滇大小凉山彝族，男子头上缠着三四丈长的青布包头，外着羊毛披毡，内穿右开襟的青色土布或毛织的短衣，下穿长裤。羊毛披毡似汉族的"外套"，有领子，无袖子，好像一口钟，彝语称为"我博"。有编织和编打两种，皆能保温避水。彝族人民雨天以其避水，晴天以其避日，夜间以其为被盖，不论干地湿地，皆可缩头蜷身其中，裹之而睡，故终年不离身，男女老少皆视之为生活中的宝贝。长裤的裤脚有大、中、小三种。裤脚，宽约二尺，乍看像一条裙子，讲究者脚口镶有三寸别色布一条，并镶细栏干一转（栏干为丝织品，形似花边），最外边缘并不缝上。此种裤子，须用宽八寸，长二丈八尺的布一匹，方能做成。平时穿此裤，两侧垂地如百褶裙。跑跳时需将两个裤脚向上挽卷，并将多余的布压在裤带之上。男子多穿左耳，戴黄色、红色的耳珠，或戴珊瑚、玛瑙四五粒，而贫者只穿一黑线。富者手腕戴银镯或铜镯，手指饰有银制大戒指。女子头上的发辫盘在上面，用花巾折成两寸多宽、缠成四五寸高的四方形包头，套在头上。有的戴帽，佩以银饰。已婚妇女常戴一方巾，几覆全额。女子穿双耳，戴又大又重的银耳环。贵族的为金、玉耳环并附珊瑚、玛瑙等珠饰，手上戴银镯、戒指等。项带领口，前钉一块白银制成的领牌。妇女亦外着披毡，身穿右开襟短衫，袖口多镶花边，领口周围则缀满金器、银器、珠宝和玉器。下着百褶长裙，裙长袭地，愈富者裙愈长，裙褶愈多，裙由各种色布镶嵌编排而成，用布极多。裙上垂烟袋、口琴、玉牌等，行转时曳地有声。男女多赤足。

云、贵的彝族服饰与大小凉山的差别很大，而且不同地区又有不同特点。昆明东郊一带未婚少女，头戴一种形似鸡冠、颜色鲜艳的小帽。滇西则戴形状如瓦的帽子。老年男子多身穿长袍，头戴瓜皮小帽，束腰带。男女老少都喜穿一种无领无袖的羊皮褂或类似的麻布褂。装饰品以银器为主，有项链、手镯、耳环等。滇中、滇南一带的妇女，服装上镶有许多小银泡泡或闪烁着耀眼光芒的银币。领褂、襟口、衣袖、下摆、围腰、裤边、鞋帽、挂包、背布等都绣有各种各样的图案。绣花的方式分桃花、穿花、按花、堆花、打子花、扣花、切针花、贴布花等。刺绣的方式则有平绣、叠绣、长短针、缠针等。镶边有嵌镶、流边、锁边等。图案一般是制作在小块布或缎子之上，然后缝在衣裤之上。图案与生产、生活密切相关，包括花草、鸟兽、亭台楼阁、"寿"字及几何图形等。

（3）社会组织。家支是凉山彝族社会的基本结构，是以共同男性祖先的血缘为纽带而形成的血族团体。家支是"家"和"支"的总称。凉山彝族都是古侯、曲尼两家族的后代，传至20世纪40年代分别为第四十代和第四十四代，由于子孙繁衍，其后裔各自滋衍成若干的家，彝语称为"楚加"或"楚西"。"家"下包括若干的"房"，彝语称为"楚尼"。"房"下是若干一夫一妻制的小家庭。彝语称为"楚布"。"房"的范围可大可小，少则指一代，多则指若干代。"房"的增加和扩大就形成支。支的进一步发展又可形成新的"家"。由"房""支"演变为"家"，一般需要经十代人左右，而且需举行分家仪式（彝语称为俄加），请祭司毕摩念经诵咒，宰牲祭奠祖灵后才行。分出的那支祖先的灵牌，应从原来所放的祖先岩洞中移到新岩洞中去供奉。每个家支都有一个共同的名称，一般以共同的男性祖先的名字来命名，但也有以某一个地名命名的。邱模家、拉玛家、阿侯家、阿陆家、麻卡家、尔恩家、沙马家等是以祖先之名命名的；恩扎家、倮姆家、吉狄家、八且家等，则是以地名命名的。每个家支都有从共同的男性祖先开始而世代相连的父子连名系谱，彝语称为"茨"。家支成员从童年时代开始就得接受"茨"的严格教育。如果成年后不能熟诵无误地远溯本家支的世系，那他就会受到社会和家人的歧视，甚至被视为"外人"而沦为奴隶；反之，若能熟背本家支的系谱，那他不论走到家支的什么地方，遇到家支中无论怎样的陌生人，他们都会被视为一家人而受到亲切接待。故有"走家支地方不带干粮，依靠家门三代都平安"的谚语。家支成员有相互帮助和保护的义务。成员生活有困难，家支就集体帮助解决。家支成员若被外家支俘虏去，家支就集资把他赎回；若被外家支杀害，家支就发动血族复仇，诉诸战争，要求对方赔偿命金。家支内部的事务由家支头人和家支议事会处理，头人分"德古""苏易"两种。"苏易"的地位比"德古"低，但不受"德古"管束。他们都不是经过选举或任命产生的。"德古"以阅历深，见识广，办事公正，受群众信任而自然成为"德古"；"苏易"以能公正调解纠纷取信于人而自然成为"苏易"。二者的地位都不是世袭的，在调解纠纷中只要有一次偏袒不公，就会失去众望而丧失其职。他们与家支成员的关系是平等的。在经济上，成员对他们也没有任何的负担。头人只在调解纠纷时索取赔偿金的 1/10 作为报酬。在同一血缘中，家的头人和支的头人无职位上的高低之分，大家平起平坐，没有一个统一的指挥，开会时威望高者自然成为临时主持。

（4）家庭与婚姻。彝族家庭是父系制的小家庭，包括父母和未成年的子女。妇女在家政上具有重要的支配权，未嫁之女，一般在家内有管理家政的全权，不论父母兄弟都听她调遣，名曰"管家女"。历史上发生的血族复仇战争，只要"管家女"出面调解，双方即可停战议和。

妇女在战场上出现，敌方不可伤害。儿女结婚之后，除幼子之外，都必须与父母分居，另建房舍自立门户。自耕田地，自谋生活。幼子则与父母同居并奉养父母，遇家中有事，兄弟姐妹共同商议。父母的财产，以兄弟人数加双亲平均分配，各占一份。双亲去世，其所分的那份由幼子继承。无继承人的，可招婿或接子继承。送终亦由幼子担当。女儿无父母财产的继承权，但在出嫁时，父母将其财产的一部分作为陪嫁。川、滇大小凉山彝族，一直盛行"父子连名制"，滇、黔彝族则已采用汉姓。父子连名是儿子名字之前为父亲的名字。如甲乙丙—丙丁戊—丁戊己—己庚辛。以古侯系为例，阿土古侯—古侯吼兹—吼兹纥得—纥得谋巫—谋巫乌儿—乌儿洛勒—洛勒莫阿—莫阿按纥—按纥阿兔—阿兔日俄—日俄密吉—密吉密也—密也密儿—密儿蔑家—蔑家甘儿—甘儿蒲田……命名时，须在父名之前冠上家支的名称。如阿侯鲁木子的全名是阿侯·布吉·吉哈·鲁木子。阿侯是家族名，布吉是支名，吉哈是父名，鲁木子是己名。

在凉山彝族社会中，婚姻有各种严格的限制：一是同一家支之内不得通婚，只能经过数代，举行过分家仪式之后才可，违者处死。二是不同等级不婚，如土司土目只能与土司土目开亲；黑彝只能和黑彝开亲；白彝只能和白彝开亲。彝谚说："黄牛是黄牛，水牛是水牛。"意即黑、白彝不得通婚。三是姨表不婚，彝族严禁姨表兄妹相婚。在他们看来，姨母等于母亲，姨表兄妹等于亲兄妹，差别仅在于没有在一个家庭生活。故违者也要被处死。而姑方和舅方子女，则实行优先婚，即姑舅表优先婚。彝族青年男女有社交和恋爱的自由，但能否成婚则取决于父母。历史上盛行早婚，女子至13岁，即举行成年仪式，由父母请毕摩"断口嘴"，泡酒打鸡宴乡亲。届时将头发由未成年时的单辫改梳成双辫，围裙由二接改成三接新裙，同时佩戴耳环。一如已嫁之装束。有的地方不"断口嘴"，只泡酒宴亲邻。届时将成年女子引坐果树下，打一猪，将打死之猪在女子头上绕几绕，以驱除不祥。随即用剪刀剪去旧耳线换挂新耳环。同时将头发辫梳为两股，换上新裙。成年仪式举行之后，该女即可以社交，父母不加约束。青年男女选中自己心爱的配偶之后，即可设法结婚。

婚姻缔结形式有下列诸种：一是由男家着媒征女家意见，并送牛肉或猪肉到女家使之欢喜。女家同意后向男家索取聘金（彝语称为"俄杂哲"），旧时黑彝妇女讨价由三百两至一千余两银子不等。而一个白彝女子仅值一二百两。黑彝女子出嫁时，携带陪嫁丫头若干个。这些陪嫁丫头也须以数十两至百两白银为身价，附在男方聘金里计算。男家还价或直接议论或延媒从中商议。议定之后，约定日期请媒人来家打猪打鸡款待，并将聘金的一半或全部交给媒人送至女家，于此完成订婚之礼。若女子订婚后死去，女家须全部退还聘礼。否则，须以另一女子顶替。新娘出嫁前，要数数落落地大哭，说出父母、伯叔、兄弟、姐妹平日所给自己的好处和将要分别的伤感。凉山地区哭诉的歌曲叫《阿嫫尼惹》（译为《妈妈的女儿》）。此歌忧伤地哭唱出婚女一生的痛苦经历，哭诉出包办婚姻的不是，听者多为之感伤落泪。结婚之夜，新郎新娘各居一室，女方由送亲女陪同。次日回门，新郎率亲属背猪一只、酒一桶至女家，女家即用这些东西款待，午饭后，新郎返回。新娘不住夫家，在娘家住一年半载之后，由男家择日接回，夫妇同宿数日或数月之后，女方又回娘家。有的在娘家住至五六年才归。彝族抢婚制的习俗较为普遍。因为女子往往不满意父母的包办而独自寻爱，夫家一旦闻知，就实行抢婚。办法一是将女子硬抢入男家，使其失去自由，直至有孕。二是男方先到女家，因贫寒子弟，无力出聘金，幼年时即到女家替其工作，时间为两年至十年不等。在此期之内，男女双方同食同玩，建立感情，而后由家长认可，再由女家择日期通知男家迎亲。除女家预备牛、羊、花毯若干对外，男家亦应全副彩装、骑牛、担盒至女家，将一对青年夫妇迎归。归家三日，新娘又返回娘家半年或一年，但新郎新娘在此期间常互访，双方建立深厚感情后，由男家接回。三是男女自由结合。方式是双方逃走。其手续虽不完备，但社会予以默认。旧时滇东北等地彝族盛行抢婚习俗，不讲究婚礼。迎亲时新郎不去，在家拿酒敬家神，只找一青年为代表，与其他迎亲之客人同去，到女家后，女家亲友用水泼。结婚礼物一般用 1 只羊、1 罐酒，清寒者用 90 个鸡蛋。次日女家用羊肉汤、锅烟子等拉着接亲者涂花脸，新娘用马驮去男家。

（5）丧葬。历史上彝族实行火葬，随着历史的变迁，有的实行土葬，也有的至今保留火葬，比如川、滇大小凉山彝族行火葬，死则焚其尸，并重丧礼，以祈求死者之灵佑护家人清吉平安。任何人将死，均须移置户外。若断气在家中，认为是最大的不祥，须将全屋拆去另建新屋。火化时，尸蜷曲，男左侧卧，女右侧卧，男架九层柴，女架七层柴，放火焚烧。届时毕摩念经给亡灵指路。火化前，亲友无论远近，都要牵牛羊带酒肉等祭品前来吊祭，来到距死者几里路时，就要放声大哭，哀声惊天动地，以声大为哀，不看泪之多少或有无。入门时，丧家敬酒，让其举杯痛饮，愈饮愈哭，愈哭愈饮，哭到无泪时，则作歌历数死者的功德恩爱。等到三天祭奠完毕，移尸去烧。而后掘坑将余灰用罐装并包以茅草，放在坑中埋葬。滇东北、黔西北彝族已改成棺葬，人死入棺后停放在家中，晚上请四个会跳脚（丧舞）的人来棺前跳脚，届时毕摩念经。次日杀羊一只，亲友抬纸伞、纸人、纸马，吹着撒拉，打铓锣、铓鼓，围着房子游行三转。晚上仍进行跳脚念经，连续一天至三天。

彝族先民相信灵魂不灭，人死后灵魂不死，故火化之后须对灵魂进行招亡，其法是用木杆扎一十字架，顶端附着羊毛，两侧杂以箭竹，下部则披以细草，长约五寸许，作人形。由毕摩对其诵经，引亡魂至其上，以它代表死者的灵魂，吃肉吃酒，必先对此架进行祭奠。将酒肉在火塘上环绕三匝，而后放于十字架下。经过相当长时间，才取来自己享用。由于相信死者的灵魂，能够到"不冷不热，不饥不渴，不黑不暗"的阴间再图超生，去此仙界须经过历代祖先住过的地方，再走"鸟飞要三天，马跑要三年"的路，越过天人交界处才能达到，因此，人死后必请毕摩为他的灵魂引路，念诵"开路经"。滇东北彝族，人死后将尸抬往离家一二里之地，然后请毕摩择日举葬，通知亲友来上祭。亲友来时须抬猪一头或牵羊一只。届时搭一棚，让亲友住于其中。送葬时，主人骑马，头包白布，亲友随其后，打一阵枪，吹一阵号，再从亲友中选出五人至七人，手持马铃跳舞，唱孝歌。

（6）节庆。彝族人民有自己的传统节日火把节、密枝节、十月节等。火把节是最普遍、最隆重的民族传统节日。云南彝族一般在夏历六月二十四日左右，贵州彝族则多在夏历六月初六日左右。届时，彝民以松木为燎，高丈余，称为火把。入夜，各村寨争燃火把，抬炬火步于田野，以照田占岁丰收。男女青年们，欢聚于山乡田野，杵火把为嬉。身着节日盛装的青年男女在篝火下尽情歌舞，彻夜不息。火把节在历史上是一个祈丰年之节，届时要合村杀猪宰牛祭神，每户须抱一只鸡到田野里去"祭田公地母"。由于相信火炬可以驱鬼除邪，故点燃火把后要挨家挨户走，边走边往火把上撒松香，谓之"送祟"。节日期间，不少彝区举行商品交易及唱歌、跳舞、赛马、斗牛、摔跤、射箭、拔河、打秋千等文体活动。

"密枝节"是云南弥勒西山、路南圭山等地彝族保护森林生态、祈丰年的节日。时间在夏历冬月十日左右。当地每一寨子都有一片林木茂盛的山林，称"密枝林"，节日中各村男子要杀绵羊前往林中祭祀山神、林神，由毕摩诵祭神经，祈祷庄稼丰收。羊肉分给每户回村再祭神。送肉的人进村后要大叫大骂，以告诫不守村规民约、破坏森林的人。祭神后全村上山赶雀一天，青年男女可借机求爱。

"彝族年"是彝族的传统节日，类似汉族的春节。过去大小凉山彝族只过彝年，不过春节。彝历每年划分为十月，每月三转共三十六日。故十月中有过年之举。节期由毕摩占卜而定。若过年之时，有人死亡。那就永不再用该日过年。节期，有三五天不劳动，全村欢聚，杂以歌舞，俗称跳锅庄。第一天，贵族之家要打牛，中等之家要打猪、羊，贫苦之家也要设法打一只猪。第二天到第五天，多走访亲友。

（7）传统宗教。彝族传统宗教为万物有灵宗教，或称原始宗教。但其崇拜的主要已不是氏族的图腾，而是祖先的神灵及其他的自然神。他们认为万物有灵，自然界中神灵无时不在、无处不在，在天神、地神、日神、月神、雷神、山神等诸神中，最有力者为山神。认为风、雨、雷、电、年景好坏都与山神有关。故毕摩作许多法术都要念《山神经》，请远近诸山的山神降临护佑人们。这种山神一次可请数十个。彝族无偶像崇拜。

对于已故祖先，他们认为其灵魂可使子孙得福。于是，最虔诚地崇拜祖先之灵。老人死后，要替死者做灵牌。凉山彝语称"撮毕"或"马都毕"。灵牌不像汉族供的"牌位"，各地彝族的做法也不一样。凉山彝族是用一根手指粗的树枝，截为五寸长，一端用刀劈一寸长的缝，缝内放一点竹根，一钱醉银子，然后再用线缠好（女用红线，男用绿线），即成灵牌。做灵牌时要四只鸡、五只猪、一袋燕麦粉（四斤）、一升荞麦和五个鸡蛋，还要柳、"耳"、"苏"（后两种树名是彝语）三种树枝各三百根，带杈的树枝五十对。除留一只鸡在家外，其余的东西都拿到火葬场去。树枝插成四行，每行前拴一猪一鸡，把鸡蛋、燕麦粉也摆在一起，然后由毕摩边念"撮毕经"边做灵牌，做好后打三猪三鸡烧吃。最后把灵牌和其余的东西带回家来，由毕摩把灵牌插到墙上（墙上挂一个竹、柳编的器具）供子孙祭献。

主持各种祭祀活动的祭司名"毕摩"，由于方言的差异，亦称不么、白马、比目、笔磨、拜母、兵母、白毛、呗毛等。据说"毕摩"可通神。能见鬼的是巫师，叫"苏尼"，既是"毕摩"又是

"苏尼"的，不是大"毕摩"。"毕摩"识老彝文，通彝经，负责引用经文驱鬼、占验吉凶、主持安灵、送灵、禳灾、驱鬼、招魂、合婚、咒人、占卜以及对窃案进行神明裁判，只作法不跳跃。通晓律历、医药、谱牒、伦理、神话等彝族传统知识的毕摩，是本民族固有的知识分子。

毕摩的法器有神扇、经袋、牌袋、法帕、法衣、神铃、"绿茨"（捉鬼灵签）等；法术有打木刻、烧羊膀、掷木卦、鸡骨卜、草卜、胆卜、煮面人、断口嘴、打油火、烧铁链、端犁、咬米等。习毕摩者皆世承家学，但亦有拜师受业者。凉山彝族的毕摩能背诵二十三四代的家谱，大约可追溯到明代。毕摩一般不脱离生产，但从宗教活动中收取较高的报酬。旧时替人送灵一次，酬金为五两银子、两只活羊及粮食若干斗，另外还获取祭祀中所宰牲畜的头、皮、腿、胸等。因此，毕摩一般在经济上比较富裕。他们虽然没有什么政治地位，但在群众中有一定威信。即使是奴隶主也怕他们"咒"，所以不敢得罪他们。

彝族社会中还有另一种从事巫术的人，男的叫苏尼，女的叫么尼。他们无经典，不识彝文，不能书符咒，唯可跳神驱鬼治病。其法器主要为羊皮鼓，上有一小铜铃，内装木枝或竹节。作法时一手持用竹制成的弓形鼓槌敲鼓，一手摇羊皮鼓，全身战栗，且唱且跳，并作神言，假示有神降临附体，边跳边厉声驱鬼，同时为人答疑，直跳至口角生沫，声嘶力竭扑倒在地为止。苏尼的法术主要有"尼此有"（捉鬼）、"尼比掴"（赶鬼）和"野哈"（招魂）三项。习苏尼者并非世承家学，亦非拜师受业。一般是得了精神病胡言乱语，乱蹦乱跳，被认为有苏尼神附体，日久治愈而成为苏尼。有的是因无故染病，缠绵数月至一两年不愈，而其亲戚已故先辈中又有苏尼，并经毕摩卜定其命中注定应为苏尼者，由毕摩举行相应的仪式后方可成为苏尼。

七 余论

编写《中国彝族通史》和《中国彝族大百科全书》，是 20 世纪 50 年代以来中国西南民族学界的两大目标。作为第一步，1958 年，中国科学院民族研究所组织所内外一批专家，分赴彝族地区，在继续完成 1956 年开始的彝族社会历史田野调查的同时，组织编写《彝族简史》。云南大学历史系教授方国瑜、西北大学历史系教授马长寿，是首先被委托撰写彝族通史的史学家。四川大学冯汉骥教授被委托研究晋宁石寨山滇王墓出土文物。1959 年，马教授写出《彝族古代史》（初稿）。次年，方教授写出《彝族史长编》。冯教授则先后写出《云南晋宁石寨山出土文物的族属问题试探》《云南晋宁石寨山出土铜器研究——若干主要人物活动图像试释》《晋宁石寨山铜鼓研究》等文，对古代滇国的历史、族属、风俗进行了全面的研究。方国瑜的《彝族史长编》以《彝族史稿》为书名在 1984 年由四川民族出版社出版。1960 年，《彝族简史》第一稿写就，1961 年、1963 年又写出第二、第三稿，因故直到 1987 年，此书才经中央民族学院的吴恒教授统修，由云南人民出版社出版。马长寿的《彝族古代史》也才在当年作为遗著，由四川省民族研究所的李绍明研究员整理、上海人民出版社出版。学术界对上述著作的学术价值、应用价值，都给予了充分的肯定，认为它们为编写《中国彝族通史》和《中国彝族大百科全书》奠定了基础。

20 世纪 80 年代以来，在中国改革开放和现代化建设的大潮中，中国彝学迅速发展，成为建设有中国特色的社会科学学科体系的一个重要组成部分。彝族断代史、部落史、文化史、宗教史、科技史的著作纷纷问世。以汉文著作为例，胡庆钧的《明清彝族社会史论丛》（上海人民出版社 1981 年版)、《凉山彝族奴隶制社会形态》(中国社会科学出版社 1985 年版),李绍明等编写的《凉山彝族奴隶社会》(人民出版社 1982 年版),周自强的《凉山彝族奴隶制研究》(人民出版社 1983 年版),陈久金、卢央、刘尧汉的《彝族天文学史》(云南人民出版社 1984 年版),何耀华的《武定凤氏本末笺证》(云南民族出版社 1986 年版)、《中国各民族原始宗教资料集成·彝族卷》(中国社会科学出版社 1996 年版),马学良的《彝族文化史》(上海人民出版社 1989 年版),王梅堂、黄建民的《清代武定彝族那氏土司档案史料校编》(中央民族学院出版社 1993 年版),陇贤编写的《中国彝族通史纲要》(云南民族出版社 1995 年版),君易谋远的《彝族史要》(社会科学文献出版社 2007 年版),余宏模的《余宏模彝学研究文集》(贵州大学出版社 2010 年版)等,都为编写多卷本的《彝族通史》和《彝族大百科全书》创造了条件。2011 年 6 月,由中共中央机关刊物《求是》原总编辑王天玺(彝族)、云南大学教授张鑫昌(彝族)主编的六卷本《中国彝族通史》,在云南通过滇、川、黔、桂四省区专家委员会的评审。这本通史是在深度开发利用老彝文经典和汉文文献的基础上完成的,具有通古今之变、立一家之言的特点。继此之后,何耀华主编的《中国彝族大百科全书》也在同年通过了专家评审,这是以单一民族为对象编写大百科全书的试验项目。该书力图对中国彝族数千年的历史文化进行科学的集成,对彝族的政治、经济、社会、文化、地理、生态、科学教育、宗教、文学艺术、天文历法、民俗、社会物质生活和精神生活等方面的知识及前人研究的成果进行汇总。尽管在列条、分类、释文、立论等方面还存在缺失,但它的首创性、先行先试性、辐射带动性、历史价值、现实价值、知识价值,是会充分显现出来的。

(原载《云南文史》2012 年第 1、2 期)

单一民族集大成与创新研究之作
——《中国彝族大百科全书》简介

《中国彝族大百科全书》，由何耀华主编，云南人民出版社 2014 年 4 月出版。这是"十二五"国家重点图书出版规划项目、2013—2025 年国家辞书编纂出版规划项目、省哲学社会科学 2011 年重大委托项目。撰稿人包括滇、川、黔、桂四省区对彝学有深厚研究功底的彝族学者，对彝族研究有突出贡献的汉族学者，以及彝族自治州、自治县、民族乡对彝族有渊博知识的民族工作者。编委会主任是《求是》杂志的原总编辑、中共云南省委原副书记、著名哲学家、理论家、民族学家王天玺同志；编委会顾问和委员有李桂英、冯元蔚、禄文斌、史志义、卢邦正、罗正富、禄智明、赵金、马立三、李维、张瑞才等资深领导人和知名理论家。

彝族人口 871 万（2010 年），是中国统一多民族国家中，一个历史悠久、文化灿烂，在开发和保卫祖国大西南数千年的历史中，创造了著称于世的物质文明和精神文明的民族。《中国彝族大百科书》旨在将彝族数千年的历史、文化进行全面、系统、科学的集成，以弘扬其优秀的传统文化及其为创造中华

《中国彝族大百科全书》

民族的伟大文明而奋斗不息的精神，促进我国各民族之间的相互学习、交流与共同团结奋斗和共同繁荣发展，为建设有中国特色的社会主义，为实现中华民族的伟大复兴做贡献。

自 1978 年国务院决定编辑出版《中国大百科全书》以来，编写与之配套的《中国彝族大百科全书》和其他各民族的大百科全书，就成了我国彝学界和社会科学界的共同愿望。《中国彝族大百科全书》刚一问世，湖北省民委和三峡大学就组织五人考察团，到云南来取经，说他们要编辑出版《土家族大百科全书》。在座谈会上，他们评论说："看了《中国彝族大百科全书》的框架体系、条目及释文，觉得该书达到了国家新闻出版广电总局提出的，体现国家水平，服务社会建设，大型百科类项目重视与时俱进，适应科学文化发展的需要，展现文化建设的最新成果……侧重科学性、权威性和知识体系构建的要求。"表示要学好云南经。

《中国彝族大百科全书》坚持以中国特色的社会主义理论为指导，政治上有高度。以政治类的设条为例，我们在这个大类中设立了"马克思主义民族观""社会主义时期的民族政策""彝族的民族区域自治""中华民族多元一体格局""民族团结是关系国家前途命运的重大问题""构建社会主义和谐社会""民族政策十二条""宪法规定的民族政策""民族平等""尊重少数民族风俗习惯""大力培养少数民族干部""散居的少数民族享有民族平等权利"等条目，使马克思主义的民族理论和党的民族政策知识化、大众化、普及化。

该书是彝族研究的集大成之作。条目分类包括地理、历史、政治、经济、社会、文化、教育科技、文学艺术、风俗习惯、宗教信仰、语言文字、医卫体、人物 13 个大类和 52 个中类、117 个小类，学科门类齐全，条目总量大，共有 9031 条，计 348 万字。该书是浓缩性、综合性的百科全书，其内容覆盖范围广；具有融政治性、知识性、科学性、系统性、资料性、特色性于一体的特点。彝族的汉、彝文资料，考古和口承资料十分丰厚，前人的学术研究成果也量大质优，如林耀华的《凉山夷家》，方国瑜的《彝族史稿》，江应樑的《凉山夷族奴隶社会》，马长寿的《彝族古代史》《凉山罗彝考察报告》，胡庆钧的《明清彝族社会史论丛》，尤中的《中国西南民族族史》，马学良的《彝族文化史》，刘尧汉的《彝族社会历史调查研究文集》，王天玺、张鑫昌的《中国彝族通史》，李绍明的《凉山彝族奴隶社会》，余宏模的《彝族历史文化论集》，周自强的《凉山彝族奴隶制研究》，易谋远的《彝族史要》，王梅堂、黄建明等的《清代武定彝族那氏土司档案史料校编》，吴恒统修的《彝族简史》以及贵州毕节彝文翻译组、四川凉山州民族研究所、云南楚雄彝族文化研究院等机构翻译的老彝文经书，都为编写该书提供了条件、奠定了基础。该书的编、撰者倾 13 年心血，立足继往开来，广集博采，突出创新，使该书终成彝族研究的集大成创新之作。

该书的条目及释文具有百科全书的显著特色。它不像字典那样专收单字，注明读音，然后列举一些包含这个字的词语，用例句说明它的用法；也不像词典那样，以解释词语为主，解释词语的含义和变迁，列举例句供人模仿使用，而是以介绍独立的、固化的、稳定的、有意义的词语、史事、物质与精神文化事项设立条目，条目的释文不但要回答条目讲的是什么、何时发生、何地发生、发生过程、有何影响、有何价值等，不仅实写，还有分析。因此使用该书的价值是不言而喻的。

该书体例规范，框架结构纵向有系统性，横向有可比性。文字简明，立论科学，不仅具有工具书的功能，而且可读性强，通俗易懂。该书的序言、概论引领性强，学术上有独到的建树。条目分类索引、汉字笔画索引、条目汉字音序索引皆准确易查。书末附有的《彝族历史大事记》《彝族自治地方一览表》《参考文献》，为读者、研究者提供了备查的资料，使该书"以民为本"、为民服务的宗旨得到了很好的体现。

该书的出版，在中国学术史上填补了一项空白，开了单一民族编写大百科全书的先河。王天玺在该书序言中说："《中国彝族大百科全书》的出版，是彝族历史上千古未有之大事，也是彝学研究的一个里程碑，近千万彝族人民都会感到高兴。"

应该指出，笔者作为该书的主编和主著者之一，由于水平的限制，该书在列条、分类、释文、立论等方面，都还有诸多的缺失，希望得到广大读者的指正。笔者坚信，由于作者和编者的共同努力，这本书的首创性、先行先试性、辐射带动性及其理论价值、历史价值、现实应用价值、知识育人价值，是会充分显现出来的。

2016 年 4 月 25 日于云南省社会科学院

论凉山彝族的家支制度

恩格斯在《家庭、私有制和国家的起源》（下文简称"起源"）一书中说：该书"由于篇幅的原因，我们不能详细研究今天仍然在各种不同的蒙昧民族和野蛮民族中间以或多或少纯粹的形式存在的氏族制度，或者亚洲的文化民族的古代历史上的氏族制度的痕迹了"①。"起源"问世之后，许多民族学家响应恩格斯的号召，继承他的未竟之业，以大量的论著研究了当今世界各种不同民族中尚保存的氏族制度。20世纪50年代中期，我国数以千计的民族学工作者，全面调查我国少数民族的现状和历史。他们以大量的材料介绍过我国一些少数民族在新中国成立前一直保存的氏族组织和氏族制度。其中，川、滇大小凉山彝族的家支，在科学上具有极大的研究价值。如果说北美易洛魁人的血族团体，使人们找到解开古代希腊、罗马和德意志历史的钥匙，那么，凉山彝族的家支，则为我们研究中国和其他亚洲国家的古代社会提供了一个活的社会"化石"。为了研究这个问题，探讨古代氏族组织的发展规律，现就家支的构成、特点、蜕变、职能及其长期存在的原因谈些粗浅的意见②，以求教于史学界和民族学界的同人们。

---

① 《马克思恩格斯选集》第4卷，人民出版社1972年版，第126—127页。

② 本文中有关家支的原始资料，除笔者进行实地调查所得者外，要以全国人民代表大会民族委员会四川少数民族社会历史调查组编印的调查报告为依据。文中不再一一注明。

一　家支的构成

"家支"一词属汉语，在彝语中没有与它相应的词，但它能明白地概括凉山彝族社会的组织结构，其意义是指出自一个共同的男性祖先，具有同一名称，并以血缘关系为纽带而紧密结合成的亲族团体①。

"家支"是"家"和"支"的总称。据说，凉山彝族都是古侯、曲尼两兄弟的后裔。他们下传至新中国成立前大约分别为第四十代和第四十四代。②由于子孙繁衍，其后裔各自滋衍成若干的"家"，彝语称为"楚加"或"楚西"。"家"下包括若干的"房"，彝语称为"楚尼"。"房"下是若干一夫一妻制的小家庭，彝语称为"楚布"。"房"的范围可大可小，少则指一代，多则可指若干代。如吴奇纽黑有七个儿子，可称为七房，每房已传七八代，每代的儿子、孙子也可以称为房，但他们仍包括在七房之内。房的增殖和扩大就形成"家"下的"支"③。"支"的进一步发展，又可形成新的"家"。一般来说，由房、支演变为家，需经十代左右④，而且需要举行分家仪式，彝语称为"俄加"，其法是延请毕摩念经诵咒，宰牲祭奠祖灵，将所要分出的那支祖先的灵牌从原来所供的祖先岩洞中移到新的岩洞中去供奉。

---

① 这种团体分黑彝家支和白彝家支两种。本文所说的家支，凡未注明白彝家支者，皆指黑彝家支。

② 据《凉山彝族奴隶社会》编写组《凉山彝文资料选译》第一集所附谱系表，古侯下传至阿侯家为七十一代，恩扎家为七十六代，海来家为六十一代，阿枯白彝家为七十六代；曲尼下传至金曲家为七十五代，果基家为六十六代，沙马土司家为七十代，沙马白彝家为六十九代。又马长寿《彝族古代史》说："孤纮（古侯）、曲尼二族迁到凉山的年代，据凉山彝族所背诵的谱牒，多者七十六代，少者五十多代。"本文所说是根据四川少数民族社会历史调查组1956年年底召开的一个有各方面代表参加的会议所提供的资料。

③ 如曲尼系的阿陆家有一个儿子迁到吴奇甲谷，有一个迁到布兹列拖，有一个迁到金曲拉达，已分衍了好多代，即由三房而发展为阿陆家的三个分支。后来人们习惯上称其为吴奇家、布兹家、金曲家，但由于他们未举行过分家仪式，本质上仍属于阿陆家下的不同支。

④ 彝谚说："九代算家门，十代成亲戚。"由于相互通婚的需要，后来已不硬性要达十代，有的只有六七代就从原"家"中分出而建为新的"家"。

为了说明"家支"的不断分衍和增殖，我们以蒲田家的发展为例。蒲田为古侯系的第十六代裔孙。① 他有四子，经若干代后繁衍出恩扎、恶俄、水洛、阿紫、水蒲、乌抛、忽雷、木甘、海洛等支。各支以共同的始祖蒲田为家名，组成蒲田家。其谱系如下②：

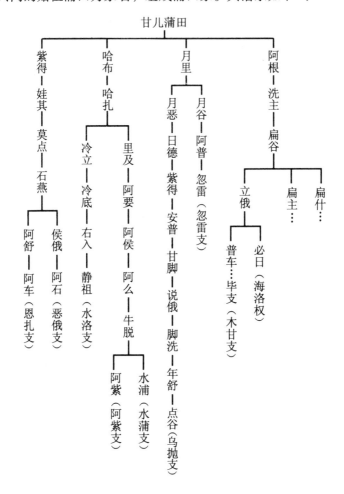

蒲田家谱系图

---

① 其父子连名谱系为：阿土古侯—古侯吼兹—吼兹纥得—纥得谋巫—谋巫乌儿—乌儿洛勒—洛勒莫阿—莫阿按纥—按纥阿兔—阿兔日俄—日俄密吉—密吉密也—密也密几—密几蔑家—蔑家甘儿—甘儿蒲田。

② 本文自此以下所引蒲田、恩扎、洛俄三家的谱系，均引自方壮猷《凉山彝族系谱》（上），《边政公论》（第四卷）第九期至第十二期合刊。表中略去父名。

蒲田家各支经若干世代的繁衍，通过举行分家典礼，又各自发展为恩扎、恶俄、乌抛等家。现以恩扎家为例，该家的始祖是蒲田的第六代裔孙阿车。阿车有四子，后繁衍出洛俄、比克、比约、克纽、列俄、打谷、扁根、洛特、石图、尼别、尼俄等支。传说阿车于明代中叶迁居于凉山的恩扎凹西，各支乃以恩扎共名，称为恩扎家。其谱系如下：

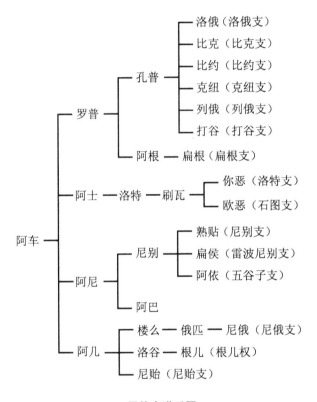

恩扎家谱系图

恩扎家各支经若干世代的繁衍又成为洛俄、比克、比约、克纽、列俄、扁根等家。现以洛俄家为例，该家的始祖是阿车的第三代后裔孔普洛俄。洛俄单传至作祖时分衍成三房，三房又分衍成若干支：

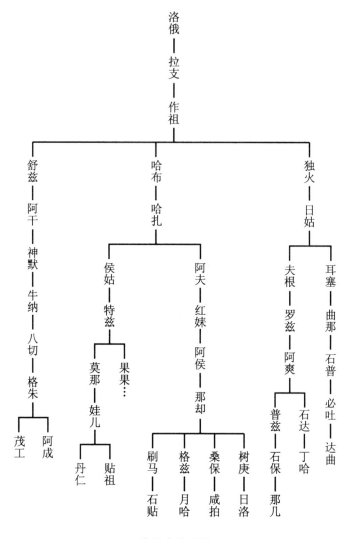

洛俄家谱系图

　　据估计，自古侯、曲尼分衍出的黑彝家支，新中国成立前有一百个左右。其中古侯系的恩扎家主要分布在雷波、马边、美姑；乌抛家主要分布在马边、峨边；阿侯家分布在美姑、普雄、昭觉、越西；比补家分布在布拖、普格、金阳、宁南、会理、会东、昭觉；马家分布在昭觉、西昌、盐边、盐源；苏呷家分布在美姑、普雄、昭觉；甘家分布在峨边。曲尼系的罗洪家分布在喜德、冕宁、西昌、九龙、盐边、盐源和云南的宁蒗、华坪；瓦渣家分布在昭觉、喜德、冕宁、宁蒗、华坪；果基家分布在普雄、越西、石棉和云南的中甸；阿陆家分布在美姑、雷波、马边、普雄；八且家分布在昭觉、越西、喜德、盐源；补约家分布在盐边、盐源、宁蒗、华坪；倮姆家分布在昭觉、喜德、西昌、盐源、宁蒗。

从家支的构成和增殖灼然可见，家支和古老的父系氏族组织一样，都是以共同的男性祖先的血缘为纽带而组成的亲族集团，它的裂变和增殖为我们提供了古代氏族组织不断发展的轮廓。

二 家支的特点

除了共同的血缘关系之外，家支尚保存古代氏族制度的许多传统。这些传统以如下的一些特点表现出来。

（1）每个家支有一个共同的名称。这个名称主要已不是出自图腾主义的信仰，而是出自一个共同的男性祖先的名字或某一个地名。阿侯家、阿陆家、阿硕家、麻卡家、尔恩家、沙马家和乌抛家等，都是以祖先之名或绰号命名的。如阿侯是古侯的第十六代裔孙，他分衍的各支以阿侯为家名；乌抛是年舒点谷的绰号①。点谷分衍的各支被称为乌抛家。恩扎家、倮姆家、吉狄家、八且家等，则是以地名命名的。八且家与瓦渣家、罗洪家和倮姆家系同一祖先拉卜地俄的后代，原来同住昭觉的比尔拉达，后因瓦渣家势力强大，八且家始祖吉什比克迁往八且甲谷，其子孙繁衍后以八且为家名。家支名称使家支成员

---

① 传说点谷家境贫困，替水洛家饲马，一日水洛往呼点谷之名，适值点谷专心推磨而未能应对，呼者愤而大叫："乌抛！乌抛！""乌抛"意为饲马，点谷闻而应之，"乌抛"遂成为点谷的绰号。

对共同的血缘保持牢固的记忆，从而使他们结合在"家"的旗帜下为共同的生存而斗争。它对于家支成员是如此的重要，以致离开了它就会沦为奴隶，甚至不能生存。因此，每个家支成员的名字都须冠以家支的名称。如阿侯·布吉·吉哈·鲁木子，阿侯是家名，布吉是支名，吉哈是父名，鲁木子是己名。

（2）每个家支都有从共同的男性祖先开始而世代相连的父子连名系谱。彝语称为"茨"，意为人的世代。家支成员从童年时代开始就得接受"茨"的严格教育。如果他们成年后不能无误地熟诵本家支的世系，那就要受到社会和家人的歧视甚至被视为"外人"而沦为奴隶。反之，如果能背诵本家支的系谱，他们不论走到家支的什么地方，遇到家支中不论怎样的陌生人，都会被视为骨肉，受到尊重、保护和亲切的款待。所以彝谚说："走家支地方不带干粮，依靠家门三代都平安。"系谱是维系家支的纽带，依赖这根纽带，它联系起来的个人才成为一个家支。它充满活力，以至所有社会矛盾都受它的影响，几乎所有的成员都能背诵它。如果说古希腊人的"氏族系谱是这样古老，以致除了有较晚近的共同祖先的少数场合以外，它的成员已无法证明它们之间曾经实际存在的亲属关系"①，那么凉山彝族的系谱却不是这样，它使所有家支成员之间甚至远至古侯、曲尼以来的所有血族之间的亲属关系，一眼就看得很明白。

（3）每一个家都有固定的地域，并在家的地域内，以支聚居。家与家之间的地域以山脉、河流、树林等为界标。划界时，双方头人须对天起誓，保证互不侵犯。家内各支则无明显的地域界线，且彼此可以在家的地域内自由迁徙。家支地域内的土地，早已是个体家庭私有，但氏族土地公有的传统并未消失，森林、牧场、荒地和沼地依然是公共的。家支成员和其所属的曲诺和阿加都可以自由享用，砍柴、放牧概不受干涉。恩格斯说："氏族制度的前提，是一个氏族或部落

---

① ［德］马克思：《摩尔根〈古代社会〉一书摘要》，人民出版社1978年版，第172页。

的成员共同生活在纯粹由他们居住的同一地区中。"① 家支地域的存在说明家支仍然保留着氏族组织的这一特点。

（4）家支成员有相互继承财产的权利。成员绝户时其财产（主要指土地、娃子及其他不动产）由家支继承，做法是先由血缘最近的男系亲属哥哥、弟弟和叔伯平分，如果没有男系亲属，再由家支中血缘最近的支系平分。而不能由女儿或其女系后裔继承。如美姑县布兹列拖乡黑彝布兹沙达死后，只遗下三个女儿，其土地由其伯叔兄弟等十三户平分，半山坡的轮歇地化作十三户的公有地；二十户曲诺由家支平分占有；房屋因认为不吉利，家支中无人敢要，由其属下的两户曲诺拆分，只把牛羊和银子等动产分给了女儿。

另外，死者之妻也被视为财产，丈夫死后必须转房嫁给其夫的同胞兄弟。同胞兄弟不能转，再转给近房一支（即同一祖父的人）。近房的一支不能转，则须转给本家支的近亲，其范围包括丈夫家支以内的所有亲属。原则上是先转给平辈，次及于亲房，再及远房。彝谚说："哥死弟在，牛死肉在。"指的就是不让死者之妻这样的"财产"外流。

（5）家支成员有相互援助和保护的义务。成员生活有困难，家支就集体帮助解决。如阿侯家的阿侯铁依身患重病，无粮度日，家支头人就发动家支成员凑粮给他，并帮助他收获庄稼。阿侯铁依说："彝人的家门比什么都好，缺什么也不能缺少家门。"成员被外家支掳去，家支就集资把他赎回，以免其沦为奴隶。成员被外家支所杀，家支就进行血族复仇——打冤家。彝谚说："不护一稞谷，十稞被割光，不保一个人，全家被杀绝。"打冤家前，受害者的家支一般要求对方交出凶手抵命，或要求赔偿命金。② 只有在对方拒绝时才诉诸战争。战斗口号是"为亲人报仇，为家支争面子"。参战人数可从几十人到几

---

① 《马克思恩格斯选集》第 4 卷，人民出版社 1972 年版，第 164 页。
② 普雄地区打死一个黑彝须赔一千二百两银子，打死一个白彝须赔二百五十两银子。

百、几千、上万人，有时甚至可牵动凉山的所有家支。战斗可持续几天到几十天，直到一方战败或求和为止。和解的条件是一方愿意赔偿命价和战争损失，也有硬要对方抵命才罢手的。

（6）家支的事务由家支头人和家支议事会处理。头人分"德古""苏易"两种。"德古"彝语意为善于辞令的人，"苏易"意为替大家办事的人。苏易的地位比德古低，但不受德古管束。德古和苏易都不是选举或任命产生的，阅历深，见识广，办事公正，受群众信任的人自然成为德古，能公正调解纠纷取信于人者自然成为苏易。他们的地位不是世袭的。他们在调解纠纷中只要有一两次偏袒不公，就会失去众望而自然失职。他们与家支成员的关系是平等的，即所谓"骨头一般重，黑彝一般大"，成员不受其统束。在经济上成员对头人也无什么负担。头人只在调解重大纠纷时，索取赔偿金的 1/10 作为报酬。在同一血缘中，家与支的大小头人无职位上的高低，大家平起平坐，没有一个统一的指挥，开会时威望高者自然成为临时主席。

家支议事会一般可分为"吉尔吉铁"和"蒙格"两种。头人之间商议问题或解决内部纠纷的小型会议称为"吉尔吉铁"。这种会议可以随时随地召开。全家支的大会称为"蒙格"，一般只在家支成员被杀害、家支土地被侵占等重大问题发生时才召开，任务是议决是否打冤家等与家支存亡攸关的重大问题。召开的方式一般是由当事人请本支头人和重要人物喝酒，说明出事缘由，恳请大家给予协助。而后由头人打一木刻（司鲁木加），送给另一支的头人，这支的头人再转送给另一支的头人，辗转传递，使全家的头人都得知。各支头人按木刻所示带领本支成员及所属曲诺、阿加按时到一定的地点开会。会议讨论问题依原始民主的传统进行，不存在独断专行。决议也由大家自觉遵守，不存在也不需要进行强制。

（7）每个家支是一个宗教崇拜的单位。但其崇拜的对象主要已不是民族的图腾，而是祖先的神灵。彝族相信人是有灵魂的。认为人死灵魂不死，灵魂单独存在即成为鬼。认为已故祖先的灵魂可以影响后代，影响整个家支的经济生活和社会生活。所以每个家支都有阖家共祭的祭祖大典（彝语称为"作白"），目的是超度祖先的灵魂，使之进入"仙界"。一般在人死后数年内举行，连续三日至七日，由毕摩导祭。所需要的牛、羊、猪、鸡由家支血族提供。在毕摩引祭的十二道场中，第八场谓之"会灵"，内容是将家支血缘内的所有祖灵会合在一起共祭。这说明祖先崇拜是和整个家支紧密联系在一起的。另外，每个家支还有自己特有的一种崇拜的物质，彝语谓之"吉罗"，意为家支的宝贝。如雷波卢家的吉罗是一对祖传的海螺酒杯，八且家的是象骨头的磨子轴心，马家的是一对鸿雁，吴奇家的是一匹马……①

（8）家支之上未出现固定的家支联盟，家与家之间的关系是相互通婚的关系。毗连而居或长期互通婚姻的家支，习惯上可以并称，如比补—吉狄、罗洪—瓦渣、阿侯—苏呷、尔思—阿硕、阿陆—马和阿卓—阿侯等，是联姻并称，而阿硕—八且、罗洪—倮姆等是毗连并称。这两种并称的家支之间的关系是比较密切的，但他们并未结成永世的联盟。拿联姻的家支来说，他们既是亲家，又是冤家。故有"无亲不冤""亲戚开到哪里，冤家打到哪里"之说。同样，毗连并称的家支也有冤家纠纷。

另外，历史上一些家支因共同对付王朝的征剿，联合进攻某一强大的家支或镇压娃子的起义，常歃血为盟。但这种联盟是暂时的、不巩固的，一旦矛盾缓和，就自动宣告解散。

---

① 参见《凉山彝族奴隶社会》，四川省民族研究所印，1979 年，第235 页。

三 家支的蜕变

家支的构成及特点告诉我们，它是父系氏族一类的组织。但新中国成立前的凉山已经不是氏族社会，而是奴隶社会，所以家支已不是原始社会时代的氏族，而是阶级社会中的氏族了。

成问题的是，氏族组织能否在阶级社会中保留下来呢？回答是肯定的。恩格斯说，在德国、法国北部和英国，一部分真正的氏族制度以马尔克公社的形式保存下来，"并把它带到封建国家里去"①。而这些国家的马尔克公社，实际上就是一些有共同血统关系的血族团体，所以恩格斯把它们称为"氏族或氏族分支"②，并说它们"同样是由近亲组成的"③。

氏族组织怎样才能在阶级社会中保存下来呢？凉山彝族的家支为我们提供了一种回答，即原始氏族必须发生适应阶级压迫剥削的蜕变。

和世界上所有的古老氏族一样，凉山彝族的家支过去曾是一种原始共产主义的血族组织。在家支内部，生产资料公有，共同耕作和消费；公共事务由家支成员公认的酋长管理，重大问题由家支成员大会决定，全体成员都是自由人，酋长并不要求任何特权；他们是由血缘纽带结合而成的兄弟关系。自由、平等、博爱等口号虽从未提出来，但却是家支的基本原则。

原始社会末期，由于生产的发展，私有制逐渐产生，家支内出现

---

① 《马克思恩格斯全集》第 4 卷，人民出版社 1965 年版，第 153 页。
② 同上书，第 127 页。
③ 《马克思恩格斯全集》第 19 卷，人民出版社 1965 年版，第 539 页。

了自由人和奴隶、富人和穷人的差别，出现了奴隶制的生产关系。随着奴隶制生产关系的发展，家支中出现了四个不同的等级。其中，黑彝等级约占总人口的7%。[1] 他们是贵族等级，是奴隶主阶级。他们在不同程度上占有其他三个等级的人身，占有半数以上的土地，是完全依靠剥削奴隶和掠夺邻近各族（特别是汉族）为生的世袭特权统治者。曲诺等级约占50%。他们的人身世代隶属黑彝主子。主子称他们为娃子，将他们视为自己的奴隶。他们必须为主子提供各种奴隶式的负担和各种强制性的生产劳役及军事劳役（作为打冤家的主力）。主子可以转让、抵押或以他们作赌注。阿加约占33%。他们的人身完全为黑彝主子所占有，是奴隶阶级。他们全年中绝大部分的时间必须为主子服无偿生产劳役，其余时间为主子繁养小奴隶，是主子田间劳动和奴隶再生产的主要承担者。主子对他们操有生杀予夺之权。呷西约占10%。他们一无所有，终年住在黑彝主子家里，牛马般地从事娃子耕作地的生产和繁重的家内劳作。他们是一种比阿加更为典型的奴隶。

黑彝为了巩固和加强对曲诺、阿加、呷西的奴役，"竭力使旧的社会制度适应新的条件"[2]。在彝族社会生产力的发展尚无力打破血缘桎梏的情况下，家支于是发生了下列适应黑彝统治需要的蜕变。

一是原始家支血团因内部的阶级对抗而分为奴隶主贵族的黑彝家支和被统治者的白彝家支。因为黑、白彝之间的奴役与被奴役关系，白彝家支没有共同的地域。其成员在黑彝分家时，作为财产分配，所以同一白彝家支成员往往隶属不同的黑彝家支，而分散住在不同的黑彝家支地域内，并受不同黑彝奴隶主的奴役。

---

① 黑彝，彝语称为诺伙，是氏族贵族发展而来的。他们中的一些头面人物在清代不少被封为土司、土目，自视比黑彝高贵，不与黑彝通婚。有学者主张将土司、土目视为一个独立的等级。笔者认为他们的阶级属性与黑彝一样同是奴隶主阶级。把它们包括在黑彝等级之内更符合凉山的阶级划分的实际。故本文所说的黑彝等级包括土司、土目。

② 《马克思恩格斯选集》第4卷，人民出版社1972年版，第2页。

二是原始家支的外婚制蜕变为不同家支之间的同等级内婚"氏族的任何成员都不得在氏族内部通婚。这是氏族的根本规则"①，这在凉山彝族中表现为家支外婚，以及家支内不得发生性关系，违者男女双方处死②。由于家支内阶级和等级的产生，婚姻受阶级关系的制约，家支外婚遂蜕变为不同家支之间的同等级内婚，且严禁黑彝与其他三个被统治等级的人发生婚外性关系。正如彝谚所说："黑彝是黑彝，白彝是白彝；家鸡是家鸡，野鸡是野鸡。"如果白彝男子与黑彝妇女苟合，双方必须被处死。如美姑黑彝布兹模黑的女儿，与节鲁家曲诺的儿子逃往马边的恩扎家。恩扎家与布兹家是冤家，本来是可以收容对方逃来的娃子的，但恩扎家为维护神圣不可侵犯的等级内婚制，立即将节鲁家的青年打死，并将布兹家的女儿送回让布兹家处理，布兹家便将她吊死在俄普树上示众。黑彝男子虽可利用奴隶主的特权奸污白彝妇女，但也要受到家支的严惩，直至被黑彝家支开除，使之丧失黑彝贵族身份。

三是原始家支的"血族复仇"蜕变为黑彝掠夺奴隶、牲畜和其他财富的手段。彝族原始家支有为被杀害的同族人复仇的制度，其表现是进行报复性的冤家战争。阶级产生以后，这一制度被黑彝所利用，打冤家已不纯粹是为了"复仇"，而主要是为了掠夺。正如恩格斯所说："以前进行战争，只是为了对侵犯进行报复，或者是为了扩大已经感到不够的领土，现在进行战争，则纯粹是为了掠夺。"③由于掠夺的需要，打冤家成为一种极为普遍的现象，没有一个家支没有冤家，也没有一个奴隶主没有冤家；冤家战争也非只有发生了血案和领土受到侵犯才能引起。据调查，盗窃、酗酒、赌博、牲畜践踏庄稼、狗被打死等鼠雀细故，都可被黑彝用作发动冤家械斗的借口。羌边黑彝阿

---

① 《马克思恩格斯选集》第4卷，人民出版社1972年版，第82页。
② 如阿侯家洪车支阿侯里达曾与同支妹妹阿侯玛玛苟合，家支发现后将里达勒死，并迫令玛玛服毒自杀。
③ 《马克思恩格斯选集》第4卷，人民出版社1972年版，第160页。

侯家和比克家，因属下的曲诺争夺一粒子弹而打了六年。布拖比补家内部因半斤盐巴而打了九年。美姑阿侯家和恩扎家因一人当众放屁而打了十三代约三百年。

以上是原始家支蜕变的一些表现。我们还可以举出一些，如死者的财产转归同氏族人所有蜕变为黑彝主子"吃绝业"，冢支的地域疆界蜕变为禁锢奴隶的壁垒等，限于篇幅，恕不再赘。这些蜕变说明，新中国成立前凉山彝族的家支，已和原始家支有本质的不同。

四　家支的职能

原始家支蜕变的结果，黑彝家支组织最终变成了奴隶主阶级专政的工具。彝谚说："老虎靠嘴巴，土司靠百姓，黑彝靠家支。"又说："马有劲在腰上，牛有劲在颈上，黑彝有劲在家支上"，"没有树林在，哪有鸟兽存，没有家支在，哪有黑彝存"。占总人口7%的黑彝之所以能够野蛮地奴役占总人口93%的曲诺、阿加、呷西，关键就在于他们手中有家支这个专政的武器。

考察黑彝家支的内部职能，它是通过执行社会习惯法来维护奴隶制的生产关系的。首先，社会习惯法保障黑彝奴隶主的尊严和人身不受侵犯。如娃子杀死黑彝主子，凶手必须处死，并须赔偿三个人的命价；低等级的人杀死黑彝，不论有无主奴关系，均须抵命，打黑彝一个耳光，须赔七条牛，摸一下黑彝的天菩萨（指黑彝男子头上的方形头发），须断手或赔九条牛。根据习惯法，黑彝对所属娃子享有打骂、买卖和屠杀之特权。其次，社会习惯法保障奴隶主的财产不受侵犯：曲诺偷盗黑彝的财产，应赔偿原物。如赔不起，其主子又不代赔，盗者应降为失主的呷西；偷主子贵重的东西，须处死或降作呷西。阿加偷主子贵重的东西，须处死，偷小东西则要将其变卖异地；偷了非主子黑彝的东西，其主子要代赔，否则就降为失主的呷西。呷西偷本主子的东西，主子可将其处死或出卖，偷了其他黑彝的东西，主子不代赔就转为失主的呷西。再次，社会习惯法保障奴隶主阶级在经济上的剥削利益。彝族社会已经产生了奴隶制生产关系下的租佃关系和高利贷等经济剥削形式。根据社会习惯法，曲诺、阿加向主子领种土地，每年必须按土地产量的60%—70%缴定租，并承受劳役、送礼、摊派等负担。欠租按年利的50%生利，并以复利计算，到一定期限不缴者，则拉欠租人去做呷西。另外，黑彝主子可向所属曲诺、阿加放超经济强制的"杂布达"①。借者逾期还不起也要被拉去做呷西，或本人及子女被卖。最后，社会习惯法保障黑彝的世袭贵族的特权统治地位。规定黑彝不能下降为白彝，白彝也不能上升为黑彝。彝谚说："山羊变不了绵羊，绵羊变不了山羊。"黑彝即使穷了，也仍然是黑彝，不能沦为其他三个被统治等级的人。白彝在经济上富了，也不能上升为黑彝。

为了保证黑彝奴隶主对娃子的奴役，社会习惯法规定了下列惩处奴隶的酷刑：（1）死刑。分迫其自杀和由他人执行两种。迫其自杀的方式有跳岩、自缢、服毒、投水等，由他人执行则有捆石沉水、火烧、火炕、剪肉、分尸、抽肠、剐死、钉门神、滚岩、打、石和枪决等。（2）监禁。方式有坐水牢②、锁铁链③、套木枷④等。（3）残刑。方式有断脚筋、砍手、割耳、挖眼、烧生殖器、灌屎尿、吊打等。家

---

① "杂布达"，彝语意为翻滚粮食债的规矩。美姑一带称为"子克"。原系黑彝为女儿积妆奁私房而向所属富裕的曲诺强放的高利贷。办法是黑彝女儿订婚时，主子将银子、粮食或牲畜强迫借贷给本来不需借用的曲诺。放的年限不等，完全视黑彝的需要，你想还他他也不收。其年利为50%，若干年后按本利一起计算。后因黑彝加重剥削，不再限于女儿积私房，而变成一般的、经常的、强制性的高利贷，放的对象也不再限于富裕的曲诺而扩大到较为富裕的曲诺、阿加。

② 其法是将奴隶关入地洞，灌入水，并放进毒虫和蛇等动物，使监禁者深受痛苦。

③ 分锁颈、锁脚、锁手诸种，铁锁有的重达一百多斤。

④ 其法是用长木板一块，上凿二孔，将监禁者的两脚套入孔内，使之动弹不得。

支"吉尔吉铁"和"蒙格"实际上是司法和执法机关。凡违反习惯法的重大案件，如娃子杀死主人、黑彝女子与娃子通奸等，都由家支"蒙格"裁决。一般案件由"吉尔吉铁"处理。

家支头人是深谙社会习惯法的人，他们在执行习惯法中起着决定性的作用。彝谚说："彝区是德古管事，汉区是官吏管事，藏区是喇嘛管事。"由于习惯法早已不是氏族习惯法，它所体现的是黑彝奴隶主阶级的意志，家支头人执行它说明他们在社会中的作用已不是父亲般的、纯粹道德性质的，说明他们是奴隶主阶级的政治代表，所管的是奴隶主阶级之事。

社会习惯法的推行是以黑彝家支成员的全体武装来保证实现的，这支武装把社会的一切矛盾维持在习惯法规定的"秩序"之内。如果发生反对奴隶制的起义，黑彝武装就在家支"德古""苏易"的指挥下进行镇压。一个家支的力量不够，就实行几个家支联合镇压。1913—1916年，冕宁、越西爆发反对黑彝奴隶制的拉库大起义，曲诺、阿加、呷西提出"改汉"的口号，要求取消"杂布达""吃绝业""抽子女为奴"及"无偿劳役"等制度。傈伍、罗洪、果基等黑彝家支即进行联合镇压。[①] 1938年，会理爆发有名的娃子寨起义，该县六华乡茅岩、杉木洞一带的曲诺、阿加、呷西，将黑彝奴隶主杀死、赶走，使该区的彝村变成无主子的"娃子寨"。但由于黑彝阿俄家、尔恩家、莫魁家、惹勒家等的联合镇压，黑彝奴隶主阶级很快就复辟了自己的统治。黑彝家支平时尽管有错综复杂的冤家关系，但一遇到娃子的反抗，就联合起来共同对付。如1932年，美姑白彝吴奇曲比家曲比石纪打死黑彝主子吴奇佩石，黑彝吴奇家、布兹家、井曲家、模史家、阿竹家本来都是冤家，但他们顿时联合起来对付吴奇曲比家，除强迫曲比石纪抵命外，还强迫该家赔了三千七百两银子的命

---

① 关于拉库起义的全面情况，参见李绍明《对一九一四年凉山彝族大起义性质的探讨》，《江海学刊》1964年第3期。

价。上述事实说明，黑彝家支具有镇压奴隶反抗的职能。

　　黑彝家支的外部职能是发动掠夺战争和反对大汉族主义的统治。由于发展奴隶制的需要，黑彝不断发动冤家战争和对汉区的袭击，以掠夺奴隶和其他财产，同时，并以全民族的抵抗战争来抗拒历代反动王朝大民族主义的压迫和统治。家支是这些战争的组织者和指挥者。由一个家支各房联合进行的掠夺战争，一般在大头人的统一部署下进行。1942年吴奇家进攻金曲家，策动者就是吴奇家的大头人达朱石拉，达朱石拉召集家内全体黑彝和曲诺家支头人商议，各支头人言听计从。由各家支联合进行的冤家战争和对邻近汉区的窃掠，一般是由几个家支的头人共同策划和指挥的。1919年，雷波的恩扎家、阿卓家，马边的乌抛家，越西的阿侯家、素噶家，昭觉的八且家联合向汉区进攻，组织领导者就是各家的头人。由于各家支头人进行了比较周密的部署，昭觉县城被攻破，马边的油榨坪、烟峰等地被攻占，雷波城西十五里，乌角以西百数十里之地很快就化为彝区。仅山棱冈一地，就有汉民八百、驻军三百八十被掳，枪支二百多支被窃。家支的对外联合行动也不受冤家关系的制约，一切以有利于黑彝的统治为转移。一旦有威胁黑彝统治的危机发生，冤家也可以即刻联合一致对付。1945年国民党二十四军进攻凉山，适逢阿侯家和果基家正在进行冤家械斗。阿侯家头人阿侯吉哈立即提出"彝人不打彝人，赶走汉人"的口号，双方解仇结盟，成立联合的"剿汉总司令部"，阿侯家头人阿侯鲁木子自任"总司令"，果基家头人果基木古任"总参谋长"，阿侯铁日和果基马达任"参谋长"，各家支大小头人亲率本家支成员参加战斗，国民党二十四军被打得落花流水。恩格斯说："国家和旧的氏族组织不同的地方，第一点就是它按地区来划分它的国民。……第二个不同点，是公共权力设立，这种公共权力已不再同自己组织为武装力量的居民直接符合了。这个特殊的公共权力之所以需要，是因为自从社会分裂为阶级以后，居民的自动的武装组织已经成为不可能了。……这种公共权力在每一个国家里都存在。构成这种权力的，不仅有武装的人，而且还有物质的附属物，如监狱和各种强制机关，这些东西都是以前的氏族社会所没有的。"① 对照家支的情况，家支虽不是"按地区来划分它的国民"的组织，仍是一种以血缘来划分的社会单位，但这种血缘划分已经建立在阶级划分的基础之上。它已不同于旧有的原始氏族。它的内外职能说明，居民的自动的武装已经成为不可能了。公共权力已经产生家支头人、家支议事会、家支习惯法以及黑彝武装等，就是一种奴隶主贵族的、用来对付奴隶的公共权力，它控制奴隶使之服从，它把奴隶主阶级与奴隶阶级间的日益尖锐的冲突，保持在奴隶社会的秩序范围以内。因此，黑彝家支可以说是一种特殊的政权组织形式，具有政权的职能。

五　家支长期存在的原因

以血缘关系为基础的氏族组织，一般只适用于内部完全平等的社会。一旦内部出现阶级，氏族组织就要被内部的阶级斗争所摧毁，最终被以地域为基础的国家所取代。

但是，凉山彝族的情况并非如此。在这里，奴隶制的生产关系早已产生，奴隶主和奴隶之间的阶级斗争早已尖锐，而社会依然受血缘关系的支配，血缘亲属集团仍是社会的基本单位。这难道只是因为家支发生了适应奴隶制生产关系的蜕变吗？当然不是，从根本上说，这是由彝族社会生产力的发展水平所决定的。恩格斯说："劳动愈不发展，劳动产品的数量从而社会的财富愈受限制，社会制度就愈在较大

---

① 《马克思恩格斯选集》第 4 卷，人民出版社 1972 年版，第 166—167 页。

程度上受血族关系的支配"①，"氏族制度同货币经济绝对不能相容"②。事实证明，只有生产的发展能给社会提供巨大的剩余产品，从而引起社会分工和商品经济的发展，只有在货币成为一种左右社会的力量的时候，维系氏族的血缘纽带才会最终失去它的意义，使氏族走向彻底的解体。

考察凉山彝族的社会生产，农业是主要的部门。荞子、苞谷、洋芋（土豆）是三种主要的农作物。其耕作技术都十分粗放。荞子分甜荞和苦荞两种。甜荞多种于下等地。苦荞种于二半山和高山的轮歇地，三五年甚至七年才轮种一两次。种时只将轮歇地上几年中生长出来的荆棘和矮树砍倒，烧成灰作肥，产量很低，其繁殖系数只有3—8倍。苞谷过去一般是撒播，不中耕除草，新中国成立前受汉族的影响，一些地区虽采用点播并进行两次中耕除草，但繁殖系数亦不高，一般只有50倍左右。洋芋不施追肥，繁殖系数只有五六倍。由于各种作物的产量不高，彝民缺粮严重，据昭觉城南乡、美姑三侯以达乡和雷波拉里沟乡的调查，每人平均每年只有原粮400斤左右（包括种子在内），被统治等级不得不以大量的野草野果充饥。雷波马颈子一地的呷西和阿加，经常吃的野草就有23种。

畜牧业、渔业、林业是家庭副业，但始终没有形成大规模的生产。以牧业为例，牛、羊是彝区的主要牲畜，因为气候严寒，许多地区的红砂砾土不长牧草，又无饲料的人工培植和防疫工作，加上冤家械斗和驱鬼活动中的滥宰、滥杀③，牲畜的发展是十分有限的。畜牧收入在农牧总收入中一般只占10%左右。

由于农业不能提供足够的商品粮食，彝区尚未出现手工业从农业中分裂出来的第二次社会大分工。在汉族的影响之下，有些地方虽已

---

① 《马克思恩格斯选集》第4卷，人民出版社1972年版，第2页。
② 同上书，第107页。
③ 以驱鬼祈神为例，昭觉城南乡八且家黑彝送鬼治病，一次就打杀二十多头牛。另一次举行分支送灵，打杀了一百多头牛。又八且五一子死时，杀了一百多头牛宴客。

有本民族的铁、木、石、银、铜等工匠，能够打制简单粗糙的生产生活用品，但所有工匠每年从事手工生产的时间一般不超过三个月。这就决定了商品经济的不发达。彝区没有手工业产品和农、牧产品进行交换的商品市场，没有专业的商人。商品交换一般只发生在彝、汉两族之间，而且又局限于少量的彝区农、林、畜产品与汉商盐、布、烂铁、针线的交换。成交的规模很小。过去昭觉城南乡约有三千人，只有一两人每年去汉区买卖两三次，每次交换一两匹马所能驮运的东西，而且一般是以物易物。

货币交换除彝、汉杂居区外①，直到新中国成立前二三十年才出现，也只限于以白银或银圆作中介。交换的商品主要是从汉区输入枪支弹药，从彝区输出鸦片。这种特殊的商品交换并未建立在彝区手工业和农副业生产发展的基础之上，它不可能真正促进彝区经济的发展，而只会给彝区的经济造成破坏。

总而言之，农业生产粗放，剩余产品的数量不多，没有出现第二、第三次社会大分工以及由此而产生的商品货币经济，是造成凉山彝族家支长期存在的主要根源。从凉山彝族的情况来看，氏族血缘纽带的解体有一个历史过程。如果把这个过程分为两个不同发展阶段的话，第一阶段的特点是剩余产品打破了统一的、自由、平等的氏族血团，使之分裂为贵族统治阶级的血团和被统治阶级的血团，这两种不同的血团依然共存于一个社会单位之内，依然盛行着古老氏族制度的某些传统，但这些传统中有不少已被贵族统治阶级利用来作为巩固和加强自身统治的手段。在这个阶段上，血缘的贵贱差别胜于贫富差别，氏族机关已蜕变为奴隶主贵族专政的工具。第二阶段的特点是剩余产品的巨大增加导致社会分工和商品货币经济的发展，货币经济把人们的血缘关系变成货币关系，既打破统治阶级的血团又打破被统治

---

① 据《马可波罗游记》"建都省"的记载：元初西昌汉彝各族人民使用棍形的黄金与约半两的盐块作为货币进行交换。

阶级的血团，社会组织不再是以血缘集团而是以地域集团为基础；专政机关不再是氏族机关而是自居于社会之上的统一的国家政权。凉山彝族的经济发展水平使它尚处于第一阶段，因而家支血缘关系不能最终失去它的意义和生命力。

家支的延续还有政治方面的原因，就是在凉山特定的历史条件下，家支这种血缘组织形式不仅是黑彝奴隶主阶级专政的工具，而且是被统治的白彝等级曲诺、阿加反抗压迫奴役的手段。白彝家支包括曲诺和阿加等级的一些成员①，其组织虽不像黑彝家支那样严密，但他们也有自己的头人苏易，白彝家支头人举行的会议也叫作"吉尔吉铁"。这种会议除承担调解内部纠纷，组织生产、生活等方面的互助之外，主要是研究如何抵抗来自黑彝的过分的压迫奴役。曲诺、阿加因有家支作为反抗的武器，一般来说，主子不能任意打骂及残害他们。杀死有家支的曲诺，黑彝虽不抵命，但要赔命价，否则就要遭到其家支的抗拒。如美姑三侯以达乡黑彝金曲月普的曲诺曲比打耶的羊被主子的呷西偷去。打耶的哥哥到主子家里去找，主子用枪把他打死，并打伤了打耶的脚，曲比打耶的家支吴奇曲比家进行干涉，迫使金曲月普赔了打耶的哥哥二十八锭银子的命价和赔偿打耶十二锭银子的养伤费。

主子要出卖曲诺和阿加，必须事前征得其家支的同意，不然也会遭到白彝家支的反抗。昭觉滥坝乡土目尔恩拉拉从拖木沟的阿加拉马阿浴家抽采一女当呷西，后将其卖到甘洛，白彝拉马家知道后即提出质问，说没有这种道理，抽去当呷西可以，但不能卖掉。尔恩家不理，拉马家即组织家门亲戚万余人包围滥坝尔恩土目的住地，双方发生战斗，主子家死五人，拉马家死三人。因土目势力强大，拉马家怕

---

① 白彝家支一般包括曲诺、阿加两个等级，因为曲诺可以下降为阿加，下降后仍属于曲诺家支的成员，又曲诺所属的呷西可以上升为阿加，上升后经曲诺主子同意可跟随主子姓，这两种情况都可以使阿加成为白彝家支的成员。

事态扩大，才自动撤退。

黑彝主子可根据人身隶属关系夺占曲诺、阿加的土地和吃他们的绝业。但因曲诺、阿加有家支作为反抗的武器，黑彝的行动也不能不受到约束。如美姑三侯以达乡曲诺窝西克尔在帮黑彝主子金曲家打冤家时战死，主子吃了他的绝业，窝西、涅日两个白彝家支因此提出不再帮助主子打冤家，以进行抗拒，金曲家只好屈服，答应从此不再吃这两家的绝业，双方还为此在拉里沟杀牲吃血酒对天起誓。

白彝家支反抗的最高斗争形式是武装起义，会理娃子寨起义就是由曲诺涅额家发动的。其次是进行冤家械斗，如美姑黑彝布兹哈格霸占曲诺吉牛吉哈家的六户阿加，吉牛家则发动对布兹家的械斗，两家一共打了11年。

恩格斯在分析法国、英国、德国的氏族制度，因其作为被统治阶级的一种反抗手段而被长期保留下来时说："氏族组织不知不觉地变成了地区组织……但是，它仍保存了它那种自然形成而为整个氏族制度所特有的民主性质甚至在它后来被迫蜕变的时候，也还留下了氏族制度的片断，从而在被压迫者手中留下了一种武器，直到现代还有其生命力。"① 凉山彝族家支之所以长期具有生命力，一是因为黑彝需要靠家支来压迫剥削奴隶；二是因为被压迫的曲诺、阿加需要用自己的家支来反抗黑彝的苛重奴役。家支观念因此不但牢固地深扎在黑彝奴隶主的意识中，也牢固地深扎在白彝的意识中，这就必然使家支长期充满自己的活力。

尚需指出，白彝家支是黑彝家支打冤家的主力。它帮助黑彝进行掠夺，控制娃子，进行各种摊派和抽各种劳役，有的白彝家支的头人甚至帮助黑彝管家充当所谓"管家娃子"，同时，少数曲诺上层还通过白彝家支来控制自己所属的娃子。我们说白彝家支是曲诺、阿加反抗奴役的一种武器，只是从被压迫者需要家支抗拒压迫这一方面来说

---

① 《马克思恩格斯选集》第4卷，人民出版社1972年版，第148页。

明家支存在的一个原因，并不是要否定白彝家支在维护和巩固黑彝奴隶主阶级统治中的消极作用。

恩格斯认为，在商品货币经济不能摧毁血缘纽带的情况下，外部暴力是可以使氏族血缘团体死于非命的，如英国人曾经使用暴力破坏了爱尔兰的氏族。但是凉山并没有出现这样的情况。历史上，我国历代封建王朝对凉山采用安抚和征剿并用的统治办法，安抚不仅不能导致家支的解体，反而助长了黑彝的势力，使血缘关系更加得到巩固和发展，而多次的征剿也未能达到所谓"荡平"的目的。彝谚说："你有千军万马，我有深山老林。"封建王朝的每次进攻基本上都失败了。家支安然无恙地存在下来。

以上情况说明，家支的长期存在不仅有其内部的决定因素，即生产力低下，未出现第二、第三次社会大分工和足以冲垮它的商品货币经济，也有其外部的原因，这就是封建王朝的暴力还未能使它解体。

综合以上论述，笔者认为凉山彝族的家支是一种父系氏族组织，尚保留许多古代父系氏族制度的特征。但它已不是原生形态即原始社会时代的氏族，而是次生形态即阶级社会中的氏族。首先，它是由原生形态的氏族蜕变而来的。蜕变首先表现为统一的利益一致的原始家支，分裂成以阶级划分和阶级对立为基础的黑彝家支和白彝家支。黑彝家支是由原始氏族内部阶级分化产生的贵族阶级繁衍而来的，白彝家支则是由与其对立的被统治者滋衍的。其次，表现为原始氏族的许多特点发生了适应黑彝奴隶主阶级压迫的变化。其最终结果是原始氏族机关变成黑彝奴隶主阶级专政的工具，即黑彝家支头人操纵的家支议事会，在对内和对外方面具有政权的职能。为什么阶级划分和不断激化的阶级斗争未能炸毁家支而代之以地域组织，并最终形成统一的政权呢？原因在于彝族社会经济的不发达，在于没有足以使血族团体导致瓦解的商品经济，也在于没有外部暴力足以使它解体，而没有商品经济的发展是最根本的一条。历史证明商品货币经济愈不发展，血缘关系就愈起作用；商品货币经济发展程度越高，血缘关系的作用就越小。现代资本主义社会是商品经济高度发展的社会，人与人之间的关系已经物化成商品货币关系。在这里，货币甚至打破了父子之间的血缘关系而使之变为金钱关系。因此，没有强大商品经济的冲击，凉山彝族的家支是不可能自动解体的。

（原载《中国社会科学》1981 年第 2 期）

论彝族的原始社会和原始宗教

一 引言

彝族，总人口 657 万，分布在云南、四川、贵州、广西四省区。除川、滇交界的大小凉山呈大片聚居以外，其余与汉族等兄弟民族杂居。彝语属汉藏语系藏缅语族彝语支。共有六种方言，不同方言中有50% 左右的同源词和25% 以上的汉语借词，这说明分布于广大地区的彝族相互之间以及彝族与汉族之间，历史上有血肉不可分割的联系。彝族有自己的文字，史称"爨文"，今称彝文。四川凉山地区的彝文经书，用竹片蘸鸡血或木炭锅烟，自右至左横写在木板上。滇黔地区的则为棉纸的墨写本或刻印本，由左向右竖书，多为韵文，便于背诵。彝文经典卷帙浩繁，内容丰富，具有重要研究价值。不少流失在日、美等国。从历史源流看，彝族渊源于我国古代西北南迁的氐羌人与西南地区土著居民的融合体。在漫长的历史发展中，汉族、白族、纳西族等族人口大量融合于其中。先秦、两汉时期汉文献称为"叟""昆明"；汉晋时期称"叟"；南北朝至唐时期称为"东爨乌蛮""西爨白蛮"；元、明、清时期称为"罗罗"。彝族支系繁多，有数十种自称和他称。自称主要有诺苏濮、纳苏濮、迷撒拔、罗罗濮、泼哇、衣柯、颇罗、苏拉培、图拉拔、腊鲁濮、阿鲁、撒尼濮、尼濮、聂苏濮、黎拔、山苏、阿租拔、阿西拔、阿哲濮、格濮、阿多濮、阿武、阿乌拔、罗米、密期、阿罗濮、他鲁苏、他谷鲁、拉乌苏、撒马都、堂郎、纳若、纳渣苏、六得博等。他称有黑彝、彝家、土家、土族、蒙化子、俅族、卜拉、明朗、撒梅、子君、花腰、罗武、山苏、车苏、阿细、红彝、支里、罗罗、六得等。20 世纪 50 年代经过民族识别，并遵照本民族的共同意愿，统称为彝族。

20 世纪 50 年代初，四川、云南大小凉山的彝族尚处于奴隶制社会，其他地区则已先后进入封建社会。佛教、道教、天主教在彝族地区有所传播，但原始宗教的影响仍占据重要的地位。

二　彝族的原始社会

彝族地区是人类的发祥地之一。1965 年，在云南楚雄彝族自治州的元谋县上那蚌村西北，出土两颗距今 170 万年的元谋人牙齿化石。[①]1984 年 12 月，考古工作者又在元谋发现元谋人胫骨化石及大量旧石器文化遗物。元谋人胫骨保存完整，骨干长 227 毫米，外表呈红褐色。发现地点离元谋人牙齿化石出土地 250 米。该化石经国内外许多专家鉴定，被确认无疑。经用古地磁方法、电子自旋共振法、氨基酸法进行测定，都表明元谋人的年龄为 170 万年。在元谋猿人化石出土的地方，还出土 17 件旧石器、炭屑和几块烧过的骨头。考古学家的研究表明，元谋盆地内存在一个石器时代文化发展的序列。从旧石器早期到新石器时代各个时期，这里均有代表性器物发现。元谋人不仅

---

① 参见胡承志《云南元谋发现的猿人牙齿化石》，《地质学报》1973 年第 1 期；冯醒华、钱方《古地磁与旧石器时代考古》，《考古》1978 年第 5 期。

会制作原始的工具，还发明了人工取火。① 旧石器时代的遗址除元谋以外，还有路南彝族自治县的板桥河沿岸、贵州黔西县沙井乡的观音洞、水城艺奇乡的硝灰洞、兴义顶效乡的猫猫洞等处。

旧石器时代早中期是彝族先民的原始游群时代，其生产力是非常原始的，人们全靠采集、狩猎为生。从已发现的旧石器时代遗存来看，尚无任何实物或痕迹足以说明在这个时代中就已有宗教信仰。这是因为，当时的人类尚处在幼年时期，智力发展尚未达到可以产生抽象的宗教观念的地步。从世界宗教史的考古资料可以推知，这个无宗教的时期至少开始于旧石器时代的早期（公元前六七十万年），止于旧石器时代的中期（公元前四万年）。而且在旧石器时代的晚期，也未发现他们有信仰宗教的实物资料。

经过长期的劳动实践，彝族先民认识到经过琢磨的石器比打制的工效要高，磨制石器于是代替了打制石器。这种石器的使用标志着彝族先民旧石器时代的结束和新石器时代的开始。在元谋大墩子，大理的佛顶、马龙、白云及滇池东岸等地区，考古学家先后发现了内涵丰富的彝族先民新石器时代的遗址和遗物。

大墩子发掘出的一个原始氏族村落遗址，共有房屋基址 15 座，建筑在一块长方形的平地上，房屋为木结构。墙基的筑法是先挖沟，后挖柱洞。柱洞排列不规则。但四角的角柱较粗，层顶可推测为"平顶"。屋内有方形或椭圆形的火塘，在一个火塘的陶罐中发现有粳稻碳化物。遗址中有猪、狗、牛、羊、鸡、鹿、兔、豪猪、竹鼠、松鼠、猴、熊和鱼等的骨骼化石；遗址中出土的陶器碎片，可以复原为罐、钵、瓮、盆、壶、杯、纺轮、弹丸等器形。陶器上的饰纹有划纹、压印纹等；出土的磨制石器工具有斧、刀、镞、纺轮、弹丸、石球等。斧断面呈椭、扁圆形，平面略呈梯形；刀呈长方形和半月形；镞扁而薄，尖甚锋利；出土的骨制装饰品有锥、镞、针、环、镯、珠

---

① 参见《元谋人为我国最早古人类》，《光明日报》1990 年 11 月 18 日。

子、坠子等。经放射性碳素测定，这个遗址的年代为公元前 1260±90 年。① 大理佛顶、马龙、白云等处遗址，曾出土半穴居式的房屋村落。屋内有火塘，塘内有锅庄石，圆形或椭圆形的窑穴中有木炭屑及陶片出土。据陶碎片测定，器形有碗、罐、盆、皿、瓶、纺轮、纺坠……纹饰有断线、横线、斜线、方格、圆圈、波浪等。掘出的石器有斧、锛、凿、刀、砺石、网坠等，石刀多为半月形。② 石斧与大墩子的相同，平面呈梯形，断面为椭圆形。滇池东岸遗址多有螺壳堆积（有的厚8—9米），是居民们取食滇池螺蛳留下的。遗址中出土的陶片可复原为碗、盘、钵、纺轮、网坠、弹丸等器形。陶片上有谷壳的痕迹，经鉴定，确定为粳稻的谷壳。③

从上述考古资料可知，彝族先民在新石器时代以氏族聚落而居，进行以生产粳稻等作物为主的农业经营；饲养猪、牛、羊、狗、鸡等家畜、家禽；兼营狩猎生产。从石器的种类、陶器的器形和纹饰、柱洞式房屋的建筑等可以看出，彝族先民的石器琢磨、陶器制作和建筑技术已具有较高的水平，社会分工已向专业化方向发展。

与这个时期生产力发展水平相适应，其社会组织是以母系氏族为基础而建立的母系氏族公社，其婚姻是对偶婚或母居婚，特点是"生子不见父"。这从流传在四川雷波彝族中的一个古老传说可以得到证明：

　　阿苏尼知山麓、挚阿底利一世，生子不见父；底利苏尼二世，生子不见父；书尼阿苏三世，生子不见父；阿苏阿窝四世，生子不见父。阿苏阿窝情急了，所以就背着黄金到各处买父亲。

① 云南省博物馆：《元谋大墩子新石器时代遗址》，《考古学报》1977 年第 1 期。
② 吴金鼎、曾昭燏、王介忱：《云南苍洱境考古报告》（甲编，李庄），1942 年。
③ 有关滇池地区新石器时代遗址的考古资料，参见黄展岳、赵学谦《云南滇池东岸新石器时代遗址调查记》，《考古》1959 年第 4 期；云南省文物工作队《云南滇池周围新石器时代遗址调查简报》，《考古》1961 年第 1 期。有关粳稻的确定，见诸宝楚《云南水稻栽培起源问题》，《学术研究》1962 年第 4 期。

先到仙人砥矩家，适值砥矩外出了。又到仙人世些家，世些赠他一件东西叫作"宜执"。最后往访皇耳目神，才告诉他说：只有行祭祀祖宗礼仪，然后父子才能相见。阿苏阿窝回来与乌尼奇卢为婚，生一子名阿窝阿古。到阿窝阿古之世，才开始祖与孙相见了，父与子相见了。①

新石器时代之后，彝族先民经历了一个铜铁并用的时代。这个时代的社会组织是以父系氏族为基础建立的父系氏族公社。这从下面的传说可以得到证明：

　　远古之时，上面没有天，下面没有地。在宇宙的上方住着恩体谷自家。为了开天辟地，恩体谷自请众仙子来商量。九天商量到深夜，宰了九条商量牛。九夜商量到天明，喝了九罐商量酒。尔施阿俄出计谋，颇宜阿约出计谋，儒惹古达出计谋，署惹尔达出计谋，阿俄署布出计谋，献给司惹低尼仙。司惹低尼仙啊！打碎九个铜铁块，交给阿尔老师傅。阿尔师傅啊！膝盖做砧碴，口腔做风箱，手指做火钳，拳头当铁锤，制成四把铜铁叉，交给四仙子。一把给儒惹古达，去开辟南方；一把给署惹尔达，去开辟西方；一把给司惹低尼，去开辟北方；一把给阿俄署布，去开辟南方。把天撬上去，把地掀下来，四方开了四裂缝。恩体谷自巡视地面以后说，天地还没有开好，四个铜铁球还在大地上。他让司惹低尼，派遣阿尔老师傅，将那四个铜铁球制成九把铜铁帚，交给九个仙姑娘，拿去扫天地。把天扫上去，天成蓝茵茵，把地扫下来，地成红艳艳。四根撑天柱，撑在地四方。四根拉天梁，扣在天地的四方；四个压地石，压在地四方。恩体谷自家，派遣阿尔老师傅，制造九把铜铁斧，交给九个仙青年，随同司惹约祖

① 《都提特衣》又称《都提经书》，为已故马长寿先生在四川雷波米脚漕毕摩尼必家所得。参见马长寿《彝族古代史》，李绍明整理，上海人民出版社1987年版，第32页。

去造地。遇高山就劈，遇深谷就打。一处打成山，做牧羊的地方。一处打成坝，做放牛的地方。一处打成平原，做栽秧的地方。一处打成坡，做种荞的地方。一处打成山凹，做住家的地方。[①]

这个传说是一个以男性为中心的神话，恩体谷自赖以开天辟地的是众仙子，众仙子商量了九天，制定了具体的计谋，由四仙子把天撬上去，把地掀下来，劈高山、打深谷，造地平整土地的也是仙子，仙女只充当了使用铁扫帚的配角。仙子仙女们使用的工具是由铜铁制成的。这个神话是彝族先民按其自身的社会状貌造出来的。因此，神仙们像凡间的人一样，社会的组织以"家"为单位，也经营农、牧业，种植稻、荞等作物，饲养牛、羊等牲畜，能用粮食酿酒供聚会所用；有专营手工业的铜铁匠，能打制铜铁叉、铜铁帚、铜铁斧等生产工具。这个神话是早期铜铁并用时代的产物。它说明当时的社会已由"生子不见父"的母系氏族社会过渡到了父系氏族社会，恩体谷自的形象是根据父家长的图景虚构出来的。

三 彝区新石器时代墓葬反映的原始宗教

新石器生产工具的出现是社会生产力和人的智力发展到一个新时代的标志。如果说旧石器时代彝族先民创造的生产力，还不能说明他们的智力发展已达到了使他们能够产生复杂的宗教观念和宗教行为的话，那么，新石器时代的情况则不是这样。元谋大墩子和宾川白羊村

---

① 大凉山老彝文经典《勒俄特衣·开天辟地》，转引自冯元蔚、曲比石美等翻译、整理、校订《凉山彝文资料选译》，1978年。

遗址出土的新石器时期的墓葬，说明他们的宗教观念已使他们产生了复杂的宗教行为。大墩子的墓葬分土坑葬和瓮棺葬两种。前者为成人墓，后者为儿童墓。成人墓的葬式有断肢葬（将死者的上肢或下肢砍断，倒置下胸腹部或盆骨的两侧）、仰身直肢葬、侧身葬、屈肢葬等。在两座俯仰身直肢葬的墓中发现石镞十余枚，在另一座母子合葬墓中发现石镞一枚。有一墓存有随葬的石锛一件、牙饰品一枚。儿童瓮棺墓共发掘 17 座，瓮为陶制，高 50—60 厘米，钻有直径 1.5—2 厘米的圆孔 1—3 个，饰有篮纹、划纹、弦纹和附加堆文。瓮棺全部成行排列于宅屋附近。随葬品有陶罐、陶壶、石斧、骨镯等。宾川白羊村发掘的墓葬共 24 座，均为竖穴土坑墓。其中 16 座为无头葬，一次葬的 10 座，内有无头骨架 23 具；二次葬的 6 座，均为无头葬。这个遗址中有瓮棺葬 10 座。[①] 从以上墓葬可以看出：

第一，彝族先民在新石器时代已经有了复杂的灵魂不死观念。他们对死者遗体的种种处置方法，都是针对死者的灵魂而做出的。断肢葬的用意是将死者的灵魂砍死，使之不祟祸于人。这些被砍断尸体的死者，可能是凶犯或暴死者。石锛、牙饰品等随葬物的放入，意在表示对死者的祭奠，以使他们不死的灵魂有工具和饰品可以使用。瓮棺葬的位置体现出对小孩灵魂的体贴与爱护。瓮棺上的圆形小孔是为不死的灵魂提供的出入孔道。这与西安半坡村出土的 70 多座儿童瓮棺葬相同，研究半坡村新石器时代墓葬的考古学家们一致认为，瓮棺上的小孔是原始宗教信仰的表现。人们认为儿女肉体虽死，但灵魂不灭，因此才给他（她）的灵魂留出一个出入的孔道。1979 年，笔者在贵州威宁县盐仓乡看到一个彝族土长的"大坟"，下方筑有一道小门，当地彝族老人说，这是专门为死者的灵魂出入而留下的。彝族的这种葬俗的源头，可以追溯至新石器时代带孔的瓮棺葬法。宾川白羊村的二次葬墓，是将骨骼堆放在一起埋葬，这种葬俗的产生，是基于

---

① 参见云南省博物馆《元谋大墩子新石器时代遗址》，《考古学报》1977 年第 1 期。

这样一种观念，即认为人的血肉是人间的，只有等肉体腐烂，将骨骼埋葬，死者的灵魂才能进入鬼魂世界。这种葬俗，目前在我国西南许多少数民族地区以及东北、台湾、广东、福建等地还保存着。

第二，当时已有灵魂崇拜的仪式和法术。石锛、牙饰品、陶罐、陶壶、石斧、骨镯等随葬物，无疑是在一种复杂的宗教观念驱使下才放入的，放入时必然做过祈祷和跪拜等简单的仪式，或者进行过其他的敬尸法术。同样，砍断死者的上肢、下肢时，也必然举行过某些法术和仪式。否则，人们就无法沟通与死者灵魂的联系。

第三，当时已经出现了猎头祭祀的习俗。宾川白羊村的无头葬，是死者被砍了头后葬入的。他们的头可能是在械斗中被敌对氏族的人猎去，也可能因是美鬓髯者被异族或本族人砍去头颅。因为猎头者的氏族相信，敌首或美鬓髯者之首具有神力，用它进行祭祀，可使村落和氏族兴盛。这种猎头祭祀在中外历史上是常见的。如在我国湖北房县七里河的新石器遗址中，亦出土过类似的无头葬。其中一座骨骼完好，只缺一人头骨。另一座的墓主亦缺人头，其他部位的骨骼完整无缺。① 沈莹《临海水土异物志》说："夷州（东汉三国时称今台湾为夷州）在临海东南……战得头，著首还，于中庭建一大材高十余丈，以所得头差次挂之，历年不下。"《魏书·獠传》说："其俗畏鬼神，尤尚淫祀。所杀之人，美鬓髯者必剥其面皮，笼之于竹，及燥，号之曰鬼，鼓舞祀之，以求福利。"20 世纪 50 年代以前，云南西盟县大马散等村的佤族，尚保留"猎头祭谷"的习俗，其寨中有一广场，中竖一木桩，俗称人头桩，寨人每砍他族的美鬓髯者之头，均放于一小竹箩而挂于木桩之上，以供全寨人作祭谷之用，直到第二年有新头颅砍回来，才取下来送往村后的鬼林。台湾的泰雅族、赛夏族、曹族也保留着这种古老的习俗。泰雅族"当出战人员得首级归社，众人欢呼行

① 参见王劲、林邦存《房县七里河遗址发掘的主要收获》，《江汉考古》1984 年第 3 期。

之，首级被置于馘首者家之棚上，社众及参加队员齐集于此，庆祝成功，首使生首之嘴含酒，以粟、番薯等物供馈唱祭词以招魂。继之屠猪捣饼，举全社之众宴饮终夜。翌日将首级携至头目家，供酒肉，围首级再度宴饮，歌舞片刻后移置头颅于架之中央，原有头颅向左右移动，并继续宴饮歌舞，直至首级之肉剥落成髑髅为止"①。宾川白羊村出土的无头葬墓，无疑是彝族原始先民有过猎头祭祀的证据。猎头是一种充满风险的举动，在力量悬殊的情况下，出猎者的头往往会被先割下来。为什么还有人敢去猎头呢？这说明当时人对鬼神的崇拜，已虔诚到置之死地而不顾的地步。

四　彝区新石器时代崖画反映的原始宗教

新石器时代崖画在形式上是原始人的艺术，在内容上则是原始人宗教活动的画卷。彝族渊源于我国西南地区土著与西北古羌人的融合体。西南地区远古遗留下来的新石器时代崖画，都应作为研究彝族原始宗教的依据。民族是一个历史的范畴，将民族形成以前的远古文化遗存，视为今天某一民族特定文化遗产的做法是不科学的。就云南、贵州、四川发现的远古崖画而言，沧源崖画具有重要的研究价值。这一崖画群包括 10 个点，分布在曼帕、丁来、曼坎、洋德海、贺腊等村附近的高山崖壁上，用赤铁矿作颜料绘制，呈红色。经碳 14 测定，崖画钟乳石的年代为公元前 3040 ± 70 年；在崖画分布区出土石斧、石锛、石环、陶器碎片、打制石器及炭化稻谷等遗物，未见有金属遗

---

① 《台湾通志·宗教习俗》第 2 册，第 79 页。

物。这说明这个崖画群是新石器时代云南的土著居民的文化遗存。①
从画面分析，这一崖画群的主题多与宗教祭礼有关，内容大致包括战
事祭、狩猎祭等。战事祭的画点在曼帕寨东北及民良大寨之北的崖壁
上（如《沧源崖画战争祭祀图》所示）。

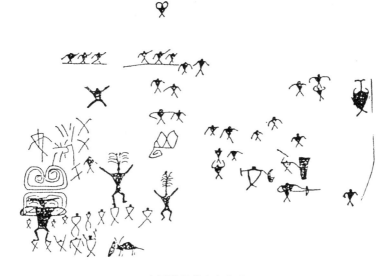

沧源崖画战争祭祀图

该画画面约为 2.4 米 × 1.6 米，可分为两个部分。第一部分画有
正在跳舞作法的巫师三人。其中一人形体特大，双手叉腰，双腿弯
曲，当为主祭者。其他二人头戴羽毛状法帽，双手上举，双腿呈跳跃
状。另有助祭者二人，未戴法帽，作跳跃状，其中一人在最上部，双
手翻至头部，另一人双手高举，双脚跳起伸向左右。三个巫师前面有
可供作祭的牺牲一只，呈叉形的人 14 个。第二部分画有正在向东进
行战斗的普通氏族成员 26 人，其中有一人手持盾牌，一人持短棒一
样的投枪一枚，一人持弩正向敌氏族人射去，一人左手持牛角，右手
持投枪（短棒）。另外有两人肩上各站立着人，似有表示本部落武力

---

① 一些学者对这一崖画群的族属进行研究，认为是佤族或傣族先民的遗物，因新石器
时代尚未有民族的划分，它们应是今天云南各族先民留下的。

强大、作战勇敢之意。有一人无头，似因颜色脱落所致。在上述画面之东端，有二人扮演敌方氏族的人，其中之一为巫师，头顶的法帽上竖木杆一根，杆顶为叉形法器，所戴法帽为水牛角形。这样的装扮与上面的巫师完全不同，当是因氏族部落不同所致。另外一人在此巫下方，作向东逃跑状，其后有持弩、盾者向他追来。[①] 整个画面是一祭战神的模拟巫术，意在祈求战神的帮助，夺取血族复仇一类氏族战争的胜利。类似的战事祭祀，20 世纪 50 年代以前在川、滇大小凉山彝族中尚有遗迹可寻。黑彝家支在发动冤家械斗之前，要将本家支全副武装的械斗队伍集中至祭场，由毕摩作法祭战神，祈求战神的护佑和帮助战事取胜。械斗成员要身着红色绸衣，头插金花一朵，扎白布一条，或戴有红色飘带的竹帽一顶，身穿铠甲，手持弩、盾。到场作法的祭司毕摩、巫师苏尼少则几人，多则十几人以至数十人。祭祀所用的牲畜牵至祭场。毕摩诵经，请战神、山神、天神、祖神等临阵护佑，再"断口嘴"（诅咒）以攻击敌方；苏尼则手舞足蹈，胡乱蹦跳，作有神灵附体状，以示神灵将保佑本次战争获胜。苏尼跳神的方式，祭祀用牲牵人祭场的做法，参战人员手持弩、盾、牛角等兵器，以及氏族参战者表现出来的威风等，与壁画的内容和风格有着惊人的相似。这不能不使人们做出这样的结论：彝族的战争祭祀与沧源岩画的战事祭有相承关系。

狩猎祭的画面为 3.2 米 ×2.5 米，距上述画点 1.6 米，画面有残断的弯曲线条表示山坡的凹凸不平，五兽作向西方奔跑状。兽的上方二人，下方一人，分别作持弩射兽状（如《沧源崖画狩猎祭祀图》所示）。

此画的主题为巫师做狩猎模拟巫术。巫术者相信超自然力可以为我所用，只要用相同的事物就可以影响相同的事物。类似性质的巫术在川、滇大小凉山是屡见不鲜的，如有的毕摩制一草人代表仇者，念咒后将草人砍断，以达到使冤家死亡的目的。另一狩猎巫术画在曼坎

---

① 参见林声《云南沧源岩画》，《文物》1966 年第 2 期。本文沧源崖画插图均引自此文。

沧源崖画狩猎祭祀图

大寨西南不远的崖壁上（如《沧源崖画狩猎巫术图》所示），范围为
1.2 米×1.4 米。下方有一头戴羽状法帽的巫师，双手持火把平伸，
呈正在作法之模样。其左有双手平伸，作表演状的助祭者；右面有一
供祭祀使用的牲畜，可能系拴在一木桩上，但木桩已脱落。巫师之后
面有一人，其手持猎具，对准迎面奔来的一只野兽。画面中部有三人
叠立，上方二人两手举平，似在做一种巫术竞技；再上方一人两手平
举，另有两人叠立，有两人各出一手拉着一个长方形物体，前面有六
只野兽奔来。从画面的立意来看，其为狩猎巫术画是没有疑义的。

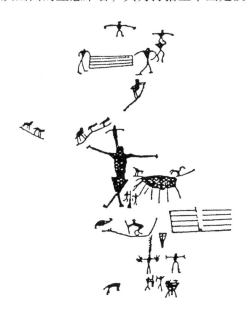

沧源崖画狩猎巫术图

在云南邱北县南盘江流域的狮子山、元江县元江流域的它克地区，考古工作者发现反映图腾崇拜的崖画。邱北狮子山的为一只人形鸟，用赭红色线条勾画而成，头部为鸟头形，有尖嘴，躯干由两条弯曲的线条组成，似人体。其"手臂上各有两组羽毛纹饰，头部画有冠状羽毛，纹饰不对称，上下翻飞，给人以鸟在空中回旋飞翔的动态感"[1]（如《邱北狮子山鸟图腾崖画》所示）。

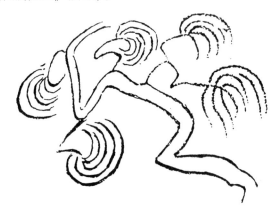

邱北狮子山鸟图腾崖画

此画的出现并不是偶然的，有特定的意义，就是以其为氏族群体的象征、标志和保护者，相信本氏族是它的后裔，因而加以崇拜。这是一种鸟图腾的遗迹。20 世纪 50 年代以前，云南新平奎山的大寨黑彝，尚保有崇拜杰吾鸟、绿斑鸠鸟、黑头翁鸟、白鹇鸟的习俗，不同的宗族分别以其中一种为祖公（详见"六图腾崇拜遗迹"）。元江它克的为两只蜥蜴，即"四脚蛇"，一只长 38 厘米，宽 12 厘米，头呈三角形，有短鬃，两爪前伸，身躯略弯，后腿作蹬爬状，躯体左侧有一个用线条绘制的菱形符号；另一只长 80 厘米，宽 25 厘米，头呈圆形，有鬃和触角，躯体绘有椎体和方形纹，也作蹬爬状（如《元江它克的蜥蜴图腾崖画》所示）。

---

① 杨天佑：《云南的原始崖画》，《云南省博物馆建馆三十五周年论文集》，1989 年。本文它克、狮子崖画及祭月崖画均引自此文。

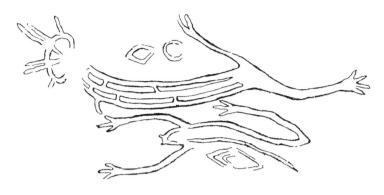

元江它克的蜥蜴图腾崖画

　　三角头形、体瘦长者为毒蜥，圆头、体肥有方块纹者为巨蜥。[①]
甘南武山县曾出土一个彩陶瓶，上面绘有人首蜥蜴身像。考古学家苏
秉琦认为，此件约当仰韶后期，显然与宗教有关。用这一条材料与它
克蜥蜴做比较研究，可以认为，它所表现的是新石器时代彝族先民的
一种氏族图腾标志。

　　大自然崇拜是彝族原始宗教的一个基本内容。在云南麻栗坡
县的大王岩和沧源曼帕寨东北曾发现"祭牛"的岩画。沧源的画
面有牛五头，最上边的一头骑着一人，其左下逆向牛两头，各由
一人牵着牛颈上之绳。以上三牛似正在进入祭场。祭场中有二牛
作相斗状，左侧有一穿法衣戴牛角状法帽的巫师作巫舞状。祭场
的右下角又有二牛作反向。牛前有三个体形肥大、作舞蹈状的巫
师，中间一人似为主祭者。助祭者众多，皆作跳舞状。如其前面
有二人并排，右手高举；其后二人手持球状物作舞；四人叠立，
一人头戴树枝状的法帽。在三个体形肥大的巫师的左面，有作舞
者六人，其中一人呈倒立式（如《沧源崖画"祭牛图"》所示）。
新石器时代是农业、畜牧业发展的时代，牛在经济生活中占有极

---

　　① 杨天佑：《云南的原始崖画》，《云南省博物馆建馆三十五周年论文集》，1989 年。
本文它克、狮子崖画及祭月崖画均引自此文。

其重要的位置，当时出现的"祭牛"习俗，反映了人们对超自然力的祈求，希望通过种种的崇拜祭祀，使牛群兴旺。

沧源崖画"祭牛图"

洞穴崇拜是大自然崇拜的一种。沧源县北部的勐省崖画，有一圆形的洞穴，洞穴上端有八人，左边四个向西行进，右边的人向东走来，其中一人持牛角。洞穴中央有一肥状之牛头（似残破），面对洞口，似为祭祀时所用的牺牲。洞穴下方及左右有人群若干，或作跳跃状，或作行进状。可以看出这是在做洞穴祭祀。在沧源县的洋德海，崖画中亦有一个圆形的洞穴，洞穴周围有五人在跳祭祀舞蹈，其中一人身体未涂色。在远古时代，神秘的洞穴一直是使人们产生恐惧的自然物，亦是有对洞穴的祭祀和崇拜。这种崇拜在20世纪40年代的云南景东彝族地区还保留着。这个县的荃麻村有一神秘的石洞，其附近马街子、多衣、尼期佐、白虎门、小河等村的彝族，逢农历二月初八对它进行祭祀。传说洞

中有龙，故二月八节又称祭龙节。祭龙是后来的说法，实际上是
原始洞穴崇拜的一种遗留。

勐省崖画有对女神进行崇拜的内容（如《沧源勐省崖画"祭月
图"》所示）。崖画中有一高大的妇女，其胸部乳房高隆，两手平举，
一高一低，呈坡状。两手臂上有类似光芒的线条，两脚叉开直立。其
下面有两人，性别似为男性，五指伸开，两臂平伸，在女性神面前作
跳舞之态。这种崇拜是母系氏族社会的遗风。

沧源勐省崖画"祭月图"

五　彝族远古神话反映的原始宗教

彝族的远古神话，彝语称"阿普布得"。它是彝族先民原始宗
教信仰的产物，是彝族原始神学的观念形态、思想基础和理论基
础。关于神话与宗教的关系，学术界有几种不同的看法：先有神

话后有宗教，由神话发展而产生宗教；先有宗教后有神话，因宗
教的出现而产生神话，神话是宗教的意识形态；宗教和神话同时
产生，有了神话即有宗教。这三种说法之共同特点，就是神话与
宗教有密切的关系。因此，我们把神话作为宗教的一种遗迹而加
以研究。鲁迅在《中国小说史略》中说："昔者初民，见天地万
物变异不常，其诸现象必出于人力所能以上，则自选众说以解释
之，凡所解释之谓之神话。神话大抵以一'神格'为中枢，又推
演为叙说，而于所叙说之神之事，又从而信仰敬畏之，于是歌颂
其威灵，致美于坛庙。"研究彝族原始宗教的情况，应该认真去研
究它的远古神话。彝族远古神话强有力地支配着彝族先民的信仰
和行为，作为他们对大自然与自然力崇拜的宗教观念，其远古神
话的内容是十分丰富的，从这些神话中可以洞察到他们以多种崇
拜为特征的宗教信仰。

（1）据武朱十二子化为虎、猴、熊、蛇、蛙、虾、鸡、犬等类型
的神话可以知道，彝族原始先民曾经有过各种各样的图腾崇拜。武朱
是贵州水西彝族安氏的始祖希母遮的第二十九代孙武志撮。传说武志
撮世代，武朱子十一位变了：

> 武朱一乃只，只朱化成妖，岩穴里面居；
> 武朱二乃宅，宅朱化成绿，树枝叶上居；
> 武朱三乃仪，仪朱化成鸣，与飞鸟同居；
> 武朱四乃帝，帝朱化成虎，深山老林居；
> 武朱五乃义，义朱化成猴，玄岩顶上居；
> 武朱六乃朋，朋朱化成熊，与野兽同居；
> 武朱七乃觉，觉朱化成蛇，土穴洞里居；
> 武朱八乃明，明朱化成蛙，水池里面居；
> 武朱九乃通，通朱化成蚱，禾稼久同居；
> 武朱十乃替，替朱化成鸡，与家禽同居；

武朱十一执，执朱公成犬，与家畜同居。①

上述十一子化成鸟、兽、虫、物，乍看是荒诞无稽，而实际是指十一种图腾。也就是十一子长大后各立门户，自成一支，以虎、猴、熊、蛇、犬等为标志。

类似的图腾神话还有很多，如贵州威宁龙街区马街公社马街村自称"青彝"的彝族传说：

> 古时有个在山上耕牧之人，于岩脚边避雨，见几筒竹子从山洪中漂来，取一筒划开，内有五个孩儿，他如数收养为子。五人长大之后，一人务农，子孙繁衍成为白彝；一人铸铁制铧口，子孙发展而成为红彝；一人编竹器，子孙发展成为后来的青彝。因竹子从水中取出时是青色的，故名曰青彝。为了纪念老祖先竹子，青彝始终坚持编篾为业，世世代代赶山赶水，哪里有竹就到哪里编。……由于彝族从竹而生，故死后要装菩萨兜，以让死者再度变成为竹。②

这个传说说明，彝族原始先民有过对竹子的图腾崇拜。又新平鲁魁山地区的"獐子族"（以獐为图腾的彝族）传说：

> 古时洪水滔天，地上只剩一人与三仙女相配。七年后第二个仙女生下一个葫芦，劈开后内有四儿，长者为汉族之祖，次为黑彝之祖，三为哈尼之祖，四为傣族之祖。第三仙女后来生了两对孪生的女儿，四男四女兄妹成亲。第二对儿女子孙繁衍，势力强大，惟同室操戈，互相逐杀。
>
> 一天，有对夫妇将另一对追至森林，快要追着之际，忽有一

---

① 贵州老彝文经典《人类历史》（帝王世纪）。
② 何耀华：《中国西南历史民族学论集》，云南人民出版社 1988 年版，第 337 页。

只獐子从林中走出拦住去路。追者不敢前进，被追者因此得救。此后，这一对夫妇及其子孙乃奉獐子为祖先，他们认为这一獐子是他们的祖先变来保护他们的，从而世世代代崇拜獐子。[1]

这个传说则说明彝族先民中有过以獐子为图腾的氏族。

（2）从太阳神话中可以看到彝族原始先民对太阳的崇拜。云南楚雄哀牢山区彝族流传一个《三女找太阳》的神话。

古时候，天上有七个太阳。阳光像乳汁一样哺育着人间万物。树木常青，鲜花不败，庄稼一年收七次，牛羊一年怀七胎。可惜，七个太阳给人们带来的日子被害怕光明的夜猫精破坏了，它变成鹰铁人。拔下身上的羽毛当箭射太阳。一连射落六个太阳，第七个不出来。天上没有了太阳，庄稼、牛羊不长，草木不生，鲜花也败了。村民们向着天空哭诉，巴望太阳早些出来。人们分头去找太阳，各族先民都为寻找太阳献出了生命。彝家的三位姑娘为人们承担重任。她们扎起松明火把，大家跟着她们也都扎起来。每人将一支火把点燃，把山山脊脊照得透亮，夜猫精怕光怕火，最后被烧死了。三个姑娘朝着太阳升起的地方去找。翻过九十九座高山，越过九十九个深沟，渡过了九十九条河流，历尽千难万险，最后在一白发白须白眉毛老人的指点下找到了太阳。她们使出最后的力气向太阳呼喊："太阳啊！你不能离开我们。太阳啊！快升起来吧！"

说完，三个姑娘死去，变成三座高高的山峰，托出一轮红彤彤的太阳。

金丝闪动的太阳更加明亮了，温暖的光辉像从前一样洒到了大地上。[2]

---

① 陶云逵：《大寨黑彝之宗族与图腾制》，《边疆人文》1943年第4期。
② 此神话为厚培收集，唐楚臣、刘纯龙整理，参见谷德明《中国少数民族神话选》，西北民族学院研究所印，第302—304页。笔者略有删节。

这个神话与日食的出现有关。当太阳的光辉突然失去的时候，彝族原始初民产生恐惧之感，认为是所谓猫精射日所致，于是点燃火把，用火的巫术乞求太阳的再现。三个彝家姑娘是巫术的指挥者，亦是与太阳对话的媒介，当她们发出对太阳呼喊的祷词之后，即在巫术中死去。这种法术很像凉山彝族巫师苏尼的法术。她们可能就是最早的苏尼。从这个神话可知，彝族先民在原始时代有过对太阳的祈求和崇拜，所谓猫精，实际上是他们当时崇拜的一种精灵。日食发生时，用火的巫术仪式，去祈求太阳的再现。这在世界许多民族中是常见的。如秘鲁的森西人，是时要向天上射上燃烧着的箭，使太阳重放光芒。堪察加人要将火从屋里带至屋外，面向太阳祈祷，以求阳光再现。

（3）从树神神话中可以看到彝族原始先民有过对树神的崇拜。如云南楚雄彝族自治州的彝族传说：

> 古时天地间为混沌状态，天上有六个月亮，七个太阳，一切生灵被烈日晒死……树木花草被晒枯，唯有马桑树活下来。天神派巫师下凡，以马桑树扫除宇宙之孽障，生灵得以复生。直到现在，这个地区的彝族仍有奉马桑树为神树的习俗。镇雄县的彝族传说，在七个太阳当空照的时代，万丈烈焰喷，大地被烧红，江河被煮干，树木被烧尽……惟有勺拉则（一种高耸挺拔的黑松树）常青。在四川大凉山，彝族神话中未被七个太阳烧死的树叫"火丝达低"（一种耐旱的灌木）。彝族原始先民认为，马桑树、勺拉则树、火丝达低树，都有抗拒七个太阳暴晒的超自然力在主宰。这种力就是他们观念中的神，所以他们把这些树视为神树。直到现在，仍在干旱年头，向神树祷告和奉献米麦、荞子和牲肉。祷词说："树神爷爷，快快降雨吧！快快给万物以续生之水！给人类以救命之水。"

（4）从天神创世神话中可以看到彝族原始先民对天神的崇拜。这类神话种类很多，现以云南路南圭山彝族的传说为例：

> 远古的时候，天地还是一团浓雾，没有山河，也没有任何生物。有一位天神出了天宫，云游四海。疲乏了便在浓雾中睡倒。一觉醒来，觉得四周空洞洞的没有一点着力之处，因此挥动了他那万能之手，把天和地隔开，更扫清了天空的浓雾，露出日、月、星辰。他又给天以无限的广大，给太阳以光明，给星星以闪光，这便出现了灿烂的天空。天神又向下一望，觉得土地太荒凉了，于是用手一挥，创造出山、水、风、云、林木、荒草和飞禽走兽。最后，他又在山顶上创造了石头，在滨河的平原上创造了人。石头不断繁殖，人的数量也不断增长。平原上的人向山区拓展，触怒了石头，石头于是进行报复。在一个漆黑的夜里，当人类都睡熟了的时候，从山顶崩塌下来，打得人类头破血流，手折足断，田野、牲畜也遭到毁坏。人类的哭声惊动了天神，天神降到人间，责令石头不许滚动，并限制人们的寿命，免得人多了又上山触犯石头。①

彝族原始神话的种类十分丰富，绝不仅仅有上述诸种。但是，不管是什么样的神话，内容大都是与崇拜自然神有关。这是因为，在原始时代中，他们受着陌生的大自然的支配，生存和生产受到大自然的主宰。自然神神话支配着他们的意识，他们把大自然作为自然神的象征，而对自然实行顶礼膜拜，分析这些神话，就不难看出他们的原始宗教的轮廓和特点。

---

① 王伟收集自路南圭山彝族地区，载谷德明《中国少数民族神话选》，西北民族学院研究所印，第309—310页。笔者引用有删节。

六　图腾崇拜遗迹

自然科学史给人们提供了世界物质性的证据，物质世界是受自身发展的客观规律制约的。古生物学家和考古学家发现，人类是由二三百万年以前的一支古猿转化而来的，经过了猿人、古人和新人的三个不同发展阶段。但是由于生产力发展滞后和科学文化事业的不发达，直至20世纪50年代前后，彝族社会中还存在图腾崇拜的遗迹。现以以下诸种为例。

（一）竹图腾

《华阳国志·南中志》说："有竹王者，兴于遯水。有一女子浣于水滨，有三节大竹流入女子足间，推之不肯去，闻有儿声，取持归，破之，得一男儿，长养有才武，遂雄夷狄，世以竹为姓。捐所破竹于野，成竹林，今竹王祠竹林是也。"竹王源出于竹，实际上是指竹氏族以竹为图腾的情况。关于竹王的族属，学术界有争论，但从彝族以竹为图腾的情况来看，他应是古代彝族的一位酋长。根据民族学的调查资料，彝族社会中存在以竹为图腾的遗迹。如广西隆林、那坡及与之毗邻的云南富林等县彝族。每村皆有一块宽二方丈以上的土地种"一丛兰竹"，其高者约四丈，干巨径六寸至一尺，与针竹不同。竹根周围砌有石头围子，围以直径在五尺以外的石块，石块周围又围高约丈许的竹栏栅。平时严禁砍伐或毁坏。村人每逢农历四月二十日举行祭竹大典。除去栏栅，于竹根前搭一祭台，先由祭司毕摩作法诵经，继而由跳公（领导跳舞的长老）率村中男女跳舞。男子出左手与女子牵持盘旋，而以右手握木矛边跳边将其投给对面来往的男子。这样历时约三时许方止。最后将木矛插于兰竹脚下，再以新竹枝重做栏栅。祭者相信这丛兰竹的荣枯象征族人的兴衰。为谋族人兴旺，而时时对它诚敬顶礼，并以上述隆重的祭礼向它乞灵。否则，族人必遭厄运，以至于衰退灭绝。种竹的空地，彝语谓"的卡"，意为"种的场"。由于他们认为自己的族人与竹有血统关系，故当一个妇女快要分娩的时候，她的丈夫或兄弟就砍一根长约二尺的兰竹筒，于孩子生下之后，把胎衣胎血放一些进筒里去，然后塞以芭蕉叶子，拿到种场，吊在兰竹枝上，以显示他们是兰竹的后裔。[①]

云南澄江松子园的彝族，历史上曾将"金竹"视为祖神，并称其为"金竹爷爷"。不妊娠之彝妇，须前往竹山求子，向金竹拜祷，至夜间而在附近的庙里投宿。这里的彝族在家人死后还用金竹代表灵位，其法是取金竹一枝，内放一点死者的骨灰，外用红羽纱布或彩色纸包卷。他们认为彝族源于竹，死后还要再度变成竹。[②]

如果说定期祭祀兰竹的风俗只在一部分彝区存在的话，那供祭"竹"灵牌则是滇、川、黔、桂彝族共有的一种风俗。《宣威州志》载，"黑罗罗死则覆以裙毡，罩以锦缎，不用棺木……三五七举而焚之于山，以竹叶草根用'必磨'因裹以绵，缠以彩绒，置竹筒中，插簸篮内，供于屋深暗处"。又《皇清职贡图》说：白罗罗"葬无棺，缚以火麻……焚之于山，既焚……以竹签裹絮少许，置小簸笼，悬生者床间"。由于对竹的崇拜，凉山彝族打木刻严禁用竹子作为原料。

为什么彝族会以竹子为自己的图腾而加以崇拜呢？这可以从他们关于竹的神话中得到解释，即彝族的起源与竹有直接关系。广西地区的彝族传说：

> 开天辟地的太古时代，有一个兰竹筒中爆出一个人来，他的

---

① 参见雷金流《滇桂之交白罗罗一瞥》，《旅行杂志》（第 18 卷）1944 年第 6 期。

② 参见雷金流《云南澄江倮倮的祖先崇拜》，《边政公论》（第 3 卷）1944 年第 4 期。

面貌似猴类，初生出就会说话。其名叫亚槎，住在地穴里，穿的是芭蕉叶，吃的是野鼠和果类。一天，他在麻达坡拣拾野梨果，偶然看见一只形貌似猿的猕子睡在梨树底下……他拾起一块石头摔下去，那猕子一点不动，于是两情相投，遂配为夫妻，他们的子孙就是罗罗（彝族）。[1]

（二）葫芦图腾

1966 年二三月间，笔者在红河哈尼族彝族自治州的建水县，发现一个葫芦图腾崇拜的实例。一彝老至城中赶集，胸前挂一皮面光亮的葫芦，问之何由？答曰："这是我们彝族的祖公。"笔者不解其意，追问之，他说："彝族是从葫芦中生出来的。"后来才知道，这是彝族图腾崇拜的一种。在云南不少彝区都存在，哀牢山区的彝族有供奉"祖灵葫芦"的习俗。供奉祖灵葫芦的家庭，其正壁（土墙或竹芭墙）的壁龛或供板（或供桌）上，通常供着一两个葫芦，一个葫芦代表一代祖先（父母、祖父母）。到第三代（曾祖父母）祖灵葫芦，就请巫师来举行送祖灵大典，把它烧掉……在"罗罗"彝语中，葫芦和祖先这两个词汇完全等同，都叫作"阿普"，即葫芦就是祖先。当地彝族有"人畜清吉求葫芦，五谷丰收祈上主"的谚语。这反映了他们平时虔诚地崇拜葫芦的心愿。在这个山区南华县属的摩哈苴彝村，20 世纪50 年代前有鲁、李、罗、何、张、杞六个汉姓的彝族，按照他们制作祖先灵位的质料分成不同的宗。如鲁姓分为竹根和棠梨树两宗，分别叫"竹根鲁""棠梨鲁"；李姓分为青松、棠梨树、葫芦三宗，分别叫"青松李""棠梨李""葫芦李"。[2] 这种称谓，当为古代图腾制度的遗风。

---

① 雷金流：《广西镇边县的罗罗及其图腾遗迹》，《公余生活》（第 3 卷）1940 年第 3、9 期合刊。

② 参见刘尧汉《彝族社会历史调查研究文集》，民族出版社 1980 年版，第 225 页。

（三）鸟兽图腾

云南新平县杨武坝鲁魁山彝族地区，当地的彝族家支，就分别以水牛、绵羊、白鸡、绿斑鸠、獐、蛤蟆等为自己的名号，各家以其中一种为自己的祖先。每逢节日或祈祷时向它献祭。20 世纪 40 年代陶云逵先生在该地调查时，遇一张姓从树枝密叶中射下一只鸟来，张姓上去一看，见是一只绿斑鸠，乃恐惧万分而趴在地上叩头，口称："老祖公，得罪得罪，请您饶恕我无知，以后不敢了。"[①] 这个张姓即是当地绿斑鸠族的成员。

云南哀牢山彝族以虎为图腾。每家供奉一幅男女祖先画像，称为"涅罗摩"（"涅"意为神灵或祖先），意思是母虎灵或母虎祖先。即把祖先称为虎，且以女性为概称。罗罗彝举行祭祖大典时，大门上要挂虎头瓢为记。彝巫说：彝族是虎变的，如果不火葬，死者的灵魂就不能再转变为虎。他们的村民有叫"罗摩"（母虎）、"纳罗"（黑虎）等的。

四川安宁河流域自称为"米西苏"的"水田"彝族，过去有崇拜绵羊等家畜的习俗。除家支名称外，他们已改汉姓。而有的姓就是由崇拜某种家畜演变而来的。如冕山的杨家，彝姓"余母"，彝语意为"母绵羊"，其初汉姓为"羊"，后改成"杨"。[②] 据陈宗祥先生1947 年在德昌的调查，当地水田彝族家支分别以羊、獐、狼、雉、鼠等作为自己家支的象征。[③] 对作为本家支象征的兽及家畜，彝民抱以虔诚崇拜的感情。

① 陶云逵：《大寨黑彝之宗族与图腾制》，《边疆人文》（第 6 卷）第 4 期。
② 参见中国科学院民族研究所云南少数民族社会历史调查组等《四川及云南昭通彝族社会历史调查资料》，第 32 页。
③ 参见陈宗祥《西康栗粟水田民族之图腾制度》，《边政公论》（第 6 卷）1947 年第 4 期。

（四）其他图腾

川、滇大小凉山彝族，每家有一种东西（包括动物、树木或无生物）作为自己的吉罗（彝语意为宝贝）。如雷波卢家的吉罗是一对祖传的海螺酒杯，八且家的是"象骨头的磨子轴心"，马家的是一对大雁，吴奇家的是马，阿侯家阿尼支的是金钱角蛇等。彝谚说："人家的怪物，我家的吉罗，家中的吉罗不变卦，家外的鬼怪害不了人。"意思是吉罗能够保佑自己得福。① "吉罗"还可以是石头、银子、首饰、衣物等。这些东西当是原始时代各氏族所崇拜的图腾物。美洲印第安人图腾物有许多是诸如沙、雨、太阳、水、海等无生物。彝族对石头、银子、衣物等无生物加以崇拜，说明他们的图腾物与印第安人的是多么的相似。对"吉罗"的崇拜，除平常祭献之外，凡举行超度祖先的"作帛"大典，都要像对祖灵那样对它进行祭祀。在祭司毕摩主祭的十个道场中，第六场即是为家中的"吉罗"解污，要用羊和白鸡各一只及酒一壶进行祭祀。

七　自然崇拜遗迹

这种崇拜在形式上是直接对自然物体进行祭拜，实质上则是对各种各样的自然神进行祭拜。为保护它的自然宗教的原始特征，我们仍称它为自然崇拜。其遗迹主要有以下几种。

---

① 凉山彝族奴隶社会编写组：《凉山彝族奴隶社会》，四川省民族研究所印，1979年，第235页。

（一）天崇拜

道光《云南通志·爨蛮》条说："民间皆祭天，为台三阶以祷"，"（临安府爨蛮）以元月二十四日为节，十二月二十四日为年。至期，搭松棚以敬天……长幼皆严肃，无敢哗者"。又该书"罗婺"条引《大理府志》说："腊则宰猪，登山顶以敬天神。"贵州彝文经典《献酒经》说："天神是阿父，地神是阿母。"云南弥勒西山等地的彝族，逢腊月要祭天神。而武定、禄劝等地的彝村则在山林中建屋供奉天神。其天神的神位以竹筒制作，长约四寸，一端削尖，中贮竹节草根，草上以红白色丝线缠羊毛少许，并入米十数粒，与其他的四个神供在一起，每逢节日进行祭献。川、滇大小凉山彝族男子额前顶皆留一块方形的头发，编成一个小辫，用头帕竖立包着，直指蓝天，据说人们以其为天神的代表，认为它能主宰自己的一切吉凶祸福，故谓之"天菩萨"，严禁他人戏弄或不慎触着，否则即认为触犯了天神，被触者必遭凶遇，而被触者因此必与之拼命搏斗。即便是在冤家械斗中处于敌对的双方，胜利者亦不能摸弄对方俘虏的"天菩萨"。按社会习惯法的规定，违者须出一二百两银子作为赔礼，不然，就要将摸着的那个手指砍去。

（二）地崇拜

道光《云南通志》卷182引《开化府志》说："白罗罗……耕毕，合家携酒馔郊外，祭土神后，长者盘坐，幼者跪敬酒食，一若宾客，相饮者然。"又引《伯麟图说》："酒摩（彝族支系）……奚卜（祭司）能为农祭田祖，以纸囊盛螟虫，白羊负之，令童子送之境外。云南府属有之。"云南巍山县母沙科一带的彝族，逢农历正月初一要祭地母，彝语称祭米斯。祭法是以一树枝代表米斯，敬献以鸡血和鸡毛，祈地母保佑丰收。① 昆明西山区谷律一带彝族，逢农历二月撒秧时要祭田神，携腊肉、猪心、酒、饭等祭品至秧田边，对秧田焚香祈祷，撒些祭品到田中求地母保佑秧出得齐、长得壮。祭毕才下种。景东、武定、禄劝等县彝族，逢农历六月二十四日祭天公地母，或合村杀猪宰羊共祭，或以户为单位，在地中立树枝，或以土块搭一小楼，杀鸡敬祭，烧香祈祷，祈地神保佑五谷丰登。永仁县迤计厂的彝族，农历六月二十四日亦祭地神，称为"青苗大会"，祭费由各户分摊。另外，弥勒西山的彝族阿细人，逢农历九月择日祭地神，杀白公鸡祭地。②

（三）水崇拜

彝文《献酒经》有"水神鸭以祭"的记载，指的就是对水的崇拜。在云南景东彝族的神谱当中，水神居于重要的地位，主宰田地不受水旱之灾。寻甸等地彝族举行作斋祭祖大典时，要同时祭水神，作法是在斋期的最后一天举行驮水仪式，由毕摩念经，把一只带角的雄壮绵羊赶到水源去，并在水边祈祷水神供给族人圣洁之水，而后把水驮回来进行供祭。平时，他们视此水源为"神泉"或"神井"，严禁人畜进行糟蹋。在武定、禄劝一带，过去作斋亦要选斋场附近的长流水，由同宗之人用竹筒贮回祭祀。同宗人将取水处作为护佑本宗的水神之所在，并以其为同宗的标志，而与他宗相区别。③

在昆明西山区谷律一带的彝村，凡立夏前不下雨，村人便要出钱买一对鸡和两只羊，去泉水旺盛的地方祭水。祭法是先用烧红的木炭放入冷水中，以蒸腾的热气驱除鸡、羊身上的邪秽，而后宰杀并煮熟供在水边。同时，砍三叉形的松枝一根，蘸点鸡血，捆一撮鸡毛，插

---

① 参见中国科学院民族研究所云南民族调查组、云南省民族研究所《云南彝族社会历史调查》，1963 年。

② 同上。

③ 参见马学良《从倮罗氏族名称中所见的图腾制度》，《边政公论》（第 6 卷）1947 年第 4 期。

在水边，供以酒饭，点香磕头，求水神降雨。[①]

　　彝族所盛行的龙崇拜，就其内容而言，实际上是水崇拜的一种，故许多地方把龙神作为水神来祭。如弥勒西山的阿细人，以水塘或龙潭为龙神的象征，逢农历三月合村杀肥猪祭祀。昆明西山谷律一带的彝族，称祭龙为"下铜牌"。每年农历五月下一次，由村中长老主祭，地点在泉水边。祭时全村老幼云集祭场，点三尺余长的高香，对水叩头烧纸祷告，并由主祭者将铜牌拴在一青年潜水者的颈上，令他潜入水底，将其放入出水口，铜牌有手掌大，上刻"恭请龙王降雨"诸字。若此祭祀后三五日内降了大雨，村人须再至泉边烧香磕头，潜水者再将铜牌取回，用红布包起来供次年用。谷律以东大勒姐、小勒姐、妥基、也薅、大兴、北门等村的白彝，逢农历三月的第一个龙日祭龙，村人在龙潭边共杀一头猪，向龙潭水供肉、酒、菜、饭、磕头、点香烧纸。景东太忠地区的彝族，以农历正月十五日为祭龙节。马街子、多衣树、基麻林、尼期佐、白虎门、小河等寨，各户平均出猪、鸡共祭，以求不受水旱之灾。

（四）石崇拜

　　民国《石屏县志》卷四十"杂志"引《明一统志》说：石屏"有汉人而染土俗者，如拜木、石供家堂之类"，所谓拜石即指对石的崇拜。又彝文《献酒经》所谓"石神黄焦焦"，指的也是对石头的崇拜。云南弥勒西山的彝族阿细人，每逢农历十月要祭石神。该区攀枝邑的彝族，以村边的三大巨石作为石神的代表进行祭祀，祭时打牲。昆明西山区谷律公社的小河口村，路边有一只红沙石的石狮，彝民认为是石神的象征，逢年三十晚，村民要端三碗饭、一碗酒、一碗茶去那里祭祀。祭者对其烧香、烧纸、叩头，并将钱纸贴在狮头狮身之

---

① 参见董绍禹《昆明西山区谷律公社核桃箐彝族宗教信仰调查》，中国社会科学院世界宗教研究所昆明工作站、云南省民族研究所民族宗教研究室印，1981年。

上。初一、初二还要再用糯米粑粑去供奉。目的是求家人清吉平安。[①]
祭石神的彝区很多，但祭的目的不大一样。景东太忠地区的彝族认为
石神主玉米、瓜菜不被偷盗，故祭石的目的是防御庄稼被人偷盗。峨
山县太和村的彝族，认为石神主宰生育儿女，祭石的目的则在于
促育。

（五）山崇拜

彝族把山神作为地方的保护神而不断进行祭山活动，如云南巍山
彝族，每逢农历二月初八、六月二十五日和腊月三十日祭山神。其中
二月初八为地区性的山神会，村中老幼一起上山共祭。景东彝族二月
初八祭山，亦名"山神会"，村人上山赶集，遍地烧香、磕头和祷告。
弥勒西山彝族阿细人的村寨都建有一简陋的山神庙，并以石头或树枝
为山神的象征供于庙内，逢农历四月初一杀鸡去进行祭献，祈山神保
村寨兴旺。路南撒尼人村寨，亦建有山神庙，形式为一小茅屋。庙中
亦供石块作为山神的代表。村人不时前往祭献。在云南永仁迤什厂，
彝民称祭山为"祭山伯"，须合村共祭，共祷山神免除自然灾害。在
泸西县的阿盈里，彝族逢农历正月初三祭山，由老牧人、牧童向有
牛、羊的人家募米、肉、蒜、辣椒等食物，到山林中祭献，祈山神庇
佑牛、羊不遭兽害。在昆明西山区谷律一带，彝族农历正月初一、六
月初六两次祭山。正月初一以户为单位祭，斋饭上撒红糖、插青松
毛。家人烧三炷香，磕三个头，而后祷告说："山神老爷，我用斋饭
来祭你，请你保佑我家人丁兴旺。"六月初六以村为单位祭，称为
"祭密奢"。当地彝谚说："山神不开口，老虎不食人。""祭密奢"旨
在防人畜不受豺狼虎豹的侵害。另外，当地彝村也都建有一个山神

---

① 参见雷宏安《昆明西山区谷律、团结公社彝族宗教调查》，中国社科院世界宗教所
昆明工作站印，1981 年。本文有关谷律公社、团结公社的材料，均引自此篇调查报告。下
文不再一一注明。

庙，用土坯砌成，顶覆瓦片，内置石碑一块，上刻男女神像一对，男神头戴圆顶帽。石像之前置一石香炉。祭祀时，全村在山神庙共杀一头猪献祭。除举村行祭之外，平日村民家人有病，就带鸡蛋来庙里叫魂。猎手出猎，先带酒肉来此祭拜，以求山神允许打山中野兽而不降罪。新娘回门，亦常与新郎携酒菜前来祭献，求山神降福。昆明西山区团结公社大小勒姐一带的白彝，一年祭山两次，一次在农历二月初八，另一次在农历八月中属马日或猴日，须杀一头猪、四五对鸡，地点在山神庙，每家去一人，要念《山神经》，烧香、磕头、祈祷。

（六）火崇拜

巍山彝族农历正月初一祭火，称祭火龙太子。永仁迤计厂彝族正月初二或初三举村祭火，名曰开"火神会"。泸西县阿盈里的彝族，农历正月初一和六月二十四日祭火塘，饭前，家庭主妇选一块最肥的肉，投进烈火熊熊的火塘之中，以祈求火神不降火灾。凉山彝族视锅庄为火神之所在，严禁人畜触踏或跨越。特别重要的是，农历六月二十四日是彝族古老的祭火节，俗称火把节。这天夜晚，彝民皆以松木为燎，先在家中各处照耀，持火把挨家挨户走，边走边向火撒松香，以驱除村中的邪魔。而后，大家共持火把照田，占岁丰收，扑灭虫害。最后，将火把插于村中或村前村后的宽阔地带，各人回家取事先准备好的酒肉饭菜来祭火。

（七）日、月等崇拜

昆明西山区团结公社大小勒姐等村的白彝，新中国成立前每逢农历冬月十九日举行太阳会，村人到山神庙中去祭"太阳菩萨"。祭时，用五色纸旗写"太阳菩萨"几个字，念《太阳经》七遍。供品上须雕类似太阳的"莲花"图案。祭者人人都要敬香磕头，喃喃诵求太阳神保佑的祷词。

　　另外，当地彝村逢农历三月十三日举行"太阴会"。时间为该晚月光放白时，祭者为老年妇女。地点亦在山神庙，须用黄纸写上"太阴菩萨"的字样，供以油炸荞丝、豆腐片、洋芋片、饭、糕点、果品等素食和水果，而后念《太阴经》七遍和《太阳经》三遍。人人敬香磕头。中秋之夜，还要举行拜月，做法是家家户户在月光下陈放祭品，中央放香油灯一盏，点十二炷香（闰年点十三炷）。老幼对月叩头，三跪九叩，祈月神保家人清吉平安。

　　另外，云南景东县的彝族有路神、桥神、雷神、羊神、玉麦神、荞神等的崇拜。他们认为路神、桥神主病，雷神主死亡，羊神主瘟疫，玉麦神、荞神主该种作物的丰歉。故不断对这些自然物进行敬祭。又永善县兴隆等地的彝族崇拜野猪神"牛的白斯"、老鹰神"党格白诺"。

八　祖先崇拜遗迹

　　祖先崇拜是母系氏族时代产生的一种宗教形式。其崇拜对象起初是母系氏族已故长老的灵魂，进而是父系家长的亡灵。彝族认为人的灵魂不死。生时灵魂会附于躯体，死后灵魂则独立存在；或栖附他物；或往来于阴阳两界之间；或游荡于村寨住所附近。这种游离的灵魂被称为鬼。据说彝人过去皆有三个名字，分别代表三个灵魂。人死后，其中一个灵魂由毕摩指路进入"石姆姆哈"（阴间世界），一个随遗骨栖于坟墓，一个则附于灵牌受子孙供奉。他们认为，由这三个灵魂变成的鬼，掌管着人们的生老病死和吉凶祸福。鬼又分为善鬼、恶鬼和善恶相兼的三类。善鬼为神，已故父母的灵魂是善鬼，因此，他们极为重视祖先崇拜。作为这种原始崇拜的遗迹，主要表现为重葬仪与崇尚祭祖。

（一）葬仪

大小凉山彝族，当父母死后，先由亲人洗尸、剃头、换装，并将其脚卷曲捆缚，上覆披毡，放在木板或篾笆上，置于堂屋。亲友吊祭，哭声越大越好，据说若声轻死者听不见，家庭将招致后患。入夜，守灵者边哭边叙说死者生前美德。屋外有人站岗放哨，不时鸣枪呼叫，表示向妨碍亡灵去阴曹的魔鬼开火。葬礼要请毕摩择吉日举行。亲友于殡葬前牵牛羊、携酒前来吊祭。已嫁女儿以牛或羊一头、酒十斤及粮食、生产工具等作为祭品。有的丧家，亲友送来的牛、羊可达数百头，认为这样死者在阴间就会富足。吊祭者在未到丧家之前，即捶胸顿足，放声号哭。入门时，丧家捧酒相迎，吊祭者边饮边哭，愈哭愈烈并颂扬死者生前的许多优点。认为不如此，则死者不悦。彝族传统实行火葬。他们认为死是魔鬼作祟所致，焚尸不但可将魔鬼烧死，还可使死者入阴间之门如火化一样容易。火葬当天，由毕摩念诵"指路经"，列举地名，直至"祖先之乡"，并告诫亡灵如何同邪魔斗争。念经时，男性亲友打枪、赛马，称为"搅魂"。送葬时，一人举火把引路，亲属、亲友随后哀哭。有时还有武装"护路"，边走边鸣枪，称"禁恶"。尸体烧埋后，请毕摩招灵做灵牌，边做边念经，认为这样亡灵才会附于灵牌之上。灵牌放在小篾箩内，挂于锅台前墙上。

（二）祭祖

分日常祭祀、节日祭祀和超度祭祀三种。日常祭祀通常在家人患病或认为出现凶兆（如家畜产怪胎、夜半马嘶鸡鸣、母鸡自食其蛋等）时举行。祭时持酒肉绕锅台三圈，然后供于灵牌之前，祈求祖灵驱凶降吉。节日祭祀在彝历过年时举行。各家杀猪宰羊，认为这是同祖先共享节日欢乐，诵经祷告，祈求庇佑人丁兴旺，五谷丰登。火把节也是祭祖节日，除杀牲外，有些地区还以新荞、新米做荞粑、米饭供奉，表示感谢祖灵赐予新收获。超度祭祀，大小凉山彝族称"作帛"，滇、黔彝族称"打嘎"或"作斋"，是最隆重的祭祖大典。他们认为死者未经超度，灵魂会滞留家中作祟；只有经过超度，才会升入乐土，成为神灵。经过超度之后，把供奉在家的灵牌送往僻静的山洞中。一般是每隔三代超度一次，富有之家，则每代超度。作帛时间少则一两天，也有长达六七天的。作帛时，家族亲朋携牛、羊或猪、鸡等前来献祭；出嫁的女儿祭品必须从丰。亲戚进村前，主人邀集青壮男子数人至数十人，手持刀枪，在村外相迎，并厉声喊杀。据说，这是告诉祖先，子孙和亲属勇敢兴旺。作帛时，毕摩用竹、木、山草在屋外搭祭堂。祭祀仪式须按彝经规定，经过请祖灵、十二道场、护灵哭别、送灵等程序；其中以十二道场最为复杂，须由毕摩依星座图案，用树枝在地上插十二个方阵，引导亲友祭祀十二场。护灵哭别，系由家属和亲友在村外的场上哀哭转圈，鸣枪舞矛，表示惜别和驱除祖灵去阴间路上的邪魔；最后将灵牌装入白布小袋，送往山洞（称祖宗洞）中供奉。

1982 年 6 月，笔者在凉山彝族自治州冕宁县里庄区调查，访该区麦地公社软心沟村的罗永福同志，详得 1954 年他的父亲为其父母作帛的情况。这次作帛为时两天，参加者一百多人，是一次具有代表性的作小帛活动。主持者是该区木里公社 60 多岁的沙马毕摩。作帛的前一天，沙马毕摩被请到主家村中，在邻居家住下。作帛的第一天凌晨，由主家鸣枪（鸟枪和快枪）将其接到门前，用簸笆让他坐在地上。同时，交给他十几张白纸，由他在纸上剪出绵羊蹄子（打牛作帛的人家要剪成牛蹄子）、梳子、赶毡用的工具等形状的花纹，以让死者在阴间有绵羊和各种必需的生产生活用具。其所剪的纸每张一米多长，剪完后分贴于若干三角形的竹竿上插于毕摩面前。接着，毕摩念经，祝主人发财、长寿和多子多孙。念毕，于其面前置一木盘，由死者的子女向盘中投钱，投得越多越显出对祖先的孝敬和预示后世子孙的财源兴旺。投毕，幼子步入家中，取灵牌抱出家外，并以长子送来作祭的一只公绵羊作为前导，其后依次跟着手捧灵牌的幼子、毕摩和肩扛纸旗的家属和亲友，大家共同走向设于屋外坝场中的灵堂绕堂走三圈。边走边鸣枪，以示对死者的欢送。

　　灵堂系一白杨树枝临时搭成的棚子（忌用其他树）。毕摩念经后与守灵人进入堂中（其他任何人不得进入）。灵牌交守灵人带入置于堂内，毕摩在堂内喃喃诵经，并择清洁者（指未猎捕过熊、猴和杀过人的人），将长子送来作祭的公绵羊打死，取羊之心、肝、腰烧熟和煮熟的一块肉交守灵人供于灵牌之前，主人家准备的鸡蛋、苦荞、甜荞等祭品，亦交守灵人送入供祭。毕摩在堂中将纸旗烧掉，由守灵人取出灵牌，并把灵堂掀倒。继而，毕摩于原灵堂之旁再立三根竹竿，搭一个简易的棚子作为续祭之祭堂，灵牌移入其内，由第二个儿子将自己送来的一只公绵羊拉来，待毕摩对灵牌说"你的二儿子打一个绵羊来敬你"之后打死。与此同时，长女、次女、三女、四女……也将自己送来的公绵羊拉来打死。按惯例，孙子辈可不出羊，但儿子必须出三羊，不管儿子多少都须出三羊（有三子的每人各出一只，有四子、五子以上的，共出三只，只有一个独子的也要出三只），女儿送来的不作数。羊子打死后，各家剥各家的羊皮，各家将各家的羊心、羊肝、羊腰取出烧熟去敬灵。敬毕，又将祭棚推倒，将灵牌移至3米以外由幼子再祭。这一次不再搭祭棚。幼子须打一只羊，打死后将其携至家中剥皮，仍烧羊心、肝、腰和煮羊的胸脯子上的一块肉来此敬祭。敬毕，由家属（经算命该去的）、守灵人和亲戚家门将灵牌送入僻静、避雨、避蛇、避虫蛀的洞中去供奉。灵牌送走后，毕摩才得进入主家。并于当晚打羊为主家叫魂，以防主家的魂跟着灵牌而去。

　　次日凌晨，主家在门外将酒、肉放盘中赠给毕摩。毕摩说一些祝吉的话，然后敬主人一杯酒离去。

滇、黔彝族的打嘎仪式与凉山彝族的作帛仪式有较大的差异，但无本质的不同。以云南寻甸彝族的打嘎为例，这里的打嘎有规模大小之分，打大嘎需合族进行。届时，族人先到深山采青松毛和栗树枝，在村中搭一祭棚。棚中设一树枝、树叶扎成的供案。地上铺青松毛。祭棚搭好之后，毕摩遣人至水边拣三块洁净的白石，烧红后放一木瓢中，倒一碗净水入内，一面喃喃诵经，一面持瓢在棚内及其四周走一转，意在驱邪。入夜，在棚的后壁上挖一个洞，将各家要送走的灵牌从洞中放入祭棚。此时，各家要显露出祖灵被人偷去的神色，并嗷吠作声，佯作惊状。以向祖灵表示自己不愿意将它送走。接着，祭者蚁集祭棚内外，毕摩引导作祭。祭案上供鸡、肉等祭品，各家子孙跪立棚前。毕摩一面念经，一面用米撒向跪在棚前的子孙们的身上，子孙们用衣裳兜起，以接到的米多为吉。如此连续作祭二三日后，族人再于村外的荒地或山脚下搭一斋堂，并在附近搭许多供毕摩和家属住宿的棚子。斋堂中仍设树枝叶扎成的供案一个。搭毕，毕摩用红布将各家的灵牌包好，由村中的祭棚搬入斋堂，由北而南分成三级陈列于供案，北为长子系灵位，中为次子系灵位，南为三子系灵位。供案下放各家带来的雄鸡。夜幕降临，族人在斋堂中烧起熊熊的烈火，大家围在火旁唱孝歌，吹碧碧，讲述祖先的往事，吹唱一阵之后，毕摩们入斋堂绕行念经，各家自抱灵排成长蛇似的行列跟在其后，绕一阵之后，随毕摩从堂内行至堂外。堂外插有螺旋形的许多木柴，毕摩引祭者从柴空中蜿蜒走过，并钻过数百个叉形的架子。据说不钻不清吉，不钻自家的祖先就会在阴间迷路。绕完全场之后，祭者静听毕摩念经，并装熟睡，待毕摩学雄鸡拍翅示黎明后再起来送灵牌回斋堂的供案。次日的白天，大家在祭场斗鸡，以斗胜为该家发财的先兆，而且预示后辈子孙必出贤才。人财不旺的族人，往往将那些子孙昌盛人家的灵牌，暗自拿去列入本支灵位祈该家的祖灵来助自家兴盛。这样连续祭七天七夜之后，各家将灵牌送到毕摩的住棚，让毕摩将祖先名字登记在宗谱之上，并将灵牌烧掉，以示祖先已升入宗祠。最后，毕摩用一只有角的雄壮绵羊，遣人牵往水源处驮水，以示经过打嘎，族人得到了好的水源，人畜从此清吉平安。

九　原始宗教对彝族社会发展的影响

原始宗教是原始社会的上层建筑。它既是原始经济发展水平低下的产物，又对原始经济的发展产生过积极的作用。

在彝族的原始社会时代，宗教活动和政治性活动是合二为一的。氏族、部落的宗教领袖同时也就是政治领袖。这种情况，一直延续到唐、宋时期。如在秦、汉时代，中央王朝在彝区建立羁縻统治，也不得不假"鬼教"以治之。四川小凉山沐川长官司《悦氏先祖历代职官纪略叙》说："遐稽我（祖），肇自汉朝……汉封神，宋封佛，祀重千秋。"三国时期，诸葛亮以彝"俗征巫鬼……乃为夷作图谱，先画天、地、日、月、君长、城府；次神、龙……夷甚重之"。所谓"俗征巫鬼"就是彝族盛行原始宗教，诸葛亮因利用此俗而得到支持，在彝族内部，本民族的统治者借助"鬼教"来建立和加强自己的统治。建兴元年（223 年），益州郡豪帅雍闿杀太守正昂附吴，蜀以张裔为益州太守，"闿遂越趄不安，假鬼教曰：'张府君如瓠壶，外虽泽而内实粗，不足杀。'令缚与吴。于是遂送裔于（孙）权"（《三国志·蜀志·张裔传》《华阳国志·南中志》）。在当时，由于彝族奴隶主阶级的统治权是通过死者灵魂的神鬼意志来实现的，人们认为鬼神意志不可抗拒，故雍闿才"假鬼教"以抗蜀。唐、宋之时，彝族的鬼教进一步发展，形成历史上著名的鬼主制度，"大部落则有大鬼主，百家二百家小部落亦有小鬼主，一切信使鬼巫，用相服制"（《云南志》）。彝族以"打牛、羊、犬祭其先谓之祭鬼"（道光《云南通志·宣威州志》）。鬼主就是主持原始祭祀的主祭者。《唐书·南蛮传》叙白水蛮说："夷人尚鬼，谓主祭者为鬼主，每岁户出一牛或一羊，就其家祭之。"又《宋史·黎州诸蛮传》说："夷俗尚鬼，谓主祭者曰鬼主，故其酋长号都鬼主。"鬼主既是部落的政治首领，又是部落的宗教领袖，酋长统治权是通过神权来实现的。唐代盛行鬼主制度的彝族部落是相当多的，有滇东北地区的阿芋、阿猛、亏山、暴蛮、卢鹿蛮、磨弥敛等乌蛮六部落（《新唐书·南蛮传》《云南传》）；黎州（今四川汉源）南路婆盐十鬼主（《新唐书·南蛮传下》）；戎州（今四川西昌）的夷望、鼓路、西望、安乐、汤谷、佛蛮、亏野、阿益、阿鄂、铆蛮、林井、阿异十二鬼主；戎州（宜宾）管内今屏山境驯、骋、浪三州的各部鬼主，其地域包括今屏山以西，越嶲、冕宁以东，汉源以南到滇东北、黔西北的广大地区，唐会昌中（841—845 年），黔西北的罗殿鬼主阿佩内附，被封为"罗殿王"，因其地尚鬼，史称"罗施鬼国"。元、明以后，一种号称"大奚婆"的祭司从奴隶主统治集团中分裂出来，并逐渐发展为以进行原始宗教祭祀为主要职事的毕摩。由于宗教与政治合二为一，"鬼教"一直在彝族精神生活中占有中心位置，家家户户都把敬鬼神作为生存和发展的支柱，原始宗教渗透到社会生活的各个方面，氏族、部落成员的衣食住行、生老病死，都与宗教关联。鬼主、毕摩为人们的出生祝福，解释他们的命运，为他们治病，解疑难，处理各种案件，调解族内及寨内外纠纷，部署修路、修水利、架桥等公共劳役和共同的生产事项，执行以"鬼教"神学为基础的社会习惯法，从而使原始氏族、部落和睦，社会生活充满生机，经济、文化不断发展。著名的"爨文"及"爨文化"，丰富多彩的民族节日、民族艺术和民族歌舞等，都无不与原始宗教有关系。

原始宗教是一种唯心主义的社会意识形态，是那些还没有获得自己或是再度丧失了自己的人的自我意识、自我感觉。在原始时代彝族先民面对大自然的巨大压力，感到无能为力，不能获得自己；在阶级社会中，由于阶级压迫制度的存在，人们也不能掌握自己的命运，不能获得自己或再度丧失自己。因此，原始宗教的产生和发展是有历史根源的，它的存在不以人们的主观意志为转移。客观地、实事求是地肯定它在历史上的作用是符合历史唯物主义精神的，但是不能不着重指出它对彝族社会经济发展有极大的消极作用。

第一，它导致人们屈服于自然和社会的压力，使其不能依靠自己的斗争去改变自己的处境。对于来自自然界的压力，它宣扬的神灵救助思想解除了他们与大自然做斗争的武装，使他们不能以有目的的生产实践去控制自然和征服自然，而是通过祷告、祭祀去祈求神的恩赐，这使他们在自然压力面前变得更加束手待毙。频繁的祭祀祷告把人们从实际的生产活动中引开；不犯神灵的生产禁忌束缚人们的手脚；巨量的祭祀用牲破坏畜力和农牧业；祭神驱鬼除病使大量的劳动力死于非命。以自古延续下来的禁忌对生产的影响来说，云南哀牢山的彝族一是逢戊日不事生产，因一月有三天戊日，一年有两大戊日（农历四月十六、十月初八），故全年共有三十八天戊日不事生产。二是逢焦日忌撒种，即正月逢龙、二月逢牛、三月逢戌、四月逢亥、五月逢兔、七月逢鸡、八月逢马、九月逢寅、十月逢亥不撒种。三是逢火日不下种。什么是火日呢？甲戌乙亥山头火、戊子己丑霹雳火、丙寅丁卯炉中火、甲申乙巳风打火、戊午己未天上火、丙申丁酉山下火。这样多的日子不事生产或不下种，给农业生产造成的危害是无法估量的。再拿对畜力和牧业的破坏来说，李京《云南志略》载："祭祀时亲戚必至，宰杀牛羊动以千数，少者不下数百。"彝文《作祭经》说："大祭：椎牛如蚁堆，椎羊如白绸，椎猪如黑鱼。"1949 年大凉山布施县木耳乡呷屋村的以作帛为代表的祭祀活动共有 250 多次，宰杀牲畜不计其数。如昭觉县城南乡黑彝八且家一次献祖送鬼，打牛就达 20 多头。该家下传至尔图乌沙时作帛成立吉豪支，一次就打牛 100 多头。八且五一子死时，他的子孙也打了 100 多头牛来祭他。20 世纪四五十年代，凉山彝族的牧业收入一般只占农牧总收入的 10% 左右，畜牧业始终未能形成独立的经济部门，社会中普遍存在畜力不足的现象，这不能不与大规模的打牲祭祖有关。

第二，原始宗教在它产生的时候并没有欺骗的成分，但在阶级社会中却被统治阶级所利用而蜕变成欺骗和压迫人民的精神武器。祭司适应统治阶级的需要，要人们忍受现实的苦难，虔诚地祭祀祖先，以求死后进入"天国"。贵州彝族毕摩的《天路指明经》还煞有介事地指出一条死后进入"天国"的路，说这条路上存在许多的关口，只有生时"仁慈善良""牺牲粢盛"，死后才能越关。所谓"仁慈善良"，就是要人们自觉听命于统治阶级的奴役。所谓"牺牲粢盛"就是要人们用众多的牲畜和丰盛的谷物去祭祀祖先。由于原始宗教起着窒息人民反抗斗争的作用，彝族历史上很少出现大规模的反抗斗争。纵然有之，其持续的时间也不长，因统治阶级不是用武力加以血腥的镇压，就是用"神"的意志去把它们瓦解掉。在宗教的欺骗作用下，彝族人民曾经想借助神力来达到争取自身解放的目的，但是，这样做的结果也只能是有利于统治者。如二百多年前，大凉山布拖坝里葬（奴隶主）比补、吉狄、木魁、莫计等几个家支所属的赤黑（奴隶），曾以诅咒来反对奴隶主阶级的血腥统治。领导者是比补家苏呷吉迪、喝呷尔沙、吉狄家的阿约丁则、歇呷尔吉。参加诅咒的赤黑每户出一只鸡、一罐酒，十家共出一只羊，共聚在一起杀鸡宰羊、喝血酒，在毕摩请神后同咒黑彝主子，以反对奴隶主对他们进行的屠杀、打骂和买卖，并要求将他们的社会等级由朔（对汉人娃子奴隶的贱称）改称为赤黑。为了实现这个目标，大家决定每年四五月间聚会一次，共商是否需要延请毕摩来诅咒。每次聚会，赤黑都打着白色、红色、黄色的旗帜，白旗上有青布做的十字架，一经发现有赤黑被卖被杀被打的情况，他们就要请毕摩来诅咒。五六十年前，木耳乡赤黑吉什被阿补家（黑彝）抢去卖掉，赤黑杀鸡杀狗诅咒了三天。但是，诅咒和任何的神力作用都根本不可能使他们的处境得到改善，而只能更加窒息他们的反抗斗争，使黑彝奴隶主阶级的残酷统治得以巩固和加强。

第三，它使彝族长期陷于文化科学十分落后的境地。以文字和医学的发展来说，彝族从很早的古代起就有了自己的文字。但是，人们把它视为通祖灵和其他鬼神的工具，故它的发展十分缓慢。迄至新中国成立前，它在社会中的使用仍不广泛，而且多鬼怪之词，连毕摩也只能读而无法解释。再拿对医学的影响来说，彝族劳动人民早就积累了用某些动物的肝胆和植物的根叶来治各种疾病的经验，但是人们不相信医药，遇病唯祭神驱鬼，故使医药的发展受到摧残，大批患病者在驱鬼神中死于非命。

（原载孟慧英主编《当代中国宗教研究精选丛书：原始宗教与萨满教卷》，民族出版社 2008 年版）

奴隶制与凉山彝族奴隶制

一

1859 年，马克思在《〈政治经济学批判〉序言》中首先提出关于人类社会形态发展的学说："大体说来，亚细亚的、古代的、封建的和现代资产阶级的生产方式可以看作社会形态演进的几个时代。"①

关于亚细亚生产方式的性质，我国学术界有原始社会说、奴隶社会说、封建社会说、混合阶段说、东方特有的阶级社会说、经济形式说诸种，但古代的生产方式为奴隶制社会，这已基本成为定论。笔者认为，亚细亚生产方式，指的是原始社会的最后阶段，即私有制和阶级产生阶段的社会形态，它是先于古代的，即奴隶制的社会生产形态而存在的。在这里，马克思大体上提出了五种社会发展阶段的学说。为了肯定奴隶制是一个单独的社会发展阶段，马克思在《哲学的贫困》一书中指出："奴隶制是同其他任何经济范畴一样的一个经济范畴。""因为奴隶制是一个经济范畴，所以它总是列入各民族的社会制度中。"② 1844 年，恩格斯根据马克思对摩尔根《古代社会》一书所

---

① 《马克思恩格斯全集》第 13 卷，人民出版社 1965 年版，第 9 页。

② 《马克思恩格斯全集》第 4 卷，人民出版社 1965 年版，第 145、146 页。

做的摘要和评论，写出划时代的伟大著作《家庭、私有制和国家的起源》，又明确做出"奴隶制是古代世界所固有的第一个剥削形式，继之而来的是中世纪的农奴制和近代的雇佣劳动制。这就是文明时代的三大时期所特有的三大奴役形式"① 的论断。继马、恩之后，列宁在《论国家》一书中进一步论证了奴隶社会的特点："奴隶主和奴隶——是第一次大规模的阶级区分。前一集团不仅占有一切生产资料，即占有土地和当时还很原始的工具，等等，并且还占有人。这个集团就叫作奴隶主。从事劳动，并把劳动果实交给别人的人则叫作奴隶。在历史上继这个社会形态而起的另一形态是农奴制。在绝大多数国家里，奴隶制发展成了农奴制。这时社会基本上分为农奴主和农奴。"② 1938年，斯大林在《辩证唯物主义和历史唯物主义》中概括马、恩、列的论断时指出："历史上有五种基本生产关系：原始公社的、奴隶制的、封建的、资本主义的、社会主义的。"

为了证明奴隶制的存在，马克思主义经典作家曾对奴隶和农奴的区别做了一系列的论断。什么是奴隶呢？第一，奴隶是一种"会说话的工具"。马克思说："全部生产工具"的概念，"在原始奴隶制度形式下也包括直接生产者本身"③。在奴隶制度下，"奴隶也属于这种生产资料，但是奴隶在这里也同役畜一样，也不形成特殊的经济范畴，或者，最多也只是存在物质上的差别：不会说话的工具，有感觉的、会说话的工具"④。第二，奴隶是一种私有财产，其人身被奴隶主完全占有，奴隶主可以随心所欲地进行支配，包括进行生、杀、予、夺在内。马克思在《黑格尔法哲学批判》中指出："私有财产的权利是任意使用和支配的权利，是随心所欲地处理什物的权利……就像在一切

---

① 《马克思恩格斯选集》第4卷，人民出版社1972年版，第172页。
② 《列宁全集》第29卷，人民出版社1958年版，第433页。
③ 《马克思恩格斯全集》第25卷，人民出版社1965年版，第906、891页。
④ 《马克思恩格斯全集》第26卷，人民出版社1965年版，第541页。

古代民族中一样，人（作为奴隶）是私有财产的对象。"① 恩格斯在《共产主义原理》一文中说："每个奴隶是特定的主人的财产，由于他们与主人的利害攸关，他们的生活不管怎样坏，总还是有保障的。……奴隶被看作物件。"② 列宁也指出："奴隶主把奴隶当作自己的财产，法律把这种观念固定下采，认为奴隶是一种完全被奴隶主占有的物品。农奴仍然遭受阶级压迫，处于依赖地位，但农奴主不能把农民看作自己私有的物品，而只能占有农民的劳动并强迫他担任某种劳役。"⑨ 什么是农奴呢？第一，农奴是土地的附属品。他们和领主的关系是依附而不是被占有。马克思说："地主从小农身上榨取剩余劳动，就只有通过超经济的强制，而不管这种强制是采取什么形式。它和奴隶制经济或种植园经济的区别在于，奴隶要用别人的生产条件来劳动，并且不是独立的。所以这里必须有人身的依附关系。必须有不管什么程度的人身不自由和人身作为土地的附属物对土地的依附，必须有真正的依附农奴制度。"③ 第二，"农奴拥有并使用生产工具和一块土地。为此，他要交出自己的一部分收入或者服一定的劳役"④。

五种生产方式相继演变的学说能否成立，关键之一在于承不承认奴隶制生产方式在人类社会发展中的普遍意义。

早在 20 世纪 20 年代初期，在关于中国社会史的大讨论中，我国一些学者就否定奴隶制生产方式，从而不承认有五种生产方式的存在。他们说："奴隶社会这个阶段不但中国找不出，就在欧洲也不是各国都要经过这个阶段。"⑤ 针对当时否定马克思主义史学观的种种错误思潮，郭沫若在 1930 年 3 月出版了《中国古代社会研究》这部光辉的史学著作。用中国古代社会的发展，肯定了奴隶制曾经是中国历

---

① 《马克思恩格斯全集》第 1 卷，人民出版社 1965 年版，第 382 页。
② 《马克思恩格斯全集》第 4 卷，人民出版社 1965 年版，第 360 页。
③ 《列宁全集》第 29 卷，人民出版社 1958 年版，第 433 页。
④ 《马克思恩格斯全集》第 4 卷，人民出版社 1965 年版，第 360 页。
⑤ 王礼锡：《中国社会形态发展史中三谜的时代》，《读书杂志》（第 2 卷），人民出版社 1965 年版，第 7、8 期合刊。

史的一个社会发展阶段，从而论证了马克思主义关于五种社会生产关系的学说。郭沫若在该书自序中说："本书的性质可以说就是恩格斯的《家庭私有制和国家的起源》的续编。研究的方法便是以他为向导，而于他所知道了的美洲的红种人，欧洲的古代希腊、罗马之外，提供出来了他未曾提及一字的中国的古代。"郭沫若指出：《周书》自《牧誓》至《文侯之命》的十八篇中，有八篇便是专门对殷人说的话，周公骂殷人是"蠢殷""戎殷""庶殷"，而且把"庶殷""征发"来作洛邑，证明周人把被征服了的民族当成奴隶使用。当时阶级的构成分成"君子"和"小人"，"君子"又叫"百姓"，是当时的奴隶主贵族，"小人"又叫作"民""庶民""黎民""群蛮"，实际就是当时的奴隶。周人一方面在族内使用着奴隶，另一方面便向长江流域的荆蛮、淮夷、徐戎，西方的犬戎，北方的蛮貊、狄人、俨狁和山东的莱夷、蜗夷进攻，把四面八方的民族变为自己的奴隶。郭沫若还指出："中国的社会在西周的时候，刚好如古代的希腊、罗马一样，是一个纯粹的奴隶制的国家。"尽管我国学术界对西周的社会性质至今还存在争论，但是郭沫若肯定中国经过奴隶社会发展阶段的研究，在中国史学发展中具有重要的意义。

值得进一步讨论和研究的是，由于对马克思主义经典作家关于奴隶制论断的认识不同，对中国乃至古代世界有关史料的理解不一样，在马克思主义理论队伍和史学、民族学等学科的理论队伍中，有一些同志对奴隶制的普遍意义及中国存在过奴隶制社会的问题至今还有不同的看法。他们的根据有三：第一，马克思在《摩尔根〈古代社会〉一书摘要》中说："现代家族（法律家庭）在胚胎时期就不仅含有奴隶制，而且也含有农奴制，因为它从最初起就和土地的赋役有关，它含有后来在社会和国家中广泛发展起来的一切对抗性的缩影。"恩格斯把这个论断，引进了他的《家庭、私有制和国家的起源》一书。既然农奴制在现代家庭胚胎时期就已出现，那么，人类社会就不一定要经过奴隶制，而可以由原始社会直接进入封建的农奴制社会。第二，奴隶制只在西方的希腊、罗马等古代国家存在过。恩格斯曾提出"古代东方的家庭奴隶制"的概念来论证东方国家古代社会的性质，但既然是家庭奴隶制，那奴隶在生产中就不占据主导的地位，故这种家庭奴隶制就不能作为决定一个社会经济形态属性的根据。以中国为例，卜辞中的"众""众人"不是奴隶，而是马克思说的村社成员，不能把殷商说成典型的奴隶社会。西周也不是奴隶制的国家，而且也不属于古代东方家庭奴隶制的范畴，因为井田制中份地的分配权掌握在各级领主手中。第三，恩格斯在 1882 年 12 月 22 日给马克思的一封信中说："毫无疑问，农奴制和依附关系并不是某种特有的中世纪封建形式。在征服者迫使当地居民为其耕种土地的地方，我们到处，或者说几乎到处都可以看到——例如在特萨利亚很早就有了。"① 既然农奴制不是特有的中世纪的封建形式，那它就可以先于奴隶制而在原始社会末期产生，并发展成为继原始社会之后的一个社会发展阶段。

以上这些说法在理论上有两个值得讨论之点。

其一，这些说法没有把马克思主义作为一个完整的体系去对待，只根据马、恩说过的一些关于剥削形式的个别话就去否定他们关于社会形态所做出的重大的科学论断。我们知道，马克思、恩格斯确定一个独立的社会经济形态，都是进行了大量的艰苦分析之后才做出的。如关于原始社会形态的确定，是在吸收哈克斯特豪森、毛勒、摩尔根等人的研究成果，研究了从印度起到爱尔兰止的广大地区的情况之后才做出的。恩格斯在 1888 年《共产党宣言》英文版的一个附注中说："在一八四七年，社会的史前状态，全部成文史以前的社会组织，几乎还完全没有人知道。后来哈克斯特豪森发现了俄国的土地公有制，毛勒证明了这种所有制是一切条顿族的历史发展所由起始的社会基础，而且人们逐渐发现，土地公有的村社是从印度起到爱尔兰止各地

① 《马克思恩格斯全集》第 35 卷，人民出版社 1965 年版，第 131 页。

社会的原始形态。最后摩尔根发现了氏族的真正本质及其对部落的关系，这一卓绝发现把原始共产主义社会的内部组织的典型形式揭示出来了，随着这种原始公社的解体，社会开始分裂为各个独特的，终于彼此对立的阶级。关于这个解体过程，我曾试图在《家庭、私有制和国家的起源》中加以探讨。"① 关于奴隶制社会形态的确定，也是马克思主义经典作家做了大量的分析研究之后才得出的，如恩格斯在分析了雅典国家、罗马国家、德意志国家的形成后，发现在原始共产主义社会解体和解体后获得充分发展的是奴隶制，而奴隶制的出现使社会发生了分成剥削阶级和被剥削阶级的第一次大分裂，从而才得出"奴隶制是古代世界所固有的第一个剥削形式"的论断。恩格斯的这个论断，是在《家庭、私有制和国家的起源》一书的结尾部分写出的，更是在大量分析之后得出的结果。列宁曾经赞扬恩格斯的《家庭、私有制和国家的起源》说："其中每一句话都是可以相信的，每一句话都不是凭空说出，而都是根据大量历史和政治材料写成的。"并且"提供了正确观察问题的方法"②。因此，我们不能以点代面，以个别的词句代其完整的关系，用马克思、恩格斯说过的农奴制在现代家庭胚胎期间，及在征服者迫使当地居民为其耕种土地的地方就已存在或到处可以看得到而否认恩格斯的这一论断。同时，他们所说的存在过的概念并不就是形成了居于统治地位的主导的生产关系。就绝大多数古代民族和国家而言，原始社会解体后的社会是奴隶制居于主导地位的社会，而不是农奴制的社会。

其二，这些说法对奴隶社会本身，特别是对中国和其他东方国家的奴隶社会的内容和特点研究不够。郭沫若对周朝奴隶制的剖析，可以说是相当具体深入的，但是由于周朝相距我们甚远，人们看不见、摸不着，这就使他的剖析不能成为所有史家认识奴隶制度的生动的有

① 《马克思恩格斯选集》第 1 卷，人民出版社 1972 年版，第 251 页。
② 《列宁全集》第 29 卷，人民出版社 1958 年版，第 430—431 页。

说服力的例证。因此，自恩格斯的《家庭、私有制和国家的起源》问世以来，不知有多少史家梦寐以求地想从现代民族或国家中找到了解古代奴隶制的活化石，包括郭沫若自己。值得庆幸的是民主改革以前凉山彝族存在的奴隶制度，终于使他们找到了这样的化石。沫若同志在其专著《奴隶制时代》中说："要阐明我国的古代社会，自当尽力找寻和占有直接的史料。但因时代远隔，直接的史料很有限，因而必须采取权宜的方法——用间接的资料来作比较研究。古代的希腊、罗马自然可资比较，而尤其重要的是我国国内的兄弟民族的情况能够为我们提供很丰富的资料。"在《青铜时代》和《十批判书》中，他曾引用1935年4月出版的《中国西部科学院特刊》第一号《四川省雷马峨屏调查记》中凉山彝族奴隶制的情况，来说明西周的奴隶制度。在《奴隶制时代》一书中，他又引胡庆钧同志新中国成立初在凉山调查的笔记，来论证古代奴隶社会的问题。他的这一研究不仅在我国学术界，而且在国际学术界产生了巨大的影响。

二

列宁曾经指出："在奴隶社会和封建社会中，阶级的差别也是用居民的等级划分而固定下来的，同时还为每个阶级确定了在国家中的特殊法律地位。所以奴隶社会和封建社会（以及农奴制社会）的阶级也是一些特别的等级。"列宁称这种等级为"等级的阶级"。列宁还指出："等级是以社会划分为阶级为前提的，等级是阶级差别的一种形式。"[①] 凉山彝族奴隶制的典型意义，就在于它是一种以等级为特征的反映奴隶制生产关系的奴隶制度。

---

① 《列宁全集》第6卷、第2卷，人民出版社1958年版，第93页附注、第404页。

在这里，社会的全体成员被分成诺合（包括元、明以来中央王朝所封授的土司、土目）、曲诺、阿加、呷西四个等级。等级间存在奴隶制的人身占有关系。

诺合，汉语称黑彝，其等级地位最高，其自称"诺苏"。"诺"，黑也；"苏"，人也。"诺苏"有彝族主体之意。诺合自命血统高贵，自称"黑骨头"。他们占有绝大部分的生产资料和奴隶的人身，是凉山彝族社会中世袭的奴隶主阶级。诺合中土司的地位最高，是元、明以来封建中央朝廷封授的政治统治者，包括宣慰使、宣抚使、长官等封号，彝语称其为兹莫，意为圣者、智者或君王。他们是历代相袭的土酋。由于明、清以来以至民国时期不断"改土归流"的冲击，特别是由于在奴隶制的发展中黑彝等级的力量壮大，在新中国成立前的几十年之中，土司的权力削弱，黑彝不但已不受其约束，反而还将土司赶出他的住地，不时发生黑彝驱赶土司的事件。其次是土目。土目是土司的下属官吏，历史上称为马头或马火头，是土司分布在各个不同辖区内的统治者，在这些统治者之下尚有更小的头目，如土百户、土千户等。由于土目是受王朝或土司的封赠，故他们在奴隶主阶级中的地位仅次于土司。如在婚姻中，过去一般诺合女子的身价（财礼）为三百两，土目的则为六百两。一般"诺合"由于未受朝廷封赠，地位在土司、土目之下，但新中国成立前由于奴隶制的发展，他们已发展成为凉山彝族中的特权统治者，地位高于土司、土目，成为事实上的最高统治等级。

诺合等级包括上述的三种人在内，其人口约占凉山彝族总人口的7%。他们占有绝大部分的生产资料和程度不同地占有其他三个等级的人身，极端贱视劳动和贱视其他三个等级的人，靠剥削奴役其他三个等级的人为生。将曲诺、阿加、呷西视为他们的各色各式的"娃子"（奴隶）。"诺合"穷困破产即为"乾黑彝"，但其等级地位不降，仍然是特权统治者，仍然可以以奴隶主的身份进行活动，到曲诺等娃子家吃喝不受限制。而且他们还可以依靠黑彝家支的力量，重新获得土地和娃子。如越西瓦吉木乡黑彝奴隶主阿侯马沙等三兄弟，破产后曾向自己的娃子曲诺求得衣食，被称为"只有诺合皮的穷诺合"，但后来在其黑彝家支的帮助下，又成为富裕的奴隶主。黑彝在战争中被敌对家支所俘，其敌方亦绝不屈之为娃子，或转卖给他人为娃子。诺合奴隶主一般占有几个呷西奴隶和几户阿加奴隶，最大的奴隶主占有几十个呷西和几十户阿加。如普雄县瓦曲曲乡的黑彝奴隶主阿侯木铁占有十二个呷西和七十六户阿加；会理县长坪乡的黑彝奴隶主蔡长发占有二十五个呷西和五十户阿加；多瓦岗县沙马兹目占有十七个呷西和七十多户阿加。阿加是由呷西婚配而来的，对阿加、呷西的占有数，实际上就等于黑彝占有奴隶的数目，由于呷西婚配后，所生子女亦是主子的奴隶，所以奴隶主占有奴隶的总数，实际上比其阿加、呷西数的总数还要多得多。

呷西，彝称"呷西呷洛"，意为主子锅庄旁边之手脚，他们住在主子家里，绝大多数是未婚配的单身男、女奴隶，但也有相当一部分是配了婚的呷西。呷西一无所有，以全部时间为主子牛马般地从事"娃子耕作地"的生产和极其沉重的家务劳作。他们完全是主子黑彝奴隶主会说话的工具，主子可以任意加以杀害和买卖。呷西是最低贱的等级及最典型的奴隶阶级。在凉山彝族总人口中，呷西约占30%。其来源有三：

一是掳掠汉人及其他民族的人，包括本族敌对家支中的被统治等级的人，这是最主要的一种。1935年，中国西部科学院常隆庆、施怀仁等，在备受黑彝劫掠的雷波、马边、屏山、峨边的小凉山调查，记录了汉人被掳掠沦为呷西的过程：

> 黑夷性喜劫掠汉人，沿凉山一带人民，备受其祸。其人也。不独取其财，掳其人。且栋梁窗扇，石磨铁锄，牛羊鸡鸭，甚至一钉之微，一缕之细，凡可移动者，亦皆席卷而去。通常称此种

抢掳为洗劫，实吻合之至。方其将汉人掳到，即将衣服尽行褫去，痛打一顿，名为见面礼。若此汉人系多数夷人共擒得，则须备受诸夷之轮流毒打。但妇孺则待遇稍好。擒得之人，除幼儿外，均于颈上系以粗羊毛绳，牵之行走。若稍抵抗，或不能行走时，即行杀却。或用石锤死。至家以后，即迫供操作，强使习夷语。日惟给以苦蒿叶所作之粑粑数个，强使充饥。渴时则饮冷水。日间则围破羊皮以资护体，夜间则使宿地窖中，并须捆系手足，窖上犹加重板，严密覆盖。设数人共囚一窖，则矢溺充斥，往往一宿即毙。又禁汉人私语，犯者痛责，若行私逃，捉回后，则集当地各家汉人于前，当众痛责之，以为各汉人之戒。每用荆棘为鞭，令汉人自行毒打，晕绝后，则用椒末水喷其全身，使痛苦极端，而不至死。盖保罗之视汉人，犹汉人之视牛马，为家中财产之一部，可以鞭挞之，而不愿杀毙之。总以其不敢逃逸，日就驯服为度。故被掳之汉人，往往求死不得，备受惨毒，沦于畜类生活。天地间之至，莫过于此也。掳得之人，若有过剩，或系同一家庭，同一里居，即须转卖远方。雷波之人，多卖入昭觉。建昌之人，则卖入峨边。又不使同在一处，强令其父子夫妇，彼此分离，乡里乡党，莫由再见，以免同谋逃窜，阴畜异谋也。其索价之标准，则如汉人之买牛马。身强力壮者，可得银百数十两，次者数十两，老者最贱，仅俱数两。小儿极易死亡，价值仅由数两以至数钱，盖与一鸡之值相差无几。小儿不能行走者，可以由母抚育，稍大即须另卖。

汉人自为俘虏后，饮食言语，完全改变，昼服力役，夜囚缧系。稍有触犯，即遭鞭挞。若身属富人，亲戚尚盛，被难之后，可备重金入山赎出。然若辗转变卖，贸迁多次，赎人者虽有返珠之愿，而被难者仍如石沉大海。若能生还土者，盖千不得一焉。

汉人入凉山后，即称娃子，备受异族之贱视残待，极易死亡。其得苟延残喘者，盖不过十分之一二。每年被掳去之汉人，虽常在一百以上，而实际存在者，非常之少。此等汉人，在一二年后，自知出世绝望，日就驯服，谨慎执役，亦可自由行动，可免缧系之苦，且可与倮夷同等起居，仅衣服饮食，稍为粗劣耳。凡保罗家中之一切操作，如耕田打柴牧羊煮饭等事，皆由此等人任之。黑夷惟袖手而食，督饬一切而已。

二是以奴繁奴。呷西婚配后生育的子女为呷西。呷西没有婚配的自由，也没有不婚配的自由。婚配与否，全由黑彝主子决定。美姑巴普一女呷西，主子多次逼其配婚，她誓死不从，对主人说："你买我来是干活的，我就给你干活算了，死也不再嫁人！"主人骂她："你不嫁人，我买你用的银子就不能生利，不得小孩放牛羊，真是没有利！"为了繁衍呷西，主子常逼男呷西多配妻子，女呷西多配丈夫。巴普一呷西婚后未生子女，主子对他说："你没有儿女，不如娶个小老婆。"乃强迫他娶了第二妻。巴普另一呷西，主子强迫他种鸦片积"私房"，用二十六锭银子买了一女呷西为妻，生了一女儿，也沦为呷西。主子嫌不够，再迫其买了一个比他小十岁的汉族呷西为妻，所生的女儿沦为主子的陪嫁丫头，儿子也沦为呷西奴隶。主子对他们说："没有父亲便没有儿女，但儿女的父亲是主人的，所生儿女都应该属于主人所有。"① 主人为求简便，也有的不给呷西配婚，像牛、马一样，而让他（她）们野合，以其私生子为奴。

三是迫使曲诺下降为呷西。曲诺向主子借债无力偿还，或无法完纳主子的派款，或无以为生，均把自己的子女送交主子做呷西，曲诺无力娶妻，被迫与呷西或阿加的女儿婚配，所生子女部分沦为呷西，在打冤家中曲诺被俘，也沦为主子的呷西。

---

① 本文有关呷西、阿加等级的材料，凡未注明者，皆引自全国人大民委编《四川省凉山州彝族社会历史调查综合报告》。

　　呷西是奴隶主的私有财产，是会说话、会生产、会繁殖的工具。他们是体现主子私人意志的专有领域。主子可以任意打骂、出卖或杀害他们。主子的寄生生活，建立在呷西奴隶的辛酸血泪和艰苦的劳动之上。呷西有家内奴隶的特点，"呷西呷洛"，意即为主子锅庄的手脚。他们整天无休止地为主子承担沉重的家务劳动，做饭、砍柴、背水、推磨、舂谷、喂猪、喂马、烧大烟、抬滑竿，工作时间长达十六七个小时，有时要一直劳作到昏倒在地，主子才罢休。他们在皮鞭下喘息挣扎，主子毒打他们，更比打牲畜还要厉害。美姑巴普一女呷西为主子做饭时，主子叫她点灯，她走慢了一点，主子一锄把打来便将她的右腿打断。第二次又嫌她拿罐子走慢了，用大石块打到头上，血流遍地，昏死在地。第三次装香肠，主子说肉多了，装的肠子少了又被打得屎尿长流。第四次主子说她先吃了洋芋，又打得半边脸肿。养子吃完了，主子说是她偷走的，用绳子捆起打，右手又被打断了。巴普的另一呷西，整日为主子背水砍柴，骂不敢还口，打不敢还手。主子见她停下来休息，便大骂："你也配闲着？只有我们才有这资格。我用银子买马，是要我的脚休息，用银子买你，是要我的手清闲。"这一语道破了呷西牛马般的奴隶特点。不少呷西担当不起沉重的家内劳动而累死，或被主子打死。特别是未成年的呷西。如普雄县瓦曲曲乡一个12岁的呷西，因干不了主子的重活，主子将他的右手右脚拴起吊在树上吊死。

　　呷西又有生产奴隶的特点。他们是主子的"娃子耕作地"的主要生产者。据调查，冕宁县团结乡结尾村的62个呷西中，只有2个是黑彝姑娘的陪嫁丫头，专门服侍主子，不参加田间生产，其余60个呷西，都是参加田间生产的。而且农业劳动的时间占总劳动时间的60%以上。其中有的完全不从事家内劳作，整天都在田间劳动。就大多数呷西而言，他们以田间劳动为主，而兼作家内劳动。下面是他们一天劳动的两个实例：

昭觉县城南乡的一呷西说："农忙时我早晨要割草喂马，早饭后晚饭前在地里干活，晚上推磨、舂谷、给牲口喂草；农闲时早晨要背水、做饭，下雨天早饭后放牛羊，晴天砍柴，晚饭后推磨、舂谷、喂草。"

普雄瓦曲曲乡一女呷西说："我鸡叫就起床生火，煮元根、磨荞子（通常磨半斗，有客来则磨一斗半），背两桶水，然后吃早饭，吃了早饭去地里干活，天快黑时还要去砍一背柴，回来后再背两桶水。到地里干活，因季节不同而有所不同，春天挖地，准备撒荞子、点洋芋；薅两次荞子、两次洋芋、一次燕麦。夏天，鸡不叫就到山上，先睡一阵，然后割燕麦、荞子，或者挖洋芋。秋季庄稼收获后，背荞草，割蕨草，挖地。初冬又要挖元根，不下雪仍要挖地或烧地。"

呷西从早到晚以全部时间为主子劳动，其劳动时间超过了牲畜。劳动强度也是惊人的。奴隶主要"在最短的时间内从当牛马的人身上榨出最多的劳动"①。马克思主义经典作家指出："奴隶可以划分为牧羊奴隶、耕作奴隶、家庭奴隶，最后，还有一种既是耕作奴隶又是家庭奴隶的混合型奴隶。"② 呷西奴隶的性质，可以看作一种混合型的奴隶。

买卖呷西奴隶是一种普遍的现象。这一现象见于早期的历史记录。《华阳国志》卷十《禽坚传》说："文信为县，使越巂，为夷所得，传卖历十一种。……坚至夷中得父，父相见悲感，夷徼哀失，即将父归。"《太平寰宇记》卷七十二《成都府人物传》曰："禽坚，字孟由，成都人，生而失父，及壮，乃知父为夷所得，三出徼外，经六年乃遇。"禽、信在夷中十余年，被辗转买卖。禽坚的时代（东汉前

---

① 《马克思恩格斯全集》第 23 卷、第 26 卷，人民出版社 1965 年版，第 296、461 页。
② 同上。

期），凉山地区已是奴隶社会。在新中国成立前，呷西可以随时随地被买卖。其方式像牲畜的买卖一样。卖时，主子要呷西剥开衣服，让买主检查有无麻风和其他传染病，再让呷西走一走，看是不是有残疾。能生孩子的青壮年妇女及男女幼年呷西的身价为上等，男青年、年龄较大的呷西价钱为中等，三四十岁的男性壮年为下等，因为这类人容易跑掉，不便管理。其价格为：妇女，5—10 岁，30—40 两（银子）；10—25 岁，40—50 两；30 岁以上，10—20 两。男子，5—15岁，30—40 两；15—25 岁，10—20 两；30 岁以上，10 两左右。呷西价钱最高的1942 年至1944 年，一个年轻的呷西可卖 40—60 锭银子。新中国成立前夕则只能卖十多锭银子，还不值一匹马的价（200 锭银子）。一般的呷西，身价还要低。

由于奴隶制的发展，在凉山一些地方，已形成专门的奴隶市场。如冕宁县的姑噜沟便是一个这样的市场。在这里卖奴隶的是住在当地及附近曹古坝、扯羊、人马乌、大盐井等地的奴隶主。来这里买奴隶的是凉山腹地的普雄、喜德等地的奴隶主。1946 年至 1948 年，每年平均在此买卖的奴隶达 300 人。从 20 世纪 20 年代至民主改革时，这里成交的奴隶在 3000 人以上。奴隶主倮伍吉哈卖了三四百人，倮伍阿角卖了250 人。[①] 另一个奴隶市场是马边的楠木坪，这是小凉山地区规模较大的一个。

关于被卖奴隶的情况，美姑巴普马以施布家的一呷西说：他先是吴奇瓦铁以 8 个银子买他，三天后又被卖到巴普井区达摩家，是 16个银子。两年后他逃跑到阿侯古子家，被以 8 个银子卖到连渣脑阿陆达以家。一年半以后又被卖到高罗阿陆日宾家，身价只有五个半银子了。因为进来的汉人多了，娃子身价跌了。

买卖呷西的方式，一种是公开进行，由奴隶贩子带着叫卖。另一种是骗卖，将奴隶哄骗到买主家中，强行将其卖出。在冕宁县姑鲁

---

① 参见詹承绪《凉山彝族一个奴隶市场的调查报告》，《民族研究》1980 年第 4 期。

沟，有从事奴隶买卖的中间人，其中倮伍阿侯子、倮伍吉哈、倮伍呷呷、果基乌基（女），是臭名昭著之辈，一些奴隶主买到奴隶之后，将其转卖，从中获取50%—100%的暴利。

阿加等级，彝语谓阿土阿加，意思是给主子看门的奴隶。人数占凉山彝族总人口的33%。

阿加的来源有三：一是呷西配婚后，与主子分居分食，住在主子的宅旁而形成的；二是曲诺等级的下降；三是阿加自身的繁衍和增殖。在上述三种来源中，第一种是主要的一种。

呷西婚配后，主子为了更快地繁殖奴产子，以补充自己的呷西奴隶，同时，为了使配婚后的呷西有稳定的生活条件，不致逃跑，因而让他们自营一小块耕食地，以维持他们的生存，使他们更好地为自己提供田间奴隶的各种负担和劳役。因此，阿加等级的产生，也不出自奴隶主的仁慈，而是由于奴隶主加强和发展奴隶制的需要。黑彝奴隶主的奴隶来源，长时期以来主要是靠劫掠附近汉区或汉彝杂居区的汉族人民，但是，由于汉族统治阶级力量强大，彝族奴隶主要从汉区掳掠并不是十分容易的事，因此，从总的情况来看，处在汉区包围中的凉山彝族地区，奴隶制的发展所碰到的一个极大的难题就是奴隶的来源没有保障。为了解决奴隶的来源。奴隶主不得不采取以奴繁奴的办法，让呷西婚配、分居分食而成为阿加。因此，阿加等级亦是特定历史条件下的产物。凉山彝族社会生产力发展水平低下，这种生产力决定了奴隶主不可能像希腊、罗马古代奴隶制国家那样，采取奴隶制庄园式的办法来奴役奴隶，而只能采取阿加式的奴隶的奴役方式来发展奴隶制。因此，从根本上来说，阿加等级的产生是由生产力的发展水平决定的。

阿加与呷西不同的一点，是他们与主子分居分食，有相对独立的家庭经济生活，主要承担主子的生产劳役。但是，这些并未改变他们的奴隶性质。这是因为，他们人身完全属于主子所有。主子未给他们以少许的人身自由，规定他们必须居住在主子的屋旁，不许自由迁徙，不许外出经商、探亲，行动局限在主子家支管辖的地域内，违者则要受严刑拷打。由于人身为主子所有，主子可以任意出卖阿加，分散或一家全体出卖均可。主子亦可以杀害自己的阿加，而不用进行赔偿，因为阿加形同主子的牲畜，是主子的财产。只有被外人打死时，其主子才索取赔偿，因这等于主子财物的损失。呷洛上土司的一个阿加说："我们等于是主子的银子，主子可以任意处理我们。"这话反映了阿加的奴隶性质。

阿加的婚配有两种形式：一为主子配婚，二为自己出钱买妻。前者所生子女全部为主子的呷西，后者有的第一个女儿归自己，其余归主子，有的女儿和主子平分，儿子全归主子。子女被抽去做呷西，是阿加的一项沉重负担。呷西奴隶不需要提供奴产子，而阿加则需要。亲生骨肉被抽去做呷西，这是阿加最痛苦的事。

阿加在形式上有自己的一点独立的财产，但并不具有什么意义。因为阿加的任何私产，连同他的人身，都是主子的财产。正如昭觉县城南乡的一个黑彝奴隶主说："阿加发达了，就等于主子发达了，就像养鸡养羊发达了一样。"布拖的一个女呷西，配婚后成阿加，主子过年时给她一块肉，她不吃，煮熟卖得一点银子，买了一只小母猪，喂一年多生了两窝小猪，她用小猪换得10石荞麦，白天替主子干活，夜间煮酒卖，前后积累得40锭银子，最终全部被主子夺走。主子夺取阿加财产的一种方式，名曰"杂布达"（高利贷），利息为50%，是强制性的，阿加不接受不行。

阿加可以通过向主子赎身的道路，上升为曲诺，但必须以巨额的银子为赎身费（每个人相当于一个呷西的身价）。而且还要得到主子的同意才得赎身。因此，赎身的阿加数量不多。

由于阿加在形式上保有少量的财产，有自己的家庭，所以有的学者认为，阿加类似隶农。这种只看形式不看本质的说法是不能成立的。正如马克思所说："吃穿好一些，待遇高一些，特有财产多一些，不会消除奴隶的从属关系和对他们的剥削。"① 马克思在此所说的特有财产，即奴隶主授给奴隶经营和管理的那一部分财产。阿加形式上的私产，即这种"特有财产"，它并不会改变阿加的奴隶属性。

还有的学者引用马克思在论到封建地主从小农身上榨取剩余劳动，就只有超经济的强制，"不管这种强制是采取什么形式。它和奴隶经济或种植园经济的区别在于，奴隶要用别人的生产条件来劳动，并且不是独立的"② 的论断时说，阿加不是用别人的生产条件来劳动，他们不同于呷西，他们不是奴隶，而是农奴或隶农。这样的看法也是值得商榷的，因为它完全离开了这样的前提：阿加的人身被诺合奴隶主占有，他们的土地、工具等生产条件，也都是诺合奴隶主的，他们没有财产所有权，也没有真正的独立。

曲诺是诺合统治下三个被统治等级中的最高一个等级，人数占凉山彝族总人口的一半以上。他们的人身世代隶属黑彝主子。黑彝奴隶主可以任意买卖、抵押或以他们作赌注。曲诺绝后，由主子吃绝业。曲诺被外人打死，所赔命价的 1/3 归主子享受。曲诺女儿嫁出，须向主子缴纳银两。由于曲诺的人身隶属黑彝主子，他们必须为主子提供各种奴隶式的负担，为主子服强制性的生产劳役和军事劳役，接受主子的各种强拉硬派，替主子打冤家承担命价。曲诺在形式上有点私产，但实质上是主子的"外库"，主子可以任意加以掠夺。不少曲诺常因主子强施硬放"杂布达"（高利贷）而倾家荡产，沦为阿加、呷西式的奴隶。

曲诺不同于阿加、呷西的是，他们有一定的人身自由和权利，有自己的家支，对子女享有亲权。主子不得任意加以杀害。主子要出卖曲诺，事前必须征得被卖者的同意。即使要出卖沦为呷西的曲诺，也

---

① 《马克思恩格斯全集》第 23、25 卷，人民出版社 1965 年版，第 678、891 页。
② 同上。

须取得他的曲诺家支的认可，不然就会遭到曲诺家支的反抗。曲诺只要不谋求改换隶属关系，就可以在主子的地域疆界内自由迁居，外出经商探亲，亦不受限制。在经济上，曲诺过着相对独立的经济生活，占有较多的土地、房屋和财产，取得主子同意，还可以出租、典当和买卖自己的土地。他们中不少与黑彝奴隶主发生租佃关系，租种主子的土地，缴纳封建性质的地租。一些曲诺还占有阿加、呷西的人身，对他们进行奴隶式的剥削奴役。

由于存在上述情况，研究凉山彝族社会历史的同志们，对曲诺的阶级性质问题，提出了种种不同的意见。例如：有的认为，曲诺是封建农奴；有的认为是奴隶制度下的被保护民；有的认为是奴隶制社会中的隶属民等。按照凉山彝族奴隶主的说法，曲诺、阿加、呷西，都是他们各色各式的娃子（奴隶）。这个说法一语道破了曲诺的阶级本质，即他们是不同于呷西、阿加的另一种不同类型的奴隶。这个说法是符合凉山彝族社会的客观实际的。彝族谚语说："凉山没有无主子的曲诺。"其奴隶的质的规定性，是由他们对主子的人身隶属关系而决定的。因人身隶属"诺合"（黑彝）主子，其土地和财产占有权是不稳固的，主子可任意加以强取豪夺，曲诺虽与主子建立了租佃关系，向黑彝提供封建性质的地租，但并未因此改变其对黑彝的人身隶属关系。不管有没有租佃关系，他们都得为黑彝提供繁重的人身隶属性劳役，人身都为黑彝占有，曲诺中的一部分虽然占有阿加、呷西，上升为奴隶主，但他们仍必须隶属黑彝主子。曲诺隶属诺合奴隶主，不是以作为租佃"诺合"的土地为前提的，因为他们不是土地的附属物，而是奴隶主的奴隶。他们对"诺合"的人身隶属关系，是由奴隶制的生产关系决定的。他们是在形式上保有一定的人身权利和财产占有权的奴隶。之所以如此，是由于曲诺有自己的家支组织，他们以家支组织作为保护自己的一种手段。这种组织是氏族社会遗留的一种手段，它不仅可以保留在奴隶社会中，甚至还可以在封建社会和资本主义社会中保留下来。因为它并不影响该社会主导的社会生产关系的存在，只能对该社会苛重的压迫奴役起缓和的作用，但不会改变那个社会或某一阶级的性质。

限于篇幅的原因，本文不能就奴隶制与凉山彝族奴隶制的各个方面展开细致的论述。概括上述两个部分的内容，可以归纳为以下诸点：第一，奴隶制是五种生产方式之一，是马克思主义经典作家经过大量分析而做的系统论证的一种社会经济制度，它广泛存在于世界许多民族和许多国家的历史中。不承认奴隶制社会在人类社会发展中的普遍意义，马克思主义关于人类社会发展规律的学说也就不能成立，而这样的结论，是根本不符合历史发展实际的。当然，这样说并不等于我们不承认有少数特殊的民族和特殊的国家，未经过奴隶制社会而直接进入封建社会的历史现象。第二，奴隶制本身是一个复杂的社会现象，不能用一个模式去套，应透过复杂的现象抓住问题的本质，不然的话，就会被某些表面的情况所迷惑，从而得出只有古代希腊、罗马才存在过奴隶制的结论。第三，凉山彝族奴隶制具有巨大的科学研究价值。它印证了马克思主义的唯物史观，给我们提供了认识古代世界奴隶社会的活的典型。我们应该利用这个典型，为发展马克思主义的唯物史观做出贡献。

（这篇稿子是根据笔者在中国民族学会 1985 年在昆明举办的全国民族学讲习班上的一次讲授内容整理而成的。现刊印出来供有关奴隶制研究的学者参考。原载《思想战线》1987 年第 5 期）

论川滇大小凉山彝族等级
制度的起源

民主改革前，川滇大小凉山彝族社会，存在一种体现人身占有的严酷等级制度，社会的全体成员被分成黑彝、曲诺、阿加、呷西四个等级。

黑彝占总人口的7%左右，占有绝大部分的生产资料和程度不同地占有生产工作者——曲诺、阿加、呷西三个等级的人身，居于世袭特权统治者的地位，极端贱视劳动，是彝族社会中的奴隶主阶级。

曲诺约占总人口的50%。他们的人身世代隶属黑彝主子，必须为主子提供各种奴隶式的负担，服各种强制性的生产劳役和军事劳役，接受各种强拉硬派。黑彝主子可以买卖、抵押或以他们作赌注。但是，他们有一定的人身自由和权利，可以在主子辖区自由迁徙，主子不得任意加以杀害。曲诺还有自己的家支，对子女享有亲权，占有较多的土地、房屋和财产，经济生活有相对的独立性。他们的阶级属性，类似于古代东方奴隶制形态中的普遍奴隶。[①]

阿加是比较典型的奴隶阶级，人数约占总人口的33%。阿加的人身完全为黑彝所占有，全年的绝大部分时间必须为主子服无偿生产劳役，其余时间为主子繁养小奴隶，是主子田间劳动和奴隶再生产的承担者。主子对阿加有生、杀、予、夺之权。

呷西是最典型的奴隶阶级，约占总人口的10%。他们是黑彝奴隶

---

① 何耀华：《论"曲诺"的阶级属性》，《思想战线》1977年第6期。

主会说话的工具，主子可以任意加以杀害和买卖。呷西一无所有，终年住在主子家里，牛马般地从事"娃子（奴隶）耕作地"的生产和极其沉重的家内劳作。

列宁指出："在奴隶社会和封建社会中，阶级的差别也是用居民的等级划分而固定下来的，同时还为每个阶级确定了在国家中的特殊法律地位。所以，奴隶社会和封建社会（以及农奴制社会）的阶级同时也是一些特别的等级。"[1] 列宁还指出："等级是以社会划分为阶级为前提的，等级是阶级差别的一种形式。"[2] 研究凉山彝族等级制度的起源，不仅对于深刻理解马克思主义关于阶级与等级的理论，而且对于弄清凉山彝族社会性质问题，都具有一定的意义。

一 从血缘界限看等级的产生

大小凉山彝族等级制度，有一个重要特点，就是四个等级之间存在两条极其森严的血缘界限。

第一条在黑彝与曲诺、阿加、呷西之间，也可以说是在黑彝与白彝之间，婚姻方面的谚语说："黑彝是黑彝，白彝是白彝，家鸡是家鸡，野鸡是野鸡。"二者绝对不能通婚，且严禁婚外性关系。社会习惯法规定：白彝男子与黑彝妇女苟合，双方处死。黑彝男子利用特权奸污白彝妇女，也要严厉惩处，直至将其开除出黑彝家支，使之丧失黑彝贵族身份。由于存在森严的血缘界限，黑彝自视"血统纯洁高贵"，自称"黑骨头"，而称白彝为"白骨头"；他们的世袭特权统治地位，并不因其经济的下降而下降，即使他们破产成了"乾黑彝"，

---

[1] 《列宁全集》第6卷、第2卷，人民出版社1965年版，第93、404页。
[2] 同上。

也不能降为白彝。相反，白彝即使在经济上成了奴隶主，也不能取得黑彝的身份和地位。正如彝谚所说："山羊变不了绵羊，绵羊变不了山羊。"这与封建社会的等级不同，一般来说，处于封建阶梯上的封建主，如果丧失土地，经济下降，其等级身份就要下降，直至降为农奴；而被统治者购置土地，经济上升，也可爬上封建阶级，变为封建贵族。

第二条在曲诺与阿加、呷西之间。由于曲诺等级地位比较高，一般情况下，他们不愿与阿加、呷西通婚。但也有罕见的例外通婚现象。据调查，普雄勒青地乡有曲诺二人与阿加、曲诺三人与呷西通婚，他们都是由于贫困才这样做的。在通常情况下，曲诺贫困就要沦为阿加、呷西，所以，这实质上等于阿加、呷西内部通婚。重要的是社会习惯法规定，曲诺与阿加、呷西通婚，其等级地位就要下降：和阿加结婚，所生男孩是曲诺，女孩是阿加，且要被主子抽作呷西；和呷西通婚，本人下降为阿加，妻子上升为阿加，子女全部为呷西。因此，曲诺与阿加、呷西通婚，常常是罕见的例外现象，并不影响这条血缘界限的森严。另外，阿加可以通过赎身上升为曲诺，取得与曲诺通婚的权利，但因需缴纳白银百两以上的赎身费，而且只有原来是曲诺沦为呷西者才能赎身，赎身并非轻易的事，也不影响这条界限的严格性。

马克思主义认为，等级和血缘制度，是一定的生产关系、一定的社会制度的产物，"在人们的生产力发展的一定状况下，就会有一定的交换和消费形式。在生产、交换和消费发展的一定程度上，就会有一定的社会制度、一定的家庭、等级或阶级组织"①。上述两条婚姻血缘界限，无疑是随着等级的产生而强化的，而等级的产生又是以阶级的产生为前提的，所以，这两条血缘界限的存在，说明了凉山彝族的

---

① 《致巴·瓦·安年科夫》，《马克思恩格斯书信选集》，人民出版社1962年版，第18页。

等级制度，是彝族原始社会末期阶级分化的产物。

在世界各国历史上，家庭奴隶制是奴隶社会的一种形态，产生在氏族社会末期农村公社阶段。当时从氏族中分化出来的氏族贵族、家内奴隶和一般村社社员，构成了社会的基本阶级结构。彝族在这个阶段上分化出来的氏族贵族，笔者认为就是黑彝的前身，村社社员是曲诺的前身，而家内奴隶则是最早的呷西①。阿加的形成比较晚，主要是由于凉山周围的汉族势力比较强大，彝族奴隶主，不能靠俘虏异族作为奴隶的主要来源，因而以奴繁奴，将呷西配婚才形成的。因此，阿加和呷西之间没有也不可能产生什么血缘界限。

在氏族社会中，氏族社员不得在氏族内部通婚。这是氏族的根本法则，是维系氏族的纽带，有赖这根纽带，它联合起来的个人才成为一个氏族。私有制度产生以后，"同一氏族内部的财产差别把利益的一致变为氏族成员之间的对抗"，从而"开辟了奴役同部落人甚至同氏族人的前景"②，这就使氏族内部严禁通婚的根本法则，再加上一重等级和阶级的限制。原来几个彼此通婚的不同氏族的贵族，为巩固自己的统治地位，而把婚姻的缔结局限在不同氏族的贵族之间，氏族的外婚制就具有了强烈的阶级性。随着氏族贵族子孙后代的繁衍，这种同阶级氏族外婚制就必然形成不同的血缘等级。在凉山，黑彝都说他们是从古侯、曲涅两兄弟繁衍分支而来的，可能古侯、曲涅为同一血缘氏族的贵族，在同阶级氏族外婚制的作用下，古侯、曲涅各自分衍为若干大支，因而形成以血缘为基础的黑彝家支。从同一氏族中分化出来的村社社员，在同阶级氏族外婚制的作用下，也形成具有血缘关系的被统治的曲诺家支。这样，实质上是阶级划分的集团，便表现为不同的血缘等级集团。在三个不同阶级的人们中间，就形成两条森严

---

① 这不是说后来的呷西是从原始社会末期的家内奴隶沿袭而来的。因为呷西一旦配婚就上升为阿加，所以后来的呷西主要来源于阿加所生的子女及被俘虏的异族成员。

② 《马克思恩格斯选集》第4卷、第3卷，人民出版社1972年版，第161、104、218、219页。

的血缘界限，使阶级划分变为特殊的等级划分。

　　婚姻关系为阶级关系严格限制，在阶级社会中是一种普遍现象。如在早期罗马共和国，平民不得与贵族通婚，由于平民不断斗争，才迫使贵族统治者在公元前445年，根据坎努里阿法废除了这种规定。①又如在我国贵州省的布依族中，新中国成立前还有"同宗不婚""非门当户对不婚"的两种限制。前者指同姓绝对不能通婚，认为姓是氏族的标志，是区别血缘关系的依据，同姓表示不同宗因而严禁通婚，这是氏族外婚制的遗留。后者指同阶级才能开亲，地主、富农说："宁娶大人家的奴婢，不娶小人家的姑娘。"在被统治阶级的不同人们之间，由于阶级地位不同，也不能通婚。镇宁扁担山一带，有少数人被指为"读怀"，相传他们过去是奴隶，因而不得与一般被统治者通婚。如娶了"读怀"，家族朋友就要反对，连亲兄弟也要断绝往来。②为什么布依族统治者与被统治者、被统治者与被统治者之间存在这样两条婚姻限制，却不存在凉山彝族那样的血缘等级制度呢？这是因为布依族生产发展水平比较高，商品货币经济发达，血缘不再成为等级划分的界限。凉山彝族生产力发展缓慢和低下，商品货币经济极其微弱，因而不能冲破氏族社会沿袭而来的血缘纽带。

　　像凉山彝族这种最初的阶级划分，由于经济、生产的不发达，而被同阶级氏族外婚制长期凝固而形成的等级制度，在世界历史上也是常见的。如印度的种姓制度就是这样。在恒河流域奴隶制国家形成过程中，从氏族内部分化出来的奴隶主贵族，后来成为最高的种姓婆罗门，军事贵族为第二种姓刹帝利；村社社员为第三种姓吠舍；奴隶为第四种姓首陀罗。阶级对抗出现后，奴隶主贵族为了巩固自己的特权统治地位，制定许多"达摩"（法之意）来强化实质上是阶级划分的

---

　　①　参见吴于廑等主编《世界通史》"上古部分"，人民出版社1973年版，第290—291、401—402页。
　　②　参见中国科学院民族研究所贵州少数民族社会历史调查组与贵州省民族研究所合编《贵州省布依族婚姻资料汇编》。

四种姓区别。"达摩"规定不同种姓不得通婚。《高达摩法典》说："家长须娶同（种姓）之妻。"[1]《摩奴法典》说："对于再生人之男，首先须与同种姓之女结婚。"[2] 这种婚姻限制，使种姓制成为世袭的、永恒不变的以阶级划分为实质的血缘等级制度。又如古代新罗奴隶制国家形成时出现的"骨品制度"[3]，也是这样。在这种制度下，各"骨品"之间也是严禁通婚的。朴、昔、金三姓大奴隶主是最高的"圣骨"和"真骨"，大小贵族属于不同等级的骨品，被统治阶级未被列入骨品，而实际是最低的一种骨品。

二　东爨乌蛮的阶级分化及其奴隶制度

彝族和其他民族一样，曾经经过了若干万年的无阶级的原始公社生活，在原始社会末期家庭公社和农村公社阶段产生阶级分化，并向奴隶制社会过渡。

川、滇大小凉山彝族，传说他们的祖先是古侯、曲涅两兄弟，从古侯分衍出吉狄、阿卓、阿竹、彭伙、甘、马、阿侯等黑彝家支和沙呷、阿木、斯都、布尔、克齐等白彝家支，从曲涅分衍出阿都、沙麻、立立、尔恩、阿陆、八目、果基、瓦渣、罗洪、洪伍、布约、生底等黑彝家支和尔吉、吉克、吉瓦、莫洛、沙马曲比、曲木等白彝家支。据黑彝父子联名谱牒及彝族传说推算，古侯、曲涅迁入凉山繁衍至今，有40代至44代。每代平均以25年计，约1100年。这样，古

---

① ［英］F. M. 米勒编：《东方圣书》第2卷，牛津1879年版。

② （姚秦）三芷法师佛陀耶舍共竺佛念泽：《长阿含经》种德经第三，第15卷，第3分册。

③ 吴于廑等主编：《世界通史》"上古部分"，人民出版社1973年版，第290—291、401—402页。

侯、曲涅当为中唐之人。关于他们从何地迁去凉山，史学界有不同意见，不少学者认为是从滇东北迁去的，笔者认为比较可信。彝谚说："阿干列陀雁与布谷两个，义兹坡下主与奴两部。"阿干列陀与义兹坡，就在今云南昭通境内。① 彝族传说，"黑彝来大凉山时就是带着娃子来的"，说明黑彝与曲诺、呷西之间的奴役关系，早在迁入凉山之前就已存在。这种关系是随着古侯、曲涅的北迁而从滇东北地区迁入的。这与大凉山一些黑彝家支，百余年前迁往云南小凉山，将奴隶制的等级关系也搬入小凉山的情景是一样的。因此，研究凉山彝族等级制度的起源，当考察唐代滇东北东爨乌蛮各部阶级分化及其奴隶制发生发展的历史。

东爨乌蛮两汉以来称"叟"，晋以后称"爨"，由于文献和考古资料的缺乏，我们对其奴隶制度发生发展的历史，尚不能有系统、完整、准确的论述。但有一点是肯定的，那就是其步入阶级社会的时间相当早。根据《史记·西南夷列传》记载，早在公元前2世纪，滇东北地区就已出现数以十计的"君长"。昭通出土一颗古铜印，上有篆书"汉叟邑长"四字，可能是东汉时期赐给叟人部落君长的。贵州彝文《西南彝志》记载，彝族统治者的始祖希孟遮第31代后裔笃慕俄，因避洪水从蜀地（一说从滇池附近的易门）迁至洛尼白（指堂琅山，在今会泽境）。之后其六个儿子（"六祖"）分迁支衍，发展成滇东北、黔西北地区的六大部落。黔西北地区的"默"部首领慕齐齐（笃慕俄之子）曾受蜀汉封号。其子济火"佐诸葛亮刊山通道，擒孟获有功，封为罗甸王"（见《贵州图经新志》；王士性《黔志》；田雯《黔书》）。由此可知，笃慕俄为东汉时代人，可能他就是当时滇东北地区众多的"叟人邑长"之一。从他上溯31代至希孟遮，希孟遮当是公元前6世纪东周时代人。从他开始有明确的父子联名世系，因此彝族氏族内部的阶级分化，至迟

---

① 参见中国科学院民族研究所四川调查组所撰《美姑县九口乡社会调查报告》。

不会晚于希孟遮时期。《西南彝志》记载，其第 29 世裔武洛撮时就有家内奴隶。"六祖"分迁后，奴隶制向上发展，各部实行"强者为主，弱者为奴"（《西南彝志》卷5）的制度，"强者"（氏族中分化出来的贵族奴隶主）除将部落内部的"弱者"（村社成员）降为奴隶之外，便是劫掳他部落之人为奴。

如"武"部击败"糯"部，"布"部击败"武"部，都以其人为奴隶(《西南彝志》卷5)。随着奴隶制度的发展，后来出现了旨在掳掠奴隶的频繁战争。奴隶主"贪欲财贿，劫篡相寻"（《隋书·徐文盛传》)、"朋仇相嫌"、"兵戈相防"（张九龄《曲江集》）。这种局面沿袭下来，便是凉山彝族的冤家械斗。

贞元十年（794 年），袁滋自石门（今大关县豆沙关）至曲靖，记录了沿途阿旁（在今大关县境）、阿竿路（鲁甸县境）、暴蛮（威宁、昭通一带）、卢鹿（昭通、东川一带）、磨弥殿（宣威、沾益、富源境内）等部的情况。其"大部落则有大鬼主，百家二百家小部落，亦有小鬼主。一切信使鬼巫，用相服制。土多牛马，无布帛，男女悉披牛羊皮"（《蛮书校注》)。所谓大小鬼主，即大小贵族奴隶主。又元大德五年（1301 年），李京任乌撒、乌蒙宣慰副使，次年冬从云南平章政事脱脱至越嶲，录亲历见闻作《云南志略》，反映了唐、宋以来东爨乌蛮各部的奴隶制发展情况。《云南志略》说："酋长左右，斯须不可阙，事无巨细，皆决之。正妻日耐德，非耐德所生不得继父之位。"说明酋长就像凉山的黑彝一样，是世袭的特权统治者。"酋长死……葬毕用七宝偶人藏之高楼，盗取邻近贵人之首以祭，如不得则不能祭"，说明当时有杀人祭祀的奴隶制习俗。这可能是从远古时期遗留下来的。晋宁石寨山出土的文物中，就有奴隶主杀人祭祀的场面；"祭祀时，亲戚必至，宰杀牛羊，动以千数，少者不下数百"，说明当时的牧业生产有了比较大的发展，以酋长为首的大小贵族奴隶主对奴隶的压迫剥削是沉重的，"妇人披发，衣布衣，贵者绵缘，贱者披牛羊皮"，说明了部落内部的贫富阶级差别。在古代社会，服饰差别常常是阶级或等级差别的标志。衣绵之贵者、披牛羊皮之贱者及普通衣布者，可能就是当时构成黑彝、呷西和曲诺的三种人。在历史文献中，"贵""贱"与"强""弱"常常是表示黑彝、白彝等级和阶级差别的字眼。如弘治《贵州图经新志·普安州》："罗罗有黑、白之异，黑者为贵，而白者为贱。"《明一统志·东川府》引《元一统志》："乌蛮富而强，白蛮贫而弱。"因此，我们有理由将衣绵之贵者视为黑彝，将衣布者、衣牛羊皮之贱者视为被统治者白彝。

由于部落内部的阶级对抗，东爨乌蛮的婚姻具有氏族外婚、阶级内婚制的特点。《元史·建昌路》说，段氏为府主，"传至阿宗，娶落兰部建蒂女沙智，元宪宗朝，建蒂内附，以其婿阿宗守建昌"。阿宗为建昌乌蛮贵族，娶落兰部贵族女沙智，就是一例。倪蜕《滇云历年传》卷十载："乌蒙、东川同一祖，系沾益夷人夫妇徙东川，既有妊，腹中时闻斗争声，乃孪生二子。夷欲杀一留一，未行，妇遂负一子半夜渡江至乌蒙。后二子长，各据一方，自为雄长，而亦日事争杀，如腹中之兆也！虽俱姓禄，而婚姻相通无禁。"事为造说，出于附会，唯"日事争杀""虽俱姓禄，而婚姻相通无禁"等语，近于史实，当有所本。东川、乌蒙两地的乌蛮统治家族，虽据地自雄，日事争杀，但共同的阶级利益，使其始终固守同阶级内婚制度，既是冤家，又是亲家，事所必然。凉山彝谚说："亲戚开到哪里，冤家打到哪里。"正是这种情况。这说明古今情况，一脉相承。

根据以上论述，凉山彝族的等级制度，最迟当源于希孟遮前后氏族内部的阶级分化。形成于两汉前后奴隶制度的确立和发展时期。古侯、曲涅可能是唐代分散在石门以南众多乌蒙大小部落中的两个。他们北迁凉山以后，沿袭了在滇东北时的奴隶制度，只是为了解决奴隶来源的困难，黑彝统治者将奴隶配婚才形成在滇东北时期所没有的阿加等级。由于凉山具体的历史条件和历代统治者的民族压迫政策，他们迁到凉山后经济的发展极为缓慢，甚至长期停滞逆转，使其与滇东北未迁出的东爨乌蛮部落，有了不同发展情况，氏族社会末期逐渐确立起来的氏族外婚、阶级内婚的制度，不唯不能随着经济生产的发展而被冲破，反而成为黑彝加强奴隶主阶级专政的工具，使奴隶制的剥削奴役关系，表现为森严的血缘等级关系。

三　征服战争不是产生凉山彝族等级制度的主要根源

学术界有种比较流行的看法，就是认为征服战争产生了凉山彝族的等级制度。有的学者说，白彝的祖先是农业部落西爨白蛮，黑彝的祖先是游牧部落东爨乌蛮中之卢鹿蛮，"征服行动的成功，使得卢鹿在政治上成为统治者，它发展成为后来的黑彝贵族，最早被征服的白彝部落及后来从其他部落部族，主要是汉族中俘虏来的成员，经过相当长的时期，逐渐糅合成白彝贱族"。又说："曲诺的主要来源，应该是被征服的其他民族的成员。"① 还有的学者引证马克思"假如与土地一起，也征服了作为土地有机从属物的人本身，那么，他们也就征服了作为生产的条件之一的人，这样便产生了奴隶制和农奴制"（《资本主义生产以前各形态》）的论述，来说明曲诺等级是被居住在川、滇、黔交界地带的乌蛮部落所征服的住在凉山地区的"两林""勿邓""丰琶"等乌蛮部落。②

笔者认为，曲诺、阿加、呷西三个被统治等级中，有被征服部落、部族的成分，但征服战争，并不是产生凉山彝族等级制度的主要根源。

---

① 胡庆均：《凉山彝族的奴隶制度》，《教学与研究》1956 年第 8、9 期；《解放前凉山彝族社会性质研究述评》，《历史研究》1963 年第 2 期。

② 刘炎：《解放前凉山彝族社会性质的几个问题》，《文史哲》1962 年第 4 期。

　　首先，白彝的祖先并非西爨白蛮。第一，从西爨白蛮的地理分布来说，唐、宋时期东爨地区没有西爨白蛮，以嶲州（西昌）地区来说，除有南诏迁去的少数白蛮外，全为乌蛮。《元史·地理志·黎溪州》："初，乌蛮与汉人杂处，及南诏阁罗凤叛，徙白蛮守之，蒙氏终，罗罗逐去白蛮。"《元史·地理志·建昌路》："懿宗时，蒙诏立城曰建昌府，以乌白二蛮实之。"南诏从洱海地区迁去的白蛮，是今天白族的先民，而不是彝族的先民西爨白蛮。又樊绰《蛮书》卷一："邛部，一姓白蛮，五姓乌蛮。"这里的乌、白蛮为西番族先民，也不是彝族，不能相混。除以上几条有关白蛮的记载外，嶲州地区皆为卢鹿蛮所居。至于滇东北地区和黔西北地区，那就更是只有东爨乌蛮而无白蛮的地区。因此，由于东爨乌蛮地区没有西爨白蛮的分布，就不可能出现前者征服后者的事件。第二，从力量上说，西爨白蛮社会经济发展水平比较高，曾统一在南宁州都督爨归王的统治之下，爨氏家族势力之强大，为唐朝所不敌。樊绰《蛮书》卷四说："及章仇兼琼开步头路，方于安宁筑城，群蛮骚动，陷杀筑城使者，玄宗遣使敕云南王蒙归义（南诏主）讨之。"爨氏不战而降蒙，西爨地区被南诏所夺据，因此，东爨地区的乌蛮征服西爨白蛮，是不可能的。相互间当有所争扰，但绝不可能因此而建立今天黑彝奴役白彝的情景。当然，这并不排斥白彝中有被征服的异族成员，只是不能把他们视为曲诺或阿加、呷西等级的主要来源。只能说他们在被征俘之后，被迫编入白彝的行列，沦为黑彝统治者的奴隶。

　　其次，曲诺等级的祖先也不是"两林""勿邓""丰琶"等乌蛮部落。唐、宋时期，在大渡河南至昭觉以北地区，分布着两林、勿邓、丰琶诸部，"皆谓之东蛮，天宝中皆受封爵"（《新唐书·南蛮传》）。"勿邓地方千里，有邛部六姓，一姓白蛮也，五姓乌蛮也；又有初裹五姓，皆乌蛮也。居邛部台登间。又有东钦蛮二姓，皆白蛮也。"（《新唐书·两爨蛮传》）近人研究凉山彝族历史，多认为两林、勿邓、丰琶诸部是彝族先民，方国瑜先生认为这不是彝族，而是西番族（今藏族）先民①，笔者认为这个看法是合乎历史实际的。其一，在历史文献上，此诸部被称为番，《宋史》说："凡风琶，两林，勿邓，皆谓之东蛮，其余小蛮，各分隶焉。邛部于诸蛮中最骄悍狡谲，招集蕃落亡命，侵扰他种，闭其道以专利。"史书上，夷蕃常有严格界限，多不混称，故不能认为他们是彝族。其二，此诸部社会经济发展水平比较高。唐、宋时期就与汉族发生租佃关系。《宋会要稿》载淳熙七年（1180 年）枢密院编修李嘉谋言："黎州过大渡河外，弥希皆是蕃田，每汉人过河耕种其地，及秋成，十归其一，谓之蕃租。"这样的情况，是唐、宋时期彝族（东爨乌蛮）生产水平所不能达到的。其三，在政治上，东蛮诸部以邛部为首，结成强大联盟，屡与南诏、吐蕃、唐朝争战，且能左右唐、诏、蕃三大势力的争夺。唐王朝屡调他们攻击吐蕃，《新唐书》说："丰琶部落大鬼主骠傍，数兵出攻吐蕃。"又说："两林都大鬼主苴那时，遗韦皋书，乞兵攻吐蕃，皋遣将进逼台登……苴那时战甚力，分兵大破吐蕃青海、腊城二节度于北谷。"由于此诸部势力强大，其首领屡受唐、宋朝廷封号。宋封两林、丰琶首领为将军，有怀化、归化、归德、归义的称号；封邛部首领为"大将军""新都王"（《续通鉴长编》卷88）。对比历代王朝加封黑彝土司土目，或不受封，或封而不固，内部一片家支争扰的情况，说此诸部是彝族是讲不通的。其四，文献有勿邓诸部被彝族强迫迁走的记载。《元史·地理志·建昌路》："邛部州，在路东北，大渡河之南，越嶲之东北，至宋，岁贡名马土物，封酋为邛部王，今其地夷称为邛部川，治乌弄城，昔磨些蛮居之，仲由蒙（即笃慕俄）之裔夺其地。"所谓"磨些蛮"，当指勿邓诸部，因为磨些为古旄牛夷之一支。这说明先在此居住的不是彝族。总之，由于两林、勿邓、丰琶诸部不是彝

---

① 方国瑜：《彝族简史（长编）》，《中国历代地舆图西南地区考释》第四册，以上皆为油印本。

族，将其视为曲诺的主要来源是不妥当的。

最后，从理论上说，马克思确实指出过征服战争可以产生奴隶制，但并没有说这是产生奴隶制的唯一途径。马克思说："以部落制（这是社会最初的表现形态）为基础的所有制，其最基本的条件是做部落的成员，这就使得那被本部落所侵占所征服的其他部落丧失财产，而把那个部落本身变成本部落无机的再生产条件，看成是归它所有的东西，所以奴隶制和农奴制只不过是那以部落制为基础的所有制更进一步的发展形态。他们必然改变一切部落制形态。在亚细亚形态之下，它们所能改变的最少。因为这个形态是以手工业与农业合而为一的自给自足的单位为基础的，征服不是那样不可缺少的条件。"① 这是马克思在 1857 年至 1858 年所写手稿的一部分，恩格斯在 1877 年至 1878 年写《反杜林论》时，把马克思的意见加以发展，指出统治与奴役的关系，"是经过两条道路产生的"②。第一条道路，是氏族酋长利用解决争端、防御外来侵犯、主持宗教仪节、领导生产和分配等社会公职，在私有制和阶级分化日趋发展的情况下，将自己由"社会公仆"，转变为社会的压迫统治者。在这里，"政治统治到处都是以执行某种社会职能为基础"，征服不是那样不可缺少的条件。第二条道路，是"在旧的土地公有制已经崩溃或者至少是旧的土地共同耕作制已经让位给各个家族的小块土地耕作制"③ 的情况下，生产发展需要增补新的劳动力，但公社本身和公社所属的集团还不能提供多余的劳动力，于是便诉诸战争，俘掠异族或彼一部落的人们作为奴隶，随之并奴役本集团丧失土地的那些人们，使他们也成为奴隶。在这里，统治与奴役是由于征服与被征服而产生的。因此，只强调征服战争可以产生奴隶制和农奴制，是不够全面的。

---

① 《马克思政治经济学批判大纲》第 3 分册，人民出版社 1963 年版，第 111 页。
② 《马克思恩格斯选集》第 4 卷、第 3 卷，人民出版社 1972 年版，第 161、104、218、219 页。
③ 同上。

当然，历史上确实有一些部族、部落被征服，而集体地变成被奴役的等级或阶级的情况。但曲诺不是这种情况。若说曲诺是被征服的异族形成的等级，那它应操着不同的民族语言，因为一个民族征服了另一个民族，他们所操的民族语言是不会因被征服而改变的。如在我国的西双版纳，傣族在历史上征服了基诺族，把整个基诺置于自己的奴役之下，历史已经久远，但基诺至今依然操着自己的民族语言。曲诺和黑彝操着共同的语言，可知曲诺不是被征服的异族。若说曲诺是同族的这一部分部落征服了另一部分部落而形成的，黑彝是征服者，那也不会形成只占总人口5%的黑彝奴役占总人口一半以上的曲诺的情景，也无法解释彝族"兄为主，弟为奴""黑彝来大凉山的时候，就是带着娃子来的"的传说，无法理解曲诺家支也可以同样追溯到古侯、曲涅的历史。

综合以上论述，笔者认为凉山彝族的等级制度，最初是由于氏族内部的阶级分化而产生的，而后被同阶级氏族外婚的血缘界限所凝固。黑彝来源于氏族贵族；曲诺来源于村社社员；家内奴隶则是最早的呷西；阿加是在彝族奴隶制的向上发展中，在唐、宋以来凉山的具体的历史条件下，由于奴隶来源困难，奴隶主将呷西配婚而形成的。因此，凉山彝族奴隶社会的阶级是"等级的阶级"，即"阶级同时也是一些特别的等级"。

纵观凉山彝族奴隶制发生发展的历史，笔者认为其等级制度起源于两汉以前的氏族内部的阶级分化，形成于两汉特别是唐、宋以来奴隶制的向上发展时期。彝文文献中的"强者"和汉文文献中的"大小鬼主"就是历史上的黑彝。而"弱者""贱者""贫者"就是历史上的白彝。古侯、曲涅迁至凉山以后，由于经济生产发展的缓慢和逆转，商品经济的极端微弱，氏族社会的血缘纽带长期不能被切断，阶级内婚制长期不能被打破，而使阶级变成了一些特别的血缘等级。

说征服战争产生了凉山彝族等级制度的论点，笔者认为是不符合凉山彝族历史发展实际的。白彝中当然有被征服的异族成分，但是是氏族内部的阶级分化，而不是征服战争产生了黑、白彝各等级。黑彝、白彝不但语言相同，而且血缘相同，他们的区别是阶级的区别而非种族的区别。

（原载《思想战线》1978 年第 3 期）

略论彝族奴隶社会的发展阶段

彝族奴隶社会在其近两千年历史期间，经历了不同的发展阶段，直到新中国成立前夕，还存留在川、滇大小凉山彝族地区。

马克思指出："奴隶制度因其为一个经济的范畴，经常在各民族底诸制度中间现存着。"① 一方面，长期以来，各个不同历史时期和各种不同学科的一些研究者，总是否认奴隶制度这个经济范畴；否认奴隶社会是人类社会发展的必经阶段，以反对马克思主义关于人类社会发展规律的科学。阐明彝族奴隶社会的发展阶段，对于研究奴隶制度这个重要的经济范畴，具有重要的理论意义和现实意义。

另一方面，在对上述资产阶级谬论的批判斗争中，我国学术界对怎样划分彝族奴隶社会的发展阶段，尚存在不同意见。为了深入讨论，笔者提出一些粗浅的看法，希望得到批评指正。

一　彝族与氐羌之关系

说彝族渊源于我国古代西北的氐羌游牧部落，这大致已不成问题。东汉时，蜀西牦牛徼外的古羌族白狼部落，向朝廷献歌三章，用白狼语写成，一百多个词汇中有二十多个与彝文相同，文法结构也颇

---

① 《哲学的贫困》，人民出版社 1956 年版，第 157 页。

相似①，说明彝与羌有关；生活、文化特征方面，彝与羌都有父子联名，披毡为衣，死则焚尸、"转房"、同氏族十二世以后相与为婚等习俗，体质特征上都有深目、体高、面黑、齿白等特点。古文献中的"越篇羌"（《后汉书·西羌传》）、"南中青羌"（《华阳国志·南中志》），指的就是古代金沙江南北地区的彝族先民。

氐羌迁往西南，川流不息，经历了漫长的历史年代。传说"黄帝二十五子，其得姓者十四人（指形成十四个氏族），正妻嫘祖生二子，其一曰玄嚣，是为青阳，青阳降居江水；其二曰昌意，降居若水"（《史记·五帝本纪》）。江水、若水指金沙江和雅砻江。夏禹是黄帝的后裔。杨雄《蜀王本纪》说："禹本汶山郡广柔县人也，生于石纽。"《吴越春秋·越王无余外传》说："禹家于西羌，地名石纽。"石纽在汶山郡广柔县，即今四川省茂文县。禹为我国原始社会末期洪水时代人物，说明氐羌南迁，年代久远，至少在距今五六千年以前。商、周至战国，中原奴隶主阶级不断征伐氐羌，加剧了氐羌南下的进程。甲骨文说："令五族伐羌方""一月伐羌众"。②《后汉书·西羌传》说：羌首领无弋爰剑曾孙忍时（约当战国初期），"季父卬畏秦之威，将其种人附落而南"；其后子孙繁衍支分凡百五十种，九种在赐支河曲以西（今西藏地区）；又一些在西南，"或为牦牛种，越嶲羌是也；或为白马种，广汉羌是也；或为参狼种，武都羌是也"。

考察氐羌南徙的过程，笔者认为大致可分为两段。

（1）从远古传说中的黄帝时代至公元前2000年的夏朝，约当我国原始社会时期。这个时期南下的氐羌人，在自然条件优厚的邛海、滇池、洱海等地区与土著居民融合，很早就进入农耕时代，逐渐形成

---

① 丁文江：《爨文丛刻》甲编，上海商务印书馆1931年，第6—8页。

② 董作宾：《殷代的羌与蜀》，《西南民族研究论文选（1904—1949年）》，四川大学出版社1991年版，第76页。

与氐羌不同的新族——僰。因其住地而异，僰人又称为"邛僰"①"滇僰"②"戎僰"③。位于滇池东岸的新石器时代遗址出土很多陶、石、骨器，具有类似仰韶文化的特征，其中陶器内壁有谷壳、谷穗芒的痕迹，说明这里的居民进入农耕的时间很早。大理剑川海门口遗址，有大量的石斧、石凿、石刀、铜斧、铜钺、铜环等器出土，同类器物与龙山文化的相同，放射性碳素测定距今 3115±90 年，相当于商末时期，说明这里的居民使用铜器的时间与内地大体相当。祥云大波那铜棺墓中出土的铜农具、铜饰物、铜钺、铜环等，工艺水平比较高，其中铜钺、铜环等器与海口门出土的相似，放射性碳素测定为距今 2350±75 年。晋宁石寨山出土的大批铜鼓、铜兵器、铜农具，铸造更为精致，年代大约是西汉末东汉初。考古工作者认为，大波那铜棺墓出土文物与晋宁石寨山出土文物，在社会经济、工艺美术、器物形态等方面有密切的关系，大部分文物相似。④毫无疑问，滇池东岸、剑川海门口、祥云大波那和晋宁石寨山诸文化遗址。在其发展上是有先后继承性的，它们当是滇僰活动的遗迹。近年来，考古工作者在西昌、昭觉、喜德、德昌等地发掘许多大石墓，出土大量的石凿、石箭、铜箭、铜刀、铜环和陶器，其中不少与祥云、剑川遗址中的同类器物相似。凉山彝族称大石墓为"石头房子"，说是濮苏乌伍居住的，传说彝族初迁入凉山时，濮苏乌伍就已住在凉山。濮苏是族名，彝语意为濮人，大石墓可能就是濮人冢。⑤《华阳国志·蜀志》载："会无县，路通宁州。渡泸（金沙江）得堂狼县（今巧家、会泽）。故濮人

---

① 指西昌地区的僰人。《史记·司马相如传》说："南夷之君，西僰之长，且夫邛、筰西僰之与中国并也。"《索隐》说："西夷邛僰。"《史记·平准书》说："散币于邛僰以集之。"
② 指滇池区域的僰人。《史记·货殖列传》："南贾滇僰僰僮。"
③ 指犍为地区的僰人。《南诏碑》说安宁"势连戎僰"。
④ 童恩正：《略谈云南祥云大波那铜棺墓的族属》，《考古》1966 年第 1 期。
⑤ 关于大石墓情况，参见《西昌坝河堡子大石墓发掘简报》，《考古》1976 年第 5 期；《西昌坝河堡子大石墓第二次发掘简报》《西昌河西大石墓群》《四川凉山喜德拉克公社大石墓》，《考古》1978 年第 2 期；童恩正《四川西南地区大石墓族属试探》等文。

邑也，今有濮人冢，冢不闭户，其穴多碧珠，人不可取，取之不祥。"
方国瑜教授认为：濮字系僰字音近之误，所谓濮人冢就是僰子坟，今
岷江流域和戈魁河沿岸有很多崖葬墓，相传为僰子坟。① 由此看来，
西昌、凉山、昭通等地区的大石墓、濮人冢与僰子坟，当是僰人（邛
僰、戎僰）的遗迹。《史记·西南夷传》说：邛都、滇池地区"君长
以什数"，"皆椎结，耕田，有邑聚"。滇池"旁平地肥饶数千里"，
《水经·江水注》说：戎僰地区有"焚僮之富"。《史记·货殖列传》
说："南御滇僰僰僮。"（即从滇僰地区贩卖奴隶人口。"焚僮"即什
计的君长奴役下可供买卖的奴隶）说明秦、汉时期焚人的生产方式，
已经是比较发达的奴隶制了。秦之能够在西南置吏，汉之能够建立越
巂郡（前111年）、益州郡（前109年），就是因为有僰人奴隶制作为
基础。近人撰文写史，多以反映僰人奴隶制的上述资料，来论证彝族
的奴隶制始于秦、汉，笔者认为是不恰当的。

（2）从夏朝至战国（前2200年至前200年），约为我国奴隶社会
以及奴隶社会向封建社会过渡的时期。这个时期南下的氐羌人，或与
僰人杂居，或被迫散居林谷，分布于金沙江南北广大地区。他们较长
时期延续着游牧部落的经济生活，经济文化比焚人落后，历史上称为
"巂""昆明"，或"叟""昆明"。《汉书·地理志注》说："师古曰：
巂，音先蕊反。"《史记·西南夷传·正义》说："巂，音髓"，"巂"
乃"叟"之同音异写字，巂族即叟族。② 《华阳国志·南中志》说：
"夷人大种曰昆，小种曰叟。"二者系同一族系，唯有大小（指人口多
少、分布面积大小）之别。今天的彝族，与"巂""昆明"有直接源
流关系，是由"巂""昆明"不断分化，并融合汉族及其他民族的一
些成分之后而形成的。考察彝族的历史名称，不同时期有不同的称
谓，大致可以说，先秦至两汉称"巂""昆明"，汉、晋以来主要称

---

① 方国瑜：《彝族简史（长编）》，油印本。
② 参见尤中《云南古代民族》，未刊油印稿。

"叟",南北朝至唐称爨（黑爨）；唐、宋称"乌蛮"；元、明以来称"罗罗"。本文分析彝族奴隶制的历史发展阶段，就是根据以上这些不同族称来进行的。

《史记·西南夷传》说："西自桐师（保山）以东，北至叶榆（大理）名为嶲、昆明，皆编发，随畜迁徙，毋长处，毋君长。"在司马迁看来，"嶲""昆明"与"滇僰""邛僰""戎僰"，社会经济发展阶段是有着本质的不同的，一是"耕田有邑聚"，"君长以什数"；二是"随畜迁徙""无君长"。也就是说，前者是奴隶制社会，后者还是原始社会。这是符合当时历史发展实际的。

当然，也要看到，不同地区的"昆明"部落，当有发展的不平衡，并不都是"无君长"，"无长处"。《汉书·西南夷传》说："始元元年（前86年）益州廉头姑缯（永胜至宁蒗一带）民反，杀长吏"，"后三岁，姑缯，叶榆复反"。如果根本无长君，要爆发这两次反抗是不可能的。但是，也不能因此而忽视"嶲""昆明"与僰人社会经济发展上的本质差异。当时"嶲""昆明"的一部分已发展到原始社会末期，部落内部分化出一些君长是可能的。但不能以此而认为它已进入奴隶社会了。

二　彝族奴隶社会的上界

公元1世纪初期，"嶲""昆明"发动了一场震撼王莽及东汉在南中统治的反抗战争，其持续时间之长、范围之广、影响之深，在西南历史上是空前的。它是彝族历史上划时代的重大事件，标志着彝族原始社会的终结和奴隶制时代的开端。

这次反抗战争开始于公元14年。《汉书·王莽传》说："天凤元年（公元 14 年），益州蛮夷（指僰、昆明）杀大尹（太守）程隆，三边尽反。""莽遣平蛮将军冯茂以击益州，出入三年，疾疫死者什七，莽征茂还，诛之。更遣宁始将军廉丹与庸部牧史熊大发吏民十万人，转输者合二十万，击之……三岁余，死者数万。"（《汉书·西南夷传》《后汉书·滇王传》《后汉书·西南夷邛都传》）

公元 19 年，反抗战争从金沙江南扩大到金沙江以北的越巂（西山、凉山）地区："天凤六年（公元 19 年），益州郡栋蚕、若豆（此为焚人首领）等起兵杀郡守，越巂姑复夷人大牟亦皆叛，杀略吏人。"（《汉书·西南夷传》《后汉书·滇王传》《后汉书·西南夷邛都传》）

"更始二年（公元 24 年）（越巂郡）长贵率种人攻杀（郡守）牧根，自立为邛谷王，领太守事。"（《汉书·西南夷传》；《后汉书·滇王传》，《后汉书·西南夷邛都传》）东汉统治者倾力镇压而"不能克"，反抗战争一浪高过一浪，至公元 42 年到达高潮。《后汉书·西南夷滇王传》说："建武十八年（公元 42 年），夷渠帅栋蚕与姑复（华坪、盐边）、叶榆（大理、洱源、剑川）、弄栋（大姚、姚安、南华、牟定、楚雄）、连然（安宁）、滇池（晋宁）、建伶（昆阳）昆明诸种夷反叛，杀长吏。益州太守繁胜与战而败，退保朱提（昭通）。十九年，遣武威将军刘尚等发广汉、犍为、蜀郡人及朱提夷合万三千人击之。""建武十九年，武威将军刘尚击益州夷，路由越巂，长贵闻之，疑尚既定南边，威法必行，己不得放纵，即聚兵营台……因袭击尚。"（《后汉书·滇王传》）

刘尚杀长贵后，渡泸（金沙江）入益州，栋蚕不畏强敌，领导昆明诸种与之东西转战，直至两年后因众寡不敌在不韦（保山）牺牲。刘尚"斩栋蚕帅凡首虏七千余人，得生口（指参加反抗战争的夷人奴隶）五千七百人，马三千匹，牛羊三万余头"，将这次反抗镇压下去。

这次反抗战争先后持续了 30 年之久，暴风雨般地席卷了北至邛都（西昌、凉山）、西至不韦（保山）、东北至朱提（昭通）的广大地区，得到僰人的响应，既给王莽及东汉政权以沉重的打击，也冲击了部落内部的原始氏族社会的残余，显示了"嶲""昆明"新兴奴隶阶级的政治力量，在彝族历史上具有重大的意义。

考察这次战争的根源，它是社会生产方式发展到新时代的反映。

公元前2世纪末年，汉武帝在西南设置郡县，"募徙死罪及奸豪实之"，"徙天下奸猾吏民于边"（《华阳国志·南中志》《后汉书·武帝纪》），大批内地汉族人口被移徙到边疆来，加强了边疆各族与内地的经济文化交流，促进了"嶲""昆明"各部社会经济的发展。秦、汉之际尚处在"随畜迁徙"阶段的各部，农业逐渐从牧业中分离出来，并建立了以农业为主的社会经济。历来处于游牧经济的叶榆（大理）、遂久（永胜）、弄栋（大姚、姚安）等县，此时一部分已转为定居农业，进入"土地有稻田"（《华阳国志·南中志》）的阶段。

农业、牧业的发展，使手工业进一步分离出来，主要表现在铸铁制铁业的兴起方面。《续汉书·郡国志》说："台登（今冕宁）出铁"，"会无（会理）出铁"，"滇池出铁"。又说台登县"山有磐石，火烧成铁，刚利"。这不但反映了铸铁业的普遍，而且说明了铸铁技术已相当高超。西南夷区使用铁器的时间很早，唯东汉以前文献不见南中产铁的记载，其所用铁器，乃是蜀中大贾卓氏、程氏等从蜀地输入的，使用者可能也主要是僰人。东汉以来，由于"嶲""昆明"各部大量转为农耕，对铁制工具的需求增加，靠蜀地输来已不能满足需要，在汉族传来铸铁技术的情况下，于是产生了本地的铸铁业。铁在历史上起过革命作用，它使更大面积的农田耕作和开垦广阔的森林地区成为可能，它给手工业的发展提供了一种锐利的工具。铁的广泛使用使生产不断增长，劳动生产率不断提高，最终导致原始公社的解体和奴隶制度的建立。正如恩格斯所指出的，"发生了第二次社会大分工：手工业和农业分离了。生产的不断增长以及随之而来的劳动生产率的不断增长，提高了人的劳动力的价值；在前一阶段上刚刚产生并且是零散现象的奴隶制，现在成为社会制度的一个本质的组成部分；奴隶们不再是简单助手了；他们被成批地赶到田野和工场去劳动"①。

生产关系的决定因素，是生产资料的所有制形式。在奴隶主所有制下，奴隶主不但占有生产资料，而且占有生产工作者——可以作为牲畜来买卖和屠杀的奴隶。东汉初期，蜀人禽信"出使越巂，为夷所得，传卖十一种"（《华阳国志·禽坚传》）。说明当时越巂叟人已盛行奴隶的买卖，而奴隶买卖的盛行，则说明奴隶阶级（夷帅）不但占有土地等生产资料，而且占有作为可以买卖的生产者奴隶。由此可见当时的生产资料所有制是奴隶主所有制。

在奴隶社会中，战争是巩固和发展奴隶主所有制的一种手段。奴隶主以它来保卫自己的土地、财产、奴隶不受侵犯，也以它来掠取他部落的土地、财产和奴隶。这一点在栋蚕、大牟和长贵领导的这次反抗战争中有充分的表现。当时，奴隶主阶级过着"人俗豪忲"（奢侈）的生活，王朝统治者"居官者富及累世"（《后汉书·西南夷传》）的苛重剥削，严重损害着夷帅奴隶主阶级的利益。因此，夷帅奴隶主利用人民的不满发动反抗战争，"杀太守""杀略吏人"，以维护奴隶主的所有制。同时，通过战争掠取俘虏作为奴隶，以满足奴隶制经济发展的需求。

奴隶制经济基础的建立表现在政治上，就是新兴的奴隶主阶级要求"自立"。越巂长贵率种人攻杀牧根（郡守），自立为邛谷王，领太守事，说明了奴隶主阶级的政治要求，这就是要建立得以"放纵"的奴隶主政权。长贵从更始二年（24 年）自立，到建武 19 年（43年）被杀，为王时间长达 19 年，他不是邑长也不是夷帅，起来自立为王，反映了新兴奴隶主阶级的势力已经发展到不但可以夺取政权，

---

① 《家庭、私有制和国家的起源》，《马克思恩格斯选集》第 4 卷，人民出版社 1972年版，第 159 页。

而且可以长期掌握政权的地步。

封建王朝依靠强大的政治军事力量，最后将栋蚕、长贵等人领导的反抗战争镇压下去，然而新兴奴隶主阶级要发展奴隶制度的要求却是镇压不了的，矛盾依然存在，随着奴隶制经济的发展，新的反抗战争不断产生。元初元年（117 年），越巂叟帅封离以反郡县"赋敛烦数"和"剽略百姓"（虏汉人为奴）为目的的反抗战争，又一次席卷了西南广大地区，得到益州、永昌、蜀郡三十六部奴隶主的响应，众至十余万，杀二十余县"长吏"（《后汉书·安帝纪》《后汉书，邛都传》）。这次战争的特点说明，它是栋蚕、长贵反抗战争的继续和发展。

综上所述，我认为公元 1 世纪初期栋蚕、长贵、大牟领导的反抗战争，是"巂""昆明"各部奴隶制生产关系确立的产物。这次战争在经济上是要维护和发展奴隶主阶级所有制，在政治上则是要建立地方性的奴隶主政权。因此，以这次战争为彝族原始社会和奴隶社会的界标，把彝族进入奴隶社会定在公元 1 世纪初期，是符合彝族历史发展实际的。

三 彝族奴隶社会的上升阶段

彝族奴隶社会的上升发展阶段，笔者认为始于东汉而迄于元朝（凉山地区则终于新中国成立前夕）。反映这一时期奴隶制上升的主要标志为以下几点。

（1）新的奴隶制生产关系一直推动着生产力的发展。西汉末期，"巂""昆明"生产力的发展，主要反映在农业从牧业、手工业中分离出来，表现在冶铁业的产生和铁制工具的广泛使用方面。蜀汉以来，由于奴隶制生产关系的促进作用，则主要表现在生产规模的扩大、劳动生产率的提高和剩余产品的不断增加方面。《华阳国志·南中志》说：晋宁郡（为僰人和叟人聚居地）有"池田渔之饶，金银畜产之富"。《隋书·梁睿传》说：南宁州"户口殷众，金宝富饶，二河有骏马明珠，益宁出盐井犀角"。《永昌郡传》说：越巂郡特好桑蚕，宜黍、稷、麦、稻、粱；朱提郡有千顷池、龙池"灌溉种稻"。《三国志·蜀志·诸葛亮传》说："南土平定，赋出叟濮（叟为彝族，濮为僰人），耕牛、战马、金银、犀革，充继军资，于时费用不缺。"诸葛亮《出师表》说："南方（指南中）已定，甲兵已足。"这些都反映了南中叟、僰社会经济的新发展。为什么南中会出现如此富裕繁荣的景象呢？当然是由于南中叟、僰，特别是叟族新兴的奴隶制生产关系推动了生产力的发展。这种繁荣完全是叟、僰广大奴隶创造的。《华阳国志·南中志》说："畲山为田，无蚕桑，寡畜产，虽有僮仆，方诸郡为贫。"所谓"僮仆"，即奴隶。这条材料说明：南中七郡（牂牁、越巂、建宁、朱提、兴古、永昌、云南），生产上都广泛使用了僮仆奴隶；南中的财产，是僮仆创造的，牂牁之贫，不是因为没有僮仆奴隶。奴隶能够创造巨大的物质财富，是奴隶制社会上升阶段的特点。

（2）出现了反映奴隶制扩展的新兴奴隶主集团——南中大姓。南中大姓是完全夷化了的汉族移民中的奴隶主阶级。它是随着叟、僰奴隶制经济的向上发展而产生的，并随着叟人奴隶制经济的发展而不断壮大。晋汉时期见于记录的南中大姓有雍、爨、李、雷、孟、毛、罗、董、王、朱、周、魏、庞、赵、杨、骆、陈、霍、吕、姚等姓，遍布于叟、焚人地区。他们与夷人奴隶主阶级互通婚姻，结为"百世遑耶"①，共同压迫奴隶阶级。他们奴役的奴隶称为"家部曲"。家部曲有汉人、僰人和叟人，因此又称为"夷汉部曲"。"部曲"是奴隶

---

① 《华阳国志·南中志》说："与夷为婚曰遑耶，与夷至厚者谓之百世遑耶，恩若骨肉。"

主的私有财产，平时耕作，战时打仗，毫无人身自由，其人身地位和经济地位，与"夷帅"奴役下的"僮仆"没有本质区别。大姓奴隶主剥削部曲奴隶，与夷帅奴隶主阶级合为一体，势力不断强大。刘备入蜀，经略南中，大姓以雍闿为首，据地反抗。公元225年，诸葛亮出兵南中，雍闿势力失败，但由于大姓是建立在叟族等奴隶制经济基础之上的，不可能被消灭，诸葛亮不得不顺应叟族奴隶制不断发展的趋势，采取扶植奴隶主阶级的政策，"皆即其渠帅而用之"（《汉晋春秋》），并劝令大姓、富豪"出金帛聘恶夷为家部曲"（《华阳国志·南中志》）。所谓"恶夷"，指的是受汉族影响比僰人少的叟人。晋统治者经略南中，保障大姓得"世有部曲"，因此，大姓的势力不断发展。但是，事物发展的根本原因不在外部而在内部，促成大姓势力不断发展的根本原因，是叟族、僰族奴隶制经济的向上发展，其中特别是叟族，大姓在南中造成势力，一是因其有强大的家部曲，而其家部曲的主要成分，是叟族奴隶。诸葛亮"移南中劲卒青羌万余家于蜀"（《华阳国志·南中志》），组成所向无敌的"军"，青羌即"恶夷"，就是建宁郡的叟族。"万余家"，就是万余"家部曲"；二是有夷帅的支持，雍闿抗蜀，就是得到越嶲叟帅高定元全力支持的。李叡、毛铣和周悦的党羽反晋南夷校尉李毅、王逊，也是得到夷帅的支持。大姓主要是在叟族奴隶制发展的基础上发展起来的，其强大与夷帅奴隶主阶级的支持分不开。因此，大姓势力的发展，实际上反映了彝族奴隶制的发展。

（3）出现了爨氏奴隶主家族在南中称霸400年（347—746年）的局面。爨氏族属，学术界有争论，但不论属汉、属焚或属彝，爨氏都统治着广大地区的叟族，并在叟族奴隶制不断发展的基础上强大起来，这是毫无疑问的。考察爨氏家族发展的历史，最早见于记录的是爨习，他在建安年间任建伶（昆阳）县令。随着叟、僰奴隶制经济的发展，其家族势力不断发展壮大。西晋泰始元年（265年），王朝调南中大姓出兵，为首的叫爨谷，说明当时爨氏的力量已雄冠于其他大姓。东晋太宁二年（324年），爨量据兴古郡抗拒王逊。其后爨琛相继为兴古太守、交州刺史、南宁州刺史，"遂王蛮夷"（《通典》）。爨氏称王，不服王朝政令，但仍以王朝官衔自命。陆良《爨龙颜碑》说："祖，晋宁、建宁二郡太守，龙骧将军、宁州刺史；考，龙骧辅国将军、八郡监军、晋宁、建宁二郡太守，追缢宁州刺史，邛都县侯。"以上头衔，疑都是自封的。南朝时期，王朝虽屡任命宁州刺史，但都没有到任，《南齐书·州郡志》说："宁州，诸爨氏强族，恃远擅命，故数有土反之虞。"《梁书·徐文盛传》说："先是，（宁）州在僻远，所管群蛮，不识教义，贪欲财贿，劫篡相寻，前后刺史莫能制。"说明南中地区为爨氏奴隶主统治着。开皇五年（589年），隋遣黄荣开路，以备经略宁州，爨氏被迫遣使朝贡，隋置恭州（昭通）、协州（镇雄）、昆州（昆明）。但不久即反。唐初，李渊拜爨宏达为昆州刺史，建治于爨区，但并不巩固。天宝初年，唐遣使筑城安宁，"群蛮骚动，陷杀筑城使者"（《云南志》），唐朝无力镇压，直到南诏征服爨区，才结束爨氏称霸的局面。爨氏称霸，是在吞并了多数大姓和夷帅奴隶主势力之后形成的，之所以能在南中称霸400年，是以不断发展的南中叟族奴隶制经济为基础的。

（4）出现了各部奴隶主集团从分立走向统一的趋势。汉晋以来，"昆""叟"奴隶制的发展，在金沙江南北爨区形成许多据地自雄的部落奴隶主集团。滇东地区各部为爨氏所统治，大的部落奴隶主头目有南宁州（曲靖）都督爨归王、昆州（昆明）刺史爨日进、黎州（激江）刺史爨棋、求州（武定）爨守懿、螺山大鬼主爨彦昌、南宁州大鬼主爨崇道、归州（屏边）刺史爨仁哲、姚州（姚安）首领左威将军爨彦征、升麻（寻甸）县令孟眈（张九龄《曲江集·敕爨仁哲等书》）。滇东北地区分立的各部有阿旁（在今大关县）、阿猛（在今昭通）、卢鹿（在今昭通至东川一带）、暴蛮（在今威宁）、磨弥殿

（在今宣威、沾益、富源）等部（《云南志》）。根据《明一统志》追述：今贵州威宁一带，"唐时乌蛮之裔孙曰乌梦者居此，宋时乌梦之后曰折怒者始并其地。号为乌撒部"；今镇雄一带，有"乌蛮之裔阿统与其子芒布居此地，其后昌盛，因祖号芒布部"；今昭通一带，有"乌蒙部"，东川有"闷畔部"。金沙江以北的西昌、凉山地区，唐、宋时也分立着众多对峙的奴隶制部落。《元史·地理志》说：泸沽县，"昔罗落蛮所居，自号罗兰部，或称罗落"；里州，"蒙诏时，落兰部小酋阿都之裔居此，因名阿都部"；中县，"所居乌蛮，自别为沙麻部"；阔州，"乌蛮所居，昔仲由蒙之裔孙名科居此，因以名为部号"；姜州，"乌蛮仲牟由之裔阿坛绛始居闯畔部，其孙阿罗仕大理国主高泰，是时会川有城曰龙纳，罗落蛮世居焉，阿罗挟高氏之势攻拔之，遂以祖名曰绛部"；会理州，"有蛮，名阿坛绛"；德昌路，"所居蛮，号屈部"；威龙州，"夷名巴翠部，领小部三，皆卢鲁蛮种"。新中国成立前凉山彝族对峙林立的家支，笔者认为就是唐、宋金沙江南北彝区部落奴隶主集团分立的继续和遗留。

由于奴隶社会客观经济规律的作用，各部奴隶集团之间长期进行着劫掠奴隶、土地、财物和牲畜的战争。《梁书·徐文盛传》说，南宁夷人"贪欲财贿，劫篡相寻"；《隋书·梁毗传》说，西宁州（西昌、凉山地区）"递相陵夺，每寻干戈"；张九龄《曲江集·敕爨仁哲等书》说，滇东地区奴隶主"各有部落""经营损害、朋仇相嫌""兵戈相防"。这种操戈分立争杀的局面，随着奴隶制经济的向上发展，唐、宋时期逐渐出现区域性统一的趋势。如滇东地区在"诸爨豪乱"中，出现了由爨归王或爨崇道统一的趋势，后因南诏占据爨区而未实现。滇东北地区，由于乌撒酋折怒吞并芒布、阿晟二部而威慑诸部，出现了由乌撒部统一的趋势。黔西地区分立的各部，以罗甸部为最强大，"开成元年（836 年），其鬼主阿巩内属，会昌中（841—846 年），封其别帅为罗甸王"（《新唐书·南蛮传》），出现了由罗甸统一的趋势。金沙江以北的嵩州（西昌）地区，落兰部最强盛，大理段氏末年，落兰部建蒂趁蒙古兵南下之机，以武力吞灭诸部，实现了全境的统一。

分立的部落奴隶制，是建立在分散的部落经济基础上的。随着经济生产的向前发展，生产场所不断扩大，各部落之间的经济交往日益密切，部落界限日趋被打破，这就要求政治上统一起来，而经济的发展又为统一提供了条件，因此，唐、宋时期区域性统一趋势的出现，是彝族奴隶制经济向上发展的结果。

元宪宗三年（1253年），忽必烈平大理国，次年以兀良合台扫荡西南地区，设立大元帅府进行军事统治。至元十一年（1274年）建立云南行中书省，先后设罗罗斯（西昌、凉山地区）、乌撒乌蒙（滇东北地区）、亦奚不薛（黔西北地区）等宣慰司，对彝族地区进行统治。处于上升发展阶段的彝族奴隶主集团，曾以强大的力量进行联合抵抗，如至元年间罗罗斯地区谷纳为首的反抗战争，乌撒乌蒙地区阿谋领导的反抗战争，大德年间亦奚不薛地区蛇节等领导的反抗战争等。在战争"巨浪"的强大冲击下，在元统治者强制建立统治机构、驻军、设屯、开路置驿的社会变革风暴中，地区之间、部落之间、彝汉之间的联系得到了加强，彝族尚未得到充分发展的奴隶制经济遭到了巨大的冲击和破坏，而在奴隶社会中有所萌芽的某些封建因素却得到了发展。外力和内因的辩证作用，使彝族奴隶制的发展在元时出现了新的转折，朝着封建领主制社会过渡，至明、清而步入了封建社会。有学者把彝族进入封建制社会的时间，提早到大理国时期，笔者认为是值得商榷的。大理国时期在滇东、滇西一些彝族地区确实出现了某些封建制的生产关系，但不应该以此为整个彝族奴隶制终结和封建时代开端的标志。因为任何一个社会中，都会有上一个和下一个社会形态的某些生产关系存在，但它不能反映那个社会形态的本质。

四　关于凉山彝族奴隶制的延续和发展

凉山彝族奴隶制的发展，东汉以来与邛都、滇池、朱提和水西（黔西北）地区的彝族密切联系着。就唐、宋时期的发展水平而言，也与上述各区的彝族大体一致，同样呈现部落奴隶主集团分立争杀的局面。但是，元、明以来统治者的不断冲击却未能改变这种状况，奴隶制依然按原来的面貌自然向上发展着。

之所以如此，是因为这里的社会物质生活条件与其他彝区不同。凉山的地理环境，对劳动生产率的提高起着严重的阻碍作用。迄至新中国成立前，这里的水稻收获量还只有种子的 25 倍，旱地作物只有 10 倍左右。[①] 这样低下的劳动生产率，是与土地的贫瘠、气候的不佳等分不开的。它使人们不能获得较多的剩余产品，以作为积累而成为扩大再生产的源泉。凉山地区居民密度不高，人口增长极其缓慢，也影响了社会经济的发展。宋峨眉进士杨佐于熙宁七年（1074 年）出使大理议买马事，自虚恨（嘉州）出发，48 日程至束密（姚安），纵穿凉山腹地，沿途麻苴筑路，荒无人烟，说明居民不普遍。[②] 由于社会物质生活条件所造成的生产的长期停滞、社会分工和交换的不发展，凉山彝族奴隶制的发展变得十分缓慢，原始社会的残余长期保存下来，封建关系迟迟不能产生。这种内部的条件，使外来的封建生产关系不能促成奴隶制度的变革，而向封建制度过渡。元代在西昌地区建立罗罗斯宣慰司，辖 32 州县，包括今凉山黄茅埂以西地区，其中，

[①]　参见胡庆钧《论凉山彝族的奴隶制度》，《教学与研究》1956 年第 8、9 期合刊。

[②]　参见杨佐《云南买马记》，李焘《续资治通鉴长编》卷 267 "熙宁八年八月庚寅"引此文。

中县在沙麻部（瓦岗、美姑），里州在阿都部（金阳、布拖、普格）；邛部州在邛部（西昌、昭觉）。这些凉山的州县，后来发展为沙骂、邛部宣抚司和河东、阿都长官司，王朝委任奴隶主作为土司土官，要对凉山地区进行封建式的统治，但由于内部情况特殊，土司制度不唯不能引起奴隶制的改变，反而成为奴隶制的牺牲品。

历代在凉山分封土司，颁给印信号纸承袭者，只有河东安氏、阿都安都氏、沙骂安氏、邛都岭氏、暖带密岭氏、千万贯杨氏。马边地区的 11 家土百户，承领号纸，但无印信。绝大多数的土目，都未颁给印信号纸，而是"历来替袭"，并明文规定"给委牌一张，不承袭，于本支内先放顶充"。这与其他彝区的情况不同，反映了没有适应土司制度的社会基础。即使领有印信号纸的土司，黑彝奴隶主也不服其管辖。雍正七年（1279 年），川陕总督岳钟琪《题平阿驴疏》说："黑骨头，自来强悍，不服土司约束。"（嘉庆《四川通志》）《西昌县志》说："土司所属各支强夷（黑彝家支），奴畜众多者，则悍然玩土司于股掌，稍不如意，则率众攻土司，擒其人，要其财，土司无可奈何。"（民国《西昌县志·改土归流议》）更有甚者，黑彝奴隶主将土司直接赶走。如二百多年前，黑彝阿陆家、姐觉家把沙骂土司从美姑驱逐到瓦岗，并瓜分了他的土地和娃子；河东土司阿卓家原住美姑，后来也被赶到好古拉达（昭觉三湾河），而后又被赶到西昌；新吉土目也被黑彝阿陆家的势力所击败。土司斗不过黑彝，势力日趋衰败，其统治地区逐渐缩小至只占凉山地区的 10%。因此，当邻近彝区由于推行土司制度而导致奴隶制度瓦解时，凉山却按原来的状况继续发展着分散的家支部落奴隶制。

有学者认为，在凉山彝族社会中，黑彝土司土目主宰着一切，他们是凉山的封建领主，主导的生产方式是领主农奴制。这种领主农奴制社会，约始于元代，截至民主改革前，这种领主农奴制已趋于没落。① 另有学者认为，凉山彝族社会的经济关系，民主改革前是奴隶制和封建制并存，二者在相互交替消长中，并处在由奴隶制向封建制过渡的阶段。② 笔者认为这两种看法都是不大符合凉山彝族历史发展实际的。而胡庆钧从分析凉山彝族奴隶制生产关系对生产力的积极作用入手，认为"在解放以前，彝族奴隶制正经历着自己生命中的向上发展时期"③，则反映了凉山彝族历史发展的实际。

下面，笔者想就曲诺等级的发展变化趋势，来论证新中国成立前凉山彝族奴隶制还在按唐、宋时期面貌继续向上发展的特点。

凉山彝族奴隶社会，长期并存着两种不同类型的奴隶，即古代希腊、罗马式的典型奴隶（阿加、呷西）和古代东方型的"普遍奴隶"（曲诺）。④ 这两种奴隶有其共同的特征：人身都为黑彝奴隶所占有，都是奴隶主可以任意加以买卖或转让的私有财产。但是"普遍奴隶"曲诺有较多的人身自由和权利，有一定的财产占有权，奴隶主对他们的奴役不如典型奴隶阿加、呷西重。近百年来，凉山彝族社会生产力的发展，对奴隶的需求量不断增加。在不能俘虏更多汉族和其族人作为奴隶的情况下，奴隶主加重了对曲诺的奴役，使他们不断破产而下降为阿加、呷西。因此，曲诺等级的发展变化趋势是：除极少数上升为奴隶主外，绝大部分是由"普遍奴隶"下降为典型奴隶。据美姑县巴普乡、普雄县丽吉木乡、昭觉城南乡、雷波拉里沟乡调查，民主改革中曲诺划为奴隶主阶级的占曲诺总数的 4.16%，划为劳动者阶层（也就是还保有"普遍奴隶"地位者）的占 54.68%，划为奴隶阶级的占 41.16%。⑤ 由此可见曲诺的发展趋势，是不断沦为阿加、呷西

---

① 参见束世澂《论凉山彝族解放前的社会性质》，《新建设》1961 年第 6 期。

② 参见施修霖、陈吉元《对民主改革前凉山地区社会性质的探讨》，《民族研究》1959 年第 9 期。

③ 胡庆钧：《论凉山彝族的奴隶制度》，《教学与研究》1956 年第 8、9 期合刊。

④ 参见何耀华《论曲诺的阶级属性》，《思想战线》1977 年第 6 期。

⑤ 参见梁山《与施修霖、陈吉元两同志商榷关于民主改革前凉山彝族社会经济结构问题》，《民族研究》1960 年第 6 期。

的奴隶。

曲诺这种发展趋势，除了由彝族社会生产力的发展所引起之外，还有以下两点原因。

第一，元、明以来大民族统治者的军事镇压和军事统治政策，加剧了黑彝对曲诺的奴役。由于土司制度不能在凉山顺利推行，元、明以来的统治者即诉诸武力，对彝区进行疯狂的围剿，同时广置兵营汛塘，建立封锁凉山的军事罗网。康熙四十九年（1710 年），四川提督岳昇龙镇压红卜苴、普际、腻乃、普雄、那交、滥田坝、觉吾、黑保咀、裴贝、大孤山、吽他等地彝民（嘉庆《四川通志》）。雍正六年（1728 年），云贵总督鄂尔泰杀乌撒、东川等地彝民，以大兵追进凉山六百里，四川提督黄廷贵率兵南进，与鄂军南北呼应，直至所谓"首恶贼党，悉已擒巢，苗疆亦已底定"（嘉庆《四川通志》）。镇压后便设塘置兵，向中心区步步为营。所设有建昌镇统属的冕山营、越嶲营、宁越营、峨边营、马边营，泸州镇统属的普安营、安阜营。营下设塘汛，散在边缘各地（嘉庆《四川通志》）。乾嘉、道光以来，清统治者不但屡以重兵"兜剿围攻"，且要变凉山为人烟绝灭的世界，道光十五年（1835 年），四川总督鄂山声称，要将凉山"夷地所种秋粮悉为铲除，以绝其养生之源……令重兵围住，使其尽成饿殍。如该夷匪势迫奔鼠，加以枪炮轰击，足以制其死命"（鄂山《蜀江奏稿·查办马边夷务》）。继鄂山后之四川总督苏廷玉称："倮夷屯聚凉山，历年剿之不得利者，究其间纵有斩擒，不能痛加剿洗，仅只发其窖藏，焚其寨棚，就案完结。……必须调汉屯士兵二万名，分四队：一队屯扎峨边防堵，三队由马边、雷波、越嶲等厅克期并进，一面预咨云南省派兵防守，绝其奔逃。夷闻官兵进剿，必遁老林，我军步步为营，四面逼进，以重兵困之，以游兵扰之。匪匿深林，势无十日半月之粮，迨其粮尽溃逸，又预伏枪炮，痛加轰击，可期大加剿洗。我军渐次深入，焚其寨落，毁其积贮，而三四月不令耕种，八九月不使刈获，绝其养命之源。即有逃鼠余匪，久亦多成饿殍，如有穷蹙命，亦可贷其一死。"（苏廷玉《夷务实在情形疏》）1927 年，国民党委军阀邓秀廷为"讨夷总司令"。1928 年，他两次血洗昭觉、西昌间的井家寨，将井家支彝民全部杀灭。[①] 上述军事统治和军事屠杀政策，给凉山的彝族同胞带来惨重的灾难。黑彝统治者以曲诺作为反镇压、反围剿的主力；同时又以他们为反镇压、反围剿的经济支柱，使他们不断破产下降为阿加、呷西。

第二，统治者在推行军事镇压的同时，以"以夷治夷"的手段，在彝族内部不断挑动冤家械斗，也导致了曲诺的典型奴隶化。凉山彝族内部的冤家械斗，是由于奴隶主阶级要劫掠他部落的土地、娃子、财物、牲畜而引起的，自彝族进入奴隶社会以来就存在。元、明以来，随着奴隶制的上升而不断激化。万历初年，邓子章《西南三征纪》说："越嶲有邛部罗罗曰黑骨夷者始与酋长构争，流毒境土。"（嘉庆《四川通志》）清嘉庆十三年（1808 年），四川总督勒保《筹办马边，峨边彝务善后事宜》说："生熟各夷，虽有驯悍之不同，而率性大率好斗，凡遇鼠雀细故，以及互争界衅，既不赴官控理，亦不向土司申诉，动辄纠众好斗，彼此或有杀伤，数世仇恨不释，积久构衅，名曰打冤家，甚至汉夷交错之地，亦渐染成风。"（嘉庆《四川通志》）近百年来帝国主义将鸦片输入中国，凉山大种鸦片，奴隶主以鸦片交换洋枪火器，特别是国民党把现代武器大批运入凉山，使冤家械斗空前频繁残酷。据不完全统计。1951 年至 1954 年的三年中，人民政府调解的大小新旧冤家案达 1.2 万多件，可知近百年来冤家械斗的普遍。曲诺是冤家械斗的主力军，又是"命价"的承担者，他们中的很多人不是在冤家械斗中被俘为奴，就是因承担"命价"而破产下降为阿加。因此，冤家械斗越频繁，下降的曲诺也就越多。有人看不

---

① 参见四川民族调查组《四川彝族近现代历史调查资料选集》，1963 年 12 月初稿，第 115—116 页。

到曲诺下降的趋势，断言由于奴隶来源困难，凉山彝族奴隶制已经衰落，这也是不大合乎实际情况的。

概括本文论述，笔者认为彝族渊源于夏、商以至战国时期南迁的氐羌部落，与"嶲""昆明"有直接源流关系，东汉以前处于原始社会向阶级社会过渡的阶段；东汉开始进入奴隶社会；东汉至元为其奴隶社会的上升发展时期；凉山彝族奴隶制是唐、宋时期彝族社会的延续和发展，新中国成立前还在向它的高级阶段迈进。

（原载《思想战线》1979 年第 2 期）

论曲诺等级的几个问题

引　言

　　20 世纪 50 年代民主改革的实践证明：凉山彝族社会性质，是奴隶制而非封建制，也不是奴隶制向封建制的过渡。但是，学术界对这一问题的研究，迄今尚无定论。民主改革胜利后，不少学者还著文主张封建制或奴隶制向封建制过渡①，使学术研究与革命实践产生了一些矛盾。

　　原因在于：占总人口一半以上的曲诺，是怎样与黑彝建立了人身隶属关系？他们究竟是奴隶还是农奴？为什么"民改"中会把曲诺一半以上的人划为劳动者？劳动者的阶级含义又是什么？学术界对这些问题的问答，多不能令人们满足。

　　本文力图通过对凉山彝族奴隶制历史发展的分析，为正确回答上述问题寻找新的答案。

---

　　①　参见江应樑《凉山彝族社会的历史发展》，《云南大学学报》1958 年第 1 期；束世澂《论凉山彝族解放前的社会性质》，《新建设》1961 年第 6 期；施修霖、陈吉元《对民主改革前凉山彝族地区社会性质的探讨》，《民族研究》1959 年第 9 期。

一　曲诺等级源流

民主改革前，在凉山彝族社会中，存在一种体现人身占有的严格等级制度。社会的全体成员被两条严格的婚姻血缘界限区别开来，第一条是在黑彝和白彝之间，他们根本不能通婚，婚姻方面的谚语说："黑彝是黑彝，白彝是白彝，家鸡是家鸡，野鸡是野鸡。"且严禁白彝和黑彝发生婚外性关系。根据习惯法规定：白彝男子与黑彝妇女发生了性关系，女子必须自杀，男子要以酷刑处死。黑彝男子可利用特权侮辱白彝妇女，但习惯上也要受到谴责，直至被黑彝家支开除，丧失黑彝身份。黑彝自认为血统"纯洁""高贵"，自命为"黑彝头"。他们在政治、经济上处于社会世袭特权者的统治地位，并在不同程度上占有白彝的人身，是凉山彝族奴隶社会中的奴隶主阶级；白彝中的呷西一无所有，住在黑彝主子家里，人身完全为黑彝所有，黑彝主子可对他们任意杀害或买卖，他们是凉山彝族奴隶社会中最典型的奴隶阶级；白彝中阿加的地位较呷西稍高，但他们的人身也必须隶属黑彝主子。黑彝奴隶主的特权统治地位，并不因其经济的下降而下降，即使他们穷了，也不能沦为白彝，如始终保有特权地位的"乾黑彝"就是这样。相反，白彝在任何情况下也不能变成黑彝，即使他们在经济上上升为奴隶主，也根本不能取得黑彝的身份和地位。这与封建社会的等级制度不同。一般来说，在封建社会中，处于封建阶梯上的不同等级的封建主，如果失去了土地，经济下降，其贵族等级身份就要受到影响，甚至沦为农奴。反之，被统治者如能购置土地，经济上升，他们也可以爬上封建阶梯，上升为封建贵族，取得特权统治地位。

第二条是在白彝的曲诺与阿加、呷西之间。由于曲诺的社会等级比阿加、呷西高，一般情况下，他们不与阿加、呷西通婚。但也有罕见的例外通婚现象，如在普雄勒地乡发现曲诺二人与阿加通婚，三人与呷西通婚。他们都是由于贫困才被迫与阿加、呷西通婚。在通常情况下，曲诺贫困，就要沦为阿加、呷西。因此，曲诺贫困而被迫与阿加、呷西通婚，实质上等于阿加、呷西内部的通婚。重要的是，社会习惯法规定，曲诺与阿加、呷西通婚，其社会等级地位就要下降。和阿加结婚，所生男孩是曲诺，女孩是阿加，且儿女要给主子当呷西；和呷西通婚，本人下降为阿加，妻子上升为阿加，且要给主子当呷西；和呷西通婚，本人下降为阿加，妻子上升为阿加，所生子女要被主子抽作呷西。因此，曲诺与阿加、呷西通婚，常常是罕见的例外现象，它并不影响这条婚姻血缘界限的森严。另外，阿加原可通过向主子赎身的道路上升为曲诺，但须缴纳白银百两以上的赎身费，而且一般只有原来是曲诺，沦为阿加后，才可以赎身。因此，赎身是极为困难的事，它也不能影响这条界限的严格性。

在阿加和呷西之间，由于他们同为奴隶阶级，他们之间就不可能有什么严格的界限。阿加等级的形成，一是呷西配婚，二是曲诺下降，由于阿加的子女要沦为呷西，呷西配婚则成阿加，所以，阿加、呷西实质上是一个等级。由于凉山彝族处于汉族强大势力的包围中，俘虏汉人为奴隶是不轻易的事，为了繁殖奴隶，奴隶主将呷西配婚，这样就形成阿加等级。当然，呷西变为阿加，也有阶级斗争的因素。呷西不断反抗，迫使奴隶主不能不使他们成婚，给他们些许独立生活。

成问题的是：黑彝、曲诺、呷西这三个等级是怎样形成的？为什么在他们之间会有严格的血缘界限，以至形成体现人身占有的奴隶制血缘等级关系？

我们认为，在世界各国历史上，家长奴隶制是奴隶社会的最初和最原始的形态，它产生在原始公社解体时期，也就是产生在农村公社时代。在彝族氏族公社解体过程中势必分化出氏族贵族、家内奴隶和广大的普通村社自由民，当时的氏族贵族，就是今天黑彝的前身，当时的家内奴隶，就是今天呷西的前身，当时的村社自由民，就是今天曲诺的前身。黑彝、曲诺、呷西三个等级的来源，可能就是这样。

　　然而，为什么这三个等级之间会被两条严格的血缘界限区别开来呢？这两条血缘界限又是怎样产生的呢？原因可能是这样：他们被两条血缘界限区别开来，是因为他们的阶级地位不同。之所以用血缘界限严格区分，是因为氏族内部的阶级，已使氏族成员之间的共同性变成了对立性，阶级之间的矛盾，使原来血缘关系相同的氏族成员按阶级对抗起来，原来氏族间的外婚制因此而打上了阶级的烙印。原来部落内部彼此通婚的几个不同氏族的贵族，为了巩固自己的统治地位，而把联姻局限在不同氏族的贵族之间，人们的婚姻关系，就以不同氏族不同阶级为界限。也就是说，由于氏族内部的阶级对抗，原来氏族的外婚制度，此刻转化成了不同氏族之间的同阶级内婚，或者说，转化成了同阶级内的族外婚。这种婚姻关系的发展，就不可避免地要在三个不同阶级的人中间，形成两条严格的血缘界限，剥削奴役关系就以血缘关系表现出来，而且势必成为强化剥削关系的因素。这样的婚姻血缘关系，由于不妨碍私有制的发展，所以它可以较长期地保留下来。

　　像这种婚姻关系为阶级关系严格制约的情况，在中外历史上是常见的。例如：在早期罗马共和国中，平民不得与贵族通婚。从公元前494 年开始，平民不断进行斗争，至公元前 445 年，才迫使执政贵族"根据坎努里阿法废除了平民不得与贵族通婚的限制"[①]。又如在我国封建社会中，汉族通婚有"门当户对"的规矩，即是封建门第相同才婚，不同门第者不能婚。在贵州布依族的婚姻制度中，也存在许多限

---

① 参见周一良、吴于廑主编《世界通史》"上古部分"，人民出版社 1973 年版，第290—291 页。

制，其中主要是"同宗不婚"和"非门当户对不婚"两种。前者指的是同姓绝对不能开亲。人们认为姓是氏族的标志，也是区别血缘关系的依据，同姓表示同宗，因此严禁通婚，这是氏族外婚制的遗留；所谓"非门当户对不婚"的限制也很严格，富人说："宁愿要大人家的奴婢，不愿娶小人家的姑娘。"婚姻方面的谚语说："铁门对铁门，板门对板门。"在被统治阶级的不同人们中间，也不能通婚。镇宁扁担山一带，有少数人被指为"读怀"，传说他们过去是奴隶，"读怀"不得与一般人通婚，如果娶了"读怀"人做妻子，就要遭到家族朋友的反对，甚至连亲兄弟也要断绝往来。① 布依族中这两条严格的婚姻限制，就是同阶级民族外婚制的体现。它与凉山的等级内婚制，没有质的差异，只不过由于布依族与凉山彝族处于两种不同的社会形态，它们才有了程度上的不同，综上所述，我们认为：凉山彝族的等级制度，最初是由于阶级分化而形成的，后来被婚姻血缘界限所凝固，彝族氏族社会解体过程中分化出来的氏族贵族，村社自由民、家内奴隶，就是今天黑彝、曲诺、呷西的前身。

问题之所以如此，我们还考虑到下列几点。

（1）曲诺等级的形成，有被征服部落、部族的成分，但若溯源到它最早形成的时代，那征服战争，就不是产生曲诺等级的根源和道路。学术界几乎一致认为：曲诺等级的形成，是不同种族、部落相互征服的结果。这是值得商榷的。现举几个有代表性的说法：首先，胡庆钧先生根据樊绰《云南志》东爨乌蛮和西爨白蛮的记载，说白彝的祖先是农业部落西爨白蛮，黑彝的祖先是游牧部落东爨乌蛮中之鹿卢蛮。"征服行动的成功，使得鹿卢在政治上成为统治者，它发展成为后来的黑彝贵族，最早被征服的白蛮部落及后来从其他部落部族，主

---

① 参见中国科学院民族研究所贵州少数民族社会历史调查组与贵州民族研究所联合编《贵州省布依族婚姻资料汇编》。

要是汉族中俘虏来的成员，经过相当长的时期，逐渐糅合成白彝贱族。"① 胡先生后来又以明代永宁地区的羿子等部族被征服为例，进一步断言"曲诺的主要来源，应该是被征服的其他民族的成员"，"曲诺"最早的来源还包括黑彝中肢分的部分，他们和被征服的其他民族混合在一起，并以其他民族（也包括汉族）的后裔为主，逐渐形成了曲诺这个等级。②

其次，江应樑先生说："今天的白彝，是最早居住凉山的叟族部落，他们尚处在原始社会阶段，有很紧密的氏族组织。黑彝是叟族的另一部分部落，以战胜者的姿态进入凉山，征服了白彝各部落，使之驱使他们劳动，而剥削他们的剩余产品。"③

最后，赵卫邦先生说："当彝族进入凉山时，征服了原来居住在这里或边缘地带的一部分农业民族，整个地使其隶属于自己，而沦于奴隶地位。因为受着经济发展的制约，不能都使其成为呷西或阿加式的奴隶，同时，也不能产生封建农奴制，结果就产生了另一类型的奴隶（指种族奴隶——引者）。"④ 并引马克思"假如与土地一起，也征服了作为土地有机从属物的人本身，那么，他们也就征服了作为生产条件之一的人。这样，便产生了奴隶制和农奴制"的话，来说明曲诺是被黑彝征服的种族奴隶。

上引诸说，不论在史实、理论或实践上，都是不能令人同意的。

从史实上看，凉山腹地，很早就有彝族的先民居住，彝族传说他们的祖先从滇东北迁来，唯不知最早迁入的年代。宋熙宁七年（1074年），杨佐出使大理议买马事，自虚恨（嘉州）出发，凡四十八日程

---

① 胡庆钧：《凉山彝族的奴隶制度》，《教学与研究》1956年第8、9期合刊。
② 参见胡庆钧《解放前凉山彝族社会性质研究述评》，《历史研究》1963年第2期。
③ 江应樑：《凉山彝族社会的历史发展》，《云南大学学报》1958年第1期。
④ 赵卫邦：《关于凉山彝族奴隶社会形成的一个看法》，《成都晚报》1963年12月31日。

至束密（姚安）①，行经凉山腹地，沿途麻丛寻路，荒无人烟，说明唐、宋时期，凉山腹地彝民还不普遍。元、明以来，中央王朝加强大渡河南与金沙江南北地区统治，与东爨乌蛮各部激烈战斗，分布在金沙江东、南、西三面之彝族人口，才大批被迫迁居凉山。因此，探索凉山彝族的历史，必须越出凉山范围，从分析金沙江东、南、西三地区的东爨乌蛮入手。但近人研究凉山彝族历史，没有注意这一点，而将唐、宋时期分布在昭觉以北、大渡河以南的勿邓、两林、丰琶诸部当作彝族，这是错误的（详见本文附说一）。

在金沙江以西之邛都地区、以南之滇东北地区及以东之黔西北地区，文献未见有白蛮或其他异族部落的记载，几乎全为东爨乌蛮各部单一分布的地域（详见本文附说二）。西爨白蛮集中分布于今滇池、曲靖和南部的抚仙湖区域，霭益、马龙、寻甸至武定一线，是他们与东爨乌蛮各部的地域分界线。因此，在此线以北的东爨乌蛮地区，不可能产生乌蛮征服白蛮或其他异族的事件。此线以南的西爨白蛮各部，社会经济发展比较高，曾统一在南宁州都督爨归王的统治下，爨氏统治家族势力之强大，为唐朝所不敌。樊绰《云南志》卷四说："及章仇兼琼，开步头路，方于安宁筑城，群蛮骚动，陷杀筑城使者，玄宗使敕云南王蒙归义（南诏主）讨之。"爨氏不战降蒙，西爨地区被南诏统治阶级夺据。因此，西爨白蛮被东爨乌蛮征服，不但史无记载，亦不可能。相互之间当有所争扰，但绝不可能因此而建立东爨乌蛮奴役西爨白蛮的关系，造成今天黑彝奴役白彝的状况。但是，我们并不排除白彝中有被征服的异族成员。个别地区（如叙永）确实有羿子、仡佬、土僚、九丝等被东爨乌蛮罗氏鬼主征服的情况（《宋史·泸州蛮传》《宋会要辑稿·西南番》），也有大量汉族人口被俘为奴。

---

① 史事见宋峨眉进士杨佐《云南买马记》。李焘《续资治通鉴长编》卷 267 "熙宁八年八月庚寅"引此文谓"宋如愚《剑南须知》有《云南买马记》今附注此"，杨佐原文，为宋如愚所得，录入《剑南须知》，当有漏误，如原作"自达虚恨界分，十有八日而抵束密之墟"，卒怡显《至道云南缘》言全程四十八日，故"十有八日"为四十八日之误，因改。

但绝不能把他们视为曲诺的主要来源。只能说，他们在被征服之后，被迫编进白彝的行列，沦为黑彝统治者的奴隶。

在理论上，马克思主义经典作家确实指出过征服战争，可以产生奴隶制或农奴制（如赵卫邦引语），但征服战争并不是产生奴隶制的唯一途径。

我们知道：奴隶制是原始社会生产力发展的产物，是原始公社内部阶级划分的产物，它萌芽于父家长制家庭，经过农村公社这个原始公制向私有制的过渡阶段，获得了进一步的发展，在西方形成"劳动奴隶制"，在东方（也包括西方的一些民族）形成"普遍奴隶制"。马克思说："以部落制（这是社会最初的表现形态）为基础的所有制，其最基本的条件是做部落的成员，这就使得那被本部落所侵占所征服的其他部落丧失财产，而把那个部落本身变成本部落无机的再生产条件，看成是归它所有的东西，所以奴隶制和农奴制只不过是那以部落制为基础的所有制更进一步的发展形态。他们必然改变一切部落制形态。在亚细亚形态之下，它们所能改变的最少。因为这个形态是以手工业与农业合而为一的自给自足的单位为基础的，征服不是那样不可缺少的条件，像在地产和农业单纯占优势地方那样的情形。"① 这是马克思在 1857 年至 1858 年所写手稿的一部分，恩格斯在 1877 年至 1878 年写的《反杜林论》中，把马克思的上述意见加以发展，指出统治与奴役的关系"是经过两种道路来产生的"②，即东方的道路和西方的道路，东方主要是对内奴役，"征服不是那样不可缺少的条件"，而西方则主要是通过征服战争。

从上述可见，赵卫邦先生引马克思的话来论证征服战争可以产生奴隶制和农奴制，是不够全面的，忽略了另一种方法、另一种道路，

---

① 《马克思政治经济学批判大纲》第三分册，人民出版社 1963 年版，第 111 页。又见马克思《资本主义生产以前各形态》，人民出版社 1956 年版，第 29—30 页。

② ［德］恩格斯：《反杜林论》，生活·读书·新知三联书店 1949 年版，第 222 页。

把问题简单化了。

另外，历史上有一些部族、部落征服了另一些部族部落之后，在保有被征服部族部落原有组织的形式下，集体地奴役被征服者。我国史学家郭沫若、侯外卢等将这种被奴役的部族称作"种族奴隶""集体奴隶"或"部落奴隶"。① 曲诺是否为黑彝所征服的"种族奴隶"呢？不是，如果一个民族征服了另一个民族，他们所操的民族语言，是不会因征服与被征服而改变的。在我国的西双版纳，傣族征了基诺族，把整个基诺置于自己的奴役之下，历史已经久远，但基诺至今仍然操着自己本民族的语言。因此，不能把曲诺视为"种族奴隶"，因为它与黑彝操着共同的民族语言。曲诺是不是"集体奴隶"或"部落奴隶呢"？也不是，因为他们不是集体地被奴役。

在实践上，曲诺这个等级，有自己的家支，而且历史悠久，甚至可以同样追溯到古侯、曲涅；曲诺人口占凉山彝族总人口的一半以上。而黑彝只占5%，彝族传说"兄为主，弟为奴""黑彝来大凉山的时代，就是带着娃子来的"。若说他们是被征服的部族或部落，这些情况都无法理解。

（2）我们得出的论点，为彝族历史发展所证明：唐、宋时期，东爨乌蛮各部，称酋长为"鬼主"；"土多牛马，无布帛"（《云南志》），"居必栏棚，不喜耕稼"（《宋史·叙州三路蛮传》）。以畜牧业为主要经济基础，农业尚未从中分离出来。部落成员平等地占有生产生活资料，"皆衣牛羊皮"（《新唐书·南蛮传》《云南志》），氏族内部的财产差别尚未将氏族成员之间的共同性变成对立性。到了宋、元时期，乌蛮各部的生产获得了较大发展。元大德五年（1301年），李京任乌撒、乌蛮宣慰副使，次年冬从云南平章政事脱脱至越巂，录亲历见闻作的《云南志略》，反映了当时的社会生产情况。《云南志略》说：

---

① 参见郭沫若《奴隶制时代》、侯外庐《中国古代社会史话》有关部分及马长寿《论匈奴部落国家的奴隶制》（《历史研究》1954年第5期）。

乌蛮祭祀酋长"宰杀牛羊，动以千数，少者不下数百"，"男子左右佩双刀"，"善造坚甲利刃，有价值数十马者"。可见，宋、元时期牧业生产已有较大发展，得大规模宰杀牲畜，部落内部出现社会分工，有大批善造巨量坚甲利刃的匠人；出现了交换，牲畜已成为交换的媒介物。这样的社会生产水平，正符合恩格斯论证过的游牧部落奴隶制产生阶段的情况，恩格斯说："游牧部落用以与其邻人交换的主要物品乃是牲畜，牲畜成了一种一切商品借以评价，并且到处为人们乐于交换的商品——一句话，牲畜获得了货币的职能。"又说："一切部门——牧畜，农业，家庭手工业——生产的增加，使人的劳动力可以生产超过维持劳动力所必需的产品……最初的大规模的社会分工，随着劳动生产率的增加，从而随着财富的增加，以及随着生产活动场所的扩大，在特定的历史条件的总和之下，必然引起了奴隶制。"①

关于当时东爨乌蛮各部奴隶制产生的情况，《云南志界》载："酋长左右，斯须不可阙，事无巨细，皆决之，正妻曰耐德，非耐得所生不得继父之位"，说明酋长已有世袭贵族持权者的统治地位；"酋长死……葬毕用七宝偈人藏之高楼，盗取邻近贵人之皆以祭，如不得，则不能，祭祀时，亲戚毕至，宰杀牛羊，动以千数，少者不下数百"，酋长剥削压迫之重，从此而知。又《志界》说："妇人披发，衣布衣，贵者绵缘，贱着披羊皮。"说明贫富分化已经激烈，"皆衣牛羊皮"的时代已经一去不复返了。在生产比较原始落后的状况下，服饰差别也常常反映了阶级差别。诚然，只孤立地从服装差别看，还很难说明人们的阶级地位，但若从当时的生产状况、酋长权力等多方面来看，内部有阶级分化是无疑的。因此，衣绵之贵者、披牛羊皮之贱者及普通衣布者，正是最早构成黑彝、呷西和曲诺的三种人。所谓贵者，无疑是指部落酋长为首的氏族贵族，即黑彝的前身。由于他们在东爨乌蛮各部中处于特权统治地位，对外代表乌蛮部落，渐渐地，乌蛮成了氏

---

① 《马克思恩格斯文选（两卷集）》第1卷，人民出版社1961年版，第308页。

族贵族的专称，因此，他们被称为黑彝。黑彝彝语称"诺"，有彝族主体的意思，反映了这一变化的历史内容；所谓贱者，应是指当时部落内部分化出来的家内奴隶，即呷西的前身；不贱不贵之衣布者，应指在氏族贵族统治下，经济上处于中间地位的村社自由民，即曲诺的前身。后面这两种人，由于在经济、政治上处于乌蛮贵族的剥削奴役下，凡事俯首听命，担当农牧生产，后被与黑彝统治者相对区称，谓之白蛮或白彝。史书对黑白名称谓的记载，强调的也是他们之间贫富贵贱的差别。①

至于阶级划分被同阶级氏族外婚所凝固的情况，如《元史·建昌路》说：段氏为府主"传至阿宗，娶落兰部建带女沙智，元宪宗朝，建带内附，以其婿阿宗守建昌"。阿宗为建昌乌蛮贵族，与落兰部贵族女沙智通婚，就是一例。又倪蜕《滇云历年传》卷十二说："乌蒙、东川同一祖，系霑益夷人夫妇徙东川，既有妊，腹中时闻半争声，乃孪生二子。夷欲杀一留一。未行，妇逐负一子半夜渡江至乌蒙。后二子长，各据一方，自为雄长，而亦日事争杀，如腹中之兆也！虽俱姓禄，而婚姻相通无禁。"事为造说，出于附会，不可信。唯"日事争杀""婚姻相通无禁"等语，近于历史事实，当有所本。东川、乌蒙乌蛮统治家族，虽据地自雄，相互争扰，但由于有共同的阶级利益，所以始终固守同阶级氏族外婚，既是冤家，又是亲家，事所必然。凉山彝族谚语说："亲戚开到哪里，冤家打到哪里。"冤家战争，也破坏不了黑彝所固守的同阶级氏族外婚制。可见，古今情况，自来如此。

（3）这种奴隶制血缘等级关系产生的原因，主要是凉山彝族社会生产力发展缓慢和低下。从历史发展的一般规律看，氏族公有制向私有制发展，都必须经过农村公社这个公有制与私有制相互消长的过渡

---

① 《明一统志》卷七六《东川府》引《元一统志》说："乌蛮富而强，白蛮贫而弱。"所谓"强""弱"，就是贫富阶级差别的反映。又弘治《贵州图经新志》卷十《普安州》说："罗彝，有白、黑之异，黑者为贵，而白者为贱。"因此，黑、白彝不是种族或不同部族的称谓，也不是牧业部族与农业部族的称谓，而是阶级的称谓。

阶段。否则，公有制是绝不会一瞬间就变为私有制的。凉山彝族社会的历史发展，也经过农村公社阶段。凉山彝的黑彝家支，主要是以黑彝父系血缘纽带联系起来的社会集团，具有氏族制度的特征，但黑彝家支又以地缘为纽带，包括不同血缘关系的白彝各等级。白彝虽有家支，但它的家支成员分别为黑彝所占有，因此，黑彝家支又是一种带有农村公社特征的地缘集团。根据马克思的指示，农村公社区别于氏族公社的一个重要特征，就是它是"自由的，没有血缘联系的、人们的第一个社会联合组织"①，既然凉山彝族经过了农村公社阶段，为什么凉山的家支血缘纽带还会这样完整强烈呢？为什么血缘纽带不但没有被阶级划分所破灭，反而成了强化阶级划分的工具，并把它凝固成以血缘关系为基础的奴隶制度呢？

因为凉山彝族的社会生产力发展十分缓慢和低下。东爨乌蛮各部在氏族在社会解体、阶级社会产生的时代（即农村公社阶段），农业并未从畜牧业中分离出来。凉山彝族以农业生产为主的历史还不很长；凉山彝族的传说故事，说到农业的很少，言畜牧者多；衡量家财多寡，民主改革前还以牛羊来计算，生活上使用木制家器，没有陶器，都是证明。又凉山种植粮食的历史不长。据调查，在靠近汉族聚居区的一些乡镇，是凉山地区农业生产发展水平最高的地方，其种植水稻的历史也不早。奴甘洛县斯埔、宜地两乡的梯田才有十代左右的时间；阿尔乡的农业生产水平，在凉山彝族中是最高的，全乡大部分山均为梯田，但该乡开辟水田，也仅有八代历史。② 不仅凉山彝族以农耕为主的时间晚，就是整个东爨乌蛮，也并不早。如分布在今武定、禄劝地区的罗婆部，以农耕为主，也不早于明代。《镌字岩凤公世序》说：阿英"弘治戊申（1488 年），奉命更阿姓凤，到任以来，

---

① ［德］马克思：《答维拉·查苏里奇的信》，《史学译丛》1955 年第 3 期。
② 参见四川民族调查组《甘洛县斯朴、宜地两乡社会调查报告》《甘洛县、阿尔乡社会调查报告》，1962 年。

正己爱民，勤于政务，以礼正家，一经教子，开辟田野，教民稼穑"①。所谓"开辟田野"，"教民稼穑"，就是当时罗婆部推行农耕的情况。

由于凉山彝族社会生产力发展缓慢，故其始终未能冲破氏族社会的血缘纽带。"家支"就是一种经济力量没有冲破血缘纽带而形成的血缘集团，它反映了凉山彝族农村公社发展的不充分。

另外，由于凉山彝族以农耕为主的时间晚，所以早经分化出来的氏族贵族就贱视农业，把农业视为被统治阶级白彝的事，这就是黑彝贱视农业而白彝精通农业的历史原因。因此那种把白彝视为农业部落或农业民族，把黑彝视为游牧部落或游牧民族的观点是不对的。

（4）这样一种最初的阶级划分，被婚姻血缘关系凝固而产生的血缘等级制度，不为凉山彝族所特有，它在世界历史上还带有一定的普遍性。世界各国有过类似凉山彝族等级制度的种姓制度。② 其产生的方式也是这样的。如印度的种姓制度，产生于恒河流域奴隶制国家形成的过程中，氏族内部阶级分化出来的奴隶主贵族，是最高的种姓婆罗门；军事贵族是第二种姓刹帝利；第三种姓吠舍，原是普通村社自由民；第四种姓是处于奴隶地位的首陀罗。奴隶主贵族为了巩固自己的特权地位，制定了许多"达磨"（法的意思），来强化实质上是阶级划分的四个种姓区别。按照"达磨"规定，不同种姓之间是严禁通婚的。婚姻只能在同一种姓的不是亚种姓之间进行。因此，各个种姓的地位是世袭的、永恒的。最初的阶级划分，也就被婚姻血缘界限所凝固。又如古代新罗奴隶制国家形成过程中出现的"骨品制度"③，也是阶级划分被婚姻血缘界限凝固而产生的一种奴隶制血缘等级制

---

① 《镌字岩石刻》，在禄劝县北法宜苴村旁之掌鸠河畔。檀萃《农部琐录》卷一《凤氏本末》摘引此刻文。

② 参见武希辕《印度种姓制度的起源》，《云南大学学报》1957 年第 2 期。

③ 参见周一良、吴于廑《世界通史》"上古部分"，人民出版社 1973 年版，第 401—402 页。

度。各"骨品"之间是严禁通婚的，朴、昔、金三姓大奴隶主是最高的圣骨和真骨，大小贵族属于不同等级的骨品，被统治阶级虽未被列入骨品，但实质上，他们便是最低下的骨品、最低下的等级。

二 曲诺的属性及论争

曲诺是凉山彝族社会中的被统治等级，他们对主子有强烈的人身隶属关系。每户曲诺都必须要有自己的黑彝主子。他们虽不像阿加那样必须挨着主子居住，但也不得越出主子管辖的地界。他们享有一定的迁徙自由，但要受到主子地域疆界的严格制约。如果曲诺要求迁出本支黑彝的地界，黑彝就要教训和指责他们："天下没有无主子的人，你不论跑到哪里都得有个主子，为什么不在我这里呢?"唯一的出路，只有逃跑，但被捉回来，就要下降为阿加、呷西，以致处死。如果曲诺侥幸逃脱，也不能改变自己的命运，到了另一黑彝家支地区，他们必须拜投新的黑彝为主子，建立同样的人身隶属关系，遭到同样的人身奴役。

曲诺的人身，被黑彝视为己有，外人打死曲诺，所赔命价的 1/3 必须交给主子，曲诺女儿出嫁，须向主子缴纳银两。黑彝可以买卖、抵押曲诺，甚至将他们作为赌注。如黑彝恩扎慈哈因赌钱输去了 21 户曲诺及 4 支枪，后又卖出 3 户曲诺才还清枪账。[①] 有的黑彝说："在凉山，人为重。困难再大，总是先卖土地后卖人。黑彝穷了，先卖牛羊，后卖土地，最后才依次卖出曲诺、阿加和呷西。"曲诺对主子强烈的人身隶属关系，还表现在他们必须为主子提供奴隶式的人身隶属

---

① 参见夏康农、程贤敏等《四川凉山彝族地区民主改革前的社会面貌》，《民族研究》1958 年第 1 期。

性负担，及要无条件接受主子超经济强制剥削等方面。在劳役方面，每年必须为主子提供十天至二十天不等的无偿生产劳役；必须作为黑彝冤家械斗的主力，替主子卖命；必须无条件地服从主子的各种强拉硬派，做主子的牛马。在经济方面，必须为主子提供冤家命价；婚丧年节必须给主子送礼；绝后要由主子吃绝业；曲诺在形式上虽有点私产，但实质上是主子的"外库"，主子可以随便对他们强施硬放"杂布达"（高利贷），加以巧取豪夺。不少曲诺常因"杂布达"而倾家荡产，沦为阿加、呷西。

但是，在被统治的三个白彝等级中，曲诺的地位最高。他们有自己的家支，对子女享有亲权，不能被抽作呷西；曲诺占有较多的土地、房屋和财产。征得主子同意后，他们可以出租、曲当或买卖自己的土地。不少曲诺还与主子发生租佃关系，租种主子的土地，向主子缴纳地租；较之阿加、呷西，他们过着相对独立的经济生活。在人身权利方面，主子不能任意杀害他们。黑彝主子可出卖曲诺，但事前必须征得本人同意，主子要出卖沦为呷西的曲诺，也须征得原属曲诺家支的同意；只要他们隶属主子，他们就可以在主子地域内自由迁居，出外经商探亲，不受限制。

由于曲诺存在这样复杂的情况，学术界对曲诺的阶级地位，自来有不同的意见。这些意见，导致了人们在认识民主改革前凉山彝族社会性质问题上的根本分歧。如有的学者认为：曲诺是"占有他自己的生产资料……他独立经营他的农业，以及与农业结合在一起的农村家庭工业的农奴，这是凉山彝族新中国成立前的主导的生产关系——领主农奴制"[1]。另一些学者则认为："曲诺对黑彝的人身隶属关系，是一种由奴隶制向封建制过渡的特殊隶属关系，它具有奴隶制的特点，也具有封建制的特点。"并因此而认为凉山彝族的社会生产关系"主要的可说是奴隶制和封建制的并存，二者在相互交替消长中，并处在

---

① 束世澂：《论凉山彝族解放前的社会性质》，《新建设》1961 年 6 月号。

由奴隶制向封建制过渡的阶段"①。即使都共同主张民改前凉山彝族处在奴隶制社会的学者们，对曲诺的性质也有不同理解：夏康农、程贤敏等认为，"曲诺对黑彝的隶属关系，也是奴隶制性质的隶属关系，因为这种隶属关系不是通过土地关系，而是人身的隶属，但是曲诺不等于瓦加，它绝不是奴隶"②；季超认为，曲诺"是有一定人身隶属关系的农业生产者"③；赵卫邦认为，曲诺是属于古代斯巴达的黑洛士这一类型的"种族奴隶"④；刘炎认为，"曲诺最早可能是被黑彝所征服，而与黑彝建立了奴隶制的人身隶属关系，为黑彝家支集体占有的一种特殊形态的奴隶"⑤；王景阳认为，"从曲诺所享有的权利方面来看，则不能认为曲诺是黑彝直接占有的财物了，但是……曲诺并不是黑彝土地的附属物，因此，不能认为曲诺就是农奴，也不能笼统地认定曲诺等级是阶级，只能把它当成是一个过渡性的中间阶层"⑥；梁山认为，"曲诺等级，就其对黑彝的人身隶属关系看，它是奴隶制度下的隶属民，就其等级地位看，它是既包括奴隶主阶级，也包括奴隶阶级，而约一半左右的曲诺则是介乎于奴隶主与奴隶之间的中间阶层"⑦。又1963年七八月间，四川省民族事务委员会在成都召开学术讨论会议⑧，与会者一致认为新中国成立前凉山彝族还处于奴隶社会，但对曲诺也有不同的见解：一种意见认为，"曲诺等级的很多特征，

---

① 施修霖、陈吉元：《对民主改革前凉山彝族地区社会性质的探讨》，《民族研究》1959年第9期。

② 夏康农、程贤敏等：《四川凉山彝族地区民主改革前的社会面貌》，《民族研究》1958年第1期。

③ 《民主改革前凉山奴隶社会简介》，《教学与研究》1962年第2期。

④ 《关于凉山彝族奴隶社会形成的一个看法》，《成都晚报》1963年12月31日。

⑤ 《关于解放前凉山彝族社会性质的几个问题》，《文史哲》1962年第4期。

⑥ 《谈谈解放前凉山彝族社会的性质问题兼与束世澂、施修霖、陈吉元同志商榷》，《民族团结》1963年7月号。

⑦ 《与施修霖、陈吉元两同志商榷关于民主改革前凉山彝族经济结构问题》，《民族研究》1960年第6期。

⑧ 参见《四川省民族事务委员会在成都召开学术讨论会，讨论有关凉山彝族历史和社会性质问题》，《光明日报》1963年10月18日。

说明他不是奴隶，隶属关系比较松，但又不像农奴，或自由民，只能算一个半自由民"；另一种意见认为，"曲诺等级是半奴隶阶级，是奴隶制度下的被保护民或依附民"；还有一种意见认为，"应把曲诺看为奴隶,但这种奴隶不仅不同于希腊、罗马的奴隶，而且也不同于古代东方的奴隶，就是与中国古代的奴隶也有区别"（以上均见讨论会记录）。

除以上摘引之外，我们还要着重提出，胡庆钧在新中国成立后专门致力于凉山彝族社会的研究工作，已发表的论文（包括调查报告）达六篇之多，对凉山彝族奴隶制的研究做出了重要的贡献。在他先后发表的论文中，对曲诺提出了一系列的看法。主要是:（1）曲诺"是在黑彝奴役之下具有隶属关系的农民"[①];（2）曲诺是古代东方式的"普遍奴隶"[②];（3）胡庆钧说，"对于曲诺性质的理解可以提出一个值得进一步研究的概念，即相当于奴隶制度下的农奴制形式的概念"[③]。我们同意胡先生的第二种意见，即曲诺是古代"东方普遍奴隶制形态"中的"普遍奴隶"。但也有未能赞同的地方，如他始终认为曲诺的主要来源，是乌蛮征服白蛮、羿子、西番、仡佬等异族部落的结果。我们认为征服异族部落，只会产生"种族奴隶""集体奴隶"，而不会产生"普遍奴隶"。"普遍奴隶"是指村社自由民的普遍被奴役，它是由氏族部落内部阶级分化而产生的；又胡庆钧说："可以认为曲诺（特别是多数贫穷曲诺）大体上相当于古代东方的'普遍奴隶'，这里并不需要规定是否保留着公社的残余形式。"[④] 我们认为否认了彝族农村公社的存在或农村公社的残余形式，就等于否认了"普遍奴隶制"。西方劳动奴隶制形成的道路主要是通过战争，掠掳战俘为奴，而东方普遍奴隶制的形成，主要是"公社统一体人格化了的

---

① 《凉山彝族的奴隶制度》,《教学与研究》1956 年第 8、9 期合刊。
② 同上。
③ 《解放前凉山彝族社会性质研究述评》,《历史研究》1963 年第 2 期。
④ 同上。

那个人"，利用自己的特权身份，"悄悄地"盗窃了村社的土地所有权，把村社自由民降为自己的奴隶。由于胡庆钧否认彝族村社残余形式的存在及由于他主张黑彝对曲诺的奴役关系是征服的结果，所以，他不得不根据斯巴达奴役下的"希洛人"的特点，最后提出了"奴隶制度下的农奴制形式的概念"来理解曲诺性质的意见。如前文所述，我们认为凉山彝族向阶级社会过渡，是经过了农村公社阶段的，今天凉山彝族社会中也还有农村公社的残余存在。① 因此，对胡庆钧的意见，我们有一些不赞同的地方。

对曲诺性质的诸种不同，反映了曲诺这个等级的复杂性，也反映了研究这个等级对讨论民改前凉山彝族社会性质问题的重要性。诸家说法的论据，几乎是一致的、千篇一律的，为什么会形成这种众说纷纭的情况呢？其主要原因就是没有认真应用马克思主义的思想武器来分析解决问题。

毛泽东在《矛盾论》中指出："矛盾存在于一切事物发展的过程中，矛盾贯穿于每一事物发展过程的始终。""在复杂的事物的发展过程中，有许多的矛盾存在，其中必有一种是主要的矛盾，由于它的存在和发展，规定或影响着其他矛盾的存在和发展。""研究任何过程，如果是存在着两个以上矛盾的复杂过程的话，就要用全力找出它的主

---

① 凉山彝族保留下来的农村公社残余形式主要有两点：（1）黑彝家支主要是以统治家族父系血缘为纽带的一种社会组织，这一点具有氏族公社的特征，但黑彝家支不是以地缘为纽带的集团，它包括同地域而不同血缘的白彝各等级，这一点，也具有农村公社的特征，血缘纽带的存在反映了彝族农村公社发展不充分，在农村公社中有大量氏族社会的血缘关系的残余，奴隶主利用了以上两点，将奴役关系建立在血缘关系上，也建立在地缘关系上，不准曲诺迁出本支地域。（2）凉山普遍有"家支公有地"的存在，荒山、森林分别为彝族家支公有。1956 年 12 月 29 日，夏康农等在成都召开调查会议，与会的普雄果基拉和阿陆古切二人说："凉山最大的荒山森林属于各个黑彝家支，不属于家庭。"呷洛阿足路沙说："呷洛坝子大，土地有黑彝的也有白彝的，荒地也有白彝的，不过少些。"李德楼木阿果说："呷洛劳模岭上一个劳模，是阿加，呷洛初期开展工作时，砍了 17 天柴，卖得 20 多元，不受干涉。从昭觉比尔拉达到喜德的界上，山地为罗洪、楼木、瓦渣等支所有，山林任人砍、不收钱，一个家支搬走，可把山林卖掉。"这些情况，说明彝族有过公有、私有二重性的农村公社。

要矛盾，捉住了这个矛盾，一切问题就迎刃而解了。"又说："矛盾着的两方面中，必有一方面是主要的，他方面是次要的，事物的性质，主要的是由取得支配地位的矛盾的主要方面所规定的。"毛泽东的这些著名原理，是放之四海而皆准的，曲诺问题的正确解决应该用这些著名原理去分析。

曲诺这个等级，它是一个多种矛盾对立统一的结合体。这些矛盾主要是：（1）他们对主子有强烈的人身隶属关系与他们有一定的人身权利、人身自由之间的矛盾；（2）他们具有一定程度的土地、财产占有权，过相对独立生活与由于他们的人身隶属主子而产生的土地、财产占有权不稳固，随时有破产沦为阿加、呷西的危险之间的矛盾；（3）要负担作为奴隶制生产关系的人身隶属性劳役，听任超经济的"杂布达"等强制剥削与要遭受封建制生产关系性质的土地租佃剥削之间的矛盾；（4）由曲诺内部阶级分化而产生的曲诺奴隶主阶级与阿加、呷西奴隶阶级之间的矛盾。错综复杂的矛盾，构成了曲诺这个等级的特征。

然而，问题还不在于构成曲诺等级特征的这些矛盾多么错综复杂，而在于怎样找出他们中的主要矛盾和矛盾的主要方面。如果认为第二组矛盾是主要矛盾，并将一定程度的土地、财产占有权，过相对独立经济生活作为这一矛盾的主要方面，那就会主张凉山彝族处于封建制，主张"曲诺不能是黑彝的奴隶，因为他们占有甚至比黑彝还多的生产资料"[①]；如果认为第三组矛盾是主要矛盾，并认为要遭受封建性质的租佃剥削是矛盾的主要方面，那也会认为凉山是封建社会，肯定"租佃关系的发生，正是凉山社会从奴隶制转入封建关系的具体表现"（见前引江文）。要不然，那就会主张凉山彝族处于向封建社会过渡的阶段，肯定所谓"黑彝大土地私有制和曲诺、瓦加个体小私有

---

① 江应樑：《凉山彝族社会的历史发展》，《云南大学学报》1958 年第 1 期。

制相结合的租佃关系，正是凉山社会封建生产关系的基本特征"①；如果主张第四组矛盾是主要矛盾，且认为曲诺内部阶级分化出来的曲诺奴隶主是这组矛盾的主要方面。那就会否定研究曲诺阶级属性的重要性，认为"笼统地将曲诺定为某个阶级是不妥当的，因为这个等级已经发生十分显著的阶级分化"②，从而割断历史或以点代面。

笔者认为：上述三种矛盾分析法，只看到问题的形式，没有抓住问题的本质，而且把形式当成本质，以致得出了片面的结论。真正的主要矛盾是第一组，即曲诺对主子有强烈的人身隶属关系与他们有一定的人身权利、人身自由之间的矛盾。这一组矛盾，是曲诺这个等级基本特征的内在核心。第二、第三、第四三组矛盾，都要受它的规定和影响，例如：他们虽有财产和土地，但由于人身隶属主子，他们的财产、土地占有权是不稳固的，黑彝可以凭据特权统治身份，加以巧取豪夺；他们虽与黑彝建立了租佃关系，向黑彝提供封建性的地租，但并未改变他们对主子的奴隶制人身隶属关系，不管租佃关系存不存在，他们都必须为黑彝提供繁重的人身隶属性劳役，关键问题不在于有没有租佃关系，而在于他们的人身为黑彝所有，被当作黑彝的财产；他们中虽然出现了新的阶级分化，一部分上升为奴隶主，占有阿加和呷西。但是，这在曲诺中只占极少数，从与黑彝主人的关系来说，曲诺奴隶主也还是隶属主子，曲诺内部的阶级分化，并未突破森严的奴隶制等级界限。因此，第二、第三、第四三组矛盾都处于从属的地位，而主要矛盾则严格制约着它们的发展，我们只有捉住这个主要矛盾，问题才能迎刃而解。

在这个主要矛盾中，对主子强烈的人身隶属关系是矛盾的主要方面，曲诺一定的人身自由和人身权利，是以人身隶属关系为制约的，

---

① 施修霖、陈吉元：《对民主改革前凉山彝族地区社会性质的探讨》，《民族研究》1959 年第 9 期。

② 梁山：《与施修林、陈吉元两同志商榷关于民主改革前凉山彝族经济结构问题》，《民族研究》1960 年第 6 期。

只有他们听命于主子的压迫剥削,任其出卖、抵押,并永远住在黑彝主子的地界里,他们才能得到些许权利和自由,否则,就被下降为阿加、呷西甚至处死。因此,曲诺的人身隶属关系及由此而产生的经济劳役负担、财产占有的不稳固,规定着曲诺这个等级的性质。

成问题的是:像曲诺对黑彝主子这样的人身隶属关系(包括经济内容),能否就确定曲诺具有奴隶地位呢?是不是像江应樑说的那样,在"欧洲封建社会中的农奴,在法律上都是隶属于地主的,他们的人身自由不会比凉山曲诺多",因而,曲诺的性质"甚至超过了隶农,而近似农奴了"呢?(见江文)不!绝不是这样!是不是又如束世澂先生说的那样,"人身占有,是奴隶制和封建制共有的现象,但如斯大林提出,有完全占有和不完全占有之别,完全占有是奴隶,不完全占有是农奴。曲诺是属于完全占有呢?还是不完全占有?是很容易区别的,绝不能加以混淆。我们不能说,农奴是土地的附属物,若不是土地的附属物,就不是农奴"了呢?(见前引原文)不!问题也绝不是这样!

在欧洲封建社会中,甚至在世界各国的封建社会中,农奴的确是依附于地主的,他们也部分地作为土地占有者的财产。但他们必须是"土地的附属品"①,束世澂先生否认农奴必须是"土地的附属品",是没有根据的,不符合马克思主义经典作家的指示。我们认为:农奴必须是"土地的附属品",即便是作为农奴先驱者的那些人们,也是因为自己的人身被迫附着于土地,才转化为土地占有者的农奴的。如古代罗马奴隶制度崩溃过程中出现的科洛尼佃农就是这样。恩格斯说,在意大利"以奴隶劳动为基础的大庄园经济,再也不能获利了……现在小农经营又成为唯一有利的耕作形式了,庄园相继分成各个小块地产分别租给缴纳一定租金的世袭佃农……主要是租给科洛尼佃农的,这些科洛尼佃农每年缴纳一定的款项,紧系在土地上,可与

---

① 《马克思恩格斯文选(两卷集)》第1卷,人民出版社1961年版,第60页。

那块地一同被出售，这种科洛尼佃农虽不是奴隶，但也不被看作自由人……他们是中世纪农奴的先驱"①。恩格斯告诉我们：奴隶主在直接奴役、直接占有奴隶的人身不能获利以后，就把土地租给他们，把他们变为佃农，通过土地租佃间接奴役他们，这就是农奴的来源，因此，农奴必须是"土地的附属品"。

在我国封建社会中，农民"过着贫穷困苦的奴隶式的生活，农民被束缚于封建制度之下，没有人身的自由，地主对农民有随意打骂甚至处死之权，农民是没有任何政治权利的"②。这种情况，几乎和曲诺的情况一样。但谁也不能说中国自周、秦以来的农民不是农奴而是奴隶。为什么呢？就因为他们是"土地附属品"。正如毛主席指示的那样，在中国，"封建的统治阶级——地主、贵族和皇帝，拥有最大部分的土地，而农民则很少土地，或者完全没有土地，农民用自己的工具去耕种地主、贵族、皇室的土地，并将收获的四成、五成、六成、七成甚至八成以上奉献给地主、贵族、皇室享用。这种农民，实质上还是农奴"③。可见，农奴是附着于土地上的。中国的地主官僚，就是依据他们拥有的大部分土地而剥削压迫农民的。世界各国的封建统治阶级也是这样。因此，农奴是地主"土地的附属品"，这是具有普遍意义的马克思主义原理。如果像某些学者说的那样，非土地附属物也可以作为农奴，那岂不是说，非土地占有者也可以称为农奴主了吗？显然，这是不对的，世界上的任何封建地主，只要他失去了土地，那他就不再成其为封建地主了。

也许有人会说：奴隶也是土地的附属品呀！怎么能说：农奴是土地的附属品，而奴隶不是土地的附属品呢？古代希腊、罗马的奴隶，不也是被迫附着于大奴隶主庄园土地上的吗？不错，除了家内奴隶之

---

① 《马克思恩格斯文选（两卷集）》第 2 卷，人民出版社 1961 年版，第 298 页。
② 《毛泽东选集》第 2 卷，人民出版社 1964 年版，第 619 页。
③ 同上书，第 618 页。

外，一般来说，奴隶也被迫在主人的土地上劳动，但是，他们附着于土地的情况与农奴不一样；农奴是"出卖自己劳动力中的一部分"；而"奴隶本身是商品，但劳动力却不是他的商品"①，他们只像"耕牛一样"被附着于土地，根本不是出卖自己的劳动力。

曲诺对主子强烈的人身隶属关系，不是以土地租佃关系为前提的，许多曲诺不与主子发生土地租佃关系，他们也要隶属主子；一些黑彝丧失土地，他们也仍然对曲诺享有人身隶属权。相反，一些曲诺经济上升，占有巨量土地，但他们也无法摆脱对主子的人身隶属。因此，我们认为曲诺是主子可以任意买卖的奴隶，是"商品"，而不是"土地附属品"，他们不是农奴。我们也不同意把曲诺视为半奴隶或半自由民。首先，因为奴隶制的人身隶属关系，严格规定着曲诺的性质，他们只有形式上的自由，而没有真正的自由。在凉山，有真正自由的只有黑彝②。其次，曲诺不是"被保护民"，曲诺受到的不是来自阿加、呷西的威胁，他们最大的痛苦，是受到整个黑彝奴隶主残酷的压迫奴役。再次，把曲诺视为奴隶主与奴隶之间的中间阶层的论点，也是站不住脚的。所谓阶层，是指同一阶级内相互区别的不同人们而言的，换句话说，离开了阶级而说独立存在的阶层，是不合乎逻辑的。我国的中农，是介乎于地主、富农与贫雇农之间的阶级，我们绝不能说中农不是一个阶级，而是一个中间阶层。只能说，中农这个阶级，是由上中农、中中农、下中农三个不同阶层组成的。最后，那种把曲诺笼统地定为"特殊形态奴隶"的论点，也是不妥当的，根据是不充分的。

笔者认为，曲诺是奴隶，但不同于古代希腊、罗马式的奴隶，也不是被征服的"种族奴隶""集体奴隶"或"部落奴隶"，与呷西、

---

① 《马克思恩格斯文选（两卷集）》第1卷，人民出版社1961年版，第60页。

② 这里只是指相对意义上的自由，在某种意义上说，黑彝也是不自由的，他们要受到冤家械斗的制约，也要受到奴隶阶级的反抗；在人类历史上，真正的自由，只有到共产主义社会才能实现。

阿加式的奴隶也不同，他们应属于古代"东方普遍奴隶制"① 形态中的"普遍奴隶"。

在前文中，我们说过：曲诺的前身，是彝族氏族公社解体时代分化出来的村社自由民。在古代东方奴隶制形态中，次生形态村社中的自由民，实质上是不自由的，因为在亚细亚财产形态之下，"单独个人从来不能成为财产的所有者，而只不过是一个占有者，所以，事实上他本身即是财产，即是公社的统一体人格化的那个人的奴隶"②。马克思所说的"东方普遍奴隶制"，就是指在古代东方奴隶制形态中，农村公社自由民本身就是奴隶。这一点，田昌五先生在他的《中国奴隶制形态之探索》③ 及《马克思恩格斯论亚洲古代社会问题》④ 两文中有过明确的论述，他说："东方普遍奴隶制一词指的是，公社成员的不自由，他只是财产的占有者，而且还透过公社成为体现社会统一的人底财产和奴隶……马克思正是在这种意义上使用这个概念的。可见，这个概念，并不能确切表明某种特定的奴隶制形态，这当然不是说东方没有经过奴隶社会，而只表明东方由原始社会向奴隶社会过渡时，奴隶制是利用原始社会的现成关系，把成批的公社成员降为奴隶。寄生在原始的社会结构的线条形态上，吸吮着它的膏血，使之成为压迫剥削奴隶的工具。"⑤ 这种论述，不但符合马克思主义的原理，而且符合凉山彝族奴隶制社会的历史发展，并被民主改革前这个社会活动的现状所证实。曲诺这个等级的形成及其阶级地位，正是这样。它是历史上东爨乌蛮各部的奴隶主奴役大批公社成员，并把这种奴役关系用婚姻血缘关系凝固下来的结果，曲诺享有的某些人身权利和自由，正是他们所固有的村社自由民身份还没有完全消失的历史反映。

----

① 《马克思政治经济学批判大纲》第三分册，人民出版社 1963 年版，第 114 页。
② ［德］马克思：《资本主义生产以前各形态》，人民出版社 1956 年版，第 30 页。
③ 《新建设》1962 年第 6 期。
④ 参见中国科学院历史研究所编《历史论丛》第一辑，中华书局 1964 年版。
⑤ 《中国奴隶制形态之探索》，《新建设》1962 年第 6 期。

照上文所述，根据马克思有关古代"东方普遍奴隶制"的指示，从历史源流考察，结合曲诺的人身地位及经济地位，我们完全可以把曲诺定为"东方普遍奴隶制"形态中的"普遍奴隶"，这就是我们对曲诺阶级地位的认识。那么，应怎样理解"普遍奴隶"呢？笔者认为："普遍奴隶"不是农奴。它与农奴有不同质的区别，与典型奴隶有共同质的特征："普遍奴隶"与典型奴隶都被奴隶主看作自己的私有财产，是奴隶主可以随便买卖的"商品"，而不是土地的"附属品"。但是"普遍奴隶"不等于典型奴隶，他们属于两种不同形态的奴隶，或者说，是两种不同类型的奴隶，由于"普遍奴隶"主要是产生于村社自由民的普遍被奴役，所以他们在形式上占有土地和财产，在人身上还是有点自由。典型奴隶则不同，他们的主要来源是战俘和负债者，在通常情况下，他们不占有任何生产资料，没有人身自由，受到的压迫奴役比"普遍奴隶"重。

研究工作必须贯彻理论联系实际的原则，"理论若不和革命实践联系起来，就会变成无对象的理论"①。我们论定曲诺的主要来源为农村公社的自由民，其阶级属性为"普遍奴隶"。究竟与革命斗争实践发生了怎样的联系呢？要回答这个问题，让我们以民主改革为例。

在民主改革中，根据马列主义、毛泽东思想划分阶级的基本原理，把凉山彝族四个等级的人划分为四种阶级成分：（1）奴隶主：占有 3 个以上的呷西，本人不参加劳动，占有土地超过当地按户平均占有的 1 倍以上。（2）劳动者：占有生产资料（土地、耕牛和大农具）比当地按户平均数为高，生活水平比一般奴隶为高，给主子服劳役的强度比一般阿加小（5—6 天）。（3）半奴隶：不占有或极少占有土地，每年大致要缺半年粮，给主子服劳役的天数较多（无一定日期，相当于一般阿加）。（4）奴隶：一般是一无所有，住在主子家里的呷西（也有不少贫穷的阿加甚至曲诺被划为奴隶）。

---

① 《毛泽东著作选读》甲种本，人民出版社 1964 年版，第 60 页。

划分结果：黑彝除因民改中为扩大团结面将奴隶主的标准放宽，而被划为劳动者阶级的少数人外，全部被划为奴隶主；呷西几乎全部被划为奴隶，阿加等级的 81% 被划为奴隶或半奴隶，18% 划为劳动者，个别的被划为奴隶主；曲诺等级的 55% 被划为劳动者，45% 被划为半奴隶和奴隶，有极少数者被划为奴隶主。①

民主改革的胜利证明：按照这四个阶级划分凉山的全体社会成员是唯一正确的、科学的。这是马列主义阶级斗争理论在凉山的胜利，是伟大毛泽东思想的胜利。像这样划分奴隶社会形态中的阶级，在世界无产阶级革命运动中具有普遍的指导意义，特别是对那些各民族社会发展不平衡的多民族国家的无产阶级革命，更具有重大的现实意义。这是我党和毛泽东创造性地运用和发展马列主义的又一光辉典范。

为什么民主改革中把曲诺等级的 55% 划为劳动者阶级，把 45% 划为半奴隶和奴隶阶级是正确的呢？因为这样的划分是符合历史发展的，是具有严密科学性的。今天的曲诺，是历史上彝族农村公社自由民的历史继承者，是村社自由民的后代。他们中的 55% 以上客观上既不能被划为奴隶主阶级，也不能被划为奴隶阶级，只能被划为劳动者，正反映了这一历史继承的特征，其 45% 客观上只能被划为半奴隶或奴隶，又反映了这个等级属于奴隶范畴的特征。既然曲诺的一半以上被划为劳动者，是不是能以他们为代表，把曲诺等级的地位视为凉山彝族奴隶社会中的自由民呢？不能，因为曲诺劳动者的地位并非自由，他们也被主子当作自己的私有财产，同样可被主子出卖，也受到主子各种各样奴隶似的奴役，他们虽未被划为奴隶，或半奴隶，却具有"普遍奴隶"的特征，历史上犹然。有的曲诺在民改中被划为奴隶

---

① 以上数字是依据美姑巴普乡、普雄瓦吉木乡、昭觉城南乡、滥坝乡、雷波拉里沟乡的综合资料。参见《民族研究工作的跃进》，科学出版社 1958 年版，第 190—191 页。亦见夏康农等《四川凉山彝族地区民主改革前的社会面貌》，《民族研究》1958 年第 1 期。

主，但数量极少，不能成为我们论定曲诺"普遍奴隶"属性的障碍。

综上所述，笔者认为：把曲诺视为"普遍奴隶"，是适当的。不但符合马克思主义原理，符合凉山彝族的历史发展，符合民改前曲诺等级的基本状况，而且也符合民主改革的实践。它能够说明凉山民主改革政策的科学性，加深我们对民主改革和凉山彝族奴隶制度的认识。

三 "东方普遍奴隶制"的成因、由来及曲诺 "普遍奴隶"地位加深的原因

在前文我们论述过曲诺最早的前身，主要是彝族在原始公社解体过程中分化出来的村社自由民，确定了民改前曲诺等级绝大部分成员的阶级属性，是"普遍奴隶"。现在，我们要深入讨论，他们是怎样由村社自由民转化为普遍奴隶的？是什么原因不断加深了他们的奴隶地位？为了论证这个问题，让我们从统治和奴役关系产生的不同道路讲起。

在原始社会末期，社会生产力的发展，导致氏族社会解体和奴隶制产生，这是人类社会历史发展的普遍规律。但是，由于各地社会生产条件与生产过程中人们的相互关系不同，人们进入奴隶制社会的具体道路也就不同。恩格斯说，在世界历史上，统治和奴役关系"是经过两种道路产生的"①。

第一种道路，即原始公社的酋长（包括大小首领），利用解决内部争端、防御外来侵犯、主持宗教仪节、领导共同生产和产品分配等社会公职，在私有制日趋发展、阶级分化日趋扩大的条件下，将自己

---

① 《反杜林论》，生活·读书·新知三联书店 1949 年版，第 222—225 页。以下引文同。

由"社会公仆"转变为社会的压迫统治者。所以，恩格斯说："政治统治的基础，到处都是社会职能的遂行，而且政治统治，只有在它执行这种社会职能的场合下，才能长久地保持下来。"

第二种道路，是"在旧的公社的土地领有，已经崩溃，或是至少，以前的土地的共同耕种，已经让位给各家在小块土地上的各别耕种"的情况下，生产发展需要增补新的劳动力，但公社或集团"还不能从自己内部，分出自由的多余的劳动力"，于是便通过战争的道路，俘掠异族或彼一部落的人们作为奴隶，统治他们，奴役他们，随之并奴役本集团丧失土地占有的那些人们，使他们成为奴隶或被统治阶级。因此，第二种道路，主要是通过战争，把统治关系建立在压迫战俘的基础上，而不是"社会职能的遂行"。

历史证明：东西方这两种不同的道路，产生了两种不同类型的奴隶制度，即东方的"普遍奴隶制"和西方的"劳动奴隶制"。这两种道路之所以不同，关键在于东西方存在不同的土地所有制。也就是说："东方普遍奴隶制"的基础，是土地国有制（或统治者所有）；西方"劳动奴隶制"的基础，则是土地私有制。成问题的是：东方的土地"国有制"是怎样产生的？恩格斯说："土地私有制的不存在的确是了解整个东方的钥匙。这是政治史和宗教史的基础。但是东方人为什么没有实行土地私有制，甚至没有实行封建的土地私有制呢？我认为，主要是由于气候的关系，此外还和地势有关，特别是和那个从撒哈拉起横贯阿拉伯、波斯、印度和鞑靼直到亚洲高原最高地区的大沙漠地带有关。人工灌溉在这里是农业的第一个条件。"① 马克思也同样认为："气候和土地条件，特别是从撒哈拉经过阿拉伯、波斯、印度和鞑靼区直至最高的亚洲高原的一片广大的沙漠地区带，使用渠道和水利工程的人工灌溉设施，成了东方农业的基础。"② 在原始公社和

---

① 《马克思恩格斯书信选集》，人民出版社 1962 年版，第 75—76 页。
② 《马克思恩格斯全集》第 9 卷，人民出版社 1965 年版，第 145 页。

奴隶社会低下的生产发展水平上，人们要兴修渠道和水利工程设施，只有依靠集体的力量。生产也只有墨守原始公社的集体形式，这就使东方的酋长，在公社内部产生阶级分化的情况下，可利用领导兴修水利工程，组织集体生产，保护公共利益等"社会积能"，将自己由社会的公仆，转变为社会的主人——奴隶主阶级的代表或东方的暴君，原属酋长管理的公社土地，就以他的私人意志为转移，使他成为土地的最高所有者。不过，酋长盗窃公社的土地所有权是隐蔽的，是"悄悄"进行的。因此，土地公有的形式表面上仍被保存了下来；生产也不像西欧那样以小块土地耕种为主，而仍以原有的村社组织共同耕种。但是，由于土地所有制的演变，原来每个村社成员为共同生产而负担的公共义务，如灌溉、耕耘、排水、营造和保护田地等工作，在性质上也转变为替奴隶主或"暴君"提供奴隶制劳役的负担了。村社成员就因此而成为"普遍奴隶"。所以，马克思才说：在亚细亚财产的形态下，"单独个人从来不能成为财产的所有者，而只不过是一个占有者。所以事实上，他本身即是财产，即是公社的统一体人格化的那个人的奴隶"。这就是"东方普遍奴隶制"的成因与由来。

可是，凉山彝族的情况却不完全是这样。在凉山，气候和土地条件都不像阿拉伯、波斯、印度以及亚洲高原广大沙漠地区那样。农业进行的先决条件，不在于必须要依靠人们的集体力量来构筑大规模的水利设施，实现人工灌溉。那么，为什么凉山彝族，还会沿着第一种道路，产生了像"东方普遍奴隶制"那样的社会形态呢？作为凉山"普遍奴隶制"基础的黑彝"最高土地所有者"，又是怎样确立的呢？

笔者认为：乌蛮各部的酋长（鬼主），虽不能从主持兴修工人灌溉等集体生产事务中盗窃公社土地所有权。但是，他们也"在非常原始的状态下，执行着某种宗教的职能"。他们可以利用主持祭祀、调解纠纷、防御外来侵犯等公共"社会职能"盗窃公社土地所有权，成为"最高的土地所有者"，并把所有村社成员变成自己的奴隶。重要的是，元、明以来，分布在凉山外围的乌蛮各部遭到历代封建王朝的军事摧残，不少被迫离开自己的原始部落定居地，由滇东北等地迁居凉山。代表奴隶主阶级的酋长并不因迁居而失去"最高土地所有者"的身份，他们进而还可利用领导迁居的职责条件，利用原来贵族的统治特权，更加独断地支配新迁地域，继续成为部落土地的"最高所有者"。正如马克思所说："距原始部落定居在一定空间上的时间越远，则部落长（酋长）的权柄便越为增长。……他们权威的增长主要地就表现于财产关系方面；表现于法律的制定方面。凭着这个拟制权，族长就成了纵然不是事实上的，也成了法律上的本族所占领土地的最高所有者。"① 依随贵族迁去的村社社员，在新的地域上自己开荒、放牧，他们所开的土地，形式上是自己的。但由于代表奴隶主阶级的酋长继续为"最高土地所有者"，所以他们仍只是土地的占有者，并继续成为"普遍奴隶"。因此，凉山的黑彝土地所有制，就是凉山彝族形成"东方普遍奴隶制"的基础。

此外，从历史发展看，随着凉山彝族奴隶制的发展，曲诺的奴隶地位是不断加深的，他们中除极少数因经济富裕而上升为奴隶主外，绝大多数人则是沿着典型奴隶化的道路，不断下降为阿加、呷西，他们对黑彝的人身隶属关系不是越来越松，而是越来越紧（主要指中心地区），原因有以下几方面。

（1）在我国各民族历史上，凉山彝族遭到封建王朝和民国期间的军事镇压与军事统治，它深刻地影响着凉山彝族内部的阶级关系，使曲诺典型奴隶化程度加深。

两汉以来，中央王朝以黎、嶲、戎三州统治大渡河以南至金沙江以北地区，然而史籍记载不够确详。原因可能是凉山早期居民少。元以来统治者对凉山彝族实行羁縻政策，分封土司，在土司下设立很多土

---

① 《马克思未发表的关于原始公社的手稿》，转引自中国科学院历史研究所编《历史论丛》第1辑，中华书局1964年版，第43页。

目，建成上下统治机构，但土目只在王朝压力下接受称号，多不顺封，历代颁布给印信号纸承袭者，唯河东安氏、阿都安都氏、沙骂安氏、邛部岭氏、暖带密岭氏、暖带田坝岭氏、千万贯扬氏；马边地区的 11 家土百户，承领号纸，但无印信；此外，占凉山绝大多数的土目，都不颁给印信号纸，而是"历来替袭"，并有明文规定"给委牌一张，不承袭，于本支内先放顶充"。土司政权依靠王朝势力统治凉山，但黑彝不服土司管辖，他们不断群起削弱土司势力，乃至将土司赶走。见于记载的，如雍正七年（1729 年）川陕总督岳钟琪《题平阿驴疏》说："黑骨头，自来强悍，不服土司约束。"（嘉庆《四川通志》）《西昌县志》说："土司所属各支强夷（黑彝家支），奴畜众多者，则悍然玩土司于股掌，稍不如意，则率众攻土司，擒其人，要其财，土司无可奈何。"（民国《西昌县志·改土归流议》）又如，200多年前，沙骂土司被黑彝阿陆家、姐觉家从美姑驱逐到瓦岗，并瓜分了土司土目的土地和娃子；河东土司阿卓家原住美姑，后被黑彝逐到好古拉达（昭觉三湾河），而后又被赶到西昌；50 年前，新吉土目又被黑彝阿陆家的势力所击败。因此，有人以凉山有土司政权存在而断言凉山是封建社会，是不够妥当的。①

由于羁縻政策推行困难，封建统治者于是诉诸武力，一面派兵镇压，一面广置兵营塘汛，从四面设置封锁凉山的军事网罗。清康熙四十九年（1710 年），四川提督岳昇龙统兵镇压红卜苴、普际、腻乃、维沙、普雄、那交、滥由坝、觉吾、黑保咀、裴贝、大孤山、吽他等地彝民（嘉庆《四川通志·边防志》）；雍正六年（1728 年），云贵总督鄂尔泰残杀乌蒙、东川等处彝民，以大兵进征凉山六百里，四川提督黄廷桂率兵南进，与鄂军南北呼应，直至所谓"首恶贼党，悉已擒剿，苗疆亦已底定"② 才罢兵。镇压后设塘置兵，向中心地区步步为

---

① 参看前引束世澂、江应樑之文。
② 文出嘉庆《四川通志》中，四川巡抚宪德《招抚雷波苗民疏》引黄廷桂咨文。

营。当时所设有建昌镇统属的冕山营、越嶲营、宁越营、峨边营、马边营与泸州镇统属的普安营、安阜营（并驻雷波）。各营下设塘汛，散在边缘各地。[1] 乾嘉、道光以来的清朝反动官吏，不但屡以重兵"兜剿围攻"，且立志要变凉山为人烟绝灭的世界。道光十五年（1835年），四川总督鄂山要将凉山"夷地所种秋粮悉为铲除，以绝其养生之源……令重兵围住，使其尽成饿殍。如该夷匪势迫奔鼠，加以枪炮轰击，足以制其死命"（鄂山《蜀江奏稿·查办马边夷务》）。继鄂山后之四川总督苏廷玉称："倮夷屯聚凉山，历年剿之不得利者，究其间纵有斩擒，不能痛加剿洗，仅只发其窖藏，焚其寨棚，就算完结……必须调汉屯士兵二万名，分四队：一队屯扎峨边防堵，三队由马边、雷波、越嶲等厅克期并进，一面预咨云南省派兵防守，绝其奔逃。夷闻官兵进剿，必遁老林，我军步步为营，四面逼进，以重兵围之，以游兵扰之，匪匿深林，势无十日半月之粮，迫其粮尽溃逸，又预伏枪炮，痛加轰击，可期大加剿洗。我军渐次深入，焚其寨落，毁其积贮，而三四月不令耕种，八九月不使刈获，绝其养命之源，即有逃鼠余匪，欠亦多成饿殍，如有穷蹙乞命，亦可贷其一死。……"（苏廷玉《夷务实在情形疏》）1927年，国民政府委军阀邓秀廷为"讨夷总司令"，邓一面以现代化武器焚毁凉山，一面"以夷攻夷"，挑动冤家械斗，血腥地统治彝民。1928年，邓秀廷两次攻入昭觉——西昌间的井家寨，将井家支彝民完全杀灭。[2]

在历代统治者这样的统治之下，为了争生存，凉山彝族人民进行了顽强的反抗斗争。黑彝统治者从自己的统治地位出发，严格地控制白彝，驱使他们成为反镇压的主力；白彝在统治者的残杀恐怖威胁之下，也只好听命于黑彝。随着历史的久远和军事镇压的加剧，白彝对

---

[1] 具体情况可见嘉庆《四川通志》中，雍正七年黄廷桂《奏雷波建昌、宁番阿都等处善后事宜》。

[2] 详见四族民族调查组《四川彝族近现代史调查资料选集》1963年12月初稿，第115—116页。

黑彝的人身隶属性，因此而不断加强，典型奴隶化程度因此而不断加深。

（2）黑彝奴隶主集团之间的冤家械斗，是曲诺典型奴隶化程度加深的另一个原因。

黑彝奴隶主为了扩大自己的压迫统治，奴役更多的娃子，相互间不断发生旨在掠夺土地、娃子、财富、粮食的冤家械斗。这种冤家械斗发生的时间很早，它随着凉山彝族奴隶制的产生而产生，依其发展而发展，至 20 世纪 50 年代前达到了高峰，较早时期的记载，如万历初年，邓子章《西南三征记》说："越巂有邛部罗罗曰黑骨夷者，始与酋长构争，流毒境土。"（嘉庆《四川通志》）又清嘉庆十三年（1808 年）四川总督勒保《筹办马边峨边彝务善后事宜》说："生熟各夷，虽有驯悍之不同，而率性大率好斗，凡遇雀鼠细故，以及互争界衅，既不赴官控理，亦不向土司申诉。动辄纠众斗争，彼此或有杀伤，数世仇恨不释，积久构衅，名曰打冤家，甚至汉夷交错之地，亦渐染成风。"（嘉庆《四川通志》）

黑彝之间的冤家械斗，是以家支组织进行的。各家支每年举行"蒙格"大会，由头人告诫全体成员，要为保护本支土地、娃子、财物不受外支侵犯而斗争，并号召掠夺外支土地、娃子、财物以壮大本支力量。为了培养劫掠精神，奴隶主从小就要教育孩子将来要在冤家械斗中显身手；在社会生活中，不断鼓动轻死为勇、能勇敢杀劫为英雄的精神。冤家械斗临行之前，还要杀鸡打牛，痛饮血酒，以励全体曲诺发誓为忠诚本支而死战。平时，家支成员无刻不处于戒备之中，械斗频繁激烈，在历史上是空前的，对社会生产的破坏也是极为惨重的。黑彝奴隶主为了从中保全和扩大本阶级的利益，将械斗的重担强制转嫁于曲诺，不但以曲诺为械斗的主力，而且以曲诺为命价的主要承担者，曲诺为了保护自己的利益不受异支黑彝侵犯，也不能不听命于黑彝的驱使，投入械斗。许多曲诺因械斗而死，不少曲诺因"命价"破产而降为阿加、呷西。事实证明：冤家械斗愈发展，曲诺典型奴隶化程度愈深，曲诺受到的人身奴役愈重。

民国时期，国民政府将大批现代武器运入凉山，加速了械斗的频率，加重了曲诺奴隶化的程度。如果没有中国革命的伟大胜利，如果没有凉山彝族人民的解放，那么，凉山彝族奴隶制度还会沿着冤家械斗的发展而发展，沿着曲诺奴隶化程度的加深而发展。边缘地区虽出现了封建因素，但还未构成社会发展的主导因素，有人看不到曲诺沦为阿加、呷西式奴隶的趋势，断言凉山奴隶来源困难，凉山彝族奴隶制已经停滞不前，不能再向前发展，这是值得商榷的。

由于统治者与黑彝奴隶主冤家械斗的双重侵袭，彝族人民生途殆尽，被迫背井离乡，重新寻找住地，约有1/3的彝族人口由凉山地区迁入西昌专区的冕宁、金矿、会理、普格等县及云南小凉山地区。这是凉山地区有史以来的大变动。因此，研究凉山，应注意结合周围地区彝族的情况，西昌专区的彝族社会与凉山地区虽有差别，但都是奴隶制社会，有人说凉山边缘地区是封建社会，中心区是奴隶制社会，这也是值得商榷的。

（3）曲诺在革命斗争中的动摇性和妥协性，是曲诺典型奴隶化程度加深的又一个原因。

凉山彝族人民，在黑彝奴隶主残酷野蛮的奴隶制剥削压迫之下，过着暗无天日的奴隶生活。他们为了自己的解放，进行过大小不一的无数次的革命起义，有的已经摧毁了黑彝奴隶主的枷锁，自称独立自主。① 但许多较大的武装起义斗争，如 1914—1916 年冕宁、金矿等地的拉库起义，1927—1934 年的越嶲、呷洛彝番人民起义，1938—1946

---

① 普格次布乡、雷波上田坝区、呷洛田坝腴田乡、金阳三区等地都有独立的白彝家支，不受黑彝统治，他们中的头人有的被封为土目，如清朝封呷洛田坝区的独立白彝罗基家三个土百户和撒呷家两个土百户。

年会理"娃子寨"起义①，大都由于曲诺等级的动摇、妥协而失败。

曲诺这个等级（特别是贫苦曲诺），在奴隶主的残酷压迫下，典型奴隶化程度不断加深，他们不断被迫下降为阿加、呷西，在经济上又遭到主子的严重剥削，与主子有较深的阶级矛盾。他们要求推翻奴隶制度，要求人身解放和废除"杂布达""无偿劳役"等制度，他们与阿加、呷西一起，进行过不少的起义，严重地打击了奴隶主阶级，特别是曲诺等级的下层，他们在革命斗争中和阿加、呷西同呼吸共命运，表现一样坚定顽强。但是，曲诺中有一半以上的人，与阿加、呷西式的奴隶不同，他们是"普遍奴隶"。形式上还占有土地、财产，受到的奴役比阿加、呷西轻，特别是其中少数上层已经占有阿加、呷西甚至曲诺的人身，成为奴隶主。这个等级的经济地位和人身地位决定了他们在革命斗争中有较大的动摇性和妥协性。在革命的关键时刻，曲诺的中上层往往发生动摇。因此奴隶起义常在一度胜利之后走向失败。例如：在会理"娃子寨"起义中，义军中的曲诺领导人顾虑重重，不敢前进，屡次动摇；1939 年（起义第二年）曲诺领导人接受黑彝贿赂，公开投降，被起义群众处死；1941 年，曲诺起义领导人又投靠军阀邓秀廷，当了队长，与之狼狈为奸，企图瓦解起义队伍，遭到奴隶、群众反击；1946 年，义军领导人曲诺阿奎日日、吉狄阿力等，又在义军胜利的情况下投敌，出卖革命，与黑彝魁首讲和，承认"黑彝是黑彝，娃子是娃子"，承认每年照常交猪头、服劳役，恢复主奴关系，并赔偿被义军打死的黑彝命价三百银圆，至此，坚持八年英勇斗争的奴隶起义，最终宣告失败。又如在"拉库"起义中，曲诺领导人采取两面手法，表面上坚持革命，暗中却派人与黑彝勾结，使起义在黑彝家支的联合镇压下失败。

在每次起义失败以后，黑彝奴隶主总是更是残暴地奴役阿加、呷西，也变本加厉地奴役曲诺。曲诺的某些人身自由减少，对黑彝

---

① 以上起义详见四川民族调查组《四川彝族近现代史调查资料选集》。

的隶属性加强，经济劳役负担加重。因此，曲诺在革命斗争中的动摇和妥协，不但不能制止自身奴隶化程度的加深，反而会因此深化。

应该指出：凉山彝族（包括附近地区）多次起义的失败，除因曲诺中上层的动摇、妥协之外，还有别的原因，主要是遭到黑彝奴隶主、汉族地主官吏、反动军队的联合镇压。在会理"娃子寨"起义中，驻会理的国民党军阀苏绍璋帮助黑彝用大炮屠杀义军，义军最坚强、最优秀的领导人阿加且陆里厄就是在炮火中牺牲的；在"拉库"起义中，伪官僚周书记与冕宁大桥恶坝地主起三贵，接受黑彝贿赂，也帮助黑彝残杀义军。彝族革命斗争的历史证明：彝、汉人民在革命斗争中有着共同敌人、共同的命运，只有彝、汉人民团结起来，共同斗争，才能取得胜利。

最后，必须指出：彝族人民在彝、汉统治者的联合镇压下，多数革命起义虽然都遭到失败，每次失败后都受到更残酷的奴役。但是，彝族人民并没有停止斗争，他们不屈不挠，坚持英勇斗争，压迫越重，革命斗争越激烈，最后终于在中国共产党和毛泽东的英明领导下获得了胜利。摆脱了奴隶的枷锁，走上光辉灿烂的社会主义道路。

附说一：两林、勿邓、丰琶诸部不是彝族

在大渡河南至昭觉以北地区，唐、宋时期分布着两林、勿邓、丰琶诸部。《新唐书·南蛮传》说："勿邓、两林、丰琶皆谓之东蛮，天宝中皆受封爵。"又说："勿邓地方千里，有邛部六姓；又有初裹五姓，居邛部台登间；又有束钦蛮二姓，居北谷；又有东蛮二姓，雷蛮二姓，梦蛮二姓，散处黎、嶲、戎数州之鄙，皆隶勿邓；

勿邓南七十里有两林部落，有十低三姓、阿屯三姓、亏望三姓隶焉，其南有丰琶部落、阿诺二姓隶焉。"考校史迹，知勿邓所属二十姓居于邛部至台登以北地区，即今越嶲、冕宁等地；两林在勿邓南七十里，当在今普雄、喜德境内；樊绰《云南志》卷四说："丰琶本出嶲州百姓，两林南二百里居焉。"又《续通鉴长编》卷十注《国史》《实录》说："两林蛮距黎州七程，又一程至嶲州，又二程至建昌城，建昌城山上又有风琵蛮。"风琶即丰琶，在建昌城山上，又在两林南二百里，应在今昭觉县境内，南距建昌近，曾为嶲州管辖，所以说"本出嶲州百姓"。

此外，在勿邓、两林以东，今峨边县地有虚恨部。《宋史·黎州诸蛮传》说："赵汝愚代为（四川）制置使，时虚恨蛮族最强，破小路蛮，并其他，与黎州接壤，请通互市。"所谓小路蛮者，即对勿邓大路蛮而言。勿邓曾请通嘉州路，即所谓小路，应在勿邓之东，虚恨部保其地，而与黎州所管两林、勿邓接界；虚恨之南有董蛮部落，分布在今马边县境。

勿邓诸部求市于黎州，虚恨求市于嘉州，董蛮与之接近。此等应为同一类的不同部落。关于他们的族别，近人多认为彝族，并以之为凉山彝族的先民。笔者认为不是彝族，而是番族（今藏族）的先民。理由有下列四点。

第一，在历史文献上，他们被称为番，《宋史》说："凡风琶、两林、勿邓，皆谓之东蛮，其余小蛮，各分隶焉。邛部于诸蛮中最骄悍狡谲，招集蕃落亡命，侵扰他种，闭其道以专利。"史书上，夷、蕃常有严格界限，多不混称，故不能认为他们是彝族。第二，此诸部社会经济发展比较高，唐、宋时期有的就与汉族发生租佃关系。《宋会要稿》载，淳熙七年（1180 年）枢密院编修李嘉谋言："黎州过大渡河外，弥望皆是蕃田，每汉人过河耕种其地，及秋成，十归其一，谓之蕃租。"这样的情况，是唐、宋时期彝族（东爨乌蛮）生产水平所不能达到的。第三，在政治上，诸部以邛部为首，结成强大联盟，屡与南诏、吐蕃、唐朝争战，且能够左右唐、诏、蕃三大势力之间的争夺。唐朝屡调他们攻击吐蕃，《新唐书》说："丰琶部落大鬼主骠傍，年少骁败，数兵出攻吐蕃，吐蕃间其道，焚其居室部落之所赐印章，（韦）皋为请复得印。"又说："两林都大鬼主苴那时，遗韦皋书，乞兵攻吐蕃，皋遗将进逼台登……苴那时战甚力，分兵大破吐蕃之青海、腊城二节度于北谷。"由于此等部落势力强大，其首领屡受唐、宋朝廷封号，如宋封两林、丰琶首领为将军，有怀化、归化、归德、归义的称号；封邛部首领为"大将军""新都王"（《续通鉴长编》卷88）。宋朝诏书又称："敕云南大理国主统辖大渡河南。姚、嶲州界山前山后有蛮三十六，鬼主兼怀远大将军忠顺王诺驱，可特授检校太保归德大将军。"（《续通鉴长编》卷10注引辛怡显《至道云南录》）对比历代王朝加封黑彝土司土目，或不受封，或封之而不巩固，内部一片家支争扰，终未出现统一政权情况，若将隆重受封、势力强大的勿邓诸部视为彝族，那是讲不通的。当然，历史发展本身可以倒退，但没有什么证据可说是凉山彝族历史发展倒退了，凉山彝族传说中也没有与上述文献记录相对应的传说。第四，文献有明确记载勿邓诸部被彝族强迫迁走。如《元史·地理志》罗罗斯宣慰司建昌路说："邛部州，在路东北，大渡河之南，越嶲之东北……至宋，岁贡名马土物，封酋为邛部王，今其地，夷称为邛部川，治乌弄城，昔磨些蛮居之，后仲由蒙（彝族始祖）之裔夺其地……"说明先在这里居住的不是彝族。

作者研究凉山彝族历史，甚感勿邓诸部社会经济发展与凉山彝族民改前的现状，矛盾至深，疑诸部不是彝族，特将不成熟意见，略作附说于此。

附说二：白彝的祖先不是白蛮或西爨白蛮

唐、宋时期的东爨乌蛮与西爨白蛮同是今天彝族的先民，他们社会经济文化发展有较为显著的差别，东爨乌蛮比较落后，在当时以游牧为主，西爨白蛮则以农业为主。二者自为区域，西爨白蛮分布在今曲靖区域、滇池及滇池以南区域，东爨乌蛮分布在曲靖以北的东川、乌撒、乌蒙、黔西北的亦奚卜薛及金沙江以北的嶲州区域。说东爨乌蛮征服西爨白蛮，而形成今天黑彝奴役白彝的关系，是没有根据的。

第一，东爨地区没有西爨白蛮分布，几乎全为东爨乌蛮，因而不可能产生乌蛮征服白蛮或其他异族部落的事件，纵然有之，由于被征服者人数少，也不能成为后来少数黑彝奴役多数白彝的源流，现分区做如下说明。

在嶲州地区：除有南诏时期迁去的少数白蛮外，全为乌蛮。白蛮的记载，《元史·地理志》会川路黎溪州说："初，乌蛮与汉人杂处，及南诏阁罗凤叛，徙白蛮守之，蒙氏终，罗罗逐去白蛮。"又建昌路说："懿宗时，蒙诏立城曰建昌府，以乌、白二蛮实之。"这是从洱海区迁去的白蛮。又樊绰《云南志》卷一说："邛部，一姓白蛮，五姓乌蛮。"此地之乌、白蛮为西番族，也不是彝族。不能相混。东爨乌蛮的记载则遍于本区各州县。据《元史·地理志》载：泸沽县，"县在（礼）州北，罗落蛮所居……自号罗兰部，或称罗落"；里州，"蒙诏时，落兰部小酋阿都之裔居此，因名阿都部"；建昌路中县，"县治在住头回甸，所居乌蛮，自别为沙麻部"；阔州，"州治密纳甸，古无城邑，乌蒙所居，昔仲由蒙之裔孙名科（阔）居此，因以名为部号"；邛都州，"治乌弄城，昔么些蛮居之，后仲由蒙之裔夺其地"；

姜州，"乌蛮仲牟由之裔阿坛绛始居闷畔部，其孙阿罗仕大理国主高泰。是时会川有城曰龙纳，罗落蛮世居焉，阿罗挟高氏之势攻拔之，遂以祖名曰绛部"；会理州，"有蛮名阿坛绛，亦仲由蒙之遗种"；德昌路，"所居蛮，号屈部"；昌州，"初乌蛮阿屈之裔浸强用祖名曰屈部"；普济州，"卢鲁蛮世居之，后属屈部"；威龙州，"夷名巴翠部，领小部三，皆卢鲁蛮种也"；麻龙州，"乌蛮蒙次次之裔，祖居闷畔东川，后普恐迁苗卧龙"。由此可见，本区遍住乌蛮，几乎为乌蛮单一分布地。

第二，在滇东北地区，就根本不见有白蛮的记载。据《明一统志》载：乌撒军民府，"昔有乌蛮居之，唐时乌蛮之裔孙曰乌些者居此……宋时，乌些之后曰折怒者始并其地，号为乌撒部，元至元中始内附，置乌撒路招讨司"；镇雄军民府，"昔乌蛮之裔阿统与其子芒布居此地，其后昌盛，因祖名号芒布部……元至元中置芒布路，隶乌撒乌蒙宣慰司"。乌蒙军民府，"古为窦地甸……唐时乌蛮仲牟由之裔曰阿统者始迁于窦地甸，至十一世孙乌蒙始强，号乌蒙部"；东川军民府，"古东川甸，乌蛮仲牟由之裔骂弹得之……后乌蛮闷畔强盛，自号闷畔部"。

黔西北地区，亦是东爨乌蛮单一分布地，自武侯南征以来，部落酋长屡被封为罗甸王，自来统领本区乌蛮各部，也不见有所谓征服了白彝或异族的记载（参见嘉靖《贵州通志》卷11周洪谟撰《安氏家传序》及《新五代史》四夷传）。

第三，西爨白蛮势力强大，统一在爨氏家族南宁州都督爨归王的统治之下，后为南诏所并，西爨白蛮基本上是统一的，而东爨乌蛮则是分散的。他们之间不可能因征服而产生奴役关系。

1964 年 12 月 20 日于云南大学

附记：

此文是尘封五十年的何耀华在云南大学攻读研究生的毕业论文，选题是指导教师方国瑜教授指定的。交稿后由云南大学研究生处送请四川大学研究凉山彝族社会历史的权威专家赵卫邦教授评阅。赵卫邦教授的评阅意见说：

> 关于曲诺的研究，对于当前凉山彝族社会的阶级斗争和两条道路的斗争，具有现实意义。本文撰写的目的明确，符合学术为无产阶级政治服务的方向。作者根据经典著作中的有关指示，从彝族的社会结构、历史发展、地理分布等方面，对曲诺的由来、性质等问题，做了详细的分析，并且提出了自己的意见。作者认为曲诺属于马克思所说的古代"东方普遍奴隶制"形态中的普遍奴隶。这个结论也是比较可信的。

> 从文中的论证来看，作者对于彝族的历史是熟悉的，掌握的资料是丰富的。

> 此外，文末附说所谓"两林、勿邓、丰巴诸部不是彝族"。这一点也很重要，纠正了一般书中常见的一个错误。

> 总之，从政治意义和学术水平来看，这是一篇有价值的论文。

彝族社会中的毕摩

在我国西南部的川、滇、黔、桂四省（区），分布着一个拥有545万人口的彝族。毕摩是彝族从事原始祭祀的祭司，其中不少又是传播彝族历史文化的代表人物，用宗教学和民族学方法对其进行系统深入的研究，是我国宗教学和民族学的一个重要任务。

一 毕摩的历史源流

毕摩是彝语音译，因方言和意译的不同，又写作奚婆、觋皤、鬼师、邦杩、白马、必磨、侯卜、白末、鸡莫、布慕、比目、兵母、白毛、呗耄等。

"奚婆"之名始见于元朝李京的《云南志略》。该书《诸夷风俗·罗罗》说："有疾不识医药，惟用男巫，号曰大奚婆，以鸡骨占验吉凶，酋长左右，斯须不可阙，事无巨细，皆决之。"明、清以来的文献多用此名，明《景泰云南图经志·曲靖府》说："土人称巫师曰大奚婆，遇有一切大小事，怀疑莫能决者，辄请巫师以鸡骨卜其吉凶。"清朝檀萃《说蛮》云："居水西者曰黑罗罗，亦曰乌蛮……疾不医，惟事巫，号大奚婆。"田雯《黔书》亦称："居平远、大定、黔西、威宁者为黑罗罗……病不延医，惟用巫，号曰大奚婆。""觋幡""鬼师"之称首见于明代，万历《云南通志·爨蛮风俗》谓：
"疾不识医药，惟用男巫，号曰大觋幡。"嘉靖《贵州通志·土民志》
说："水西罗罗者……信男巫，尊为鬼师，杀牛祭神，名曰做鬼。"
"邦构""白马""必磨"等称则见于清代以来的记录。道光《云南通
志·爨蛮》："巫号大觋幡或曰邦构，或曰白马。"民国《新平县志·
民族》云："白马，左手执书，右手摇铃，患病之家，多有延至道旁念
祷驱鬼疫者。"道光《云南通志》引《宣威州志》说："黑倮罗……病
不医药，用必磨翻书扣算病者生年及获病日期，注有牛、羊、猪、鸡
等畜，即照所注祀祷之。"又引《伯麟图说》："倮卜能为农祭田祖，
以纸囊盛螟虫，白羊负之，童子送之境外。云南府属有之。"民国
《昭通县志稿》卷六谓："（夷）有白末能识夷字，读夷语，凡其族婚
葬，应延其咒经。"

毕摩源于彝族父系氏族公社时代的祭司和酋长。据贵州彝文典籍
《帝王世纪》记载，最早的祭司称为密阿叠（即密阿典），出现在彝
族始祖希母遮的第二十九世裔孙武老撮之时，约当原始父系氏族公社
时期。彝族学者罗文笔《帝王世纪·序》说，就在这时，"上帝差下
一祭司密阿叠者，他来兴奠祭，造文字，立典章，设律科，文化初
开，礼仪始备"①。

那时，人们崇拜图腾和妖鬼，武老撮生子十二，有十一个以妖
鬼、虎、猴、熊、蛇、蛙、虾、鸡、犬、树木、鸟、蚱为自己的图腾
名号。祭司即人们崇拜图腾和妖鬼的产物。当时的一切祭祀都是以氏
族、部落为单位进行的，因此，祭司实际上是由氏族、部落的酋长担
任。也就是说，最早的毕摩就是氏族部落的首领。

进入阶级社会以后，由于统治者利用宗教，在酋长和祭司合一的
基础上曾产生政教合一的政治制度。晋朝常璩《华阳国志·南中志》
说："夷中有桀黠能言议屈服种人者，谓之耆老，便为主。论议好譬

---

① 丁文江：《爨文丛刻》甲编，上海商务印书馆1931年版。

喻物，谓之夷经。""耆老"即是能引用夷经"假鬼教"屈服种人的祭司和部落的政治统治者。唐朝樊绰《云南志》说，东爨乌蛮"大部落则有大鬼主，百家二百家小部落，亦有小鬼主。一切信使鬼巫，用相制服"。又《宋史·黎州诸蛮传》说："夷俗尚鬼，谓主祭者曰鬼主，故其酋长号都鬼主。"这说明直至唐、宋时期，彝族的祭司仍由酋长兼任。随着彝族奴隶制和封建制的发展，原来的鬼主制度日益不适应变化的经济基础。元宪宗三年（1253 年），忽必烈平大理国，在彝族地区设立大元帅府进行军事统治，并设罗罗斯、乌撒乌蒙、亦奚不薛等宣慰司，委原有的大小鬼主为土司、土官，鬼主制度最终走向瓦解。于是一种称"奚婆"的祭司从奴隶主、封建主集团中分裂出来。据 20 世纪 50 年代的调查，凉山彝族自治州布拖县木耳乡的毕摩拉尔拉说："三四十代以前，安之家和瓦尔家打冤家，互相咒骂，于是产生了毕摩。这两家绝嗣之后，毕摩的法术由阿塞拉子继承。"根据父子连名谱系，阿塞拉子下传至 1949 年时有二十四五代，若以二十五年为一代计算，阿塞拉子当为元代之人。此与元时出现奚婆的记载相符，说明元代是毕摩发展史上一个划时代的阶段。但是，元代出现的奚婆尚不能与毕摩画等号。考察奚婆的特点，我们认为他是从耆老、鬼主发展到毕摩的过渡阶段的中间人物。他们虽已不是部落的政治领袖，但仍参与部落的政事，充当酋长的参谋和军师，处于佐政的地位，故"酋长左右，斯须不可阙，事无巨细，皆决之"（李京《云南志略》）。

清朝雍正初年，王朝在西南地区进行大规模的改土归流，大多数的彝族土司、土官被革除，奚婆无政可佐，于是他们一般发展为专司宗教职事的毕摩；其中一部分以彝文著述为自己的职业，从事本民族的科学文化工作，不搞以原始巫术为主的迷信活动。

在此之后，毕摩的发展经历了一个由贵族统治阶级担任逐渐转化为被统治阶级担任的过程。据在凉山彝族地区的调查，原来，毕摩由黑彝奴隶主贵族担任，后来，黑彝以毕摩祭祀驱鬼，纯属为人呼唤驱使之业，习此有伤奴隶主阶级的尊贵，而转给被统治的白彝担任。至20 世纪 50 年代初期，凉山的黑彝毕摩已经变得寥寥无几。贵州威宁牛棚子土目陆家，20 世纪 40 年代末期做法事使用黑、白彝毕摩各一人，黑彝毕摩的职责是操持法事的开头，而后由白彝毕摩来完成整个法事。这是黑彝毕摩向白彝毕摩过渡的一种表现形式。

总而言之，毕摩源于父系氏族公社时代的祭司。其发展大致可分为三个不同的时期：一是执政时期，担任酋长，时间为唐、宋以前，其名曰耆老及鬼主；二是佐政时期，作为酋长的智囊，时间为元、明至清初，一般称为奚婆；三是专司宗教职事时期，时间为清初改土归流以后，一般称为毕摩。应当指出，实际的情况比上述大致的归纳要复杂得多，特别是在改土归流以后，不少毕摩转而从事本民族彝文经典的著述，继承和发扬本民族的文化传统，并未从事宗教职司之业。这样的毕摩是本民族的知识分子，对本民族的发展做出了积极的贡献，应把他们和那些专门从事迷信职业的毕摩区别开来，充分发挥他们在发展本民族文化中的作用。

二　毕摩的职能与法术

有什么样的社会需要，就有什么样的社会存在。由于历史上彝族社会生产力发展水平低下，科学文化事业极端不发展，彝族对自然界及人类社会的各种现象不能做出科学的解释，他们把万事万物和一切社会现象，都归之于有神灵在主宰，是各种神灵（或鬼怪）意志的体现。因此，他们总是祈求于神灵，求救于神灵，酬谢于神灵。怎样才能有效地和各种各样的神灵打交道呢？他们认为毕摩是人神之间的媒介，只要通过毕摩与神灵交往，一切就能如愿。毕摩与神灵打交道，因所求神灵和祈求内容的不同而采取不同的方法。毕摩的各种社会职能，就是人们对不同神灵的不同祈求需要的产物，其主要有以下几种。

（1）主持祈求庇佑的各种祭祀。这种祭祀是以民族或部落为单位进行的。祭祀的对象包括图腾物、自然物和各种各样的神鬼。图腾祭包括祭竹、祭青松、祭葫芦、祭虎等。自然物祭包括祭天、地、水、火、山、石、日、月、星辰等；神鬼祭则包括祭祖灵和祭野鬼等。

（2）禳解祟祸。彝民遇不顺心之事发生，如冤家械斗失败、庄稼歉收、疾病缠身、家运不顺、妻儿死亡、牲畜瘟疫以及所谓出现凶兆等，皆以为是天神不佑，鬼魔为殃，必请毕摩来禳祓。

（3）占验吉凶。彝民遇临敌、出征、合婚、丧葬、择日、盟誓、疾病、播种、收获、狩猎、搬迁、建屋、出行、贸易、口角及一切疑难不解之事，都要延请毕摩卜定吉凶，而后方做出决断。

（4）主持诅盟。好诅盟是彝族共同心理素质的一个重要表现。《华阳国志·南中志》说："其速征巫鬼，好诅盟，投石结草，官常以盟诅要之。"而重要的诅盟必须由毕摩主持。诅，即诅咒，是彝族制胜敌方或仇者的一种惯用的巫术手段。

在冤家械斗发生之前，部落或家支都要请毕摩数人至数十人主持，举行大规模的诅咒，各户所送的牛、羊、猪、鸡、狗可多至数百，大家在毕摩引导下咒骂对方，被咒的一方一旦预感到敌方在咒自己，亦延请毕摩数人至数十人来进行反诅咒，将对方诅语一一反咒回去，以其人之道，还治其人之身。盟，即盟誓，是冤家械斗双方和解，两支以上彝人联合对敌，或向中央朝廷投诚效忠时订立彝、汉互保等盟约的一种宗教仪式，须由毕摩请神灵来主宰和监督，否则对双方无制约作用。毕摩主持诅、盟时所念的咒语各不相同，冤家械斗前的是诅咒敌军早死，鼓舞己方斗志，将对方咒语反咒回去，盟誓目的是警告任何一方不许违约，否则如当时所打死的鸡、牛一样死去，等等。

（5）进行神判。彝族的社会习惯法规定，盗案发生而又无法确认盗犯是谁时，被盗者可延请毕摩依靠神力来判明盗犯。

毕摩履行以上职能，是通过施行各种神术或法术来进行的。其法术种类很多，且因地而异，具有原始宗教的内容和原始巫术的特点。常见的有以下诸种。

被除病祟术 做法有四种：一是到病人家中，置病者身旁念经，边念边从彝文经书上查寻为祟的邪魔及禳解需要何种牺牲，而后扎"和密"①两个至九个，每个身高一二寸至一二尺不等，成盘坐状。毕摩用红、蓝线（男红女蓝）拴于患者头上，并牵所备牺牲在病者身边绕一转，令病人向牲畜吹一口气；再诵经将牲打死，取其心、肝、脾、肺观察。如发现黑点或其他异象，乃视其为病根之所在，于是念经，将病人头上所拴之红线或蓝线改拴于"和密"头上，并将"和密"送出抛于十字路口。如此禳解一两次病仍不愈，彝民即以该毕摩神术不精而另请高明。因此一个病人常有延毕摩数十人禳祓者。若最终病仍不愈，就以"鬼神要他"而任其死亡。二是毕摩率其徒一人至病者家中，坐锅庄后的地上，边诵经边束草人四个。同时，家人执公鸡一只，至病人头上绕九转后送毕摩打死，以其血淋草人。接着，家人再执山羊一只，在病者头上绕七转，杀羊以其血再淋草人。淋毕，羊由家人剥皮切肉。公鸡则继续留在毕摩手中，毕摩于鸡翅膀上挖一个洞，用嘴往洞里吹气，气流从鸡嘴中泄出，发出呜呜的声音，此

① "和密"系川、滇大小凉山彝语音译，意为草人。云南武定、禄劝地区彝语称为"纪祖"。传说古时云南彝区有异母兄弟张孝、张礼二人。张孝为前室所生，事继母甚孝，有一次继母病笃，医药无效，奄奄一息。其母忽谓如能得皇宫中之凤凰心脏为药，疾乃可愈。张孝于是潜入皇宫，窃出凤凰，配得一剂药，继母饮后果然见效，病渐痊愈。皇帝查出，将张孝逮捕定了罪。继母心甚不忍，就对其所生的张礼说："儿呀，你哥为了我的病遭到此刑，他的孝心实在使我感动，你该去替他的死罪，方尽兄弟之义。"张礼慨然遵从母命。而张孝是个孝义之人，怎能让他弟弟去死，于是在法场上兄不让弟，弟不让兄，争着受刑。皇帝见他兄弟如此孝义，深为感动而不忍处死，但国法不可容，于是改用稻草人来顶替张孝，让它负罪替死。因此，毕摩禳鬼时才制草人背负邪魔去死。这一传说及法术引自马学良《黑彝风俗之一——除祸祟》，《边政公论》第3卷第9期。

时，屋中所有彝人随之而厉声呼喊，以将病魔轰出室外，在夜阑人静的深山，听之如鬼哭神嚎，彝民以此为鬼邪被驱走的征兆。三是用一只山羊（或一只猪）、一只鸡及白杨、柳枝各三十根，羊、鸡拴在面前，念《尼此日经》（咒鬼经），打死牲畜烧吃。一般连续咒三天，除第一天用牲外，其余两天只是咒。四是将鸡蛋一端刺一针孔，令病人哈一口气在鸡蛋上，并用鸡蛋在病者身上擦一下，用纸火烧蛋壳，最后将蛋打在一盛水的碗内搅动，看是何种鬼作祟。如果有大泡出现，即认为是有黑彝奴隶主死后变成的大凶鬼作祟，于是便杀大白绵羊或牛来送；如果有中泡出现，就认为是白彝死后变成的鬼作祟，乃杀山羊或猪来送，如有小泡出现，则认为是锅庄娃子（奴隶）变成的鬼作祟，便杀鸡或猪来送；如有一团一团的小泡出现，就认为是自己的小女儿死后变成的鬼作祟，杀小猪来送。

禳解不祥法 "凶兆""祸祟"发生时施行。据马学良先生调查，做法分三步：第一步是在沟河边（意在使河水把祸祟流走）依经书规定之方法在地上插树枝、柴棍作为神座。取一木枝剖成两半，念经后以一半蘸鸡血或清酒抛于地上以定吉凶，一面向上一面向下为阴阳吉卦，预示所要请之神愿意显灵。否则须重卜，直至出现阴阳吉卦方打牲祈祷。第二步是毕摩从村外回到禳者家中，于家堂之地上插树枝，边诵经边扎草人一个和草圈数个。以一草圈套在主人身上，口呼主人姓名，从头至脚抚摸一遍，使祸祟沾于草圈，念经后取下改挂草人身上，让它将祸祟负去，待全家老小人人如此做完一遍之后，毕摩持一饭勺，喃喃诵经，顺次要主人家所有的人向勺中吐唾沫一口（意为吐出心里的一切祸祟），最后将唾沫倒在草人身上，送屋外焚烧。此时，毕摩以三根树枝横插门外以示封锁，以防邪祟再返回家中来。第三步是用一根草绳或麻线，毕摩与主人各持一端，念《断殃经》，将绳割成三段，以示同祸祟断绝关系。

断口嘴 意为念咒驱邪。原意为堵防或断绝别人恶意的咒语，后发展为与一切不吉做斗争或预防不吉的神术。彝民凡遇出征、贸易、临敌、盟誓、成年、婚嫁、生育、搬迁等事，皆须先延毕摩来家断口嘴。断口嘴因事之大小而有大小之分。断大口嘴必须打牛、羊、猪（母猪）、鸡；断小口嘴只要打一只鸡即可。但不论大小都须举行抛鸡仪式以定吉凶。做法是将鸡打死掷于堂中，鸡头朝门外为吉，朝内为凶，依吉凶而定堵防或断绝别人恶意咒语所应采用的咒语之内容，而后喃喃念咒。

衣此毕　此为彝语音译，意为招魂。彝族认为生人有灵魂附于体，可因恐惧或他人作法而散落。故凡有病痛或不快之事发生，必请毕摩来招魂。安居无疾者亦经常进行招魂以求平安长寿。乾隆《石屏州志·卢鹿蛮》说："人偶有病，合饭一盂，鸡子一枚，以病者之衣包裹门外招之，谓之叫魂。"招魂的方法很多，除此之外，有的是在主家门口置玉米粑两个、鸡蛋一个。从门内牵红线丈余至门外作为引魂路线。令二人持木瓢站立门外，瓢内盛泥、草灰。毕摩在家念咒，家人大声吆喝，二人随声将瓢内的泥、草灰泼向门外以驱鬼。随即由家人背枪，尾随毕摩绕屋一周，边走边呼："某某的魂回来，某某的魂赶紧回到家里来！"凉山彝族毕摩是用绵羊一只、鸡蛋一个、针一根、线一根、大米一撮和白布五寸，在屋里插树枝，上述东西置毕摩面前，毕摩念招魂经，念毕打牲煮吃。最后将树枝捆于村前的树上，以将魂引至家中而归附在病人身上。①

撮日　彝语音译，意为咒人，系冤家械斗即将发生时举行的法术。全家支的人聚集一处，由毕摩念经，并将牲畜打死，取因癫子病死的牲畜腿骨、腰骨或猴子的腿骨一根，捆在一草人身上，指明冤家的姓名而咒，同时跑马打枪。咒毕，遣人将草人及腿骨偷偷送往冤家

---

①　衣此毕、撮日、握古比、卓尼书、牛力母、初力木、曲耳比、则士等项法术，见全国人民代表大会民族委员会办公室编《彝族社会调查》，1957年，第238—241页。笔者曾作实地核实，并做增减。

的室内、宅旁、村旁、道旁或田野，以使其得病而死。也有的毕摩是用活獐子或野鸡一只，念咒后，让其奔入冤家屋中，而谋使该家绝亡。有的是用狗一只，念咒后打死，插一木杈挂在冤家附近的路上，使冤家见之而死亡。有的是在山坡上插柳树枝，将一把草和一只鸡捆在一起，其他的牺牲拴在树枝旁。毕摩持捆着草的那只鸡，念《咒人经》，要被咒的人如鸡一样地死。念毕，打鸡打牲煮吃，吃毕，毕摩扎草人一个，用刀砍碎，以示砍死了被咒的人，最后，将鸡腿、鸡头、鸡翅捆于一竹竿之上，插在咒场。

钻牛皮饮血酒　做法是盟誓双方各出鸡一只，酒若干斤，共出牛一头，毕摩念咒主誓，取斧将鸡、牛打死，取少许鸡、牛鲜血混入酒内，然后剥下牛皮，绷于一木架之上。誓者口念誓言，自牛尾而牛头从架下依次往返钻过，口中誓曰："有负此盟，当同于此鸡、牛……"钻出后饮血酒一杯。由于毕摩念咒请神灵来监誓，敌方不敢轻易违约。这是毕摩自古相传的一种古老的法术，多在向王朝投诚效忠时举行。①

握古比　意为祀祷平安。做此神术时，富有者用牛一头，贫者用羊（或猪）一只。用牛者须用树枝一百根，用羊者需六十根，用猪者需三十根。树枝插在家中地上，牲畜拴在树枝旁，念经后打牲烧其心、肝而食。未食之前，外人不得进屋。吃毕，毕摩念平安经，念完后吃肉而毕。

---

① 据《续资治通鉴长编》拾补卷三十四引《宋史纪事本末》卷百四十一记载："政和五年（1115年）四月丙午，赵遹奏：节次招到晏州（今四川兴文县）柯阴、五斗、扶莱等县夷贼一千余人，并各投戈弃甲，去军城十里，以来梅岭坝，与所差使臣，同刺猫牲鸡血，和酒饮誓。称一心归宋，更不作过。……又说谕到晏州多冈姓二卜一村，始谋作过贼首卜漏等一千余人，亦来梅岭village坝，与所差使臣赵安中，同刺猫鸡等，和酒饮誓，称一心归宋，更不作过。"《资治通鉴长编》卷八十一云，大中祥符六年（1013年）正月下，"晏州多刚县夷人斗望行牌牵众劫清井监，杀驻泊借职平言……未几纳溪蓝顺州刺史个松生南八姓诸团，乌蛮、狃广、王子、界南、广溪、移悦等十一州刺史李绍安，山后高巩六州，及江安界娑婆村首领，并来乞盟，用夷法立竹为誓门，横系猫、犬、鸡各一于其上，老蛮人执刀剑，谓之打誓，誓曰：誓与汉家同心讨贼，即刺猫、犬、鸡血，和酒而饮"。新中国成立前凉山彝族的钻牛皮饮血酒盟誓，已不打猫、犬，只打鸡、牛，仪式基本仍与宋代时期的一致。

卓尼书 彝语音译，意为"净宅"。彝族遇病或不吉之事，常以为是家宅"不干净"所致，乃延毕摩做此法术。需用猪、鸡各一只，荞麦一撮和刮去皮的柳枝十八根。柳枝插在门前平地上，猪、鸡等放在一旁，毕摩一面念经，一面将树枝扫倒而告结束。猪、鸡等物归毕摩所有。

牛力母 彝语音译，意为送"干病鬼"。病人骨瘦如柴就认定是"干病鬼"作祟，乃请毕摩施此神术。须用猴子一只和羊、猪、鸡若干只。毕摩到病人家中念经八天，于第九天将猴子带上山，在地上插树枝再念经，并扎草人一个捆在猴子身上，把猴子放掉，让它把病带走。

初力木 彝语音译，意为送"麻风病鬼"。须的用一头牛（或一只公羊）、两只猪、六只鸡、二十斤猪油、三坛酒和柳树枝、树杈六百根，还要用一口锅、一个铜盘、一把镰刀、一个铧口、一把斧头、一把尖刀。毕摩引家人把这些东西带到山上去，插好树枝，拴好牲畜等物，一面诵经，一面熬猪油，待油热冒烟，拉病人绕锅转一周，再用披毡盖在锅上，以油烟熏病人的头及全身。

曲耳比 彝语音译，意为给不生孩子或孩子生后认为活不长的妇女念经。是预防断子绝孙的一种法术。用猪两只（一只母猪、一只小猪）、鸡一只、鸡蛋一个、酒一坛、柳枝十五双（每根都削去一刀）。请毕摩念经两天。第一天在家，第二天上山，毕摩和妇女、家人同去，妇女坐前，毕摩坐后，边念经边烧小猪吃。吃完后把妇女的全套衣服和男子的帕子、绑腿捆在树上，再将鸡蛋扔掉而告结束。

则士 彝语音译，是防止雹灾的神术。一村或数村联合进行。需一只鸡、一坛酒。由五人至十五人和毕摩一道上山，打鸡烧吃。吃毕，毕摩将鸡翅膀、鸡头、鸡脚拿在手中，对苍天念防冰雹经而告结束。云南一些彝族（如彝良县的棱戛乡）称降冰雹为下白龙，故防止冰雹的神术称为"祭白龙"。祭时，毕摩牵一只负鞍架和两个小竹箩的羊，挨家挨户地去收苞谷花，每家出一两碗倒入箩中。收毕，赶羊上山宰杀。羊皮、鞍架、竹箩丢入一个山洞，羊肉由同去的人煮吃。收苞谷花及宰羊的过程中，毕摩喃喃诵防雹经。

芝固　是祈丰年的一种法术。逢耕种、收获时举行。用稻草扎五谷丰登神"齐罗尼荷"一个，呈饿状的鬼若干。毕摩念经，打鸡、羊、牛祭献，以鸡血淋草人鬼，以牛羊肉敬山神利齐罗尼荷神，煮羊心、肝、腰献祖神，用羊肉汤洒四方敬野鬼。敬毕，诵《驱鬼经》，将一鬼状的木剑抛出门外驱鬼，再念《招魂经》，招家中所有亡灵来祭献，最后将一些树枝送门外插在宽敞的地方以示丰收。

捧铧口　彝语称"乃克夺"。是毕摩进行神判的法术之一。有人丢失财物并诬赖他人偷去时举行。须请证人五人至八人，用白公鸡一只、白布一块、酒一碗、木炭九斤、犁头铧口一个、吹火筒及火钳各一，做法是毕摩引失主和被嫌疑之人带东西一同上山。用木炭烧犁头铧口，毕摩念经。铧口烧红后，于被嫌疑者手上放九根树枝，上铺白布，取火钳夹铧口放上，令其慢走九步。若白布、树枝未烧那就证明未偷，否则就算偷了。九斤木炭烧完，铧口未被烧红，也证明被嫌疑者是盗犯。如果经上述测试后证明被嫌疑者未偷，失者就按盗犯论处。事后，胜利者须打牛请客，失败者（失主或被嫌疑者）须按丢失财物的数量加一倍对胜者进行赔偿，并承担评判的一切经费。另外还须再买一匹马给胜者赔礼。

捞油锅　是毕摩进行神判的法术之一。专用以测试盗犯。其法是将油盛入锅中烧煮。毕摩诵经后向锅内撒米一把，向油吹一口气，赤手伸入锅内捞米，以证明油不烧无过之人（实际上此时油温不高，不足以烧人）。继之由失主、邻人依次赤手去捞。据说因毕摩念咒作法，鬼神显灵，油专烧盗犯及虚传失物之主，好人可以平安无事，否则，即证明毕摩法术不精，他须向大家赔礼认罪。

嚼米　是替纠纷当事人判断是非的法术。做法是毕摩念咒，以两撮米让双方当事人放口中嚼烂，相同的时间内吐出，以带血者为非，未带血者为是。

漂灯草　亦是侦破盗犯的法术。以数寸长的灯草两根，一根带箭头，与另一根斜搭成十字形，浮之水面。毕摩念经后，吹一口气促其浮动。被嫌疑者站列于四周，灯草停止漂动时，箭头指向何人，何人即是盗犯。

三　毕摩的法器和经书

法器和经书是毕摩借以影响人民，使他们对其通神和所做法术坚信不疑的一种工具。

法器主要有法帽、法衣、签筒、经袋、神扇、神铃、绿茨、托器等。

法帽，彝语称"毕罗波"，是毕摩与神接触的保护伞。系一竹篾编织的斗笠，编好后钉上一层黑色披毡。作斋、作帛等重大法事必须戴上。其顶高约二十厘米。底面用篾皮丝织成无数六角形的胡椒眼。顶下镶有一个竹制的"菩萨筒"。筒中置象征菩萨的小木人或小竹人一个，用黄、红、绿、白、黑五色线缠紧，线头披露于筒外。帽带有的为丝绸织品，上绣彝文。

法衣为一特制的毡衫，是羊毛织品、丝织品或棉、麻织品。有黄、红二色，丧事法术用黄色，婚嫁喜事法术则用红色。

签筒，彝语称"维图"，有的上方作虎口形，下方作龙尾形。有的为竹制，一端为木制，上涂彩漆，刻有各种图案，镶有白骨珠、白银片、珊瑚珠等饰品，内装竹签，占卜时使用。

经袋为羊皮包或布包，布包绣有彝文，毕摩外出做神术时用以背经书。

神扇，彝语称"勤克"，祝福超度请神时用，用竹、木做成，上雕鹰像或虎像，涂以土漆。

神铃，彝语称"毕居"，做法事时用以唤醒神灵和请神用。为铜制①，有木柄可持摇。

绿茨是竹制的捉鬼灵签，上面刻有彝文。

托器系竹编成或木凿成，内装念经时撒用的金银粉末。

毕摩的经书皆彝文写成，俗称彝经。明人刘文征天启《滇志·爨蛮》说："有彝经，皆爨字，状类蝌蚪，精者知天象，断阴晴。"彝文是毕摩书符画咒的产物，彝经当随着它的产生而产生，其时代已经久远。民间有孔夫子、老子、阿塞拉子、敝铁、吉禄、伯博耿等人创造彝文之传说。其中除孔夫子、老子之外，其余都是彝族或彝族的先民，其生存时代不可考。师范《滇系·杂载》说："汉时（当为唐时之误）纳垢酉之后阿畸者，为马龙州人，弃职隐山谷，撰爨字如蝌蚪，二年始成，字母千八百有奇，夷人号为书祖。"② 彝文典籍《西南彝志·勿阿纳家的叙述》说："恒本阿鲁创始供奉祖先，发明了天地根源，创制彝族的象形文字。"又该书《阿底氏起源的叙述》称："创造文字的伊阿伍，聪明无比，能天文地理。……不论彝族掌权或汉族掌权，都一一记载，明明朗朗如满天星斗，伊阿伍造的书很多，都是有始有终。"罗文笔《帝王世纪·序》认为，彝文系"祭司密阿叠所造"。其《说文·序例》亦说：是书"始于密阿叠所造，中于博耿先知所述，终于冉冉一义所赞……于汉光武时，我主阿长候阿基实守此约，相传六十余代"。以上传说和文献材料虽不尽可信，但它至少可以说明彝文和彝经产生的时代是相当早的，而且创造者不止一

---

① 毕摩做神术时头戴斗笠，身披羊毛毡衫，左手执铜铃，右手持铁剑，并以形似皮鞭的柳枝驱鬼，貌似一个牧童，传说，古时，老子的弟子牧童除甲未得以升天，老子乃命其以牧牛皮鞭、牛颈下的铜铃及挂在身上的铁剑为神器，住凡间替人做神术。（参见江应樑《昆明境内的夷民》，《西南边疆民族论丛》，珠海大学出版社1948年版，第23页）

② 亦见《清一统志》、杜锦《爨人阿呵论》、檀萃《农部琐录·爨雅序》《新纂云南通志》卷9、《大定县志·风土志》。

人，从已发现的最早的彝文实物来看，云南禄劝县的《镌字岩彝文碑》刻于嘉靖十二年（1533年），武定县的《凤诏碑》刻于嘉靖十三年（1534年），贵州大方县的《千岁衢碑》刻于嘉靖二十五年（1546年）。这些碑文说明，彝文和彝经的产生最迟不会晚于明代中期。

现今可见的彝经多为清代以来之作。其书写及制作方法因地而异。四川凉山彝族是以竹片锤碎一端，蘸鸡血或木炭锅烟写在木板上，用竹条将左边缝合，以黑布为经皮。不用时由左至右卷成一捆，装入羊皮包供诵念和珍藏。滇、黔彝族是用棉纸制成本子，用墨笔写在本子上。且句多五言，有音韵，比喻生动，便于背诵和记忆。

彝经种类繁多，卷帙浩繁。据笔者在四川美姑巴普乡及贵州威宁板底公社雄鹰大队调查，前一地有颂扬毕摩用的《比补特衣》、背诵家谱用的《初痴特衣》、超度祖先用的《灵木特衣》、咒骂疯病鬼用的《努的特衣》和诅咒用的《尼布特衣》，等等；后一地仅毕摩龙天福老人所知，就有进祖灵祠堂念的《至侯素》、做红白事念的《纪侯素》、换灵牌念的《皮斋素》、驱鬼念的《子头素》、祭奠祖灵念的《皮书素》和进行年算用的《尼哈扎素》等等。1931年，丁文江收《千岁衢碑记》和彝文碑《说文》、《帝王世纪》（人类历史）、《献酒经》、《解冤经》（上、下卷）、《天路指明》《权神经》《夷人做道场用经》《玄通大书》《武定罗婺夷占吉凶书》等十部彝经，请贵州大方彝族著名学者罗文笔将其中的八篇译成汉文，合编成《爨文丛刻》（甲编）①。1935年，杨成志在昆明及凉山彝区收集到一百三十部，依内容将其分为献祭、祈祷、酬愿、作斋、禳袯、动植物与无生物经咒、咒术技法、婚姻和生产、丧葬祭祖、农业、火神、雷神、龙王、李老君、占卜、历史与传说十六类。1947年，马学良又在云南武定、寻甸等地收得彝经两千余册，并依内容将其分为祭经（包括作斋经、

---

① 此书1931年由上海商务印书馆印行。经马学良主编、罗国义审订，1986年由四川民族出版社出版了增订版。

作祭经、百解经、除祟经)、占卜经(包括膀卜经、鸡骨卜经、签卜经、占梦经)及律历、谱牒、伦理、古诗歌文学、历史、神话译著八类。①

祭祀经在彝经中占的比重极大，集中反映了彝族原始宗教的意识形态。第一，它宣扬万物有灵的观念。其所祭的神不但包括各种自然现象的化身，而且包括各种社会现象的化身。如自然神中有天神、地神、原神、野神、树神、石神等。《爨文丛刻·献酒经》说：

> 神神十二神，酒献到座前。天神是阿父，地神是阿母。原神银幕穿，野神金帐围，树神白皎皎，石神黄焦焦，岩神乌鸦翅，水神鸭以祭，露神露浓浓，雨神雨淋淋，光神光明明，雾神雾沉沉，坑神气薰薰。

社会现象诸神中的神有文神、武神、交易神、猎神、农务神、福神、财神、倚荣神等。《爨文丛刻·献酒经》关于交易神的祷词说：

> 买卖交易神，献酒及他阿，到了明后日，城市四方面，买时和卖时，人说已便成，人已皆言正，言来道价真，人说已买好，银与金买好，钱与米买好，十行都会成。

各种神没有大小高低之分，必须一一祭献。这反映了彝族传统宗教的原始性和原始社会中人与人之间的平等关系。

第二，祭祀经用神的意志解释万事万物，把宇宙间的一切归结为神的意志的体现。《爨文丛刻·权神经》说：

> 威武权神赐，智慧权神赐，福乐权神赐。

《解冤经》把神的危害称为"恶结"，且无限夸大神力的作用：

---

① 参见马学良《㑩族的巫师呗耄和天书》，《边政公论》(第6卷) 1947年第1期。

白天一恶结，白天不能亮；黑地一恶结，黑地无紫煮；日因有恶结，月出不显光；星因有恶结，星宿不辉煌；皇宫銮殿太子因恶结，命令不施行；文阁武院世子因恶结，军政两不行；神坛祀院助祭有恶结，献神不降临，阿能阿典教师因恶结，教化心不灵；山居野处民因恶结，脱衣露体愁；田、土块、种类有恶结，播种凶岁歉，昼夜工不暇，织锦不成文。

第三，祭祀经宣扬祈祷、祭献的灵验。《献酒经》说：

昔日不献酒，不献酒之时，仰以观天象，荣日不显光，明日多晦暗，星宿也无光，黑暗暗，昏沉沉似烟，俯察于地理，四时又反常；寒暑不和候，夏望秋不成；高山云笼罩，树森且隐形；山脉被露掩，岩石就渺茫；斜坡生果树，果树不结实；亩宅栽桑树，桑坏蚕不丝；池里鱼不跃，水性不相宜。（举行祭献之后）举目观天象，荣日耀月明，星辰多辉煌；俯察于地理，四时不反常；寒时热气顺，秋夏二季同，火形高峰顶，梢雾散清明；山腰云雾散，岩石显奇形；平原生果树，果树结成实；亩宅栽以桑树，桑柔蚕多丝；池里鱼跳跃，水性甚相宜。

该经宣扬祭农务总神之灵验：

农务之总神，献酒及他阿，过了些日子，到耕耘之日，垭耕不遇风，原耕不失露。土边蛇不屈，田外鼠不窜。护神好来护，禾秀蝗不害，守神好来守，见守雀不临。田大秧不费，工人腰不疼。禾长就出穗，出穗就结谷，结谷就成实，收割就逢晴，簸净遇风力，大仓满，小仓盈。

宣扬祭猎神的灵验说：

猎虞的总神，献酒及他阿，过了些日子，猎取去之日，高山安窠弓，窠弓猛虎中，石下扯套索，套索套合了，大弩发应机，天空火箭似。枪刀快得好，猎者手应成。威弓饮血气，伙伴吃脂肉，虎豹箭中伤，麋鹿落网内。猎官手摇摇，左手张银弓，右手搭金箭，树上莺，云霄鹰已中。

第四，祭经宣扬人间生活虽是苦难的，但只要多做"善事"，死后即可成仙而升入快乐的"天国"。《天路指明》（人死后指其灵魂到达天国的经典）说：

仙人天乐景，头上戴金冠。……到此极乐地，优游万福安。他处无相比，不冷又不炎。白云花帛温，不饥不渴地，饥食荣粮养，耀水灵甘饮……到了快乐天，高宗并远祖，得见喜非常。

这是原始宗教进入阶级社会后发生适应统治阶级需要的蜕变的表现，其目的是使人们顺应统治阶级的意志，忍耐贫困、奴役、压迫和剥削，以求死后升入所谓"乐天"。

以上内容说明，彝经不但充满原始神学思想，而且已发生适应统治阶级需要的蜕变。但是，我们不能因此就全盘否定彝经。拨开浓厚的原始宗教迷信的神学迷雾，我们可以看到它在宗教学、哲学、史学、文学、医学、天文学等方面的研究中所具有的科学价值。它不愧是中华民族文化遗产中一个重要的宝库。20 世纪 50 年代以来发掘和翻译的《西南彝志》《洪水泛滥史》《洪水前后轶事》《吴三桂入黔记》《水西制度》《水西传全集》《阿者后裔迁徙考》《德布氏史略》《德施氏史略》《笃慕史记》《勒俄特衣》《玛木特衣》《尔比尔吉》《阿诗玛》《阿莫尼惹》《齐书苏》《年算书》等，已引起国内、国际学术界的极大重视。其中《西南彝志》被誉为"彝族的百科全书"。该书发掘于贵州大方县，原名《哎哺啥额》，大约成书于清初，作者姓氏无考，全书共二十六卷，有彝文三十七万余字、四百多个分类题目，全面地记载了彝族的社会历史、哲学、文学、天文学以及生产、生活等方面的知识。《勒俄特衣》记述了劳动在开天辟地、改造山河中的作用，记述了彝族奴隶制度下的等级和阶级关系。《阿诗玛》是路南彝族（撒尼）的叙事长诗，彝族文学作品中的一个杰出的代表作，已译成英、法、德、俄等多种外文。《齐书苏》是一部具有重要医学价值的药典，成书于明朝嘉靖年间，比李时珍的《本草纲目》还早。《年算书》（四川甘洛县文化馆收藏）是天文方面的彝经，记载了二十八星宿中的二十六个，是预报农时季节用的。

四　毕摩的占卜与法师

占卜是毕摩借助神力，寻问吉凶，推断祸福，进行决断的一种手段。其采用的方法很多，但主要有下列几种。

鸡骨卜　这是毕摩卜术中一种古老而常用的卜法。道光《云南通志·爨蛮》说："白马（即毕摩），取雏鸡雄者生剖，取两髀束之，细剖其皮骨，有细窍，刺以竹签，相多寡向背顺逆之形，以占吉凶。"《东川府志·乾猡猡》云："卜以鸡骨。"《古今图书集成·大猡猡》云："信鸡卦。"乾隆《石屏州志·卢鹿》条云："卜用鸡骨。"民国《新平县志·猡猡》云："占用鸡骨。"毕摩做此卜时，先诵经，以清酒少许洗净鸡嘴及足。然后宰之，取其左右两股骨齐头并排，用细麻线束紧，骨上方横放竹条一根，以极细的竹签插入骨上之小窍孔。窍孔本为血脉神经之孔，多寡不一，可插竹签之数目也不定。一般可插四五根。插入后视其方向及洞口深浅，再翻查鸡卦经以定吉凶。另外，毕摩也用鸡头、鸡舌占卜。如卦经规定：顶骨明爽无斑点为天晴之兆；阴暗无光为阴雨之兆；顶骨侧旁多黑斑点为病丧之兆，骨面有红斑点为凶死流血之兆等。①

羊骨卜　又名炙羊膀。彝语称"约格及"。羊肩胛骨中部有一条凸起的骨楞，自然将其分成甲、乙两部分（如羊骨卜示意图所示），占卜时用手抬着羊骨关节部分之把，以火草烧甲部，边烧边诵经。诵毕，用手指擦去骨面的黑烟，骨上即显出横直细裂纹，再翻转看其背面裂纹的方向而定卦之吉凶。现以凉山彝族出征前之占卜为例（如羊骨卜示意图所示）。

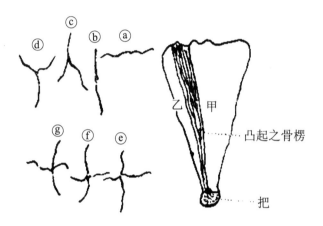

ⓐ战争无胜负（平）。ⓑ战争平安无事（平）。ⓒ无大害，有惊吓（平）。ⓓ战争无利（下）。ⓔ太平无事（平）。ⓕ极佳，战争能获全胜（上）。ⓖ最坏，口角是非，一切不吉，战争必败（下）。

羊骨卜示意图②

胛骨卜　做法是将所宰牛、羊、猪之肩胛骨取出，细观骨上显示的纹络以断卦象，再根据《卜卦经》有关卦象的规定而定吉凶。如《卜卦经》说：

作斋卦大吉，准确而明晰，祖妣卦均吉，红卦为上卦，如白

---

① 马学良：《罗民的祭礼研究》，《学原》（第2卷）1948年第2期。
② 同上。

崖重叠，预兆合族吉；白卦为次卦，红牛望食盐，预兆牲畜吉，妇女大平安；三卦为尾卦，如秋羊酣睡，春光暖煦煦，预兆斋事利。①

依骨板纹络而定卦象的名称，全凭毕摩之主观臆断。

木刻卜 凉山彝语称"死月木"。其法是以木条一根（除竹子外均可），大小长短不限，用刀在上面刻成小节之横纹（有的刻成螺旋状），边刻边诵经咒。口称："树呵，天上的东西你知道，地上的东西你知道，人间的东西你知道，今有一件事要求你，你判定后告诉我。"待全棍刻完之后，将其分成三个相等的部分（如木刻卜示意图所示），清查每部分横纹之数目，依单双及各家支对卦文的不同规定而判定吉凶。有的规定三段都为偶数最吉，成奇数最凶。下图是卜定战争胜负卦文规定的一种。

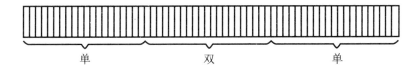

单　　　双　　　单

双双双：无关系，不分胜负，战争无大损失（中平）。

单单单：无关系，非胜即败，胜则大胜，败则大败（中平）。

双单单：不好，战争不大顺利（下）。

单单双：最不好，战必败，损失一定大（下下）。

双单双：无关系，无大不利（中平）。

双双单：好，有胜利的希望（上）。

单双双：无关系（平）。

单双单：最好，必大胜，所获必多（上上）。

木刻卜示意图②

---

① 徐益棠：《雷波小凉山之罗民》，金陵大学中国文化所印行，1944 年。

② 同上。

鸡蛋卜　凉山彝族称"瓦齐也撒"。云南武定、禄劝等地毕摩的卜法是在经书上放一个碗，再用冷水一碗，洒向烧过的卵石。以热气驱净污秽邪恶，然后诵经持鸡蛋向卜主问明所卜之事，把鸡蛋打在经书上的碗中，细验蛋黄蛋白，以定吉凶，蛋黄上一个个的小泡，代表天、地、日、月、星等神位。小泡位正为吉，偏斜则为凶，凉山彝族毕摩的卜法是，以鸡蛋一枚在病者身上摩擦而过，再在水碗中打开，视蛋中的星点大小而断定吉凶或断定殃鬼为何种。

胆卜　凉山彝族称乌及海。一般是杀猪取胆，视胆汁多少和颜色而定吉凶。以预示丰歉、人畜清吉及合婚等吉凶。胆水丰满为人畜清吉之兆；胆水色黄且满为五谷丰登之兆；胆水色红为大吉之兆；胆水色黑不满为灾年之兆；胆水色驳多斑为死丧之兆。另外有时还以胆之位置来定吉凶。卦经规定：白天宰鸡，胆附于肝为吉兆；晚上宰鸡，其胆附于肠为吉兆，否则不吉。

草卜　取稻草八棵，中腰系以线，然后随意将草的两端，两两相结，最后去腰线展开，视草结之形以占所问之事。若问婚姻，以结连环为姻缘并蒂之兆，否则则主散异。①

煮面人　是凉山彝族毕摩占卜的一种，专卜治彝官军之强懦，凡统治阶级的统兵大员莅任，必作此卜，办法是用麦粉做成二面人，其中之一记以特别的记号，以代表汉族官吏，另一代表彝首，放入开水中煮，一面诵咒，一面加火，若代表官军者煮烂，而代表彝首者未烂，即卜定官军无能，可以为所欲为，反之则否。

彝族社会中广泛流传着毕摩法师或先祖的传说。毕摩的法师很多，但主要的有阿塞拉子、阿格苏子、铁别卓姆和阿都陆普等几个。

据云南武定、禄劝一带彝文经典所载，毕摩的先祖是一位能治天治地的神人。古代洪荒之时，天神遣他下凡诵了几天几夜的经，他作

① 胆卜、草卜，见马学良《保族的巫师呗耄和天书》，《边政公论》（第6卷）1947年第1期。

法三次，第一次使天上的七个太阳灭了六个，六个月亮灭了五个，地上的万物因此得以生长。第二次止住了地上的暴风，使天昏地暗、日出不明、月出无光、大地旋转、小山震荡的宇宙得以清朗。第三次止住了洪水，使宇宙恢复原状，人类得以苏生。为了纪念他，毕摩作法，必先建一小青栅供奉他，而后方行法术，否则认为法术不会灵验。

阿塞拉子是川、滇大小凉山彝族毕摩所宗之开山祖师。据说，其法术高强，能"呼风唤雨，锥地为泉"。在毕摩的《请神经》中，其名列在所有护法神的首位。他有"书祖"之称，传说其生性沉默如哑巴，少年时每晨出晚归，风雨无间，不知去向，其母怪之，谋窥究竟，尾其后多次，但至途中，总一闪而不可寻。一日，其母将线偷偷缝于他背后衣襟上，待他出门，依线迹入山林之中，乃见树上有牡猴说出字音，树下有牝鸡吐黑血画出字样。阿塞拉子站立其旁，耳闻其音，手仿其画而作书。其母至其身后怒斥："你每天到这儿来干什么？"阿塞拉子大吓一跳，说道："你若不来，再有几天，我就可以学完了。"牡猴、牝鸡见其母，惊跳而去。拉子大为懊丧。当他次日再去时，猴、鸡不再复来。他只好将已学到的文字整理教授后世，于是创造了彝文和彝文经典。由于他未学完，故所有毕摩的经典后面都要空两页。凉山彝族关于他的传说很多。据说有一天，其女儿跟出门去，走到昭觉县竹核附近的乌施梁子，因口渴而遍地寻找水喝，山上无水，阿塞拉子就地一指，给他女儿指出一股清泉。又一次，他要过美姑河，走到桥边，有娃子在桥上织毡子不肯让路，要他赤足涉水而过。他说："水很深，怕湿了我的经书。"娃子们要他把经书交给他们传过去。阿塞拉子允诺，乃涉水而过，待他上岸后，娃子们故意将经书往水里抛，但经书却转向拉子的手中去。人们认为这是他的法术的效应。还有一次，他牵一只羊到村里断口嘴。途中有人纠缠，要他砍一只羊腿给他们，他只好抽刀砍而满足他们的愿望。行至村边时，他用一根棍给那羊接腿，羊一如前态很快与他走入断口嘴的人家，顺利地做完了法事。另外又有一次，他给一老年寡妇作法，老妇三年后就喜生了一男儿，还有一次，沙马土司请他做了七天七夜的法事，由于怕他神通广大的法术危及土司的权力，图谋在法事后将他杀死。阿塞拉子得知后念经对付，只见土司家对面山上一群虎豺在咆哮奔跳，一只鹿向山下跑来，土司全家出门观看，他趁机逃走。

现今凉山彝族的毕摩，都说阿塞拉子是他们的始祖和先师，家谱可远溯至拉子。如昭觉县竹核区布耀乡的黑彝毕摩天呷梗牛说，他的先祖雷古阿孜因做了阿塞拉子的女婿，学会了他的法术，其后世代为毕摩，传至他已经有二十五代。[①] 白彝毕摩也以阿塞拉子为自己的始祖。如昭觉竹核区竹核乡的尼克可火，从第一代给楚跟阿塞拉子学当毕摩，至可火已当了二十二代。白彝毕摩芦古铁汉，其祖先牙古苏补也是阿塞拉子的徒弟，传至他已当毕摩二十一代。

阿格苏子是毕摩《请神经》中名列第三位的护法神。与阿塞拉子同时。据说他的法术甚高，名传遐迩，彝民喜延其祛病延年和祭祀祖先，但纳酬甚高。阿塞拉子为抗拒他对人民的剥削，乃以低酬应聘。阿格苏子因此门庭冷落，于是设宴来毒害阿塞拉子。一天，拉子在他家吃饭后肚腹剧痛，回家后对其子格楚说："我已中阿格苏子的毒手，命已保不住了。"格楚拔刀要去报仇，其父忙说："阿格苏子闻我的死讯，必狂笑以舌舐手，他手上已有毒，必定会毒死的。"格楚只好作罢。第二天，苏子果然被毒死。由于门法不如阿塞拉子，阿格苏子在毕摩《请神经》中被列入第三名。

铁别卓姆，是阿塞拉子之后凉山有名的毕摩。传说他的法术亦很高强。一次他把毒药放入酒中，盛意延请艺高法灵的毕摩息别司祖来

---

① 二十五代的谱系如下：雷古阿孜—阿孜阿火—阿火莫尼—莫尼比根—比根决多—决多拉尼—拉尼约儿—约儿云地—云地孜错—孜错别孩—别孩握作—握作别凡—别凡安独—安独尼也—尼也阿卒—阿卒阿克—阿克尼色—尼色则补—则补所车—所车所果—所果克别—克别尼火—尼火握吉—握吉天呷—天呷梗牛。

饮。司祖饮后方知有毒，回家后乃对其生徒说："我死后不要收尸，让我同平素一样坐在锅庄前，口含一筚，两手按孔眼。"言毕乃七孔流血而死。他的生徒按其嘱去办，次日铁别卓姆见司祖仍围坐在锅庄前吹筚，以为毒药已失效，乃自饮数口药酒而被毒死。

阿都陆普，是阿塞拉子之后的另一个法力无匹的毕摩，传说他可呼吼成雷，瞬眼成雨。[①]

五　毕摩的性质和社会作用

近年来，中国民族学界对毕摩的性质问题曾展开热烈的讨论，在四川省的凉山彝族自治州、云南省楚雄彝族自治州和贵州省的民族学界，讨论或研究取得了积极的成果。大家在讨论中提出了两种截然不同的看法：一为毕摩是巫师，对它的历史的和现实的作用加以否定；二为毕摩是彝族的知识分子，应当给毕摩恢复名誉，落实他们的知识分子政策。笔者认为毕摩不能一概否定，也不能一概肯定。具体人应做具体的分析，不搞巫事，精通彝文和本民族文化的是知识分子，虽搞巫事，但对本民族古籍有研究和造诣的，也应作为知识分子对待，这正如将那些对佛学和宗教经典有研究和造诣的喇嘛视作知识分子一样。除此之外的毕摩，则都是巫师。

搞巫事的毕摩，引导人民祈祷鬼神来消除自然界和社会力量所带给或可能带给自己的灾害，从而瓦解人们同自然界和反动统治阶级做斗争的意志，阻碍科学技术的进步和发展，使本民族在天灾人祸的袭击下束手待毙，濒临衰亡。这一类毕摩的社会作用应当加以否定。由

---

① 关于毕摩之先祖（法师）阿塞拉子、阿格苏子、铁别卓姆、阿都陆普等的传说故事，参见陈宗祥《倮罗的宗教》，《边政公论》（第7卷）1947年第2期。

于他们引导人民拜倒在鬼神的脚下，历史上不可胜数的人民在毕摩的驱鬼和巫事中死于非命；同时，他们的祭礼祭仪还极大地破坏社会的物质财富和生产资料。以宰杀牲畜作祭为例，李京《云南志略》说："祭祀时亲戚必至，宰杀牛羊动以千数，少者不下数百。"又《作祭经》说：大祭"椎牛如蚁堆，椎羊如白绸，椎猪如黑鱼"。新中国成立前四川大凉山富有的黑彝作祭，仍有一次打死耕牛数百头的，这不能不使彝族的经济生产长期停滞不前。另外，这一类毕摩虽不脱离生产，但从祭祀活动中索取较高的报酬，从而加重了本民族人民的负担，使他们更加贫困。毕摩替人作祭，除习惯上应获取祭祀中所宰牲畜的头、皮、腿之外，还依法事的大小收取酬金。如祭祖一次，一般酬金为五两至十两银子、两只活羊及粮食若干斗，多的为八十两至一百多两银子。据老彝文经典记载，毕摩常常采取罢祭的手段向祭者勒索高额的报酬。《百解经·献酒章》云："上级三十骑，下级三十骑，遣人约毕摩，毕摩归来兮，毕摩不肯来；上级六十骑，下级六十骑，遣人约毕摩，毕摩归来兮，毕摩不肯来；上级九十骑，下级九十骑，遣人约毕摩，毕摩归来兮，毕摩不肯来，倾室牛与马，举以赠毕摩，如此尚不足，来时赠牛马，去时御白银，持以赠毕摩，毕摩不肯来；如此尚不足，历组族纳柏（毕摩的居住地），毕田毕不理，毕田由主理，毕地毕不理，毕地由主理（主指人民，谁家延祭，谁家为主，而替其耕种），毕若归来兮，牲首与牲皮，腿与胸赠毕，持以赠毕摩，延毕驾高骑，红绿丝饰马，共同请毕摩，毕摩方转来，如此安居与享受。"因此，一些毕摩索取高额的酬金[①]，实质上具有宗教剥削的性质，笼统地肯定毕摩的社会作用，是不科学的。

在指出巫事毕摩的消极作用时，我们主张肯定那些不从事巫事，或从事巫事，但精通本民族古籍的毕摩的作用。在彝族社会中，此类毕摩是不可多得的受到本民族敬重的彝族知识分子，他们在教授和传

---

① 参见马学良《保族的巫师呗耄和天书》，《边政公论》（第6卷）1947年第1期。

播彝文，与汉族等各族进行文化交流，总结彝族人民的某些实践经验，撰述彝文典籍中做出了可贵的贡献。毕摩一般为世承家学，但亦有拜师受业的。其法是毕摩设馆招徒，或开办乡学，教授彝文和彝经。因此，毕摩在普及彝族文字和文化中是起了一定作用的。新中国成立前夕，在云南省的弥勒西山和路南圭山彝族地区，彝文被用以书写反映人民的要求和谱写有进步意义的歌曲。在其他彝区，彝文被用以作契文、写信、刻木记事和著书立说。新中国成立后，有些彝村用老彝文记工分，公布账目。这说明彝族中有不少人是识老彝文的，这不能不归功于毕摩在传授彝文方面所做出的贡献。另外，一部分毕摩识汉文，如乾隆《石屏州志·卢鹿蛮》说："通汉人文字者谓之白马。"他们把不少汉文书籍翻译成彝文，在彝、汉文化交流中起了桥梁作用。特别重要的是毕摩著述彝经时，吸收了彝族人民与自然做斗争的许多实践经验，比较客观地记述了彝族社会发展的历史以及彝族历史上形成的光辉文化，使彝经具有重要的学术研究价值。以医学为例，云南武定、禄劝地区的一部彝经《祭经·煨药章》说："云际绿鹰胆，绿鹰红鹰胃，此乃阴间速行药；南方绿蟒胆，绿蟒红蟒胃，此乃阴间伤寒药；北方绿虎胆，绿虎红虎胃，此乃阴间腹泻痢疾药，树端绿猴胆，树端绿猴胃，此乃爽身药；山林雉鸡胆，山林雉鸡胃，此乃伤筋损骨药；大江鳄鱼胃，此乃渡船昏晕药，胡椒生汉地，胡椒治伤风；黄姜生汉地，黄姜治腹泻……"[①] 这样的彝经，叙述的虽是死者去阴间应服的药，但拨开宗教迷雾，我们可以看到，这是毕摩总结彝族劳动人民使用草、木、虫、鱼、鸟等之根、叶、花、果、肝、胆治病的实践经验的总结。一些毕摩的积极作用，从这里可以得到说明。

新中国成立后，由于社会主义革命和社会主义建设的开展，科学、文教、卫生事业的建立，无神论思想在彝族人民中逐步深入人

---

① 马学良：《罗民的祭礼研究》，《学原》（第 2 卷）1948 年第 2 期。

心，毕摩的祈祷驱鬼活动比新中国成立前日益减少。据大凉山布拖县木耳乡呷屋村的调查，1949 年该村毕摩送鬼驱鬼 250 次，1955 年下降为 100 次。在这种情况下，各地都有一些毕摩把自己的主要精力转而用于彝文经典的翻译和发掘整理工作，为发展祖国的科学文化事业服务。1980 年 11 月，贵州有关部门在毕节召开《西南彝志》审稿会议，邀请一批卓有研究的毕摩参加，调动了毕摩从事彝族文化遗产研究工作的积极性。当然，由于原始宗教的影响还存在，而且不会在短时期内消失，毕摩的宗教祭祀活动是不会立即消除的，不少毕摩目前仍然继续进行着他们传统的宗教职事。中国民族学工作者的一个重要任务，就是引导毕摩克服他们对社会的消极作用，而发挥其积极作用。

（原载《云南社会科学》1988 年第 2 期）

彝族的图腾与宗教起源

自然科学史给人们提供了世界物质性的证据，物质世界是受其自身发展的客观规律制约的。古生物学家和考古学家发现，人类是由二三百万年以前的一支古猿转化而来的，经过了猿人、古人和新人的三个不同发展阶段。但是，由于新中国成立前彝族社会生产力发展水平低下，科学文化事业的极端不发达和历代王朝及本族奴隶主、封建主的压迫统治，许多地区的彝族迄至新中国成立前尚未能科学地认识世界（包括正确认识人类的起源），从而摒弃原始宗教意识形态的束缚。图腾崇拜就是束缚他们的一种原始宗教意识形态之一，研究这种形态，不仅可以帮助彝族人民正确认识其原始时代的这种遗风，从而对它采取科学的态度，从图腾主义的束缚下解放出来，而且还可以使我们获得认识宗教起源的新资料与活资料。

一　关于图腾和图腾信仰

"图腾"（Totem）一词是北美印第安人阿而金工部落的语言。原意是"他的亲族"，始见于朗格（John Long）的《印第安旅行记》。随之为 18 世纪的欧洲文献所应用。在麦克林南（1869 年）和弗雷泽（1887 年）著作之后，图腾这一术语为学术界所广泛使用。

　　图腾信仰又称图腾主义或图腾崇拜，产生在早期氏族制度时代。那时，人类社会的生产力发展处于十分低下的水平，劳动未曾充分发展，人们对于大自然的依赖性特别大。对自然界的软弱无力使他们不能正确认识自己本身的自然和周围的外部自然。因此，他们错误地认为，某一人类集团（如氏族）与某一种动物或某一种植物或某一种无生物或某一种自然现象之间存在血统亲属关系。他们的氏族部落是从动物、植物或无生物转化而来的，它们是他们的祖先。因而对其进行虔诚的崇拜。他们把其中的某种东西称作自己氏族的图腾，而且以它来作为自己集团的名称和标记，正如马克思所说："图腾一词表示氏族的标志或符号。例如狼是狼氏族的图腾。斯库尔克拉夫特根据这一点就以图腾组织来表示氏族组织。"印第安索克和福克期部落的图腾物有狼、鹿、麋、鹰、鹭、鱼、野牛、雷、骨、狐、海、蝶鲛、巨树十三种。他们的部落也就是由这十四个名称的氏族组成的。马克思说：印第安人的"许多氏族和在摩其人中一样流传着一种传说，根据这种传说，他们的第一个祖先是转化成为男人和女人的动物或无生物，它们就成为氏族的象征（图腾）（如阿吉布洼部落的鹤氏族）"。"他们说他们死后将再度变成熊、鹿，等等。"[①] 图腾信仰者常常将图腾形象雕刻在自己的住处或自己的身上，而且崇拜它，想象它的强大象征着自己的强大，它的衰微也象征着自己的衰微。他们的崇拜仪式是一些特殊的好像是促进图腾繁殖的巫术形式。图腾主义在澳大利亚土著居民中间最为发达，亦最为典型。因此，澳大利亚素有"图腾崇拜古典地域"之称，任何地区均无法与之相比。在这里，一个部落包含十个至三十个的图腾群体（氏族）。各氏族又结为胞族，胞族亦有自己的图腾称谓。如袋鼠胞族、楔尼鹭胞族等。

　　由于认为人与图腾物存在特殊的血缘关系，所以图腾信仰者对图

---

　　① 《摩尔根〈古代社会〉一书摘要》，人民出版社 1956 年版，第 134、143—144 页。

腾物禁食、禁杀。澳大利亚称此禁忌为"塔布"。当然，"塔布"对于不同地区的不同部落，是有不同表现的，有的或禁杀，但不禁食，有的则反之。

不少学者把这一概念理解为对于超自然的血统关系的信仰。但是人们深感难以解释这种异乎寻常的信仰，对它做出不同解释的理论已超过五十种。1910 年，弗雷泽出版了四卷本的著作《图腾主义与外婚制》，1935 年这一著作再版，1937 年出版它的补编，作为第五卷。这一著作收集了许多有关图腾主义的事实。在国际民族学杂志《人类》（Anthropos）上曾展开了关于图腾主义问题的长期的（1914—1922 年）争论。英国历史学家施米特（Roberts Smith，1884）、法兰达斯民族学家汪继逦波（Arnda vail Gennep，1911，1920）、法国哲学家和社会学家杜尔干（Emil Durkneim，1900，1912）、德国民族学家安克曼（B. Ankerl Tlarln，1915）等在争论中发表了一些有见解的意见，尽管他们的许多观点是错误的，但其中不少是有研究价值的。1920 年，汪继逦波（Arnda vail Genn ep）出版《图腾问题之现状》一书，综合介绍了四十多种不同的看法。应该指出，尽管资产阶级社会学家、人类学家、民族学家的看法有一定的贡献，但是由于他们的资产阶级立场和世界观的局限，他们对于这个问题是不可能真正做出科学的解释的。只有马克思主义的社会科学工作者才能做出科学的解释。图腾主义的本质是早期氏族社会的宗教，它歪曲地反映着社会制度这一原始的形态。原始的狩猎公社是按血统关系原则建立的群体，生产关系本身在这里是采取血缘上有亲属关系的形态的。氏族把他们居住地区的动植物界与自己的关系当作和它们有血缘关系来理解，这是图腾主义赖以成长的物质基础和心理基础。

图腾信仰在世界各民族中间的流传是普遍的。除大家熟知的澳大利亚土著民族中普遍存在的图腾主义外，在美洲印第安人中间普遍存在著名的图腾主义。马克思说：在北美的阿吉布洼部落，"他们说同一方言，组织成氏族。摩尔根收集了他们的 23 个氏族的名称。在他们的方言中，'图腾'（往往也发 dodaim 的音）一词表示氏族的标志或符号；例如，狼是狼氏族的图腾。斯库尔克拉夫特（《印第安部落史》）根据这一点，就以'图腾组织'来表示氏族组织，23 个氏族（已知者）：（1）狼氏族，（2）熊氏族，（3）海狸氏族，（4）泥龟氏族，（5）鳖氏族，（6）小龟氏族，（7）驯鹿氏族，（8）鹬氏族，（9）鹤氏族，（10）鸠鹰氏族，（11）秃鹫氏族，（12）阿比氏族，（13）鸭氏族，（14）鸭氏族（另一种），（15）蛇氏族，（16）麝鼠氏族，（17）貂鼠氏族，（18）鹭氏族，（19）牡牛头氏族，（20）鲤氏族，（21）鲶氏族，（22）蝶鲛氏族，（23）棱鱼氏族"[①]。马克思摘引 1860 年撒母尔·郭尔曼的报告，对拉弓纳部落（新墨西哥）的图腾制做了介绍："每个村庄都分成若干部落或家族（读作氏族），每个这种团体都取有任何一种兽、鸟、草、木、星或四元素（地、水、火、风）之一的名称。在共计有一千左右居民的拉弓纳村落中有 17 个这种部落，一个叫作'鹿'，另一些叫作'响尾蛇''玉蜀黍''狼''水'，等等。"

图腾主义作为一种原始宗教形式，不能把它与自然崇拜（如动物崇拜、植物崇拜）混为一谈。因为图腾主义不是把图腾当作神明来看待而是把它当作亲族来看待的，而且，图腾信仰概念不是以图腾动物为唯一的崇拜对象的。根据澳大利亚土著民族的图腾信仰，这一概念包括整个地域即氏族游牧的地方，特别是它的神圣中心，涉及此中心的有各种神秘的图腾传说、氏族神话。在这些神话中说到半动物半人的图腾"祖宗"，说到祖宗有流浪生涯和它的丰功伟绩。在此，图腾祖先的幻想是第一位观念，而不是图腾动物或其他自然体。

① ［德］马克思：《摩尔根〈古代社会〉一书摘要》，人民出版社 1956 年版，第134—135 页。

在澳大利亚的库奈部落中，图腾不是以氏族、胞族或部落为单位，而是以性别来划分的，即只分为男性、女性两个不同的图腾组织。男性图腾的信仰者包括部落的全部男子，其图腾是一种善歌的小鸟；女性图腾则包括部落的全部女子，她们的图腾是莺科鸟类中一种善歌的鸣禽。男子相见，彼此以图腾鸟来称呼，并称其图腾鸟为"老兄"。妇女亦然，也以其图腾鸟相称，并称此种鸟为"老姊"。两性之间，常因这两种鸟而产生交恶和冲突。若女性之图腾鸟为男子所害，全部落的女性便联合起来向男子进攻，以替图腾报仇。反之亦然，而彼此攻击之目标，都不是凶手本人，而是异性全体。因为在原始社会内，行为的负责者不是本人，而是其所属的图腾。因此，一家的父母、子女、妹兄、夫妇，平时相亲相爱，有时因性别图腾之故，顿时可变成仇敌。这种由于性别不同而划分的图腾称为"性别图腾"，它是由于两性分工的不同和两性斗争的存在而存在的。这种性别图腾的部落，多分布在澳大利亚的东南部地区。威·施米特认为：性别图腾崇拜乃是图腾崇拜的最古老的形态；而另一些学者则持有不同看法，如苏联学者谢·亚·托卡列夫认为，这一则为某种社会分工所致，再则为两性平权之反映。而两性平权，又似乎与劳动的性别分工紧密相关。[①]

图腾主义的世俗基础是人类集体（如氏族），因此有些民族学家不把图腾主义列入宗教现象中，而列入社会制度的形态，有些学者甚至提出"图腾社会"作为社会发展的独特阶段，这是不正确的，而且是有害的。图腾主义的基础——早期氏族组织早已消失，依附于这一基础的图腾主义也早已随着基础的消失而解体了，现在在世界一些民族中所能见到的，都只是它的残余形式。这种残余形式，多数依然作为一种原始的宗教形式存在。在我国许多少数民族中，甚至在经济文

---

① 参见［俄］谢·亚·托卡列夫《世界各民族历史上的宗教》，魏庆征译，中国社会科学出版社 1985 年版，第 45 页。

化先进的汉族中，图腾主义的残余形式至今还或多或少地存在，有的民族虽已不存在任何有关这个问题的残余形式，但他们的历史文化中也还有这方面的遗迹，有关种种属于图腾主义的神话在流传，研究这些残余形式以及有关的遗迹及神话，对了解人类早期氏族时代的历史和精神文化有重要的帮助，同时，弄清这些客观存在的情况，对于执行党的民族政策，尊重少数民族的信仰和风俗习惯，加强民族团结以及促使某些少数民族摆脱原始宗教意识形态的束缚，是具有重要意义的。

二　彝文经典中有关图腾崇拜的记述

彝文经典中有关彝族图腾崇拜的资料，具有学术研究价值者比比皆是。然而，诸如此类之记述，并非出自原始时代或与此时代相毗连的奴隶制时期，而是出自明、清以来彝族毕摩之手。当然，毕摩作此类记述，并非凭空捏造，而是以群众的口碑及活生生的习俗为根据的，因此，尽管失之于零散或欠明晰，它仍具有科学研究的价值。

根据老彝文经典的记载，彝族在原始时代的"图腾崇拜"是有相当的普遍性和典型性的。凉山老彝文经典《勒俄特衣·雪子十二支》说，人类和草、树木、藤子、蛙、蛇、鹰、熊、猴等动植物都源出于雪，都是红雪的子孙。这段经文如下：

> 雪族子孙十二种，有血的六种，无血的六种。无血的六种是：草为第一种，黑头草分去，住在草原上，遍地都是黑头草；树木是二种，柏杨是雪子；杉树是三种，住在杉树林中；"毕子"（指水劲草）是四种，"毕子切结"（亦指水劲草）是雪子；铁灯

草是五种，铁灯草也是雪子，住在沼泽边；"勒洪"藤（一种盘树或沿岩而长的藤子）是第六种，住在树根岩壁边。

有血的六种是：蛙为第一种，派生出三类，住在水草地。蛙类的长子，成为獭蛤蟆，住在土洞中；蛙类的次子，成为红田鸡，住在溪水边；蛙类的么子，成为小青蛙，住在房院内，蛙类繁殖无数量。蛇为第二种，蛇类长子分出后，住在峭岩陡壁下，成为龙土司；蛇类的次子，住在深沟宽谷里，成为常见的长蛇；蛇类的么子，住在水泽边，成为红嘴蛇，蛇类繁殖无数量。鹰为第三种，鹰类长子分出后，成为鸟类的皇帝，就是天空的神鹰，住在白云山；鸟中的土司，成为花孔雀，住在东海上；鸟中的头目，成为天空的雁鹅，住在"古戮戮和"山；鹰类次子分出后，成为常见的鹰类，老大分出后，成为大岩鹰，住在杉林里……熊为第四种，黑熊分三家，住在深山老林里，黑熊繁殖无数量。猴为第五种，猴类分三家，住在树林与岩上，猴类繁殖无数量。人为第六种，人类分布遍天下。①

同样的记载又见于《勒俄特依》的姊妹篇《古侯·公史篇》：

兔子是白雪之子，蝴蝶是白雪之子，素素（一种木本植物）是白雪之子，麦冬是白雪之子，人也是白雪之子……雪衍十二子，十一种渡水，武拿人未渡。②

罗文笔所译贵州老彝文经典《人类历史·帝王世纪》云：贵州水西彝族安氏之祖希母遮，下传二十九代至武老撮，武朱（指武老撮）

---

① 《凉山彝文资料选译》第一集，第30—35页。这种以"雪"作为人类先祖的事例，我们在北美的迈安密部落中见到。该部落有狼、鹭、豹、浣熊、太阳、水、雪等十个氏族。参见《世界各民族历史上的宗教》，第136页。

② 四川省民委彝文工作组译：《古侯·公史篇》，第20—25页。原书是云南省永善县收集的彝文手抄本。内容主要讲四川凉山彝族家支古侯系的史诗和曲尼系的一些传说。

有十二子，十一子变成虎、猴、熊、蛇、蛙、虾、鸡、犬和其他东西。这段经文如下：

> 武老撮世代，武朱子十一位变了：
>
> 武朱一乃只，只朱化成妖，岩穴里面居；
>
> 武朱二乃侘，侘朱化成绿，树枝叶上居；
>
> 武朱三乃仪，仪朱化成鸣，与、鸟同居；
>
> 武朱四乃帝，帝朱化成虎，深山老林居；
>
> 武朱五乃义，义朱化成猴，玄岩顶上居；
>
> 武朱六乃朋，朋朱化成熊，与野兽同居；
>
> 武朱七乃觉，觉朱化成蛇，土穴洞里居；
>
> 武朱八乃明，明朱化成蛙，水池里面居；
>
> 武朱九乃通，通朱化成蚱，禾稼久同居；
>
> 武朱十乃替，替朱化成鸡，与家禽同居；
>
> 武朱十一执，执朱化成犬，与家畜同居。

马学良先生用图腾制度加以解释，认为上述十一子化成鸟、兽、虫、物，乍看荒诞无稽，而实际是指十一种图腾。也就是十一子长大后各立门户，自成一支，以虎、猴、熊、蛇、犬等为标志。所说甚是。

另外，禄劝、武定地区彝文经典所记较早的家支谱系中，其第一代祖先的名字都冠以动物、植物或自然现象的表征，其子系则取祖先名字的末一个或两个音节连名递传。如埃部族谱中之一些氏族谱系，每一支第一代祖先的名字为彻克卢恶、耆乌基、模阿奇、福以库、地是彻、黑阿土。这六个名字的首字在彝语中有特定的意义："彻"为谷、"耆"为竹、"模"为马、"福"为鸡、"地"为凤凰、"黑"为河川。这些意义是源出于古代的图腾制度的。直至近代，当地彝族家支的名称仍保留着古代图腾名称的内容和特点。如都卑普意为蜂族，对素普意为鸟族，薄以鲁普意为虎族，阿鲁普意为鹿族，那普意为黑族，斥普意为梨族，地勺普意为鼠族，阿奴普意为猴族，女馑普意为黄牛族……普，汉语意为族，某普即指某氏族。根据彝族的规矩，同普之人名都须冠有普的名称。① 毫无疑问，这种规矩乃是因袭远古时代的图腾制度而来的。

三　新中国成立前彝族社会中的图腾遗迹

彝族古代的图腾崇拜，不但在彝文经典中有相当的记载，而且在彝族社会中有大量的遗迹。现举以下诸种。

（一）竹崇拜

广西隆林、那坡及与之毗邻的云南富宁等县彝族，村中有一块宽二方丈以上的空地，中央种"一丛兰竹"，其高者约四丈，干巨，径六寸至一尺，与针竹不同。竹根周围砌有石头围子，围以直径在五尺以外的石块，石块周围又围高约丈许的竹栏栅。平时严禁砍伐或毁坏。村人每逢农历四月二十举行祭竹大典。届时，除去栏栅，于竹根前搭一祭台，先由祭司毕摩作法诵经，继而由跳公（领导跳舞的长老）率村中男女跳舞。男子出左手与女子牵持盘旋，而以右手握木矛边跳边将其投给对面来往的男子。这样历时约三时许方止。最后将木矛插于兰竹脚下，再以新竹枝重做栏栅。祭者相信这丛兰竹的荣枯象征族人的兴衰。为谋族人兴旺，而时时对它诚敬顶礼，并以上述隆重的祭礼向它乞灵。否则，他们认为族人必遭厄运，以至于衰退灭绝。

① 以上参见马学良《从倮罗氏族名称中所见的图腾制度》，《边政公论》（第6卷）1947年第4期。

种竹的空地，彝语谓"的卡"，意为"种的场"。由于他们认为自己的族人与竹有血统关系，故当一个妇女快要分娩的时候，她的丈夫或兄弟就砍一根长约二尺的兰竹筒，于孩子生下之后，把胎衣胎血放一些进筒里去，然后塞以芭蕉叶子，拿到种场，吊在兰竹枝上，以显示他们是兰竹的血裔。[①]

云南澂江松子园的彝族，历史上曾将"金竹"视为祖神，并称其为"金竹爷爷"。不妊娠之彝妇，须前往竹山求子，向金竹拜祷，至夜间而在附近的庙里投宿。这里的彝族在家人死后还用金竹代表灵位，其法是取金竹一枝，内放一点死者的骨灰，外用红羽纱布或彩色纸包卷。他们认为彝族源于竹，死后还要再度变成竹。[②]

如果说定期祭祀兰竹的风俗只在一部分彝区存在的话，那供祭"竹"灵牌则是滇、川、黔、桂彝族共有的一种风俗。《宣威州志》载："黑罗罗死则覆以裙毡，罩以锦缎，不用棺木……三五七举而焚之于山，以竹叶草根用'必磨'因裹以绵，缠以彩绒，置竹筒中，插篗篮内，供于屋深暗处。"又《皇清职贡图》说：白罗罗"葬无棺，缚以火麻……焚之于山，既焚……以竹签裹絮少许，置小篗笼，悬生者床间"。由于对竹的崇拜，凉山彝族打木刻严禁用竹子作为原料。

（二）松树（或梨树）崇拜

云南澂江等地彝民，还以松树为始祖，认为他们与松树（或梨树）有血统关系。当地彝村多有一个神圣而称为"民址"的山林，里面长着高大的青松、梨树。每年农历三月初三日，村中长老率十二岁以上的男性举行大祭，向"松树"祈福。祭者须抓一松、梨树小枝，插在大松树脚下。"民址"附近的松树、梨树，严禁损坏和砍伐，

---

① 参见雷金流《滇桂之交白罗罗一瞥》，《旅行杂志》（第18卷）第6期。
② 雷金流：《云南澄江倮倮的祖先崇拜》，《边政公论》（第3卷）1947年第4期。

若是犯禁，虽属扯一小松枝，也要严惩。① 像金竹崇拜一样，松树崇拜绝不是个别地区才有的。如昆明西山区谷律公社核桃箐的彝民也有祭松树的习俗。祭场在该村祭祀台背后，那里长着一棵十余米高、两人才能合抱的大青松，村中彝民每当家人生病或遇不祥，即带香烛酒饭前来献祭。届时，于松树根部插上三叉松枝一根，供上饭菜，点香磕头，祭毕倒一碗浆水饭于树脚。② 丁文江《爨文丛刻》第八章有"青青一怪树，生于东山阳，头顶齐天界，根扎地已深，圣树看得清，望后心中喜"，指的当是松树一类的崇拜。

（三）葫芦崇拜

1966 年二三月间，笔者随云大历史系师生赴云南红河县进行民族调查，途经建水时，见一彝老胸前挂一皮面光亮的葫芦，问之何由？答曰："这是我们彝族的祖公。"笔者不解其意，追问之，他说："彝族是从葫芦中生出来的。"后来才知，这是彝族图腾崇拜的一种。在云南不少彝区都存在，哀牢山区的彝族有供奉"祖灵葫芦"的习俗。"凡供奉祖灵葫芦的家庭，其正壁（土墙或竹笆墙）的壁龛或供板（或供桌）上，通常供着一两个葫芦。一个葫芦代表一代祖先（父母、祖父母），到第三代（曾祖父母）祖灵葫芦，就请巫师来举行送祖灵大典，把它烧掉……在'罗罗'彝语中，葫芦和祖先这两个词汇完全等同，都叫作'阿普'，即葫芦就是祖先。"当地彝族有"人畜清吉求葫芦，五谷丰收祈土主"的谚语。这反映了他们平时虔诚地崇拜葫芦的心愿。在这个山区南华县属的摩哈苴彝村，新中国成立前有鲁、李、罗、何、张、杞六个汉姓的彝族，按照他们制作祖先灵位的质料分成不同的宗。如鲁姓分为竹根和棠梨树两宗，分别叫"竹根鲁"

---

① 同上。
② 参见雷宏安《昆明西山区谷律、团结公社彝族宗教调查》，中国社会科学院世界宗教研究所昆明工作站、云南省民族研究所民族宗教研究室油印本。

"棠梨鲁"，李姓分为青松、棠梨树、葫芦三宗，分别叫"青松李""棠梨李""葫芦李"。① 这种称谓，当为古代图腾制度的遗风。由于以青松、棠梨树、葫芦为图腾，故他们的氏族即以其为标志和名称。改用汉姓之后，这种原始的图腾名称仍与汉姓共用。

（四）鸟兽崇拜

根据我国学者陶云逵、马学良、陈宗祥等先生的调查，彝族的鸟兽崇拜遍及我国整个西南的彝区。崇拜的对象有虎、鹿、猴、水牛、绵羊、岩羊、獐子、熊、鼠、鹰、白鸡、绿斑鸠鸟等。

云南新平县杨武坝鲁魁山地区的彝族家支，就以水牛、绵羊、岩羊、白鸡、绿斑鸠、獐、蛤蟆等为自己的名号，各家以其中一种为自己的祖先。新中国成立前陶云逵先生在该地调查时，遇一张姓从树枝密叶中射下一只鸟来，张姓上去一看，见是一只绿斑鸠，乃恐惧万分而趴在地上叩头，口称："老祖公，得罪得罪，请您饶恕我无知，以后不敢了。"② 这个张姓即是当地绿斑鸠族的成员。

彝族对虎的崇拜表现在许多方面。"云南哀牢山自称'罗罗'或'罗'的彝族，他们称虎为'罗'（或'罗罗'），称公虎为'罗颇'，母虎为'罗摩'；他们的自称和对虎的称呼完全一致。对此，明代文献也说：'罗罗——云南蛮人，呼虎为罗罗，老则化为虎。'（《虎荟》卷三）'罗罗'彝每家都供奉一幅男女祖先画像，称为'涅罗摩'（'涅'意为神灵或祖先），意思是'母虎灵或母虎祖先'。即把祖先称为虎，且以女性为概称。'罗罗'彝举行祭祖大典时，大门上要挂虎头瓢为记。……彝巫说：'彝族是虎变的，如果不火葬，死者的灵魂就不能再转变成为虎。'他们的村民有叫'罗摩'（母虎）、'纳罗'

---

① 参见刘尧汉《彝族社会历史调查研究文集》，民族出版社 1982 年版，第 225、212 页。
② 陶云逵：《大寨黑彝之宗族与图腾制》，《边政公论》（第 1 卷）第 1 期。

（黑虎）等等的。"① 图腾信仰者的一个共同的特点是，相信自己的第一个祖先是由图腾物转变而来的，而且这个祖先的一切后裔死后都要再变成原来的图腾物。马克思写道：以鹿、熊、兔、狼、响尾蛇、芦草等作为图腾的"摩其人确信灵魂的转移，他们说他们死后将再度变成熊、鹿，等等"。彝巫所说显然系出自图腾信仰者的观念。

四川安宁河流域自称为"眯西苏"的"水田"彝族②，过去有崇拜绵羊等家畜的习俗。除家支名称外，他们已改汉姓。而有的汉姓就是由崇拜某种家畜演变而来的。如冕山的杨家，彝姓"余母"，彝语意为"母绵羊"，其初汉姓为"羊"，后改成"杨"。③ 据陈宗祥先生1947年在德昌的调查，当地水田彝族家支分别以羊、獐、狼、熊、雉、鼠等为自己家支的象征。④ 对作为本家支象征的兽及家畜，彝民抱以虔诚崇拜的感情。

（五）"吉罗"崇拜

"吉罗"，彝语意为宝贝。川、滇大小凉山彝族，每家都有一种东西（包括动物、树木或无生物）作为自己的吉罗。如雷波卢家的吉罗是一对祖传的海螺酒杯，八且家的是"象骨头的磨子轴心"，马家的是一对大雁，吴奇家的是马，阿侯家阿尼支的是金钱角蛇等。彝谚说："人家的怪物，我家的吉罗，家中的吉罗不变卦，家外的鬼怪害不了人。"意思是吉罗能够保护自己得福。⑤ "吉罗"还可以是石头、银子、首饰、衣物等。这些东西当是原始时代各氏族所崇拜的图腾

---

① 刘尧汉：《彝族社会历史调查研究文集》，民族出版社1980年，第225、212页。
② 水田彝族居住在四川凉山彝族自治州的西昌、德昌、冕宁、会理、呷洛和云南的永胜等地。彝族称为"磨河水去"。
③ 参见中国科学院民族研究所云南少数民族社会历史调查组等编《四川及云南昭通地区彝族社会历史调查资料》，第32页。
④ 参见陈宗祥《西康栗粟水田民族之图腾制度》，《边政公论》（第6卷）第4期。
⑤ 参见《凉山彝族奴隶社会》，四川省民族研究所印，第235页。

物。美洲印第安人的图腾物有许多是诸如沙、雨、太阳、水、海等的无生物，彝族对石头、银子、衣物等无生物加以崇拜，说明他们的图腾物与印第安人的是多么的相似。对"吉罗"的崇拜，除平常祭献之外，凡举行超度祖先的"作帛"大典，都要像对祖灵那样对它进行祭祀。在祭司毕摩主祭的十个道场中，第六场即为家中的"吉罗"解污，要用羊和白鸡各一只及酒一壶进行祭祀。

四　关于图腾崇拜的传说

彝族图腾崇拜产生的原因，不可能留下远古时代的物质资料供我们考察，但宝贵的彝文典籍和丰富的民间口头传说却为我们的研究提供了一定的条件。这些传说告诉我们，彝族的图腾崇拜与他们对人类的起源的认识密切相关。现举以下几种传说来加以考察。

对于"竹崇拜"的起源，有贵州威宁龙街区马街公社马街村自称"青彝"的彝族传说：

古时有个在山上耕牧之人，于岩脚边避雨，见几筒竹子从山洪中漂来，取一筒划开，内有五个孩儿，他如数收养为子。五人长大之后，一人务农，子孙繁衍成为白彝，一人铸铁制铧口，子孙发展而成为红彝，一人编竹器，子孙发展成为后来的青彝。因竹子从水中取出时是青色的，故名曰青彝。为了纪念老祖先竹子，青彝始终坚持编篾为业，世世代代赶山赶水，哪里有竹就到哪里编。……由于彝族从竹而生，故死后要装菩萨兜①，以让死

---

① 菩萨兜，当地彝族称为"拔卡"，是一用以放灵牌的小竹箩筐。

者再度变成为竹。①

四川大凉山的彝族传说：

混沌初开，乔母一家生了三弟兄，长名石齐，次名石礼，三名石奇，都以耕田为生。他们终日在地里耕作。一天早上，他们下地后发现昨日所耕的一块地又硬结如昔。于是重耕，次日去看，又照旧板硬起来。奇异之中，三人决定守夜。那天夜里，月色朦胧，至夜半，田间隐约送出锄头之声，只见一老翁挥锄立在田中。石齐、石礼疑为鬼怪，一个提刀，一个拔箭，欲将老翁刺死。石奇连忙制止，并上前恭敬地问老翁："为什么要搞这块地？"老翁说，七日后，天神将降临洪水，毁灭整个人间。石奇乞告解救之法。老翁告诉他们分别制一条铁船、铜船和木船而置身于内。七天之后，果然洪水横流，遍地成为汪洋，铁船、铜船和世间一切沉于海底，惟有石奇之木船随波逐浪，起伏在茫茫的烟波之中，最后搁浅在一个未淹的苏诺山尖（指今大凉山的龙头山岩）。石奇下船休息，救出水中漂来的蛇、蛙、虫、蜂等生物。得救的生灵，乃作更生的庆祝，在苏诺山顶欢歌，惟乌鸦退避一隅，并告诫所有生灵："天公之降洪水，意在灭绝世间一切生灵，然我辈余生，仍匿居山顶，正宜卧薪尝胆，以图自救，何以为乐?!"于是大家计议，推蛇乘雁，蛙骑雀，乌鸦、黄蜂作先导，向天宫求生。那天早上，天母刚出宫门，有一黄蜂飞来，在她手上刺了一针，她到水缸去洗手，又被缸底的毒蛇咬了一口，天母因此昏倒在地，天女伤心哭泣。此时跳出一只青蛙，对天公说："若答应我的条件，

---

① 此为笔者 1980 年 11 月在该村调查所得。在该村座谈会上，与会的龙明顺（84岁）、杨海清（80岁）、安明开（59岁）等几位彝族老人自报他们的民族成分为青彝，问其根由，谓其祖先源出于竹，他们因而讲了这样的一个故事。

我可将天母医好。"天公说："金银财宝任你挑。"青蛙说："这些我不要，我只要天女许配给乔母石奇。"经过一番周折，天女最后果然与石奇成婚。洪水退时，他们已生三子，但长大后不会说话，像一般动物。后天母告诉去天宫的黄蜂，要把这三个哑巴治成会说话的人，非烧三个竹筒不可。石奇依此将三竹筒放在火中，竹筒噼啪噼啪爆裂了三声，三个哑巴惊吓得大叫。老大喊出一声彝语；老二喊出一声藏语；老三喊出一声汉语。他们三人即是彝、藏、汉三族的始祖。①

云、桂彝族的说法与此大同小异。不同之点是更突出竹子在人类起源中的作用。据马学良先生在武定、禄劝的调查：老三坐的是一只木桶，水退时搁在悬岩之上，一只雄鹰将桶蹬下悬岩，在即将粉身碎骨之际，木桶被一丛刺竹挡住，老三因而得以生存。后得仙翁相助，他与仙女成亲，使人类得以赓续。② 桂西彝族的说法如下：

> 开天辟地的太古时代，有一个兰竹筒中爆出一个人来，他的面貌似猴类，初生出就会说话。其名叫亚槎，住在地穴里，穿的是芭蕉叶，吃的是野鼠和果类。一天，他在麻达坡拣拾野梨果，偶然看见一支形貌似猿的猕子，睡在梨树底下……他拾起一块石头摔下去，那猕子一点不动，于是两情相投，遂配为夫妻，他们的子孙就是罗罗（彝族）。③

如果说彝族的始祖系从竹而生，或因竹而得生，因而彝族对竹实行崇拜的话，那么他们对葫芦的崇拜是不是也同样如此呢？回答是肯

---

① 此传说系笔者 1963 年在昭觉县城南乡访问所得。整理时曾参阅《关于彝族的一些历史传统和史实》，载同注第 19—21 页；王拱璧《倮罗传说的人种由来》，《边疆通讯》（第 1 卷）第 5 期。

② 详见马学良《云南土民的神话》，《西南边疆》（第 12 期）。限于篇幅恕不详引。

③ 雷金流：《广西镇边县的罗罗及其图腾遗迹》，《公余生活》（第 3 卷）第 8、9 期合刊。

定的。请看老彝文长篇叙事史诗《查姆》① 所记的故事：

阿朴独姆兄妹俩，听说洪水要淹天，白天叹息落泪，黑夜焦愁担心。涅侬撒萨歇（仙人）问道："好心的庄稼人呵，为啥焦愁不安？为啥落泪叹息？"阿朴独姆回答："洪水要来啦，有金的打金船，有银的打银船，有铜的打铜船，有铁的打铁船，有锡的打锡船。我们兄妹俩，没有金银，没有铜铁，用什么来打船？"涅侬撒萨歇说："我给你一颗大瓜种，这颗瓜种不一般，一半绿来一半红，拿在日下晒三天，拿在月下露三晚，拿去种在家门前。栽后三天勤浇水，栽后七天壅瓜蔓，栽后十天搭瓜架，瓜藤直爬接通天，藤上结个大葫芦，你们和葫芦有因缘。挖空葫芦就是船，你们兄妹住中间。龙眼眨一眨，满天乌云翻，雨点鸡蛋大，大地汪汪被水淹，葫芦飘到大上边。洪水落了九千丈，葫芦也落了九千丈，现出了山峦，岩边有三蓬树，一蓬细蔑树，一蓬尖刀树，一蓬小竹树。葫芦往下落，落在竹树间，竹梢缠紧葫芦，把葫芦拴在岩边。

为找大葫芦，寻人传人烟，涅侬撒萨歇呵，从高山找到平坝，从平坝找到高山。找到大葫芦，打开葫芦口，走出阿朴独姆两兄妹。洪水已退了，百里无草木，千里无鸟兽，万里无人烟。哥哥看了焦虑，妹妹看了哭泣。涅侬撒萨歇："要让世上有人烟，你们兄妹做夫妻。"兄妹听了心中急，兄妹怎能做夫妻？涅侬撒萨歇，想了个好主意："兄妹能否成夫妻，你们滚滚东西试一试。"他拿来了簸箕，又拿来了筛子，交给兄妹说："两件东西分离，你们不做夫妻，两件东西合拢，你们就做夫妻。"哥哥拿筛子上南山，妹妹拿簸箕上北坡，簸箕筛子同时滚，滚到箐底合一

① 《查姆》，汉语意为万物的起源，流传在云南楚雄彝族自治州双柏县及红河哈尼族彝族自治州的部分彝族地区，系用老彝文记录。系云南人民出版社新近出版，云南省民族民间文学楚雄、红河调查队搜集，郭思九、陶学良整理的译本。本文资料系从此译本节录。

起。涅侬撒萨歇，搬来一盘磨。哥抬上扇去东山，妹背下扇去西
山，两扇一起滚下坡，滚到箐底合一起。阿朴独姆两兄妹，只好
答应做夫妻。世上此后才有了人烟。

对于獐、虎等兽类的崇拜，彝民也流传着许多类似的神话。现以
獐子崇拜为例：

新平鲁魁山地区的"獐子族"（指以獐为图腾的彝族）传
说：古时洪水滔天，地上只剩一人与三仙女相配。七年后第二个
仙女生下一个葫芦，劈开后内中有四儿，长者为汉族之祖，次为
黑彝之祖，三为哈尼之祖，四为傣族之祖。第三仙女后来生了两
对孪生的女儿，四男四女兄妹成亲。第二对儿女子孙繁衍，势力
强大，惟同室操戈，互相逐杀。一天，有对夫妇将另一对追至森
林，快要追着之际，忽有一只獐子从林中走出拦住去路。追者不
敢前进，被追者因此得救，此后，这一对夫妇及其子孙乃奉獐子
为祖先。他们认为这一獐子是他们的祖先变来保护他们的，从而
世世代代崇拜獐子。[1]

以上传说流传的地区很广，不同地区的说法虽有差异，但内容大
体一致，当系自古相传下来的东西。关于人类源出于竹之说，不但见
于明、清以来的彝文经典，而且见于早期的汉文史籍。如《华阳国
志·南中志》载："有竹王者，兴于遁水。有一女子浣于水滨，有三
节大竹流入女子足间，推之不肯去，闻有儿声，取持归，破之，得一
男儿，长养有才武，遂雄夷狄，世以竹为姓。捐所破竹于野，成竹
林，今竹王祠竹林是也。"此一传说历来为史家所费解，但若用图腾
制加以解释，则可疑难冰释。竹王源出于竹，实际系指竹氏族或部落

---

① 与此相同的传说，亦见于四川安宁河流域德昌的水田彝族之中。陈宗祥：《西康栗
粟水田民族之图腾制度》，《边政公论》（第6卷）第4期。

以竹为图腾的情况。彝族源于竹，与历史上之竹王传说，当同源出于彝族原始时代的图腾制度。它并非臆说，而是有历史根源的，因而也是有科学价值的史料。

五　从彝族的图腾崇拜看宗教的起源

宗教是何时产生的，怎样产生的，最原始的宗教是什么，这是宗教学家、哲学家、历史学家、考古学家、人类学家历来争论不休的问题，而且至今众说纷纭，莫衷一是。

西方学者的说法大致可归结为四种。

一是英国人类学家弗雷泽（James George Frazer，1854—1941）提出的"巫术论"，主张宗教起源于巫术。他在 1890 年所著的《金枝》（*The Golden Bough*）一书中说："在人类演进中巫术的发生早于宗教，这是很可能的事。换言之，最初人类只试用符咒法术以控制自然，到后来才用祈祷祭祀的柔和方法，以献媚及讲和于反复不测十分易怒的精灵。"也就是说，他认为宗教的发生是后来的事，宗教尚未发生时就已有巫术的存在，后因人类心理进步方由巫术转为宗教。

二是英国人类学家和博物学家拉伯克（Siy John Lubbock，1843—1913）与英国哲学家斯宾塞（H. Spencer，1820—1903）创立的"鬼魂论"。拉伯克 1870 年于伦敦出版的《文化的起源》（*The Origin of Civilization*）中提出"原始时代的人民觉得灵魂可以脱离肉体而存在，故肉体虽死而鬼魂仍存"的论点。斯宾塞在他 1877—1896 年完成的《社会学原理》（*Prineiples of Sociology*）中提出"恐惧为宗教的情绪的根本，鬼魂的观念为宗教发生的原因，祖先崇拜为最原始的宗教"的论点。

　　三是英国人类学家太勒（Tylor，Sir Edward Burnett，1832—1917）提出的"万物有灵论"。太勒广泛应用"遗迹"的概念，揭露了许多当时人们不了解的习惯和仪式的历史根源。他在1871年著的《原始文化》（Primitive Culture）一书中认为，原始人类觉得宇宙万物充满了各种各样的精灵，无论是天上天下、草木鸟兽无不有精灵存在。这些精灵在万物本身原来就有，而在人体内的名为灵魂。他主张精灵的信仰为宗教的根本性质，即宗教起源于精灵信仰。他根据精灵的存在物而推断宗教系自原始即有的东西。

　　四是英国人类学家科德林顿（Codrington，Robere Henry，1830—1922）创立的"马那论"。"马那"（Mana）一词系美拉尼西亚语，意为超自然的力量或势力。科德林顿在美拉尼西亚岛传教三十年，通晓当地的各种语言，他从美拉尼西亚人中了解他们的宗教信仰的一般含义，于1891年著成《美拉尼西亚人》（The Melanesians）一书，认为"美拉尼西亚人相信一种各地几乎都叫作'马那'的超自然的力量，他们的思想完全被这种信仰所占据"。换句话说，他认为超自然的力或权威是人们最初崇拜的对象，万物的活动都是由于这种能力注入其中，宗教即起源于对这种能力的信仰。

　　以上四种论点与18世纪前期占统治地位的神话学派的论点相比无疑是一个巨大的进步，它们驳倒了神的启示的理论，并且证明了宗教史是一个过程。这对宗教的研究是有较大的意义的。但整体来说，他们的理论都是建立在唯心主义的基础之上的，因为他们仅仅是从某些心理现象来推断宗教的起源，不是把这些心理现象同社会存在的物质条件联系起来，而宗教绝不是一种纯粹的心理现象。因此，他们的理论是站不住脚的。

　　"巫术论"把宗教和巫术截然分开，而实际并非如此。巫术是原始宗教的具体的表现形式，有了宗教观念，才会乞灵于巫术，由巫术引起最初的宗教观念是不可能的。"鬼魂"亦不是产生宗教的根源，因为最初的人们思维和语言发展的程度尚不可能使他们产生鬼魂观念。在鬼魂产生、出现较为复杂的祖先崇拜之前，一种更为简单的宗教崇拜，如图腾崇拜、自然崇拜之类的东西早已经存在。"万物有灵论"非历史地描绘宗教思想的发展过程，把关于精神—灵体的概念作为自古以来存在的概念，而这种概念只能在作为不正确地反映现实世界的宗教经过长期发展的过程中才能形成。"万物有灵论"不能解释为什么最初的人们只以某些东西，而不以所有的东西为自己崇拜的对象。同样，马那论亦不能解释这种现象。其鼻祖科德林顿说："在美拉尼西亚地区，马那的原则和精灵的信仰有许多方面是重叠的。"也就是说，马那论和万物有灵论在实质上有某些一致之处。它们都是在最初的宗教产生之后才出现的东西。

那么，什么是最初的宗教呢？彝族的图腾崇拜为我们提供了一个可以置信的回答，即最初的宗教是图腾崇拜。产生图腾崇拜的原因是当时的人们对自己本身和周围的外部自然不能做出正确的解释。人类在脱离动物界之后，尚不可能认识到人是由猿转化而来之道理，也不可能正确地认识周围的自然物，因而他们把自己和周围的自然物等同起来，以为自己是从这些自然物转化而来的，把它们当作自己的祖先，以它们的名字为自己的名字，并对其进行崇拜。恩格斯说："宗教是在最原始的时代从人们关于自己本身的自然和周围的外部自然的错误的最原始的观念中产生的。"① 图腾崇拜当是原始人类对本身和周围的外部自然的极愚昧、极模糊、极原始的观念中首先产生的一种宗教崇拜。考察彝族每一种图腾崇拜产生的原因，不论是竹崇拜、松（梨）树崇拜、葫芦崇拜或是獐子等动物崇拜，无一不是和人类的起源联系在一起，无一不是认为崇拜者是从其崇拜的对象中生出来，或是因其才得到生存和发展的。同时，每一崇拜都和洪水时代的创世神

① ［德］恩格斯：《路德维希·费尔巴哈和德国古典哲学的终结》，人民出版社1972年版，第45页。

话联系在一起。因此，我们认为：图腾崇拜的产生是和人类的产生紧密相连的，图腾崇拜当是人类脱离动物界之后最早产生的一种崇拜，因而它是人类最初的宗教形式。

原始图腾崇拜产生以后，随着社会生产力发展到一定的阶段，人们依靠采集和渔猎为生，逐渐认识到自然现象（如大风、大水、大火、寒暑、野兽等）和人们经济生活的联系，从而产生了控制自然的想法，但又因生产力发展水平低下引起的人类的软弱而不能实现其控制自然的想法。于是，他们不得不转而依靠可怕的自然力量，进而把自然力和自然物加以神化，以至产生种种形式的自然崇拜。

当然，事物是极其复杂的，根据彝族的图腾崇拜及其产生的神话传说，我们把图腾崇拜作为最初的宗教形式，并把自然崇拜作为相继存在的形式，这是不是反映了宗教产生和发展的实际呢？笔者希望有更多的研究者来加以判断和回答。

（原载《思想战线》1981 年第 6 期）

彝族的自然崇拜及其特点

　　自然崇拜是彝族原始宗教的一个重要组成部分，自远古时代产生以来，一直存在于彝族社会之中，并影响着该族的物质生产和精神生活。研究这个问题，对人类宗教发展史的研究和彝族人民摆脱原始宗教意识形态的束缚，加快彝族地区社会主义物质文明和精神文明的建设，具有重要的学术理论意义和现实意义。

一　彝文典籍关于自然崇拜的记述

　　人类最初的自然崇拜，乃是直接敬拜自然实体，而非敬拜人格化了的自然神。这种崇拜是由于当时社会生产力的极端低下和人们对于自然的知识异常贫乏而产生的。如当毁灭生物的旱灾来临之时，那时的人们即把这种灭顶之灾归咎于太阳的不可抗拒的威力，而且屈服于太阳，并对太阳产生了祭拜。马克思主义经典作家指出："自然界起初是作为一种完全异己的、有无限威力的和不可制服的力量与人们对立的，人们同它的关系完全像动物同它的关系一样，人们就像牲畜一样服从它的权力，因而，这是对自然界的一种纯粹动物式的意识（自然宗教）。"[①]彝族的自然崇拜就是这样产生的一种自然宗教。据彝文典籍《古侯·公

---

　　①　《马克思恩格斯全集》第 3 卷，人民出版社 1965 年版，第 35 页。

史篇》记载，彝族先民在太古时代曾经和太阳、月亮进行过顽强的斗争，在感到日、月不可抗拒之后，他们才采用祈求的办法来换取日、月对于自己的恩赐，于是产生了对日、月的祭拜。该"典籍"说：

> 东方与西方，出现六个太阳七个月亮。莫木都布则，左手造太阳，造六个太阳来安上，右手造月亮，造七个月亮来安上，白天出六个太阳，夜晚出七个月亮，树木已殆尽，柏树尚未尽，没尽不真实，日月出就尽；凡水已殆尽，木获水未尽，没尽不真实，日月出就尽；凡草已殆尽，牛耳代黄未尽，未尽不真实，日月出就尽。

> 支格阿龙（传说中之神人），左手张银弓，右手抽金箭，站立在东方，射六个太阳和七个月亮。大地之上阿，太空黑沉沉，云彩昏沉沉，六个太阳和七个月亮，拿来又拿来，压大地的上边，大石板底下。剩下个没死的太阳与月亮，要日出来不肯出，要月出来不肯出，拿白的来祭，拿白的阉绵羊祭，取出四钵烧肉，搁在地四方，日出就祭日，月出就祭月，喊也不肯出。拿白牯牛来祭，取出四钵烧肉，搁在地四方，日出就祭日，月出就祭月，喊也不肯出。拿白公鸡来祭，鸡冠刻上九个缺口，刚过午夜时，叫就一定出，亮明未亮明，叫就一定出来，刚过中午时，送就一定走，日出亮煌煌，月出明朗朗。①

类似的记载亦见于《勒俄特衣》②：

---

① 《古侯》是凉山彝文的史传（史诗）之一，汉文译名《公史篇》，内容是讲宇宙起源和古侯一支彝族的世系的。原书发现于云南省永善县，系一手抄本，四川省民族研究所曾委托岭光电先生译成汉文，后由马海木呷、罗家修二人整理校订，于1980年6月由四川省民委彝文工作组印作内部参考。

② 《勒俄特衣》系广泛流传于四川彝族地区的一部彝文史诗，其内容是说明天地的形成、万物的生长、山河的起源、人类社会的发生发展和演变。1960年曾由巴胡母木、俄施觉哈、方赫、邹志诚同志整理翻译，由四川省民间文艺研究会编入《大凉山彝族民间长诗选》，由四川人民出版社出版，1980年又做了一些补充和修订，由《凉山彝族奴隶社会》编写组编入《凉山彝文资料选译》第一集。现从修订本中摘出有关内容。

（太古时代），下面大地上，日出六太阳，夜出七月亮，树木全晒枯，只剩"火丝达低"树（一种耐旱的矮树）；江水被晒干，只剩"阿莫署提"水。火丝达低能剩下，只因阿莫署提来保护。阿莫署提能剩下，是因火丝达低来保护。草类被晒干只剩一棵"帕切曲"（草名，俗称牛耳代黄）。庄稼被晒干，只剩一棵麻种子。家畜全晒死，只剩一只白脚猫，野兽全晒死，只剩一只灰白公獐子。

支格阿龙呵，要去射太阳，要去射月亮，扳着神弯弓，搭着神箭杆，首先站在蕨萁草上射，射日不中日，射月不中月。往后站在母猪桃树顶上射，站在基斯树上射，站在竹子上面射，站在松树上面射，射日不中日，射月不中月。来到土尔山顶上，站在杉树上面射，射日就中日，射月就中月。射日剩独日，剩个病眼日，射月剩独月，剩个半残月。独日躲在阴山下，独月跟着独日逃。九天日不出，九夜月不出，天地一片黑。巴克阿扎（传说中之神人）拿了一撮针，赐给病眼日，代替太阳眼，三天喊到晚，喊出独日来。①

上述记载所反映的是凉山彝族地区一个自古相传的原始神话，天上有六个太阳、七个月亮以及支格阿龙射日、月之说虽全然不可置信，但它反映了彝族先民与干旱做斗争的事迹，说明祭日、月是出于人们对大自然的祈求，而这种祈求是由于无力战胜大自然而产生的。

随着神灵观念的产生，对自然实体的崇拜，进一步发展为对自然神的崇拜。神灵观念使人们认为大自然是有灵性的，一切自然物都有神灵在主宰。贵州彝文典籍《献酒经》曾列举十三种自然神的名字，要人们一一对其供馔。该"经"说：

---

① 本文引用这段文字时略有省略，读者引用时请查原译本。

神神十三种，献酒到座前，天神是阿父，地神是阿母，原神银幕穿，野神金帐围，树神白皎皎，石神黄焦焦，岩神，水神鸭以祭，露神露浓浓，雨神雨淋淋，光神光明明，雾神雾沉沉，坑神气熏熏。①

这十三种自然神都是由原来所崇拜的天、地、树、石、水、岩等自然实体人格化转变而来的，均是人们幻想、虚构出来的一种非物质的实体。人们在虚构和幻想中无不赋予它们以神秘的超自然的力量，相信对它们的祭拜终将给人们带来好处，反之则带给人们以灾难。《献酒经》说：

昔日不献酒，不献酒之时，仰以观天象，察于地理，四时又反常，寒暑不和候，夏望秋不成，高山云笼罩，树森且隐形，山脉被露掩，岩石就渺茫，斜坡生果树，果树不结实，亩宅栽桑树，桑坏蚕不丝，池里鱼不跃，水性不相宜。

献祭之后，则出现了如下的结果：

举目观天象，荣日耀月明，星辰多辉煌，俯察于地理，四时不反常，寒时热气顺，秋夏二季同；火形高峰顶，梢雾散清明；山腰云雾散，岩石显奇形；平原生果树，果树结成实；亩宅栽桑树，桑柔蚕多丝；池里鱼跳跃，水性甚相宜。

彝文经典除记述对自然物本身和自然物神进行崇拜之外，还大量记载了对纯粹是出自人们凭空幻想出来的另一类自然神（如农务神、猎务神）的崇拜。如《献酒经》对祭献农务神、猎务神有如下的记述：

---

① 丁文江：《爨文丛刻》（甲编），上海商务印书馆1931年版。

农务之总神，献酒及他呵，过了些日子，到耕耘之日，垭耕不遇风，原耕不失露，土边蛇不屈，田外鼠不窜，护神好来护，禾秀蝗不害，守神好来守，见守雀不临，田大秋不费，工人腰不疼，禾长就出穗，出穗就结谷，结谷就成实，收割就逢晴，簸净遇风力，大仓满，小仓盈，大房满，小房充。……

猎虞的总神，献酒及他呵，过了些日子，猎取去之日，高山安窠弓，窠弓猛虎中，石下扯套索，套索套合了，大弩发应机，天空火箭似，枪刀快得好，猎者手应成；威弓饮血气，伙伴吃脂肉；虎豹箭中伤，麋鹿落网内。猎官手摇摇，左手张银弓，右手搭金箭，树上莺，云霄鹰已中。

宗教是现实的反映，但不是正确的而是幻想的歪曲了的反映。《献酒经》所说的天、日、月、星、山、岩石、平原，荣日不显光，明日多晦暗，星宿也无光，黑暗暗，昏沉沉似然，果树、桑树、蚕、丝、水、鱼等，无不是现实的物质，然而这些物质却被放在非现实的，而且是根本不可能的、幻想的联系之中——献酒给自然神灵之后，日、月、星辰变辉煌，农事、猎事一切如愿。这当然是荒诞的。但把自然界各个具体对象和现象神灵化的做法，乃是宗教观念在最初发展阶段上的表现。从这个意义上说，这部经典为我们研究原始宗教提供了卓有科学价值的资料。

《呗耄献祖经》① 记述了对雕、鹞、水、森林、江河、野草、玄岩诸神的祭拜：

---

① 《呗耄献祖经》系岭光电先生的新近译作，中央民族学院民族语言研究所彝族历史文献编译组印。岭先生在译序中说："这经书是彝人呗耄（亦作毕摩）作斋时念诵的，叙述呗耄渊源、沿革及邛补（六祖）之后合（糯）家成为呗耄正宗，出现半人半神而取得制造、使用制鬼法宝的阿都尔扑。其后裔呗苏拉者，更抗拒暴政，受尽困苦仍没法消灭鬼怪化身，到处害人的雕、熊、虎，使当地彝人重过安静生活。其子孙作呗耄者，代生人死者驱除鬼怪时念诵后，叙出族谱，捉鬼献捷，也祈求其英雄祖先，临场制鬼。实际是颂扬抗拒暴政，制服恶禽猛兽，济救人们的祖先。……"此经有大量关于自然神崇拜之记述，现特按照译者的意译及译注加以介绍。

雕数有万千，雕神黑压压，献祭要献雕，要献大雕神。雕头是呗盾，呗是咒的盾；雕翅呗锋芒，呗是咒锋芒；雕眼明呗眼，呗又明咒眼；雕皮是呗褥，呗又是咒褥；雕是说雕话，今祭说雕话的神。

献祭要献鹞，要献鹞的咒，鹞头呗盾牌，呗是咒盾牌；鹞翅呗锋芒，呗是咒锋芒；鹞眼明呗眼，呗又明咒眼；鹞皮呗垫褥，呗是咒垫褥，鹞是说鹞话，今天要祭说鹞话的神。

大江是凶险，献祭要献水妖，要献水妖神。妖头呗盾牌，呗是咒盾牌；妖眼明呗眼，呗又明咒眼；妖皮呗垫褥，呗是咒垫褥，妖是说妖话，今天要献说妖话的神。

献祭要献乐，要献大乐神；献祭要献夺，要献夺的咒；献祭要献木，要献木兹底，献祭要献吉，要献吉拿普，黄祭要献次，要献次固固，献祭要献平，要献平武武，献祭要献斯，要献斯傈铁；献祭要献勒，要献勒倮坡。

按：经中之雕，亦称鹫，鸟类之一属，猛禽，嘴呈钩状，视力很强，腿部有羽毛。由于其凶猛，彝族先民以为其是一种神灵的象征。鹞，也叫鹞子或鹞鹰，猛禽的一种，比鹰小，捕食小鸟，饲养的雌鹞可以帮助打猎，彝族先民亦视之为神灵。又据岭光电先生之译注，水妖，彝语称举，据说系江河里的妖怪，形如长蛇，花背、黄腹、红嘴，时常发出"呜呜"之声，能把人拖入或诱入深渊溺死，吸食人血。"乐夺"是森林神，"木吉"是江河神，"次平"是野草之神，斯勒是玄岩神。这些自然神都是彝族祭司毕摩（即呗耄）献祭的对象。

除上述摘引的外，已收集或已经了解到的川、滇、黔地区的彝经，有许多都是用于自然崇拜祭祀的，如据在昆明西山区斗嘴村、叉河村、核桃箐、螃海箐等村的调查，这方面的典籍就有《雪神经》《火神经》《龙王经》《五谷经》《祭虫经》《土地经》等。① 又据杨成志先生早年在昆明彝族地区的调查，此类彝文经典还有《田公地母经》《祭田公地母五谷太子经》《祈五谷丰登经》《祭捉虫经》《祈农事丰登经》《祭火经》《谢火经》《制火经》《祈龙王降雨经》《安龙奠土经》等。② 在云南禄劝、武定彝区，则有《压土邪气经》《祭太白星神台经》等。③

二 新中国成立前彝族社会中的自然崇拜

彝族原始时代各种自然崇拜的内容和形式，除彝文典籍和神话传说中有所反映之外，已经没有足以说明问题的远古资料和实物可供我们考察。但是，由于彝族社会生产力发展比较缓慢，以及奴隶主、封建主阶级的利用，远古时代的一些自然崇拜形式，尚以残存之形态保存在新中国成立前的彝族社会当中，汉文史籍亦累有记述，现略述以下诸种。

（一）天崇拜

道光《云南通志·爨蛮》条说："民间皆祭天，为台三阶以祷"，"（临安府爨蛮）以元月二十四日为节，十二月二十四日为年。至期，搭松棚以敬天……长幼皆严肃，无敢哗者"。又该书"罗婺"条引《大理府志》说："腊则宰猪，登山顶以敬天神。"彝文经典说："天

---

① 参见雷宏安《昆明西山区谷律、团结公社彝族宗教调查》，中国社会科学院世界宗教研究所昆明工作站、云南省民族研究所民族宗教室印，1981 年。下文有关昆明西山区谷律公社、团结公社的材料，均引自此篇调查报告。

② 参见杨成志《云南罗罗族的巫师及其经典》，国立中山大学文史研究所《辑刊》第1 卷第 1 册，1931 年。

③ 参见中央民族学院少数民族语言研究所彝族历史文献编译组《北京现存彝族历史文献的部分书目》。

神是阿父，地神是阿母。"① 传说天神名叫恩体古兹，曾遣儒子古达、署子尔达、司子低尼和阿俄署布四仙子开辟东西南北四方的土地；又派九仙子开创了地上的山河。地上没有树，阿俄署布去天神那里取来栽；地上没有草，阿俄署布去天神那里搬来种；地上无流水，阿俄署布去天神那里搬来三条江；地上无石头，阿俄署布去天神那里取来三块。地上没有人，天神又遣吾子结知下凡来创造。② 彝族认为，宇宙间的万物皆为天神所造，悉由天神所主宰。他们古代崇拜天神的传统，迄至新中国成立前还有残存。如新中国成立前云南弥勒西山等地的彝族，逢腊月要祭天神。而武定、禄劝等地的彝村则在山林中建屋供奉天神。其天神的神位以竹筒制作，长约四寸，一端削尖，中贮竹节草根，草上以红白色丝线缠羊毛少许，并入米十数粒，与其他的四位神供在一起，每逢节日进行祭献。川、滇大小凉山彝族男子额前顶皆留一块方形的头发，编成一个小辫，用头帕竖立包着，直指蓝天，据说人们以其为天神的代表，认为它能主宰自己的一切吉凶祸福，故谓之"天菩萨"，严禁他人戏弄或不慎触着，否则即认为触犯了天神，被触者必遭凶遇，而被触者因此必与之拼命搏斗。即便是在冤家械斗中处于敌对的双方，胜利者亦不能摸弄对方俘虏的"天菩萨"。按社会习惯法的规定，违者须出一二百两银子作为赔礼，不然，就要将摸着的那个手指砍去。

（二）地崇拜

土地是人们的衣食之源，粮食、麻类、瓜果、牧草和林木等皆由地中长出。但是，为什么种子能够破土而生，庄稼、林木能够长大，有时又会遭受病、虫害呢？在原始时代，彝族先民是不能做出正确回答的。他们以为这一切都是地神——田公、地母或田祖作用的结果，

---

① 丁文江：《爨文丛刻》（甲编）《献酒经》，上海商务印书馆 1931 年版。
② 此传说见《勒俄特衣》。

而土地是地神的象征，因此对土地实行虔诚的崇拜。道光《云南通志》引《开化府志》说："白猡猡……耕毕，合家携酒馔郊外，祭土神后，长者盘坐，幼者跪敬酒食，一若宾客，相饮者然。"

又引《伯麟图说》："洒摩（彝族支系）……奚卜（祭司）能为农祭田祖，以纸囊盛螟虫，白羊负之，令童子送之境外。云南府属有之。"据新中国成立后调查，祭地神之风在一些地区仍然存在，如云南巍山县母沙科一带的彝族，逢农历正月初一要祭地母，彝语称祭米斯。祭法是以一树枝代表米斯，敬献以鸡血和鸡毛，祈地母保佑丰收。[1] 昆明西山区谷律一带彝族，逢农历二月撒秧时要祭田神，携腊肉、猪心、酒、饭等祭品至秧田边，对秧田焚香祈祷，撒些祭品到田中求地母保秧苗出得齐、长得壮。祭毕才下种。景东、武定、禄劝等县彝族，逢农历六月二十四日祭天公地母。或合村杀猪宰羊共祭，或以户为单位，在地中插树枝，或以土块搭一小楼，杀鸡敬祭，烧香祈祷，祈地神保佑五谷丰登。永仁县迤计厂的彝族，农历六月二十四日亦祭地神，称为"青苗大会"，祭费由各户分摊。另外，弥勒西山的彝族阿细人，逢农历九月择日祭地神，杀白公鸡祭地。

（三）水崇拜

水是动植物生长不可缺少的物质，对人的生存有决定性的意义，饮用、灌溉都离不开它。但是，为什么水会是透明的呢？为什么会流动？水中会有光怪陆离的生物？彝族先民在原始时代亦不能做出正确的回答。他们把这一切归之为水神的活动。在他们看来，人溺死水中是水神作用的结果，水灾的出现也是水神作用的结果。他们以水为水神的化身而祭拜，《献酒经》所谓"水神鸭以祭"的记载，指的就是

---

[1] 参见《云南彝族社会历史调查》，中国科学院民族研究所云南民族调查组、云南省民族研究所编，1963年。本文中关于永仁、景东、镇雄、彝良、路南、弥勒的有关材料，均参见此书，以下不再一一注明。

对水的祭拜。据新中国成立后的调查，在云南景东彝族的神谱当中，水神居于重要的地位，主宰田地不受水旱之灾。寻甸等地彝族举行作斋祭祖大典时，要同时祭水神，做法是在斋期的最后一天举行驮水仪式，由毕摩念经，把一只带角的雄壮绵羊赶到水源去，并在水边祈祷水神供给族人圣洁之水，而后把水驮回来进行供祭。平时，他们视此水源为"神泉"或"神井"，严禁人畜进行糟蹋。在武定、禄劝一带，过去作斋亦要选斋场附近的长流水，由同宗之人用竹筒贮回祭祀。同宗人将取水处作为护佑本宗的水神之所在，并以其作为同宗的标志，而与他宗相区别。①

在昆明西山区谷律一带的彝村，凡立夏前不下雨，村人便要出钱买一对鸡和两只羊，去泉水旺盛的地方祭水。祭法是先用烧红的木炭放入冷水之中，以蒸腾的热气驱除鸡、羊身上的邪秽，而后宰杀并煮熟供在水边。同时，砍三叉形的松枝一根，蘸点鸡血，捆一撮鸡、羊毛，插在水边，供以酒饭，点香磕头，求水神降雨。

彝族所盛行的龙崇拜，就其内容而言，实际上是水崇拜的一种，故许多地方把龙神作为水神来祭。如弥勒西山的阿细人，以水塘或龙潭作为龙神的象征，逢农历三月合村杀肥猪祭祀。昆明西山谷律一带的彝族，称祭龙为"下铜牌"。每年农历五月下一次，由村中长老主祭，地点在泉水边。祭时全村老幼云集祭场，点三尺余长的高香，对水叩头烧纸祷告，并由主祭者将铜牌拴在一青年潜水者的颈上，令其潜入水底，将其放入出水口，铜牌有手掌大，上刻"恭请龙王降雨"诸字。若此祭祀后三五日内降了大雨，村人须再至泉边烧香磕头，潜水者再将铜牌取回，用红布包起来供次年用。谷律以东大勒姐、小勒姐、妥基、也薅、大兴、北门等村的白彝，逢农历三月的第一个龙日祭龙，村人在龙潭边共杀一头猪，向龙潭水供肉、酒、菜、饭，磕

---

① 参见马学良《从倮㑩氏族名称中所见的图腾制度》，《边政公论》（第6卷）1947年第4期。

头、点香烧纸。景东太忠地区的彝族，以农历正月十五日为祭龙节。马街子、多衣树、基麻林、尼期佐、白虎门、小河等寨，各户平均出猪、鸡共祭，以求不受水旱之灾。

（四）石崇拜

彝族生活在山区，与石头的关系密切。在原始时代，其先民以石头磨制生产工具，又以其作为和猛兽做斗争的利器，但是，他们不能正确认识石头的本质，石头的坚硬性，奇异的石峰、石林和山石庞然大物般的形状，使他们对石头产生了畏惧，认为石头是石神的化身，并产生了对石头的崇拜。民国《石屏县志》卷四十"杂志"引《明一统志》说：石屏"有汉人而染土俗者，如拜木、石供家堂之类"，所谓拜石即指对石的崇拜。又彝文《献酒经》所谓"石神黄焦焦"指的也是对石头的崇拜。据调查，新中国成立前弥勒西山的彝族阿细人，每逢农历十月要祭石神。该区攀枝邑的彝族，以村边的三大巨石作为石神的代表进行祭祀，祭时打牲。昆明西山区谷律公社的小河口村，路边有一只红沙石的石狮，彝民认为是石神的象征，逢年三十晚，村民要端三碗饭、一碗酒、一碗茶去那里祭祀。祭者对其烧香、烧纸、叩头，并将钱纸贴在狮头狮身之上。初一、初二还要再用糯米粑粑去供奉。目的是求家人清吉平安。另外，当地螃海箐村边有一座石壁，高数丈，形如刀削，村民呼其为"山乌高"，认为是石神之所在，患耳、目疾及大疮者，需以鸡蛋去祭此石壁。祭者叩头，狂呼"山——乌——高"数声，以唤起石神的护佑，而使自己耳聪目锐。

据20世纪50年代的调查，祭石神的彝区很多，但祭的目的不大一样。景东太忠地区的彝族认为石神主玉米、瓜菜不被偷盗，故祭石的目的是防御庄稼被人偷盗。峨山县太和村的彝族，认为石神主宰生育儿女，祭石的目的则在于促育。其祭法是在农历二月第一个属牛日祭米戛哈（祭龙）时，于两棵龙树前各置椭圆形的石头一个（据说是一公一母），其祭龙同时也是祭石，需以猪、鸡作为牺牲，连祭三天，村人聚石前会餐。在祭祀的第二天，由两个已婚但尚未生育的男青年，各抢其中一石，围绕龙树旋转，其他男青年向他们的身上泼水。另外，当地彝族每家的楼上皆搭有一个供石神的土台供案，上供石头一块，称为米金路。石块后插一根有三个枝杈的松枝，以其象征家人兴旺。这个石块神圣不可侵犯，彝民认为触犯它，家人就不会兴旺。路南彝族撒尼人认为石神主孩子不受病魔侵犯。故拜石是为了孩子的健康。小孩有病时，父母常带孩子去祭献一块石头，并以石头作为孩子的名字。

（五）山崇拜

彝族放牧于高山，耕种于坡谷，终年在山中打转，其先民对山产生的歪曲反映和虚幻的感觉，使他们认为高山是神灵的住所，是通往天神的路径和撑天的柱子。《勒俄特衣》说："四根撑天柱，撑在地四方，东方的一面，木武哈达山来撑。西方的一面，木克哈尼山来撑；南方的一面，大木低泽山来撑。"在他们看来，山是山神的化身，山神有撑天之力。他们认为在诸神之中，山神的力量最大，它能制服一切妖鬼邪魔。故四川小凉山毕摩作法时所念的《请神经》，所请的大多数都是山神。在许多彝族地区，彝族把山神作为地方的保护神而不断进行祭山活动，如云南巍山彝族，每逢农历二月初八、六月二十五日和腊月三十祭山神。其中二月初八为地区性的山神会，村中老幼一起上山共祭。景东彝族二月初八祭山，亦名"山神会"，村人上山赶集，遍地烧香、磕头和祷告。弥勒西山彝族阿细人的村寨都建有一简陋的山神庙，并以石头或树枝作为山神的象征供于庙内，逢农历四月初一杀鸡去进行祭献，祈山神保村寨兴旺。路南撒尼人村寨，亦建有山神庙，形式为一小茅屋，庙中亦供石块作为山神的代表。村人不时前往祭献。在云南永仁迤什厂，彝民称祭山为"祭山伯"，须合村共祭，共祷山神免除自然灾害。在泸西县阿盈里，彝族逢农历正月初三祭山，由老牧人、牧童向有牛羊的人家募米、肉、蒜、辣椒等食物，到山林中祭献，祈山神庇佑牛羊不遭兽害。在昆明西山区谷律一带，彝族农历正月初一、六月初六两次祭山。正月初一以户为单位祭，斋饭上撒红糖、插青松毛。家人烧三炷香，磕三个头，而后祷告说："山神老爷，我用斋饭来祭你，请你保佑我家人丁兴旺。"六月初六以村为单位祭，称为"祭密奢"，当地彝谚说："山神不开口，老虎不食人。""祭密奢"旨在防人畜不受豺狼虎豹的侵害。另外，当地彝村也都建有一个山神庙，用土坯砌成，顶覆瓦片，内置石碑一块，上刻男女神像一对，男神头戴圆顶帽。石像之前置一石香炉。祭祀时，全村在山神庙共杀一头猪献祭。除举村行祭之外，平日村民家人有病，就带鸡蛋来庙里叫魂。猎手出猎，先带酒肉来此祭拜，以求山神允许打山中野兽而不降罪。新娘回门，亦常与新郎携酒菜前来祭献，求山神降福。昆明西山区团结公社大小勒姐一带的白彝，一年祭山两次，一次在农历二月初八，另一次在农历八月中属马日或猴日，须杀一头猪、四五对鸡，地点在山神庙，每家去一人，要念《山神经》、烧香、磕头、祈祷。

（六）火崇拜

火对彝族的影响极大，做饭、种地（山区刀耕火种）、照明、御兽等都离不开火。特别是在高山彝区，彝民一年四季都要生火取暖，吃在火边，睡在火边，对火的依赖性特别的大。在原始时代，彝族先民对火同样是不可能有正确认识的，火的温度、烧人烧物的特性以及它的蛇舌似的火焰，都使他们对火产生了神秘而敬畏的感情，并把这一切视为火神作用的结果，因而不断进行祭火的活动。据调查，巍山彝族农历正月初一祭火，称祭火龙太子。永仁迤计厂彝族正月初二或初三举村祭火，名曰开"火神会"。泸西县阿盈里的彝族农历正月初一和六月二十四日祭火塘，饭前，家庭主妇选一块最肥的肉，投进烈火熊熊的火塘之中，以祈求火神不降火灾。凉山彝族视锅庄为火神之所在，严禁人畜触踏或跨越。特别重要的是，农历六月二十四日是彝族古老的祭火节，俗称火把节。这天夜晚，彝民皆以松木为燎，先在家中各处照耀，持火把挨家挨户走，边走边向火撒松香，以驱除村中的邪魔。而后，大家共持火把照田，占岁丰收，扑灭虫害。最后，将火把插于村中或村前村后的宽阔地带，各人回家取事先准备好了的酒肉饭菜来祭火。这天祭火时，在昆明西山区谷律一带，还要点十二炷香（闰年点十三炷）。

（七）日、月、星辰崇拜

如上文所述丁文江《爨文丛刻·献酒经》说，不祭日、月、星辰之时，"荣日不显光，明月多晦暗，星宿也无光，黑暗暗，昏沉沉似然"。而献酒祭祀之后，"荣日耀月明，星宿多辉煌，俯察于地里，四时不反常"。这说明彝族在古代有祭日、月、星辰的活动。昆明西山区团结公社大小勒姐等村的白彝，新中国成立前每逢农历冬月十九日举行太阳会，村人到山神庙中去祭"太阳菩萨"。祭时，用五色纸旗写"太阳菩萨"几个字，念《太阳经》七遍。供品上需雕类似太阳的"莲花"图案。祭者人人都要敬香磕头，喃喃诵求太阳神保佑的祷词。

另外，当地彝村逢农历三月十三日举行"太阴会"。时间为该晚月光放白时，祭者为老年妇女。地点亦在山神庙，须用黄纸写上"太阴菩萨"的字样，供以油炸荞丝、豆腐片、洋芋片、饭、糕点、果品等素食和水果，而后念《太阴经》七遍和《太阳经》三遍。人人敬香磕头。中秋之夜，还要举行拜月，做法是家家户户在月光下陈放祭品，中央放香油灯一盏，点十二炷香（闰年点十三炷）。老幼对月叩头，三跪九叩，祈月神保家人清吉平安。

烁烁的星宿也是彝族崇拜的对象，他们认为星星即是神灵的象征，相信天上的星星能掌握人间的命运。故常延请毕摩依星宿来推择吉凶。其法是依星宿表来判断，从"他褒"（北斗星）走上太阴（月亮）之日起，一日二位，按以下星宿推算表推吉凶。

毕摩星宿推算表①

日期	星宿	日期	星宿	日期	星宿	日期	星宿
一	他褒	二	乐菊	三ˣ	鸡窝	四ˣ	鸡骒
五△	鸡脚	六△	鸡密	七°	巫匿	八°	巫黑
九°	窝司都	十°	窝司妈	十一	拆初	十二	拆褒
十三ˉ	兹乎	十四ˉ	兹孃	十五ˉ	兹客	十六ˉ	兹菊
十七ˉ	兹黑	十八ˣ	兹姆	十九	兹都酒巴	二十ˣ	白布
二十一	拉呷	二十二	瑟都	二十三	瑟妈	二十四ˣ	瑟铁
二十五	姆日	二十六	勒客	二十七ˣ	他姆	二十八	他褒

符号说明：

1. 无符号的日子凡事大吉。

2. x 符号者不吉。

3. O 符号者雨日雪又诸事不宜。

4. – 符号者牲口忌日。

5. △ 符号者超度祖灵的吉日。

昆明西山区谷律一带的黑彝，凡农历正月十五要祭星星，又称"祭秋架"。届时，村人共杀猪一头，每家分一份肉回家煮熟，与酒一起在月亮放白时端到秋架脚下祭供，点香磕头，感谢星神下凡来教彝

---

① 这个星宿推算表及关于神雁、神獭、龙瓶的传说，均引自庄学本《西康彝族调查报告》。

人荡秋。荡秋是彝族具有民族特点的一种风俗。道光《云南通志·爨蛮》说："以腊月为春节，竖长竿设横木，左右各坐一人，以互落为戏。"其所说的就是荡秋。开远等地彝族，称此为磨担秋。祭秋架实际上是祭星星的一种表现，昆明谷律地区的彝族有关于祭秋架的传说：古时世间人烟稀少，彝族的始祖十分孤单，每当夜幕降临，就因孤单而哭泣。一天，哭声传到天上，感动了星神，星神乃变美女下凡与他一道荡秋，每荡至天亮时，星女就告辞返回。彝族始祖曾想留她在凡间一起度日，但星女不肯，为此，她后来就不再下凡了。为了纪念星神，彝族就以祭秋架来祭她，并世世代代地荡秋。这个传说无疑与古代对星星的崇拜有关。

（八）其他自然崇拜

云南景东县的彝族有路神、桥神、雷神、羊神、玉麦神、荞神等的崇拜。他们认为路神、桥神主病，雷神主死亡，羊神主瘟疫，玉麦神、荞神主该种作物的丰歉。故不断对这些自然物进行敬祭。又永善县兴隆等地的彝族崇拜野猪神"牛的白斯"、鹰神"党格白诺"。另据庄学本调查，凉山昭觉的彝族过去崇拜神雁、神獭。传说昭觉以西的八且山下有个干海子，古代海水未干涸的时候，有成群的鸿雁栖息在海边。海水干涸后尚留下一对小雁，若有人触犯它，晴空就会降雪弹和冰雹。海边住着八且家的一对老夫妇，有一次，鸿雁走到他们门前点头，老妇乃得病死亡。故附近彝民认为它是神的象征，乃约法三章，不许任何人触害。1931 年糯米家二彝人路过干海子，用石头击伤一只，海边彝族惊惶万分，于二里外将此二人掳来，经中间人往返磋商，直至二人泡酒打牛赔礼，并担保海边住户三年内不能有病痛及死亡才罢休。神獭亦在干海子，传说它的颈项有一圈白毛，彝民以"千年红、万年白"认为它是万年以前的神物，乃严禁用枪打，据说，打它的人会死掉。另外，一些古代的遗物，由于彝族不知其来历，也被奉为神化了的自然物而加以崇拜。如凉山昭觉八且山蔡陆地方，发现清代嘉庆年间乌坡铜厂工人砍柴遗落在山上的一瓶子，当地彝人视为神物——龙瓶，而将其供在山上，附近二三里之地人畜不得踏入。据说，违时就会雪雹骤降。[①] 又据新中国成立后在布拖县的调查，当地彝族崇拜铜鼓。该地在岩洞中发现一个高约 35 厘米，鼓面径约 60 厘米的残破铜鼓，彝民拜之为神。传说铜鼓原藏那乌不乌岩洞中，共两个，被阿里家的一个名叫汪加斯日的奴隶发现，他背回一个去家贮粮，另一个随之而至。据说铜鼓展现奇兆，不时作响，他人触之即病。奴隶主唯恐汪加斯日因此神物而凌驾于他之上，乃以药毒之。汪加斯日临死时，嘱家人将其尸体靠在柱子上，让其口含一笛，笛中置蜜蜂。家人如其言，蜜蜂来去，笛子嗡嗡作响，似如汪在吹笛，奴隶主怪药不灵，乃略尝之而死。此后，彝人以铜鼓为不祥之物，乃移石崖，尊之为神。[②] 当然，关于神雁、神獭、龙瓶、铜鼓等的传说是不可信的，但它们从一个侧面反映出彝族自然崇拜的多样性。

三　彝族自然崇拜的特点

（1）彝族的自然崇拜，始行于氏族社会时代，而且是原始氏族最主要的公共活动之一。因此，新中国成立前残存的自然崇拜祭祀，大多数均保存着氏族时代顷族公祭之特点，并由公祭演变为族人的共同节日。如反映本民族特点的火把节就是由氏族时代的祭火发展而来的，新中国成立前多数彝区，过此节时要合村杀牛、猪、羊祭火，所

---

① 关于神雁、神獭、龙瓶的传说，均引自庄学本《西康彝族调查报告》。

② 参见《四川及云南昭通地区彝族社会历史调查资料》，中国科学院民族研究所云南少数民族社会历史调查组、云南省少数民族社会历史研究所编，1963 年。

杀之牲肉由村民平均分食，或共同在祭场煮吃，耗费由各户平摊。

弥勒、路南地区彝族的密枝节，亦是村中男子共祭的节日，它是由原始时代对森林的崇拜演变而来的。节日期间，村中各户男子须共杀绵羊一只或数只去密枝林中去祭林。密枝林位于村外，是一片充满神圣的茂密的林子。在林中祈祷祭献之后，羊肉分给各户带回家去敬祖神。祭密枝林后，全村男女老幼集体上山赶雀一天。

各地彝族的祭龙节亦是一个公祭的节日，是由原始氏族的祭水活动演变而来的。新中国成立前过此节，亦皆为合村共祭，有的还要多村联祭。晋宁县夕阳公社打黑村彝族称祭龙为祭"罗烧"，通常于农历二月辰日举行。村人共杀猪一头，各家分肉，搞成七八样菜，并砍黄连木扎成两个布谷鸟和措背箩鸟去井边龙树脚下献祭。[①] 各村联祭者如景东县安定区自称蒙化族的彝族。当地彝村参加联祭的共四百余户，祭费及所需的猪，由各寨各户平均负担。

云南永仁县迤计厂彝族有十多个宗教性的节日，都是由自然崇拜的公祭活动发展而来的。如农历正月初二（或初三）的火神会、二月初二的祭龙会、三月二十八日的土主大会（祭山神）、六月二十四日的青苗大会（祭青苗）、五月二十三日的白龙会等。新中国成立前二十多年，村中备有自然崇拜使用的公祭费用，由村人分四等摊出，少者出 16 斤谷子，最多的每户出 165 斤谷子。这些谷子并非一次用完，余者由专人放息保管，利息亦用于公祭。新搬来的新户必须加入本村的祭祀团体，出 10 元以上的半开银圆给土主会。每种公祭的主祭者由村人民主推举两户担任。祭祀中宰杀之牲肉平均分给各户食用。

自然崇拜祭祀多是彝族社会隆重的仪典，族人及村内之公共事务，如调解族内及寨内外纠纷，审处违反社会习惯法之罪人，商议修路、架桥等公共劳役，部署共同的生产事项等，悉利用这种集体祭祀

---

① 参见雷宏安《晋宁县夕阳公社打黑村彝族宗教习俗调查》，中国社会科学院世界宗教研究所昆明工作站、云南民族学院民族研究所民族宗教研究室印。

的机会举行。同时，祭祀期间还普遍进行广泛的商业交易和文娱体育活动——唱歌、跳舞、摔跤、赛马、斗牛、射箭、打秋千……青年男女借此机会进行交往。利用集体祭祀处理公共事务，这当是历史上彝族政教合一的一种残余形态。

（2）自然崇拜大都与农、牧、猎业生产有关。其目的是祈求农、牧、猎生产之丰收。与农事有关的自然崇拜祭祀，贯穿农业生产的整个过程：一是在播种之前举行祭祀，昆明西山区谷律公社核桃箐的彝族，在播种前的农历二月二十九举行土主大会，彝语叫侧伯会扪，土主以两棵神树为象征，全村杀一头猪，用青松毛和一盆清水擦洗神树"侧伯希"（意为地树）和"液素茂希"（意为天树）树下的石头，并插一枝青松枝，把宰杀的猪血淋在石头上。然后在祭祀台下煮熟猪肉，烧松毛一堆，点香，将酒肉饭菜供在两棵树下，由两个合唱祭歌的老人领头，众人尾随在后，围神树绕圈，边走边唱。唱毕，主祭者跪于树下，大声念道："今天全村杀猪来祭你，我们就要开始种地了，求你保佑全村人畜不要病，庄稼长得好。"行祭期间，往往请白族的端公、师娘来跳神及施以各种巫术。土主大会之后，还须在三月二十日举行地母娘娘会（彝语称"塔恩会扪"）祭拜地母，其祭法和祭品与祭土主相同。祭毕，各家才能撒稻种，并举行撒秧祭祀。

撒秧祭祀，彝语称黎斯骂抹呆。祭法是每家烧制糯米粑粑数个，家人每人吃一个，另由男家长拿饭酒等祭品和点两炷香到秧田放水口处，在那里插一青松枝，进行供祭，且将一些祭品投在水口中，取糯米粑粑三小点贴在青松枝上，口中喃喃祷告，祷词说："我们现在祭你，求你保佑我们秧苗长得好，稻谷不受灾。"祭毕即撒秧。

栽秧时，还要再祭天神、地神，彝语称为"米刀尼普"，意为开始栽秧的祭供。祭祀场设在放水口处，祭时插一青松枝和一束白花，杀一公鸡一母鸡，鸡毛贴在松枝上，鸡血亦淋在松枝上，接着，再煮鸡行熟祭。边叩头边祈祷说："我们用鸡酒和饭菜来祭你，今天我们开始栽秧，求老天爷保佑稻谷丰收。"

栽种完毕，全村要选虎日（或猴日）在村中的祭祀台举行大祭。祭法与二月二十九日之祭祀相同，目的仍是求天神保佑庄稼丰收。农历六月初六，有祭青苗太子会的祭典。六月二十三各家须去稻田割三棵青苗，种荞者还须割三棵青荞，送到祭祀台去做祭青苗的仪式，彝语称"海望秋"。次日，各家砍一棵有三杈的青松树，插于稻田水口处，点香叩头祈祷，彝语称为"海望货"。祷词说："老天爷，谷穗出来交给你，莫让冷气来，今天杀鸡祭你，你要佑护谷子成熟好。"祭毕，全家在祭场进餐，鸡头鸡脚留到次日祭火。种荞者须去荞地做同样的祭祀。次日祭火，全村在祭台杀猪一头，祈天神保佑稻谷不受灾害。

收完稻谷之后，全村要在农历十月中旬的属马日或属鼠日祭五谷神，祭祀时村人云集祭祀台杀猪，做三角旗两面，举旗绕祭祀台和神树三圈，再去各自的谷堆旁，用鸡蛋　个、　碗酒和肉祭谷堆，祭毕将小旗插在谷堆顶上。各家打完谷子背回家后，还须用鸡蛋、酒、肉、饭将天神接到家中来帮助看守谷子，小旗须插在谷子之上。①

宣威县三区戛立乡长房村农历三月栽苞谷之后有全村祭山之举，目的是祈山神保佑苞谷等作物丰收。

与牧业有关的自然崇拜，如上文所述彝经记载，一些地区的彝族已经产生了猎务总神的观念，认为猎事的成败悉由猎务总神所主宰。什么是猎务总神呢？有的是以高山为代表，狩猎前后行祭山，以祈求猎神之佑及报谢猎神助猎之恩。如云南小凉山彝族猎获野兽之后，需先祭猎神"伏"。做法是取兽之腰子、肝子及腹肉少许烧后切成九小块，以树叶包起分别撒在象征"伏"的山上敬猎神。有的是以树林为猎神的象征，如云南巍山县母沙科的彝族称猎神为耶他，其代表是三

---

① 参见董绍禹《昆明西山区谷律公社核桃箐彝族宗教信仰调查》，中国社会科学院世界宗教研究所昆明工作站、云南省民族研究所民族宗教研究室印，1981 年。

棵树，每棵树有三个枝。春节时当地彝族在村中广场搭一个"差拉底"祭猎神，"差拉底"由六根长一丈二的木杆搭成（一面搭三根），搭毕用一张网，内放小狗，令其打秋千数次，祈猎神使小狗变成机警的猎狗，并祈年中各次狩猎成功。[①]

（3）自然崇拜在彝族进入阶级社会后已蜕变成为奴隶主和封建主阶级维护奴隶制和封建制的重要手段。自然崇拜是原始公社时代的宗教形式，但它却在彝族的阶级社会中被长期保留下来，原因是它早已发生了适应彝族统治阶级需要的蜕变，成为他们统治人民的一种精神武器。统治阶级宣扬说：贫困的根源在于生产的不发展，而生产的不发展又在于自然神灵之阻碍。于是要他们放弃反抗斗争，把追求美好生活的希望寄托于对自然神和其他神灵的祷告和礼拜之上。而祭祀和祷告削弱人民的斗争意志，转移人民的斗争方向，从而有利于加强奴隶主、封建主阶级的残酷统治。更有甚者，有的统治者直接操纵自然崇拜的祭祀，并规定一系列的迷信禁忌来加强对人民群众的血腥统治。如在云南彝良县的棱戛乡，彝族大地主陇姓操纵祭白龙的祭祀活动，规定在祭白龙期间，妇女不得在寨内生孩子，只能到寨外的山坡上生，而且必须待祭期告终之后才能回来，违者要受到重惩。统治者俨然以自然神的维护者自居，目的就是要借助神权，使人民俯首听命于他的摆布。

（原载《思想战线》1982 年第 6 期）

---

① 参见宋恩常《彝族宗教信仰略述》，《云南宗教问题》1979 年第 2 期（中国社会科学院世界宗教研究所昆明工作站、云南民族学院民族研究所宗教研究室印）。

试论彝族的祖先崇拜

我国自古以来就是一个统一的多民族国家，由于各民族的社会发展不平衡，宗教信仰呈现了异常复杂的情况，在许多少数民族中，远古时代的原始宗教尚作为残存和变异了的形态，活生生地保留在社会生活中，它是研究宗教起源和宗教演化的活的社会化石，也是研究人类社会结构的演化以及人类认识能力演化必须加以涉及的一个重要领域。

就许多少数民族而言，宗教往往是反映民族共同心理素质的东西，与民族特点紧密相连，并由此派生出自己的社会道德准则、风俗习惯。因此，对少数民族残存的原始宗教进行系统的研究，不但具有重要的学术理论意义，而且具有重要的现实意义。为了促进这个问题的研究，本文就彝族祖先崇拜的内容和它的表现形式，做一些粗浅的论述，以就教于专家和读者。

一 历史源流

根据考古学的材料，在直立猿人、中国猿人以及类似中国猿人的古人类生活时期，人们对于人的死是漠不关心的，根本没有埋葬尸体的做法，也没有对于死者的任何形式的追念，人类开始形成之后，经过五六十万年的发展，到母系原始公社制度开始萌生的时代，才出现了有意埋葬尸体的遗迹。

当时，人们和大自然的斗争有了新发展，劳动工具由原来的粗木棍、打制得粗笨的石器逐步过渡到弓箭、磨制石器、骨器，并出现了彩陶器。实践使人们不断发现新的物质，认识自然界的力量。人们不再单纯地依靠采集野生果实及猎取野生动物为生，原始栽培和驯养使他们获得了新的衣食之源。这一切说明，原始人的思维和智力是不断发展的，他们的思想并非全无理性的、歪曲的和荒诞的。

但是，当时的劳动工具和生产力发展水平毕竟是十分原始的，不应该过高地估计和夸大当时的人们智力发展的程度。实际上，当时的人对于自己本身的自然和周围的外部自然是不可能完全正确认识的。大自然的压力和人们对于大自然不可避免的依赖，往往使他们对大自然产生歪曲的、虚幻的感觉，这种感觉最终导致了原始宗教的产生。正如恩格斯所说："宗教是在最原始的时代从人们关于自己本身的自然和周围的外部自然的错误的、最原始的观念中产生的。"[①] 祖先崇拜即是母系氏族时代产生的一种原始宗教形式，其崇拜对象起初是母系氏族已故长老的灵魂，继而是父家长的亡灵。

据老彝文经典记载，人类开始形成后的一个漫长时期，彝族是没有祖先崇拜的。《勒俄特衣·居子猴系谱》说，从猿猴演化而来的"居子石涉分八支，石涉不设灵，石涉不待客，石涉不娶妻，石涉不嫁女……居子格俄分九支，格俄不做帛（超度祖先的一种复杂仪式），格俄不送鬼"[②]。但到了母系氏族社会向父系氏族社会过渡的时期，彝文经典则明确记载了彝族供奉祖灵的事迹。据《勒俄特衣·石尔俄特时代》记载：远古时代，石尔俄特家，八代生子不见父。石尔俄特决

---

① 《路德维希·费尔巴哈和德国古典哲学的终结》，《马克思恩格斯选集》第4卷，人民出版社1972年版，第250页。

② 《凉山彝族资料选译》（油印本）第1集，1978年，第36—37页。

定买父亲。他带九个随从，拿了九束银匙子、九束金匙子，从草原、杉林、岩脚、江河找到天上东西交界处的约木接列地方，遇见滋阿地都家的女儿施色，施色对他说："天上的表哥，下面大地上，三只不放的猎狗，不叫鸣的红脸鸡；三节不烧的木柴，三丈不织的花边；三两不弹的羊毛，三斤不吃的盐巴，这些是什么？……倘若你能回答，我就能告诉你怎样才能买得到父亲。"石尔俄特无法回答，流下了三滴泪，返回地上讲给妹妹石尔俄洛听。妹妹告诉他："三只不放的猎狗，是指林中的狐狸；不叫鸣的红脸鸡，是指蕨草下的野公鸡，三节不烧的木柴，是指家中的祖灵；三匹不织的花边，是指天空的彩虹，三两不弹的羊毛，是指山间的云雾；三斤不吃的盐巴，是指深谷的冰块。"石尔俄特转去讲给施色听，施色认为他全部答对了。接着又问他："祖灵又该送哪里？"石尔俄特说："若要送到河里去，河中有水鬼，不宜放祖灵；若要送到山顶上，山顶有狂风，不宜放祖灵。"施色告诉他："祖灵插在墙壁上，念经以后供在神位上，超度以后送到岩子下。除了照此办，回到大地上，娶妻配成偶，只要这样做，生子即可见父亲。"①

　　这一记载虽具有神话色彩，不尽可信，但其说彝族的祖先崇拜产生于母系氏族向父系氏族过渡的时期，产生于群婚制过渡到"娶妻配成偶"的时代，则是符合人类社会发展的一般规律的。它说明彝族的祖先崇拜产生的年代已相当的湮远。

　　彝族进入阶级社会以后，由于来自自然和社会的压力，特别是由于统治阶级的提倡和利用，祖先崇拜作为原始宗教的一种残存形态，在发生适应统治阶级需要的蜕变之后，长期在社会中保存下来。秦、汉时代，中央王朝为在彝区建立羁縻统治，就曾扶持和利用彝族的祖先崇拜，假"鬼教"以治之。四川小凉山沐川长官司《悦氏先祖历代职官纪略叙》说："遐稽我（祖），肇自汉朝……汉封神，宋封佛，

①　参见《凉山彝族资料选译》（油印本）第 1 集，1978 年，第 55—65 页。

祀重千秋。"① 所谓"汉封神",就是汉朝统治阶级利用彝族的祖先崇拜，尊悦氏之先为神灵。三国时期，诸葛亮又以彝"俗征巫鬼……乃为夷作图谱，先画天、地、日、月、君长、城府，次神、龙……夷甚重之"（《华阳国志·南中志》）。所谓"俗征巫鬼"，就是彝族盛行的以祖先崇拜为中心的原始宗教，诸葛亮因利用此俗而得到支持。在彝族内部，本民族的统治者亦借助"鬼教"（指祖先崇拜为中心的原始宗教）来建立和加强自己的统治。建兴元年（223年），益州郡豪帅雍闿杀太守正昂附吴，蜀以张裔为益州太守，闿遂趑趄不安，假鬼教曰："张府君如瓠壶，外虽泽而内实粗，不足杀。令缚与吴。于是遂送裔于（孙）权。"（《三国志·蜀志·张一传》《华阳国志·南中志》）在当时，由于彝族奴隶主阶级的统治权是通过死者灵魂的神鬼意志来实现的，人们认为鬼神意志不可抗拒，故雍闿才"假鬼教"以抗蜀。唐、宋之时，彝族的鬼教进一步发展，形成历史上著名的鬼主制度，"大部落则有大鬼主，百家二百家小部落亦有小鬼主，一切信使鬼巫，用相服制"（《云南志》）。彝族以"打牛、羊、犬祭其先谓之祭鬼"（道光《云南通志》引《宣威州志》），鬼主就是主持祖先祭祀的主祭者。《唐书·南蛮传》叙白水蛮说："夷人尚鬼，谓主祭者为鬼主，每岁户出一牛或一羊，就其家祭之。"又《宋史·聚州诸蛮传》说："夷俗尚鬼，谓主祭者曰鬼主，故其酋长号都鬼主。"鬼主既是部落的政治首领，又是部落的宗教领袖，酋长的统治权是通过神权来实现的。唐代盛行鬼主制度的彝族部落是相当多的，有滇东北地区的阿芋、阿猛、夔山、暴蛮、卢鹿蛮、磨弥敛乌蛮六部落（《云南志》《新唐书·南蛮传》），黎州（今四川汉源）南路婆盐十鬼主（《新唐书·南蛮传下》），巂州（今四川西昌）的夷望、鼓路、西望、安乐、汤谷、佛蛮、亏野、阿醢、阿鹦、铆蛮、林井、阿异十二鬼主（《新

---

① 方壮猷：《蛮夷司文等九土司家谱》，《边政公论》（第4卷）1945年第7、8期合刊。

唐书·南蛮传下》），戎州（宜宾）管内今屏山境驯、骋、浪三州的各部鬼主。其地域包括今屏山以西，越嶲、冕宁以东，汉源以南至滇东北、黔西北的广大地区，唐会昌中（841—845年），黔西北的罗殿鬼主阿佩内附，被封为"罗殿王"，因其地尚鬼，史称"罗施鬼国"。元、明以后，一种号称"大奚婆"的祭司从奴隶主统治集团中分裂出来，并逐渐发展为以复杂的祭祖仪式——作帛为主要职事的毕摩。

一些资产阶级哲学家、历史学家认为，祖先崇拜是自古就有的，是"上帝赋予人类的天性"，他们不承认祖先崇拜是一个历史范畴。另一些资产阶级哲学家和史学家则相反，认为祖先崇拜是人类最高的一种美德。根本不承认它是原始公社时代的产物，而且认为它将永远在人类社会中存在下去。

彝族的情况再一次①证明，这两种观点是根本违背历史实际的。和其他各种不同的宗教形式一样，祖先崇拜亦是一定社会发展阶段的产物，有其固有的发生、发展和消亡的规律。把它看成和人类同时产生的或认为它是人类最高美德而否认其最终必然走向消亡的观点，都是完全站不住脚的。

---

① 考古学者早已证明，最早的墓葬产生在人类形成之后的五六十万年时期，距今有四万年至十几万年。被称为尼安德塔尔人墓，遗址在比利时那摩尔的斯皮、法国的拉费勒斯等地。尸体埋在人住的洞内或洞外的土坑内，遗骸周围放有红色碎石片及工具，腿是弯曲放的，呈蜷缩的姿态。这种放法，被认为是受原始宗教观念支配而产生的。这种观念导致"灵魂"崇拜和祖先崇拜的产生。同样的遗迹，在中国山顶洞人遗址中也有发现。在山顶洞人的骨骸之旁，有含赤铁矿的红色粉末、钻孔的兽齿、石珠、骨坠等装饰品。红色粉末通常被认为是象征鲜血，表示死者灵魂的寄身处，装饰品是为死者死后能再继续使用而放置的。这也说明，灵魂观念或前灵魂观念产生在距今二万五千年前至五万年前，随着生产能力和人类思维能力的不断发展，复杂的灵魂及祖先崇拜才相继成为最早的宗教形式之一。

二　灵魂不死的信念

恩格斯指出："在远古时代，人们还完全不知道自己身体的构造，并且受梦中景物的影响，于是就产生了一种观念：他们的思想和感觉不是他们身体的活动，而是一种独特的、寓于这个身体之中，而在人死之时就离开身体的灵魂的活动。"[①] 彝族的祖先崇拜者认为，人的灵魂是永远不会死的。人死是其灵魂离开他的身体的表现。他们认为，身体只不过是灵魂存在的一个实体，没有灵魂的存在，体内的血、气就不会产生，身体因此也就不复存在。因此，彝文经典《说文·论人道》说："始祖希母遮、昭穆二先人，他是自然造，身体赋灵魂，血与气攸分。"[②] 凉山彝族传说："古时世上只有'按遮''瓦沙'这两户人，由于灵魂不会离开身体，他们的子孙越来越多，以致出现了人吃人的现象。天神恩体古兹为拯救人类，用铁棍从天上打下来，每户有一人的灵魂被打掉，即每家有一人被打死，死者的灵魂——鬼能够使活人的灵魂永远离开身体，人间因此才出现了死人的现象。"在彝族祖先崇拜者看来，人生时，灵魂附于身体之内，人死后则独立存在，或栖附于他物，或往来于阴阳世界，或游离于死者的村寨或住所附近。他们称这种游离存在的灵魂为"鬼"。为了不使死者的灵魂游离在人间害人，他们总是以种种不同的办法来使它固着起来，或通过祭祀手段来使它听命于人的摆布。美姑县巴普区的老毕摩曲比达以说，彝人皆有三个名

---

① 《马克思恩格斯选集》第4卷，人民出版社1972年版，第219页。

② 丁文江：《爨文丛刻》（甲编）第三章，上海商务印书馆1931年版。希母遮是贵州水西安氏父子连名谱系上的第一代始祖，系远古洪水时代的人物。

字，代表三个灵魂，人死后其中的一个灵魂由毕摩指路进入"阴府天国"；另一个与其遗骨埋于坟墓；还有一个则被招附于灵牌而由子孙供奉。根据毕摩的神学理论，这三个灵魂变成的鬼都会害人，也都会降福于后代，人的生老病死、吉凶祸福皆是由他们所掌握的。鬼有善鬼、恶鬼（即凶鬼）及善恶相兼的鬼之分。善鬼为好人死后所变，恶鬼则为恶人死后所变。善恶相兼鬼由不好不坏的人死后所变。另外，暴死、凶死亦是产生凶鬼的根源。博脑莫子是凉山彝族最畏惧的凶鬼之一，俗称蛮干鬼，它能使人朝病夕死，故彝民多以暴死者为此鬼作祟所致，据说此鬼就是因反对王朝而被王朝砍去头和四肢的某凶死者所变。又义格萨莫是人们惧怕的另一个凶鬼，俗称情死鬼，据说系因爱情未得家庭认允而投河自杀的某一女性所变。根据毕摩的说法，患可怕疾病的人死后也变为凶鬼，如苏尼鬼就是因患神经病而死的苏尼所变的；猴子鬼（专吃人的五脏）是因患肝、肺、胃、脾、心脏等病而死的人所变的，疟疾鬼、头痛鬼（指脑膜炎引起之头痛）、痢疾鬼、腹痛鬼、出血鬼等则是因患该种疾病而死的人所变的。

由于存在灵魂不死的信念，彝族的祖先崇拜者认为人间的一切灾祸，如灾荒、疾病、冤家械斗等都是凶鬼作祟造成的。故遇此及遇一切不顺心的事发生，都要延毕摩、苏尼来驱鬼。即便是在平常的日子里，他们也要时时预防凶鬼之害，或请毕摩来做预防凶鬼为祟之法术。这在凉山彝族的《十二生肖经》中有明确的反映，该经说：

> 鼠日临到……属马的属蛇的属狗的，三种人害了病，黑猪黑鸡两只，向太阳落的那方（西方）祭送到冤家去。牛日临到，属牛属马属兔的，清粥祭送。……虎日临到了，属虎的属兔的属蛇的，三种人应避忌，从村中取出火把来，黑猪黑鸡两只，举行祭送。兔日临到了，属兔的，用猪鸡向太阳出的那方（东方）祭送

到冤家去。龙日魔鬼来了，属蛇属虎的，用黑绵羊黑猪（祭送）。马日魔鬼到来了，属马的属羊的应避忌，用金猪一只（祭送）。羊日魔鬼到来了，亲戚或姻戚的一个小孩害了病，用黑猪黑鸡两只（祭送）。猴日魔鬼到来了，一个妇人害了病，猪鸡两只向太阳出的那方祭送。鸡日魔鬼来了，属鸡的属狗的害了病，猪鸡两只祭送。狗日魔鬼到了，属狗的属猪的害了病，猪和黑鸡祭送。猪日魔鬼来了，属猪的属鼠的害了病，从他家拿出火把，黑猪黑鸡两只祭送。[1]

祖先崇拜是建立在父母灵魂不死的信念基础之上的，彝族把善鬼称为神，而认为善鬼中之最善者即是父母的灵魂。在他们看来，父母生前是世中对自己最关怀的人，死后亦必然处处关怀和保佑着自己的子孙，对于子孙的不轨行动，犹如他们在世时一样，他们死后亦能通过自己的灵魂进行管教，并随时可对子孙的无道予以惩罚。因此，他们总是把崇拜祖先神置于崇拜其他诸神之上，无时不怀着虔敬的心情来对待祖灵。

像其他相信灵魂不死的宗教信仰者一样，彝族的祖先崇拜者亦相信在所谓"阳间世界"之外，还存在一个神鬼共居"阴间世界"（彝语称为"石姆姆哈"）。其位置在阳间世界的上部，天之下部，亦即在虚无缥缈的空中。武定彝族毕摩说，去这个地方要走"鸟飞要三天，马跑要三年"的路程。在那里，善鬼住在"石姆姆哈"的平地上，凶鬼则幽居在其沟壑之中。善鬼在阴间仍进行耕作、畜牧、纺织……而恶鬼则继续作恶。为使父母的灵魂能够过上好日子，其子孙总是尽其所有去祭祀。

---

[1]　杨成志：《云南罗罗族的巫师及其经典》，《中山大学文史研究所集刊》（第 1 卷）1931 年第 1 期。

考察彝族的灵魂不死的信念，不难看出其观念中的鬼、神和作为阴间世界的"石姆姆哈"，都不过是根据现实世界的蓝图幻想和虚构出来的，都不过是对于人们的社会存在、物质和社会生活条件歪曲的、颠倒的反映。所谓善鬼和恶鬼的分类，实际上是根据现实社会中存在的阶级矛盾虚构出来的。所谓好人死后变善鬼，恶人死后变恶鬼，黑彝变的鬼最烈，驱除它要以大牲畜为牺牲等说教，完全就是现实阶级剥削关系的写照。又如根据活人的特点，彝族观念中的鬼神具有人的一切嗜好，像人一样有喜怒哀乐，一样有贫富之分，一样要进行各种农牧和纺织方面的劳作。再如他们观念中的石姆姆哈，一切亦如阳间世界，可以说几乎就是现实世界的翻版。这说明彝族的鬼魂观念中是没有非人间的、超社会存在的东西。一切鬼神之说都不过是对现实生活的歪曲的虚幻的反映，唯心主义者所谓鬼神不是人们的虚构，有着非人间的超自然的起源的说法，完全是一种骗人的说教。

三　取悦祖先灵魂的葬仪

葬仪是反映祖先崇拜的一个重要侧面，它是根据鬼魂与尸体、鬼魂与活人以及鬼魂的阴间生活的种种幻想制定出来的。

在大小凉山彝族地区，父母将死须移至户外。断气在家中被认为是最大的不祥。若发生这样的情况，须将房屋拆去另建，以免死者亡灵散落在屋中害人。断气之后，先由亲子洗尸剃头，并为其换上新装，用绳子将脚捆成卷曲之状①，覆盖以披毡，放竹篾笆或木板上停

① 因彝族生时喜用披毡，而披毡短，不卷曲则不能盖全身。

于家堂①。男侧卧，左边在下，以便死者能用右手抽刀对付阴间的敌人；女性则右边在下，以便死者到阴间后能够继续纺线，尸体放好之后，家人开始哭丧，以哭声震动四野为哀，边哭边向死者敬酒，第一杯洒在死者身上，第二杯自饮，以示生者一如既往，今后仍将与死者同生共饮。

入夜，亲子或家人要守灵，以防死者受阴间怪鬼的搅扰。做法是由荷枪实弹的青年在屋外站岗放哨，不停地围绕着房子转，边转边向空中鸣枪，并呼叫说："你是什么人？不许你来干扰他去阴间！""这是什么人，你来这里搅扰他，我要用枪打死你！"鸣枪即表示向前来干扰死者的魔鬼开火。屋内由亲子、家人在尸旁通宵守卫，守者要不停地哭数死者一生的美德及对死者的安慰。慰词说：

> 你死者不要哭，不要焦，万物谁无死，万物皆有死。死是正常的，用不着悲伤。如说太阳不死也不真，太阳落山入夜便算死，说月亮不死也不真，月亮由圆变缺便算死；说蛇不死也不真，每年脱壳一次便算死；说汉地庙里的菩萨不死也不真，每年换一次衣裳便算死……死了用不着心伤，你的灵魂是离开你到祖先那里去了，去那里过好日子。你（死者）不要哭，不要焦，万物谁无死，万物皆有死。大山老林的兔子獐子没有死吗？不！也是有死的。在冬天，有三五个人带着猎犬去把它们咬死，它们就这样的死了！河里的鱼没有死吗？不！也是有死的。在夏天，常有人带鱼网到河边去弄它们，它们就这样的死了。鸟王也要死，如孔雀之类，兽王也要死，如犀牛之类，人王也要死，如皇帝之类。万物谁无死？万物皆有死。有老死的、夭死的。聪明能干的

---

① 道光《云南通志·爨蛮》说："死以豹皮裹尸而焚"，"葬，贵者裹以帛布，贱者裹以羊皮。"又该书《黑㑩㑩》条引《宣威州志》说："死则覆以裙毡，罩以锦缎，不用棺木。"白㑩㑩系引《旧云南通志》说："丧无棺，缚以火麻，裹毡裙于竹椅。"说明盖披毡是古老相传下来的一种葬俗，意在使死者到阴间仍有披毡可披。

也要死，愚蠢糊涂的也要死。多才多艺的也要死，一无所能的也要死，成千上万的人都要死。①

在滇黔彝族中，守灵时还要以歌舞来取悦死者，由四人手持八卦铃在尸旁跳，边跳边唱孝歌，名曰"跳脚"（云南宣威戛立乡称"欺骇"，汉语称"跳脚踩舞"）②。据说，死者去阴间之路充满荆棘，"跳脚"可把它踩平。孝歌唱述死者一生对家人、亲友的恩爱及生者对死者的依恋惜别之情。

陈尸在家二三日至八九日不等，一般是子女及亲戚多者多陈，冬天多陈。土葬的日子须延毕摩卜吉而定。葬日择定之后，提前数日通知远近亲友。亲友于两三天前牵牛羊，携酒肉等前来吊祭。已嫁女儿应出牛或羊一头、酒十斤及粮食、饮料、装饰品、用品、生产工具等众多的祭品。为使死者去阴间有足够的牛、羊等使用，亲属送来的牛、羊常多达数百头。吊祭者行至离丧家几里路时，就得捶胸顿足，放声号哭。仍以声大为哀，不看泪之有无，因为声音小了，死者的灵魂会听不到。入门时，丧家捧酒相迎，劝其痛饮；祭吊者要边饮边哭、愈饮愈哭、愈哭愈饮，否则，亦认为死者会不高兴。三天吊祭之后，即行出葬。

葬法有火葬和棺木土葬两种，火葬是本民族传统的葬法③。彝族

---

① 《华阳国志·南中志》说：彝族先民"论议好譬喻物，谓之夷经。今南人言论，虽学者亦半引夷经"。此慰词充满比喻，尚保存着古代"夷经"的特点，可能是自古相传下来的东西。

② 参见中国科学院民族研究所云南民族调查组《云南彝族社会历史调查》，1963年，第162页。

③ 李京《云南志略·诸夷风俗·罗罗》说："酋长死，以豹皮裹尸而焚，葬其骨于山。"嘉靖《寻甸府志·风俗》说："黑罗罗……死丧无棺椁，以火麻缚死者坐而化之。"《弥勒州志》说：阿细"死而火化"。《宣威州志》说：黑罗罗"死者覆以裙毡……打牛、羊、猪以祭，三、五、七日举而焚之于山"。《永北府志》说："身设火化，收骨埋葬。"《东川府志》说："葬以火，缚尸如猿……"《威宁县志·艺文志·威宁风土志记》说："人死火化骸骨……"

渊源于我国古代的羌人，火葬即出自古羌人的"死则焚其尸"①。这种葬法一直在川、滇大小凉山彝族中保留着。为什么要火葬呢？彝族认为"死"系魔鬼作祟所致，焚尸不但可将滞留在尸中的魔鬼烧死，而且可使死者去阴间如火化一样的容易。棺木土葬是从汉族学来的②，滇、黔、桂的绝大多数彝族已采用此法。葬法虽有改变，但取悦死者的葬仪却没有改变。下文将重点剖析传统的火葬法。

火葬当天，以两根长杆横捆短木棍做成担架。尸体用青、白、蓝色之布包裹（忌用红布），上覆披毡（忌用擦尔瓦，因擦尔瓦是从西番人中传来的），放担架之上，由四人抬往"烧人场"。行前，毕摩念诵指路经，告诫死者去阴间走哪一条路，怎样和路上的邪魔做斗争。③所指之路需一程一程地列举地名，直至到达所谓的"祖先之乡"为止。此时，男亲友在屋外空旷处打枪、赛马，妇幼围集宅旁。乾隆《东川府志》说："（黑罗罗）其长死，游骑挟弓弩，周围驰骋，名搅魂马。"打枪、赛马，意在唤起死者之灵魂前往阴间。送葬开始，

① 《吕氏春秋·义赏篇》说："氐羌之民，其虏也，不忧其系累，而忧共死不焚也。"《太平御览》引《庄子·逸篇》说："羌人死，燔而扬其灰。"

② 道光《云南通志·妙罗罗》说："设后棺殓掩埋，春秋祭祀，仿佛汉化。"乾隆《东川府志》说，该地的乾罗罗"亦渐习殡殓"。汪世珍《禄丰县炼象地方史》（油印本）说：当地彝殓"元代每死一人用火葬，在离村不远的山坡埋葬，立墓不立碑，自明以后用棺葬，择美地美向、风水之风渐行"。又据调查，彝良县梭戛乡的彝族，迁入当地较早的人家还有火葬坟，但数量较少，后受汉族影响已不行火葬，绝大多数的坟是土葬坑。路南圭山的撒尼（彝族支系）和弥勒西山的阿细都已改行棺木土葬，火葬的痕迹早已消失。贵州六盘水和威宁等地的彝族，也早已改行棺葬。但火葬遗迹甚多，如笔者在威宁的盐仓区寻见有乌撒土司的大坟，当地群众说坟中埋有火葬罐。

③ 雷波地区的"开路经"说："前面有白路、黑路、黄路三条，下面一条是黑路，黑路是鬼走的，那路没有指你走，你不要走；上面一条是黄路，黄路是地脉龙神走的，那路没有指你走，你也不要走；你前面的路是白路，它指你走，你该走这一条路。白路是一条直路，不会走错。你的祖先，以前也是走这条路，你的父亲也是走这条路。你走到奈河时，那里有白水、黑水、黄水三条水，下面一条是黑水，那水没有指你喝，你不要喝，因为那水是鬼喝的；上面一条是黄水，那水没有指你喝，你不要喝，因为那水是地脉龙神喝的；你前面的水是白水，它指你喝，你该喝，你该喝两口，你不渴也得要喝两口……"（引自徐益棠《罗罗道场图说》）贵州彝的《天路指明经》说："右有路一条，右宗国里去，你登人不登，登到是仙台；中有一条路，能红山上过，仙者靠不动，同者福无边，你不要不满意；前有一条路，仙和魂交处……到了极乐地，他处无相比，不冷又不炎……旧是祖的房，新是你灵居。"（引自丁文江《爨文丛刻》）

一人举火把在担架前引路，担架后跟随哀哭的家属、亲友。有的还要组织全副武装的人在前面"护路"，边走边打枪。道光《云南通志·白猡猡》引《旧云南通志》说："前导七人，环甲胄，执枪弩，四方射，名禁恶（指禁邪鬼阻挠死者去阴间），止杀，焚之于山。"这种古老的送葬仪式，不但在行火葬的凉山等地保存着，而且在改行棺葬的地区也有保留。新中国成立前，滇东北彝族送葬，主人骑马仍与带枪的亲友同行，边走边鸣枪边吹号。另外，澂江彝族送葬，前有毕摩引导两个涂怪脸、穿怪装的善鬼（一男一女）及几个扮演其他鬼怪的人，边走边击鼓边跳，俗称"送阴灯"，目的是欢送和取悦死者。

焚尸场设于离村子不远的荒野或山坡之上。以木材搭架，男搭九层，女搭七层。尸体置柴上，盖青松等枝叶，由亲属从架子下面放火，边放火边号哭。肥尸遇火顿时可化为灰烬，而瘦削之尸却往往不易燃着。遇此，彝民便以为死者的灵魂不愿意焚烧，或认为有鬼邪作祟，而此会影响死者的转生①，故须由孝子跪尸架前祈祷，说些劝慰死者的话，直至尸体烧着为止。焚尸过程中，为防野鬼作祟及仇者将牛、羊骨抛入火中，亲属在烧尸时必须守候在旁，并不断祷告以驱鬼。因认为有魔鬼的干扰，祖先之灵就不能到达阴间"乐土"；有牛、羊骨抛入，其后代子孙就不会兴旺。骨灰的处置一是直接埋入土坑，或装入陶罐埋葬；二是撒在竹林里，有的撒在自家的地里，并认为撒了祖先骨灰的土地，庄稼会丰收，后人吃了该地生长的粮食子孙会昌盛。埋葬骨灰者须堆土成墓，其形似一堆圆形隆起的黄土，四周围石，男性围九石，女性围七石，以将死者的一个灵魂围固于墓中，以

---

① 彝民一般认为人死后只会变成善鬼或恶鬼，但也有转生的观念。死者烧埋后的几天，他们认为去阴间的那个灵魂还会依恋亲人和故居，再回到家中来，并从家中转生出去，家人必须进行回避。回避的办法是在入夜前，用柴灰撒在屋内的地上，全家到邻居家里借宿，次日清晨返家查看灰上的纹象，看死者转生成何种鸟、兽或虫。他们以转生为雁鹅的最好，而变成蛇的不好，因变蛇就是变成专门害人的麻风病鬼，事实上，灰上并没有什么灰纹，灰纹之说只不过产生于人们的错觉。

免游离出来受魔鬼之害，或作祟于他人。

尸体烧埋一两月或数月后，祖先崇拜者要延毕摩招灵作马都（灵牌）供家人供祭。道光《云南通志·白倮倮》引《旧云南通志》说："即焚，鸣金执旗，招其魂，以竹签裹絮少许，置小篾笼，悬生者床间。"作马都是彝族祖先崇拜的一个重要环节，做法复杂，而且多样。在凉山彝族中，一种做法是用木杆扎一十字架，顶端附羊毛，两侧杂以箭竹，下部披以细草。全长约五寸许，作人形。另一种是裁手指粗五寸长的木棍一节，一端用刀劈寸长的缝，内放少许竹根（或米大的竹粒）和一钱碎银子。顶端捆一撮羊毛，男性用红线捆九匝，打结在前作为天菩萨（凉山彝族男子在额前留一方形的头发，束成一小辫，用帕竖立包着，人们视其为天神的代表，俗称天菩萨）；女的用绿线扎七匝，打结在后作发辫。进行作马都仪式需用鸡四只，猪五只，燕麦一袋，鸡蛋五个，柳、耳、苏（耳、苏系彝语）三种树各三百根及有权的树枝五十对。作时除一只鸡留在家外，其余东西皆拿到火葬场去，由毕摩将树枝在地上插成四行，猪、鸡拴在每行之前，鸡蛋、燕麦面亦与树枝放在一起，边念经边作灵牌。经文的内容是招亡灵来附于所作的灵牌之上。作毕，打三猪三鸡烧吃，并将灵牌带回家来，放入一小篾箩，挂在锅庄前的墙上。再念经祷告，祈其佑护子孙。第三种是由亲属至高山择细竹一枝（以笋多者为佳，认为笋多预示祖灵将使子孙昌盛），扎以红、白线，敬以酒，连根挖起，并携至坟上绕圈，男性绕九圈，女性绕七圈，然后带回家交给毕摩。毕摩将其带往火葬场，在地上插树枝，拴小鸡和小猪，念《招魂经》，并令亲子亲女立旁哭，以助招魂。念经毕，毕摩带竹子返回主家门前，再插树枝念经，边念边将竹根削去少许，男性死者上端削尖作天菩萨，女性则削平作发辫，再取白羊毛一撮裹在竹板上作灵衣，以做成一个小竹人代表死者的灵魂。竹人做好以后，取指粗的细叶冬青树一枝，裁为三四寸长，剖开上端作灵屋，将竹人置缝内，让其上的羊毛微露于外，再用麻线扎紧，即成灵牌。在云南武定、禄劝彝族中作时亦先由亲属去山中选竹一棵（标准是长得直，未被虫蛀），献鸡蛋后连根刨起，截下一节根，长短同孝子的大拇指第一节相等，外扎羊毛，男性用红线扎九匝，女性用绿线扎七匝，毕摩念《招魂经》，并以死者骨灰少许放入竹筒之内，装入一小布袋，插以篾刺，置小篾箩内悬于锅庄前面之墙上，激江彝族的做法是用红色纱布（或彩色纸）包一竹枝及死者骨灰少许而成。以上各种做法尽管有异，但都贯穿着崇拜死者灵魂的思想，且都用竹子作原料，都用小篾箩装而悬之，而且古今做法大体一样。

在远古时代，彝族先民以竹为自己氏族的图腾，他们认为本氏族本部落是从竹转化而来的，与竹有血统关系，相信自己死后，还要再变为竹子。用竹子作灵牌，当与此有关。用小篾箩装灵牌，则与下面这样一个崇敬祖先的传说有关系：

古时有个叫约斯特尼的老人，活到一百二十岁时，形貌变得像猴子，看上去十分可怕。他的子孙相信百岁以上老人会变鬼害人的说法，不敢再与他生活下去，决定打牛打羊来活祭他，并用篾箩将他背去高山投岩。背至中途，约斯特尼谓："儿啊！今天我要死了，再也见不到你了，放我下来休息一下吧，我要好好看看你。"放下之后，他指着背他的那个篾箩说："这个垮垮（篾箩）你要好好保存下来，它对你们还有用。"其子疑而不解，乃问之。答曰："我家祖祖辈辈皆属长寿之家，你们也会活一百岁，你的儿孙也会背你去投岩，何不把它留下来给他们使用呢？"其子恍然大悟，觉得父母生时必须敬重，死后必须祀奉，否则，自己的子孙也会对自己无道的。于是，其子又把他背转回来。约斯特尼死后，其子以篾箩来供奉他的灵牌。

这是凉山彝族的一个传说。但文献中亦有伤害老人的记载，《钮锈觚誊》说："滇中罗罗有黑白二种，皆多寿，一百八九十岁乃至二百岁者，子孙不敢同居，舁之深谷大箐中。"又李京在《云南志略》中说：大德六年（1302年），他从平章脱脱平越巂之叛，"亲见射死一人，有尾长三寸许，询之土人，谓此等间或有之，年老往往化为虎云"。《古今图书集成》说："元时罗武蛮罗㑩百岁廷弱，子孙以毡裹送之深箐，后生尾三寸，相传三百岁。"《腾越州志》说："蒙山老㑩不死，久则生尾，食人食，不认子女，好山畏家，健走如兽，土人谓之秋狐。"所谓"活三百岁""生尾"等不可信，但伤害老人却是原始时代社会生产力极端低下的产物。由于当时的劳动产品只够简单地维持劳动者的生命，生产者不得不把丧失劳力的老人丢到山中去任其死亡，随着生产力的提高，劳动者有了较多的剩余生产物，历史上才产生了对老人的敬重和扶养，才产生了祖先崇拜的宗教意识形态。以上记载和传说反映了一些地区彝族社会生产力发展水平长期低下，原始时代的习俗还长期残存的状况，说明了彝族崇敬和供奉祖先是和原始时代伤害老人习俗的终结同时产生的。

上述取悦死者灵魂的一整套葬仪，有人说这样做是为了寄托对死者的哀思，但实际上主要是为了祈求和讨好死者，祈求它不给生者带来灾难，而带来奇迹。但是，灵魂不过是人们虚构出来的一种荒诞的观念，它绝不会给人们带来什么福，也绝不会降给人们什么祸，倒是它复杂的葬仪会使生者更加坠入苦难的深渊。云南禄丰县的彝族说："死人不吃的，家产去一半。"这话揭露了它在经济上给人们带来的危害。更为严重的是，它窒息了人们的反抗意志，使人们听命于统治者的残酷奴役，而寄希望于死者的帮助和死后达到阴间的"乐土"。大量事实证明，彝族历史上社会生产力发展那样的缓慢，奴隶主、封建主阶级统治那样的残酷，与实行这样一套自欺欺人的葬仪是有关系的。

四　对祖先灵魂的祭祀

祭祀祖灵是彝族祖先崇拜的一个主要内容。人们认为父母的灵魂在阴间是会受苦的和可能变坏的。为使父母之灵摆脱病痛和苦难，不受邪魔的欺凌，为使他们能够升为保护和赐福于子孙后代的神灵，不致变成野鬼来害人，其子孙总是怀着虔敬的心情，不断对他们进行各种各样的祭祀。

一般来说，祭祀可分为平日祭祀、节日（包括专门的祭日）祭祀和超度祭祀三种。

平日祭祀的表现是不断在祖先灵位之前供祭食物。凡食酒肉，皆需先行祭奠，将酒肉在锅庄火塘上绕三圈，而后供于灵牌之前，过若干时间才取来享用。疾病是导致平日祭祀的一个原因。彝民认为，疾病系祖灵向子孙索食或灵牌有异象所致，前者需祭之以酒肉，后者在祭献之后还需取下灵牌来看是否被虫蛀，捆扎的绳索是否松了，羊毛是否有脱落。《楚雄府志》说：彝人"亲死即葬，遇有病即谓父母作祟，开冢取骨而视之"。查看灵牌是从开冢取骨演化而来的，目的在于为祖灵消除不适，使祖灵"好吃好在"，以保佑家人平安。"凶兆"即是引起平日祭祀的一个原因。"凶兆"的表现为牛、羊产怪胎，母猪孕而不育，犬无故狂吠、哭吠，母猪产四子，夜半马嘶，半夜鸡啼，母鸡自食其蛋，牛尾绕树，蛇交尾，蛙入室，竹枝生双杈等。彝族认为这些表现中的任何一种，都是鬼邪作祟的先兆，继而必有凶事发生，因此必须祭献祖灵，祈其保佑、驱凶降吉。

节日祭祀意在祈求和欢宴"祖先"，与之共享节日之乐。祈其保佑六畜兴旺，庄稼丰收。道光《云南通志·爨蛮》引《临安府志》

说："俗或以六月二十四日为节，十二月二十四日为年。至期，搭松棚以敬天祭祖，长幼皆严肃，无敢哗者。"又该书"白猡猡"条引《旧云南通志》说："祭以丑月二十三日，插山榛三百枝于门，列箕箩地上，割烧猪每笼各献少许，供以酒食，诵夷经罗拜为敬。""黑猡猡"条引《马龙州志》说："祭以十二月二十三日为期，植松树于门外，布松叶于屋上，割鸡烧猪，修以醴酒，陈列地上，诵夷经向罗拜焉。""彝年"是一个重要的祭祖节，时间在农历十一月至十二月之间。① 彝年到来时，家家户户打猪，中等以上之家打两头，富家还要打羊，再穷的人家也要打一小猪。认为不打牲，祖灵会不高兴。打牲后，取牲肝、牲腰和牲胸之肉一小块煮熟，与酒和饭菜供于灵牌之前，并诵经祷告，求其庇佑，使家人兴旺、五谷丰登。这样连祭三日后，于第四日清晨鸡叫时，再煮猪肺、炒冷饭祭献，并在门口置马鞍一个，头朝外，上放粮食一驮，养子、炒面各一袋，作出行之状，而后举酒祷告，送祖灵回阴间去。同时，在锅庄之前挂猪尿泡一个，以占祖灵是否离去。泡上留下指印为离去，否则须再祭献。火把节亦是一个重要的祭祖节。时间为农历六月二十四日。嘉靖《寻甸府志·风俗》说："（彝族）六月二十四日杀牲祭祖。夜以高竿缚火炬，以明暗占岁亩丰。"祭献方法与彝年同。不同的是，除杀牲之外，一些彝区还要采新荞、新米做荞粑、米饭供祭，以感谢祖先给子孙带来新的收获。云南弥勒西山、路南圭山等彝区，还要在密枝节祭祖，时间为农历冬月初十左右。民国《路南县志·夷俗》说："十二月子日祭密枝节。"祭法是村中男人杀绵羊先去"密枝林"（一片茂盛的密林）中祭密枝神，而后将羊肉分给各户带回家去敬祖神，以求密枝神和祖

---

① 彝族历法每年分为十月，每月三转，共三十六日，十月中有过年之举，故相当于农历十一月至十二月。具体日子由毕摩择吉而定。一般认为属猴、兔、虎、鸡等日不好。若过年之日有人死亡，即认为该日有鬼作祟，以后就不再用此日。故彝年的日子，不同支系相差可至一月以上。如凉山昭觉八且家、阿什家为阴历十一月下旬。四开滥坝的马家、双支家、糯米家为十月下旬。竹核的马家又为十二月下旬。

神共保家人清吉、农牧兴旺。

超度祭祀是最隆重的祭祖大典，凉山彝族称"作帛"，滇、黔彝族谓"打嘎"（俗称"作斋"）。其祭仪极为复杂。据说未经超度的死者，灵魂会滞留家中作祟，只有经过超度，才会升入乐土而成为神灵。超度之后，灵牌从家中移到僻静的山洞中去供奉。因崇拜祖灵，不管是富足或是贫寒之家，都必须筹资进行超度，贫寒者常节衣缩食，积蓄数年而完成夙愿。如果不能进行超度，其子孙便会终日疾首蹙额，哀悔不已。

凉山彝族的作帛一般在人死后数年举行。有的是延至父、母双亡后一起作，也有三代人以上共作一次的。祭仪进行的时间少者一两日，多者四五日至六七日，依家庭经济的好坏而定。故有作小帛和大帛之分。但不论大小，皆须延毕摩按彝经的章法程序进行。土司、黑彝请黑彝毕摩，白彝请白彝毕摩。具体日子事前由毕摩打鸡祭祖来卜定。临近亲属在作帛的头一天，须至灵牌前陈放酒食，并哭泣致哀。家族亲朋不论远近，必须在作帛期携带牛、羊、猪、鸡前来献祭。已嫁的女儿要尽量多带牛、羊及其他贵重祭品。要尽其所有来祭。故有卖地超度父亲、卖田超度母亲的。亲戚到来时，主家需集合全副武装的青壮年男子数人至数十人，在离村几里的路旁相迎。见面时，迎者要历数祖先的英雄事迹，并故意质问对方："你们来干什么？"且不等对方作答就说："你们搞错了！"然后便与客方做象征性的对杀，形式是跳跃挥刀，对空鸣枪，厉声喊杀，你争我夺，以杀声枪声震动四野为佳。这样做的目的，一是告诉死者，其子孙是不愿意将他的灵牌从家中送走的；二是显示他的子孙和亲属的勇敢和兴旺。对杀一阵之后，主家才将客人引至住宿的地点。

1982年6月，笔者在凉山彝族自治州冕宁县里庄区调查，访该区麦地公社软心沟村的罗永福同志，详诉1954年他的父亲为其父母作帛的情况。这次作帛为时两天，参加者一百多人，是一次具有代表性的作小帛活动。主持者是该区木里公社六十多岁的沙马毕摩。作帛的前一天，沙马毕摩被请到主家村中，在邻居家住下。作帛的第一天凌晨，由主家鸣枪（鸟枪和快枪）将其接到门前，用篾笆让他坐在地上。同时，交给他十几张白纸，由他在纸上剪出绵羊蹄子（打牛作帛的人家要剪成牛蹄子）、梳子、擀毡用的工具等的形状的花纹，以让死者在阴间有绵羊和各种必需的生产生活用具，其所剪的纸每张一米多长，剪完后分贴于若干三角形的竹竿上插于毕摩面前。接着，毕摩念经，祝主人发财、长寿和多子多孙。念毕，于其面前置一本盘，由死者的子女向盘中投钱，投得越多越显出对祖先的孝敬和预示后世子孙的财源兴旺。投毕，幼子步入家中，取灵牌抱出家外，并以长子送来作祭的一只公绵羊为前导，其后依次跟着手捧灵牌的幼子、毕摩和肩扛纸旗的家属和亲友，大家共同走向设于屋外坝场中的灵堂，绕堂走三圈，边走边鸣枪，以示对死者的欢送。

灵堂系一白杨树枝临时搭成的棚子（忌用其他树）。毕摩念经后与守灵人进入堂中（其他任何人不得进入）。灵牌交守灵人带入置于堂内，毕摩在堂内喃喃诵经，并择清洁者（指未猎捕过熊、猴和杀过人的人）将长子送来作祭的公绵羊打死，取羊之心、肝、腰烧熟和肉一块煮熟交守灵人供于灵牌之前，主人家准备的鸡蛋、苦荞、甜荞等祭品，亦交守灵人送入供祭。供毕，毕摩在堂中将纸旗烧掉，由守灵人取出灵牌，并把灵堂掀倒。继而，毕摩于原灵堂之旁再立三根竹竿搭一个简易的棚子作为续祭之祭堂，灵牌移入其内，由第二个儿子将自己送来的一只公绵羊拉来，待毕摩对灵牌说"你的二儿子打一个绵羊来敬你"之后打死。与此同时，长女、次女、三女、四女……也将自己送来的公绵羊拉来打死。按惯例，孙子辈可不出羊，但儿子必须出三羊，不管儿子多少都须出三羊（有三子的每人各出一只，有四子、五子以上的，共出三只，只有一个独子的也要出三只），女儿送来的不作数。羊被打死后，各家剥各家的羊皮，各家将各家的羊心、羊肝、羊腰取出烧熟去敬灵。敬毕，又将祭棚推倒，将灵牌移至三米以外由幼子再祭。这一次不再搭祭棚。幼子须打一只羊，打死后将其携至家中剥皮，仍烧羊心、肝、腰和煮羊的胸脯子上的一块肉来此敬祭。祭毕，由家属（经算命该去的）、守灵人和亲戚将灵送入僻静、避雨、避蛇、避虫蛀的岩洞中去供奉。灵牌送走后，毕摩才得进入主家。并于当晚打羊为主家叫魂，以防主家的魂跟着灵牌而去。

次日清晨，主家在门外将酒、肉放盘中赠给毕摩。毕摩说一些祝吉的话，然后敬主人一杯酒离去。

作大帛一般需进行四天。除不送灵外，第一天的仪式与上述做法大致相同，第二天的活动是毕摩依星座图案，用树枝（有皮的、无皮的、带叉的和不带叉的等）在地上插成十二个不同的祭祀方阵（俗称十二道场），引导家人、亲友再祭。第一、第二场为解汗，意在解除一切亵渎死者的事物；第三、第四场为除疾，意在为死者解除一切痛苦；第五场为还灵，意在使死者得到更新；第六场为替家神除病；第七场为替那忙的人解汗；第八场为会灵，系将所有祖先之灵合在一起共祭；第九场为替女儿求富贵；第十场为祭灵，意在酬谢所请诸神之降临；第十一场为灵殖，意在祈祖灵助子孙六畜兴旺、五谷丰登；第十二场为领路，系由毕摩将死者的灵魂引入"阴间乐土"。各场的做法和所念经咒殊异，所用的牺牲也不同。①第三天，死者的家属、亲友在村外的场坝上列队圈。男的持步枪、机枪、刀剑等武器站在前列，后跟手捧灵牌的人，最后是披红戴绿、骑在马上和走在路上的妇女。大家一面转圈，一面打抢、杀矛子、打棍子，意在为祖灵除去阴间途程上的邪魔。同时，祭者边哭边转，边转边哭，以表示同祖灵分离的惜别之情。在转圈过程中，那些漂亮的姑娘会被人们拉住寻问："你的母亲是什么人？""我家的儿子漂亮，我要找媒人来说你。"姑

---

① 参见徐益棠《椤锣道场图说》，《边疆研究论丛》，1941 年。

娘视此为祖灵替自己择偶，故以问自己的人多为自豪。她们常因此增加对祖灵的崇敬之情。转圈之后是赛马。马须择最精良的，不然就认为是对祖先不尊敬。为了表示对祖先的虔敬，有的不惜出高达五六百两银子的租金去租。出众的马当天可以售高价。因主家常以出高价来向祖灵显示其子孙的豪富和昌盛。因此，有的马在当天可卖至一千二百多两银子。这一天的活动在客观上有夸耀死者子孙力量的作用。这一则用以安慰祖灵，二则用以对冤家等进行示威。第四天为送灵。做法是毕摩在地上一次又一次地变换图案插树枝，边念经边持灵牌在所插的树枝中间穿行，引导祖灵在通往阴间的路上前进。家属、亲友需在旁吼叫以驱鬼。同时，毕摩在地上铺竹笆放肉、饭等祭品，并将竹笆抬起，让孝子持灵牌在下面打转，这样一直反复进行到天黑。天黑后，毕摩以神扇舀酒、米撒敬四方的野鬼，最后，毕摩以一木块割开一端作为灵屋，取灵牌中的竹人放入缝中，用麻绳扎紧，涂上羊脚骨上的血，装入一小白布袋，交送灵人送往固定的山洞（俗称祖宗洞）中去供奉。送灵人由五人、七人或九人组成。其中一人拿灵，一人拿肉，一人拿白鸡，一人拿树枝，其余拿粮食等杂物，摸黑向深山前进。行至祖宗洞时，需将灵屋用金、银或铜片撑开少许，让灵（竹人）露一点在外（据说不这样该家的子孙会不旺），再供入岩洞中。供毕，在灵前放一黑一白的两个鸡蛋、两块麻布和两撮盐巴，并敬酒一碗，将煮熟的麦粒撒在洞中。祈祷后对灵说："你永远住在此地，好好地守着麦子，待麦芽长了，你再回家来。"其意是祖灵已经送到了乐土，要它永远不要再回家。

打嘎与作帛在仪式上有相当大的差异，但本质没有什么不同。以云南寻甸等地彝族的打嘎为例。这里的打嘎亦有规模大小之分。打大嘎需合族进行。届时，族人先到深山采青松毛和栗树枝，在村中搭一祭棚。棚中设一树枝、树叶扎成的供案。地上铺青松毛。祭棚搭好之后，毕摩遣人至水边拣三块洁净的白石，烧红后放一木瓢中，倒一碗净水入内，一面喃喃诵经，一面持瓢在棚内及其四周走一转，意亦在驱邪。入夜，在棚的后壁上挖一个洞，将各家要送走的灵牌从洞中放入祭棚。此时，各家要显露出祖灵被人偷去的神色，并嗟吷作声，佯作惊状，以向祖灵表示自己不愿将它送走。接着，祭者蚁集祭棚内外，毕摩引导作祭。祭案上供鸡、肉等祭品，各家子孙跪立棚前。毕摩一面念经，一面用米撒向跪在棚前的子孙们的身上，子孙们用衣裳兜起，以接到的米多为吉。如此连续作祭两三日后，族人再于村外的荒地或山脚下搭一斋堂，并在附近搭许多供毕摩和亲属住宿的棚子。斋堂中仍设树枝叶扎成的供案一个。搭毕，毕摩用红布将各家的灵牌包好，由村中的祭棚搬入斋堂，由北而南分成三级陈列于供案，北为长子系灵位，中为次子系灵位，南为三子系灵位。供案下放各家带来的雄鸡。夜幕降临，族人在斋堂中烧起熊熊的烈火，大家围在火旁唱孝歌，吹碧碧，讲述祖先的往事，吹唱一阵之后，毕摩们入斋堂绕行念经，各家自抱灵牌排成长蛇似的行列跟在其后，绕一阵之后，随毕摩从堂内行至堂外。堂外插有螺旋形的许多木柴，毕摩引祭者从柴空中蜿蜒走过，并钻过数百个叉形的架子。据说不钻不清吉，不钻自家的祖先就会在阴间迷路。绕完全场之后，祭者静听毕摩念经，并装熟睡，待毕摩学雄鸡拍翅示黎明后再起来送灵牌回斋堂的供案。次日的白天，大家在祭场斗鸡。以斗胜为该家发财的先兆，而且预示后辈子孙必出贤才。人财不旺的族人，往往将那些子孙昌盛人家的灵牌，暗自去列入本支灵位，以祈该家的祖灵来助自家兴盛。这样连续祭七天七夜之后，各家将灵牌送到毕摩的住棚，让毕摩将祖先名字登记在宗谱之上，并将灵牌烧掉，以示祖先已升入宗祠。最后，毕摩用一只有角的雄壮绵羊，遣人牵往水源处驮水，以示经过打嘎，族人得到了好的水源，人畜从此清吉平安。对于灵牌的处置，有的是打嘎后以花桃木做成祖筒，"以翠（楚）石用金线系连成姐妣神像，祖公的脸是用银子镶成的，祖妣的脸是用金子镶成的，穿着绸缎衣裤，先置于用鹿皮做成的皮袋中，再装入木筒中，并将祖人日常用具，如釜、甑、碗、筷、刀、斧、锄、犁等，全是用铁制成的小型器具，一并装入祖筒，另外还要装入一个撑天柱及一个伴铃。据谓撑天柱是祖人爬入天宫的铁柱，伴铃是祖人答应后裔祭祀的。装置妥当，然后撒入红绿的五色种子"①。由毕摩诵经，交宗人跪送到高山深林处，置于人畜罕到的岩洞中。各地彝族打嘎的时期不一。有的是 60 年打嘎一次。寻甸等地规定 13 年打大嘎一次，无力时可延至 26 年、39 年或 52 年。贵州彝族的打嘎与上述做法略有差异。1980 年笔者在威宁县盐仓区调查时，盐仓公社拣马坝的苏绍清等彝族老人说，当地的作嘎（即打嘎）场合很大。这个风俗已相传了几千年，这代作不起的下代作。作嘎时要扎许多草人代替死去的历代先祖。还要扎纸人、纸马，与用竹子编扎的四道城门围成一个大圈圈。远近亲戚都要来祭。有的亲戚一来就带来几百人。他们自带牲畜和衣物，主人家只负责提供柴火。亲戚来后都须转大圈圈，边转边踏脚边唱孝歌。而后由主摩（即毕摩）引导祭者诵经祷告。嘎期为七天七夜。作嘎一次要打牲好几百。彝族认为"不作嘎后代子孙不发"。

对祖先灵魂的祭祀，根本的目的在于祈求它的保佑，这在原始时代是由于自然力对人们的压迫所引起的，而这又是当时十分低下的社会生产力所决定的。进入阶级社会以后，来自社会的压力，即统治阶级的压迫剥削使人们加重了对祖灵的祈求。彝族对祖先的祭祀如此的频繁和隆重，并不取决于所谓"祖先灵魂的灵验"，而是取决于彝族社会生产力发展水平的低下和新中国成立前奴隶主、封建主阶级压迫统治的残酷。

---

① 马学良：《锣氏的祭礼研究》，《学原杂志》（第 2 卷）1948 年第 2 期。

五　社会影响

祖先崇拜曾经对彝族的生产活动、社会生活、思维和艺术等不同的领域产生巨大的消极影响，直到今天，它也还在一定程度上束缚着人们的手脚，成为人们前进的一种障碍。

在原始时代，彝族先民幻想通过祖先之灵来抗拒自然的压力，但是，祖先之灵带给人们的只是灾难。因为这个荒诞的东西不可能引导人们依靠自己的力量去改造自然和战胜自然，而只能解除人们和大自然做斗争的武装。如频繁的祭祀祷告把人们从实际的生产活动中引开，不犯祖先成规的生产禁忌束缚人们的手脚，巨量的祭祀牺牲破坏畜力和农牧业，祭神除病使大量的劳动力死于非命。在这些破坏性的影响方面，原始时代虽然没有留下具体的材料可供我们考察，但阶级社会中的大量材料却能说明这一点。据贵州老彝文《解冤经·论道·年灾》记载，频繁而虔诚的祭祖活动并没有抑制自然灾害的发生，反倒使人们在自然压力面前束手待毙，以致月月、天天、时时都有灾害。该"经"说："士民年灾刮，脸有青青红红现，群畜也遭灾，耕种勿收成。一年十二月，十二月不灾。只怕一月灾，一月三十天，三十天不灾。只怕一天灾，一天十二时，十二时不灾。"[①] 所谓时时有灾，虽属祭师的夸张之词，但说明自然灾害是频繁的。如果人们不受祖神和其他诸神的束缚，依靠自身的力量与自然做斗争，那就会减少灾害的袭击。因此，这一记载以其说明自然灾害之多，倒不如说明祈求祖灵和其他鬼神的危害之大。拿生产禁忌对生产的影响来说，云南哀牢山区的彝族由于不犯已故祖先的规矩，一是逢戊日不事生产，因

① 丁文江：《爨文丛刻》甲编《大解冤经》，上海商务印书馆1931年版。

一月有三天戊日，一年有两大戊日（农历四月十六、十月初八），故全年共有三十八天戊日不事生产。二是逢焦日忌撒种，即正月逢龙、二月逢牛、三月逢戌、四月逢亥、五月逢兔、七月逢鸡、八月逢马、九月逢寅、十月逢亥不撒种。三是逢火日不下种。什么是火日呢？甲戌乙亥山头火、戊子己丑霹雳火、丙寅丁卯炉中火、甲申乙巳风打火、戊午己未天上火、丙申丁酉山下火。[①] 这样多的日子不事生产或不下种，给农业生产造成的危害是无法估量的。再拿对畜力和牧业的破坏来说，李京《云南志略》载："祭祀时亲戚必至，宰杀牛羊动以千数，少者不下数百。"彝文《作祭经》说："大祭：椎牛如蚁堆，椎羊如白绸，椎猪如黑鱼。"据新中国成立后在大凉山布施县木耳乡呷屋村的调查，1949 年，该村以作帛为代表的祭祀活动共有二百五十多次，宰杀牲畜不计其数。[②] 又昭觉县城南乡里彝八宜家一次献祖送鬼，打牛就达二十多头。该家下传至尔图乌沙时作帛成立吉豪支，一次就打牛一百多头。八且五一子死时，他的子孙也打了一百多头牛来祭他。[③] 新中国成立前凉山彝族的牧业收入一般只占农牧业总收入的10%。畜牧业始终未能形成独立的经济部门，社会中普遍存在畜力不足的现象，这不能不与大规模的打牲祭祖有关。

恩格斯称原始宗教为"自发的宗教"，说"事情很清楚，自发的宗教，如黑人对偶像的膜拜或雅利安人自有的原始宗教，在它产生的时候，并没有欺骗的成分，但在以后的发展中，很快地免不了有僧侣的欺诈"[④]。彝族的祖先崇拜从"自发的宗教"蜕变为奴隶主、封建主阶级的统治工具以后，即成为统治者欺骗和压迫劳动人民的精神武

① 参见中国科学院民族研究所云南民族调查组等编印《云南彝族社会历史调查》，第110 页。

② 参见《布拖县木耳乡调查》，全国人民代表大会民族委员会办公室编《彝族社会调查》，1957 年，第 150 页。

③ 参见全国人民代表大会民族委员会四川省少数民族社会历史调查组《四川省凉山彝族自治州社会调查综合报告（初稿）》，第 12 页。

④ 《马克思恩格斯全集》第 19 卷，人民出版社 1965 年版，第 327 页。

器。祭司适应统治阶级的需要，要人们忍受现实的苦难，虔诚地祭祀祖先，以求死后进入"天国"。贵州彝族毕摩的《天路指明经》还煞有介事地指出一条死后进入"天国"的路，说这条路上存在许多的关口，只有生时"仁慈善良""牺牲粢盛"，死后才能越关。所谓"仁慈善良"，就是要人们自觉听命于统治阶级的奴役。所谓"牺牲粢盛"就是要人们用众多的牲畜和丰盛的谷物去祭祀祖先。由于祖先崇拜起着窒息人民反抗斗争的作用，彝族历史上很少出现大规模的反抗斗争。纵然有，其持续的时间也不长，因统治阶级不是用武力加以血腥的镇压，就是用"神"的意志去把它们瓦解掉。列宁说："所有一切压迫阶级，为了维持自己的统治，都需要有两种社会职能：一种是刽子手的职能，另一种是牧师的职能。刽子手镇压被压迫者的反抗和暴动。牧师安慰被压迫者，给他们描绘一幅在保存阶级统治的条件下减少痛苦和牺牲的远景（这些话说起来就特别容易，因为不用担保'实现'这种远景……），从而使他们忍受这种统治，使他们放弃革命行动，打消他们的革命热情，破坏他们的革命决心。"① 对统治阶级来说，祖先崇拜所起的正是牧师的职能作用。在祖先崇拜等宗教意识形态的腐蚀下，凉山彝族奴隶阶级，一是忍受今生的苦难，寄希望于死后进入"天国的乐土"，二是幻想依靠祖神之力来实现自己的解放。前者的表现是不断对祖灵进行祈祷和礼拜，后者的表现之一是延毕摩请祖神、山神等神灵，通过咒骂来反抗统治者。如两百多年前，布拖坝里葬（奴隶主）比补、吉狄、木魁、莫计等几个家支所属的赤黑（奴隶），曾以诅咒来反对奴隶主阶级的血腥统治。领导者是比补家苏呷吉迪、喝呷尔沙，吉狄家的阿约丁则、歇呷尔吉。参加诅咒的赤黑每户出一只鸡、一罐酒，十家共出一只羊，聚在一起打鸡打羊喝血酒，在毕摩请神后同咒黑彝主子，以反对奴隶主对他们进行的任意屠杀、打骂和买卖，并要求将他们的社会等级由朔（对汉人娃子奴隶的

---

① 《列宁选集》第2卷，人民出版社1962年版，第638页。

贱称）改称为赤黑。为了实现这个目标，大家决定每年四五月聚会一次，共商是否需要延请毕摩来诅咒。每次聚会，赤黑都打着白色、红色、黄色的旗帜，白旗上有青布作十字架，一旦发现赤黑被卖被杀被打的情况，他们就要请毕摩来诅咒。五六十年前，木耳乡赤黑吉什被阿补家（黑彝）抢去卖掉，赤黑打鸡打狗诅咒了三天。但是，诅咒和任何的神力作用都根本不可能使他们的处境得到改善，而只能更加窒息他们的反抗斗争，使黑彝奴隶主阶级的残酷统治得以巩固和加强。

除了窒息和瓦解被压迫阶级的反抗意识和斗争行动之外，彝族统治阶级还将祖先崇拜作为加强本阶级内部团结，向被压迫者进行武力威胁和恫吓的一种手段。如在凉山彝族奴隶主统治的地区，祖先崇拜是维系黑彝家支和家支内部团结的一根纽带。黑彝奴隶主通过作帛来强调家支的存在，加强家支的联系，维护和巩固家支的团结，以维持和加强奴隶制的统治。作帛仪式中，从接客时要历数祖先的英雄事迹、进行对刺，到用现代武器武装男子进行转圈、不断鸣枪，真正的目的都不是什么驱鬼和替祖先之灵扫平去阴间的路，而主要是显示家支的力量，鼓舞家支的士气，对奴隶阶级进行威胁和恫吓。毕摩用以对付阴间邪魔的许多法术，实际上也是黑彝奴隶主阶级用以对付奴隶的许多残酷手段的翻版。大量事实证明，彝族祖先崇拜的各种仪式，在阶级社会中起着强化奴隶主、封建主统治的作用。另外奴隶主、封建主还直接通过作帛、打嘎来对被统治者进行敲骨吸髓的剥削，强迫奴隶和农奴为他们的祖灵奉献巨量的祭品和祭费。这一切说明，祖先崇拜在政治上对彝族社会的发展所起的阻碍作用是极其巨大的。

在文化科学的发展方面，祖先崇拜导致人们背弃科学，使彝族长期陷于文化科学十分落后的境地。以文字的发展来说，彝族从很早的古代起就有了自己的文字，但是，人们把它视为通祖灵和其他鬼神的工具，故使它的发展十分缓慢。迄至新中国成立前，它在社会中的使用仍不广泛，而且多鬼怪之词，连毕摩也多只能诵读而无法解释。再拿对医学的影响来说，彝族劳动人民早就积累了某些动物的肝胆和植物的根叶来治各种疾病的经验，但是，由于崇拜祖先之灵，人们不相信医药，遇病唯祭祖驱鬼，故使医药的发展受到摧残。大批患病者在驱鬼祭神中死于非命。

必须指出，对于祖先崇拜的种种危害，彝族人民不是没有察觉的。凉山彝族谚语说："人类无准则，作帛无益处。"故不少人摒弃它，批判它，与它决裂。特别是在新中国成立后，由于无神论思想的深入人心。祖先崇拜的种种祭祀活动日趋减少。但是，作为一种宗教形式，它的影响是不会一下子就消亡的。我们应该不断缩小它的影响和市场，并积极为它的消亡创造条件。

以上分别考察了彝族祖先崇拜的源流、信念、葬仪、祭仪和社会影响，目的是要说明祖先崇拜的本质及其在阶级社会中的变异和对彝族社会的影响，使人们明确它的荒诞性、欺骗性和危害性，使之不致成为彝族人民建设社会主义精神文明和物质文明的障碍。

恩格斯说："一切宗教，不是别的，正是人们日常生活中支配着人们的那种外界力量在人们头脑中的幻想的反映；在这反映中，人们的力量，采取了非人间力量的形式。"[①] 祖先崇拜是彝族原始社会时期生产力发展低下的产物。那时，人们无法战胜支配着他们的那种自然力量，于是产生了崇拜祖先灵魂等形式的原始宗教。阶级压迫产生以后，支配人们的不仅有自然界的力量，而且还有社会的即来自反动统治阶级的力量，这两种力量采取非人间力量的形式表现出来，使祖先崇拜逐步蜕变为保有较多原始崇拜特点，但又为奴隶主、封建主阶级所掌握的一种宗教形式。

宗教是由许多复杂因素构成的，具有自己固有的发生、发展和消亡的规律。像对待其他不同的宗教和宗教形式一样，我们绝不能采用行政命令过早地、人为地去消灭彝族社会中至今仍存在的祖先崇拜。

---

① ［德］恩格斯：《反杜林论》，人民出版社 1961 年版，第 333 页。

实践证明，只要社会经济和科学文化未发展到足以使人们能够真正支配自然力量的程度，只要世界上还存在剥削制度和它的影响，祈求祖灵佑护和赐福的祖先崇拜就不会消亡。只有努力去实现彝族地区的四个现代化建设，不断普及无神论的思想教育，积极为一切宗教的消亡创造条件，祖先崇拜才能最终走向消亡。实践证明，周恩来总理在宗教问题上曾经提出的"五性"，即群众性、复杂性、长期性、民族性和国际性，仍是我们今天正确认识和对待彝族祖先崇拜等残存原始宗教形式的出发点。

（原载《贵州民族研究》1983 年第 4 期）

凉山彝族土司考索

元、明以来，封建中央王朝在凉山彝族地区推行土司制度，委土长为官。诸家土司始末如何？笔者辑录文献星散资料，佐之以实地调查所得，著成此篇。

一 河东长官司

据有关史籍记载，河东长官司系元代罗罗斯宣慰司之后。嘉庆《四川通志·土司志》说：河东长官司安氏，"其先自元迄明世袭建昌宣慰司"，"顺治十六年（1659 年），安泰宁投诚，呈交印信号纸……雍正六年（1728 年），以女安凤英袭职，改授长官司"（嘉庆《四川通志·土司二·建昌道》）。

唐、宋时期，今凉山州广大地区雄峙着众多彝族部落，其中落兰部在今泸沽。蒙古兵南下时，落兰部首领蒲德遣其侄建蒂归附。后建蒂叛元，"杀蒲德自为酋长，并有诸部"（《元史·地理志·泸沽县》），成为传说中利利土司辖区的霸主。至元十二年（1275 年）元军平建蒂之叛，"析其地置总管府五、州二十三，设罗罗斯宣慰司以总之"（《元史·地理志·建昌路》）。当时，建蒂虽平，但是，由于彝族经济状况的落后和部落统治传统势力的强大，元统治者不得不安抚和利用原有的部落酋长来佐流官进行统治。用元统治者的话说，这叫"从本俗职权以行"（《元史·仁宗本纪》）。据清代咸丰十年（1860年）所立的河东长官司长官《安世荣墓志》记载："公讳世荣，字庭柱，世袭河东长官司兼河西抚夷理民司，其先盖滇人。元至元十六年一世祖普卜公于云南行省平章帖木耳行辕投诚，沐雨栉风，佐开国之勋于彝鼎，披荆辟草，奠不毛之地于金汤，身经百战之劳，遂作南方之镇，特授建昌世袭镇国上将军宣慰司宣慰使。明洪武十四年（1381年），颖国公傅，安庆侯仇，永昌侯蓝统军征进，其五世祖讳配随军剿抚，番夷降附，十五年入觐，改封昭勇将军。二十五年，月鲁构祸。五世叔祖讳的协同建昌指挥戮力战守，生擒元凶……"① 考此碑所记史事，都能从其他文献资料中得到印证。如《蜀中广记》卷三十四引《土夷考》说："洪武十四年，镇国上将军罗罗斯宣慰使安普卜之孙配率众归附，遂命以招安旁夷有功，授昭勇将军。"与《安世荣墓志》所载完全相同。二者都说安普卜是镇国上将军宣慰司宣慰使，都说安配是安普卜之裔孙，又都说安配于洪武十四年归附而被封为昭勇将军。又关于安的勠力出战月鲁帖木儿一事，可在《明太祖实录》中找到印证："洪武二十五年四月癸丑，建昌卫指挥使月鲁帖木儿，绎忽乐等叛……率众万余攻城，指挥使安的以所部兵开东北门出战，败之。"关于至元十六年安普卜"于云南行省平章帖木耳行辕投诚"一事，也是有史实可考的。据《经世大典·招捕录·罗罗斯》记载，至元十五年定昌路总管谷纳叛，建昌地区各部多应之，战争持续近三年之久。安普卜去云南行省平章帖木耳行辕投诚，当与其参加这次战争有关。而其被封为镇国上将军宣慰使，也可能是投诚后佐官兵擒捕谷纳而以功授职。为什么他要向云南行省投诚呢？这是因为元统治者于"至元十五年二月己酉改罗罗斯宣慰司隶云南行省"（《元

---

① 安氏土司墓碑七座，位于西昌礼州公社第五大队之西、安宁河西岸。系安氏第十八代安武龄之妻沙马氏，第十二代安世荣及其妻龙氏，第二十一代安平康及其妻阿都氏，第二十二代安绍徽之墓。碑文见中国科学院民族研究所、四川少数民族社会历史调查组《凉山西昌地区彝族历史调查资料选辑》。

史·世祖本纪》)。据《元御史郭松年记》载，至元十六年云南省平章赛典赤死后，元统治者"诏平章（按：指中书省平章）脱脱木儿继领事"（万历《云南通志·云南府·庙学》)。汪辉祖《三史同名录》说，脱脱木儿又可译作脱帖木儿（见该书卷30脱脱木儿条），二者为译音异字。因此，《安世荣墓志》中的帖木耳当即脱脱木儿（按：脱帖木儿与帖木儿相差一"脱"字，这种失误在古今文献中多见而不足为奇）。由上可知《安世荣墓志》是经得起检验的信史。据此，我们认为河东长官司系元代罗罗斯宣慰司之后。安普卜当是与建蒂同时的落兰部世袭首领之一。他的民族成分不是傣族①，而是彝族。安普卜被封后，子孙世袭罗罗斯宣慰司宣慰使之职，至明初，五传至安配。

明代推行卫所制度②，所有大小土职皆授予军衔。原罗罗斯宣慰使安配，"以招安旁夷有功，授昭勇将军，子孙世袭，寻改授土指挥使，带衔建昌卫，不给符印，置院于城东（应为城西）郭外里许使居之。所属有四十八马站火头……北至大渡，南及金沙，东抵乌蒙，西讫盐井，延袤殆千余里"（《蜀中广记》引《土夷考》，《明史·四川土司传》亦载此文）这个广大区域，即元代罗罗斯宣慰司全境。这个地区的各部落头目被封为马站火头，皆受安氏的统治。明统治者利用这种关系，封安氏为建昌卫土指挥使，各部头目为"马站火头"，从而在凉山、西昌地区建立不同于元的行政体系。四十八马站火头之名，万历年间建昌兵备道邓贵《善后条议》记为："喇咱脚故阿咱普马沙骂什卜革革沈渣已卜骂魁期西江脚载气拍落乌脚载幸架五列原拍卜得阿友故拍者脚胯坡咱脚说脚散阿水说果已架脚乌咱暮。"（嘉庆《四川通志·武备志十一·边防三》）其中沙骂当为沙骂部酋，余不可释。

---

① 此说见《倮倮安氏纪功碑》。此碑为1907年法人亚陆纳在米易萨连土署中发现，后刊于《亚洲学报》第十编第十六卷，经陆翔译载于《国闻译证》（齐鲁大学国学研究所丛刊之二）。此碑所载史事几乎无一可信，笔者将另文评述。

② 五卫即建昌、宁番、越西、盐井、会川五卫军民指挥使，八所即礼州后、礼州中中、打冲河中前、打冲河中左、德昌、冕山桥、迷易、镇西八个守御千户所，五长官司即昌州、威龙、邛部、马剌、普济。

关于安氏在明代的史事，《明史·四川土司传》说："洪武十六年（1383 年），建昌土官安配及土酋阿派先后来朝，贡马及方物。二十一年，建昌故土官安思正妻师克等来朝，贡马九十九匹，诏授师克知府，赐冠带。二十五年，致仕指挥安配贡马，诏赐配及其把事五十三人币钞有差。"又邓贵《善后条议》说，安氏世袭建昌卫指挥使，"安革、安仁、安夷、安忠四世相承卫"（按：《明史·四川土司传》载安配之后为安的承袭卫，《安世荣墓碑》称安的为"五世叔祖"，可知安的为安配之弟）。邓贵说安配之后为安革，唯不识安革是否即安的？嘉靖末，安忠之妻凤氏权摄夫职；凤氏死，疏属安登冒嗣；安登死，其妻瞿氏绍良承袭，唯绍良不能节制，安文频岁为叛，造成临城劫村之惨，瞿氏绍良死，安世隆嗣。是时，其妻沙爱以逾城淫奔，为安世隆所逐，力怕等拥沙爱为主，与世隆仇杀；安世隆故，远房安崇业嗣。安崇业不服明朝管辖，明屡派兵镇压，皆未得手。安崇业绝嗣，建昌地方官呈"乞停土官之继，仍复先年责成四把事约束之例，以绝祸本"（嘉庆《四川通志·武备志十一·边防三》所载邓贵《善后条议》）。但安世并未因此被革，世职依然如故。

清顺治十六年（1659 年），安泰宁"呈缴明印"（《清史稿·安世荣墓碑》），清统治者仍以其"总管宣慰司事务"。但自嘉靖以来家族内部不断争杀，威势已不如当年。相反，其所属四十八马站火头的势力则不断强大。为此，清统治者重新"择彼雄杰"，扩大分封，授有威望的马站火头以新的土职，使其"彼率其属，各因其宜，或宣慰使，或长官司，世世承袭"（《雷波厅志》）。明以建昌安氏及四十八马站火头统治凉山、西昌地区的行政体系，至此即告瓦解。雍正六年，清统治者不再以安氏总管建昌宣慰司事务，而"改授河东长官司、河西抚夷理民司土千总职"（《安世荣墓碑》，嘉庆《四川通志》亦载略《龙氏墓碑》）。仅统有"东至阿牛哕三百七十里，交阿都长官司界，南至鱼水河一百三十里，交阿都副长官司界，西至沙坪站八十里，交盐源县属瓜别土司界，北至温都脚夷巢二百里，交河西土千总界，四至共七百八十里"（嘉庆《四川通志·土司二》）的一小片地区，只管土百户三员（大石头俞氏、长村余氏、继事田沈氏）和利扼、上芍果、阿史、纽姑、上沈渣、下芍果、上热水、小凉山、利呃、者加十家土目。共有"倮锣部落六千九百六十二户"。

据《安氏墓碑》所载，安泰宁之后，安承爵、安吉茂、安祥茂、安茂瑞、安武龄、安正隆、安世荣、安绍徽诸世承袭，"至乾隆年间乏嗣，以越巂土舍岭氏承祧"（《安世荣墓碑》，嘉庆《四川通志》亦载略《龙氏墓碑》）。笔者1963年在西昌调查，知河东长官司系因其住牧安宁河之东而得名，衙门设在礼州至泸沽之间的溪龙（即安龙场）。传至新中国成立前为岭邦正顶袭。

二　邛部宣抚司

邛部宣抚司俗称岭土司，辖地在今越西、普雄、甘洛等地。宋、元时，其地夷名邛部川。元宪宗时归附，中统五年立邛部川安抚招讨使司，隶成都元帅府，后割属罗罗斯宣慰司。至元二十一年改为邛部州。至顺元年（1330年）又"改邛部州为招讨司"（《寰宇通志》），以该州土官马伯为招讨使。《元史·本纪》说："至顺元年九月丙戌，邛部州土官马伯，响导征云南有功，以为进征招讨知本州事。"

明洪武十五年（1382年），马伯之裔"岭真伯归附，尚称招讨使"。十六年改邛部招讨司为邛部军民州，二十五年废，置越巂卫军民指挥使司，下设邛部长官司（《寰宇通志》）。其界"东至马湖沐川司，南至宁番小相公岭，西至喇八关外，北至大渡河南岸"（《蜀中广记·邛都长官司附》）。弘治、万历间，担任土司的叫岭伯。《蜀中广记》卷三十五《峨眉县》说：弘治八年（1495年）马湖府改流，大赤口十二支腻乃"叛入邛部归岭氏"，而"邛部长官岭伯已不能驭"。又《越嶲厅志·土司》说："万历中，土官岭伯死，孽子应升负印去，伯妻沙氏争之不得，逆酋土目阿堆等拥沙氏焚利济站卢舍，拥兵临城。总兵刘显率兵往抚之，沙氏悔祸，杀阿堆自赎，显遂以印归之。后沙氏淫于族人阿祭，印复为升所夺，祭死，其子岭凤起嗾他番刺杀应升。"岭凤起据其印，遂自立于广洪瓦布寨。

清初，西南地区政局动乱，清统治者在大小凉山大量封授土职，招抚各部落土长，除按例应允各土司嫡长子承袭本职外，还规定给其支庶兄弟授予一定的土职，唯其所授职衔"视本土司各降二等，一体颁给敕印号纸。其所分管地区，视本土官，多则三分之一，少则五分之一"（《东华录》）。康熙四十三年（1704年），邛部长官司第十一世土司岭安盘投诚，清统治者升授其邛部宣抚司职，颁给印信号纸，让其统辖腻乃、阿合、苏呷、咱户、慕虐、阿苏、滥田坝、普雄、黑保、大孤山十大土目，夷民户口二千一百九十六户。接着又择封其支庶暖带密岭安泰（岭安泰之父岭乔新和岭安盘之父岭乔松为两兄弟）和暖带田坝岭氏为土千户。

邛部宣抚司岭安盘故，其子岭天长袭职，传至光绪时为岭承麟，至咸丰初年绝嗣，由暖带密土千户承继。暖带密土千户岭安泰故，岭瑞祥、岭神保、岭峻秀、岭金玉、岭华封、岭承恩诸世承袭。咸丰五年（1855年），岭承恩兼护邛部宣抚司印务。光绪二十年（1895年）岭承恩故，由其媳岭彭氏护理，后由其堂孙岭镇荣袭（光绪《越西厅志·土司》），传至新中国成立前为岭邦正。

嘉庆《四川通志·土司志》说，暖带密土千户岭氏，康熙四十九年投诚授职，颁给印信号纸，住牧暖带密，所管夷民户口共一千二百五十户。所辖有上官、六革、纠米、布布、阿多六磨、磨卡为呷、西纠七乡总和瓜保（甘洛）土目。据调查，暖带密土千户原住越西，后迁往甘洛下田坝，俗称田坝下土司或沈子土司。传说岭邦正（彝名沈子棱哈），世袭五印三司，共掌七块半印（其中一木印算半块），三司即邛部宣抚司（管辖越西、西山、普雄和小相岭以东）、河东长官司（管辖冕宁、西昌、昭觉等地）、河西抚夷司（管德昌、礼州、沙坝等地）。其辖地号称上齐大渡河，下迄金沙江，可下种三千六百六十六石六升六合。① 传说岭邦正祖先岭承恩袭邛部宣抚司后，因截杀太平天国翼王石达开有功，而被封以暖带密土游击、桓勇巴图鲁（满语侍卫之意）等职，清朝给他的钱可养三百名兵。邛部宣抚司衙门被太平军烧毁后，清朝廷发给十万两白银重修。后又封以河西抚夷司、河东长官司长官。岭承恩镇压石达开事，见于《雷波厅志》，所说当有所本。

暖带田坝土千户岭氏，俗称田坝上土司或斯补土司。康熙四十四年颁给印信号纸，住牧暖带田坝，所管夷民共一千一百二十户。衙门设在甘洛上田坝的斯补勒托。传至新中国成立前为岭光电掌印。上土司区原分为七地，由七个支房管辖：（1）麻窝，土目原为岭光电祖父岭国恩，绝嗣后由掌印土司岭光忠吃绝业。（2）阿扎，即挖库，土目岭平州。（3）锅格打，土目为岭光电远房叔伯。（4）雄浦，即斯补，土目岭维翰。（5）印扼山，土目为岭光电二伯叔岭治平。（6）洛布，即夷门口，土目为岭光电之父岭维蕃。（7）百奎、离水，土目为岭光电远房兄弟岭光地。1925 年，富林羊仁安部刘济南团抄上土司的家，追缴掌印土司岭光宗的印交羊仁安，上土司因此遭到严重打击，加上黑彝与土司之间频繁的冤家械斗，七房最后只剩下岭光电一房。因岭光电曾拜羊仁安为义父，1926 年其母被杀后，羊仁安将八九岁的岭光电带到西昌就学，后又转送成都和南京上学。1937 年，岭光电回田坝后，羊仁安还他土司印，让他独自管辖上土司七房地。同时，当时的越西县府亦委其土司（光绪《越西厅志·土司》）。

---

① 参见中国科学院民族研究所、四川少数民族社会历史调查组《凉山西昌彝族地区土司历史及土司统治区社会概况》，第 84、49、50 页。

三　沙骂宣抚司

沙骂宣抚司，管辖今瓦岗地区。"其地东至金沙江一百六十里，交云南永善县界，南至落布九十里，交阿都副长官司界，西至乾呢吾施一百二十里，交阿都正长官司界，北至乌畔哕暮二百里，交雷波厅属不租界，四至共五百七十里，所管共一千四百六十二户"（嘉庆《四川通志·土司二》）。此地唐、宋时为乌蛮所居，"自别为沙骂部"，至元十年（1273年）附元，元以酋长所立处为中州。二十年降为县。因沙骂部曾为落兰部所并，与落兰早有隶属关系，故所置州、县，皆隶属建昌路，由落兰部安氏所统。

明初在罗罗斯地区建立卫所，于洪武二十五年废中县。邓贵《善后条议》所列四十八马站火头有沙骂之名，可知废县后明在此建马站，以沙骂土长为马站火头。沙骂部酋在明朝后期被封为凉山最大的土目，相当于千户侯以上的御封官吏。当时的土目名叫沙骂日博拉阳，无子承袭。那时，因贵州水西土司安岗与吴三桂打仗被打死（《清史稿·土司传》），其子阿之立阿阳带百余人逃进凉山，到沙骂家入赘并改姓沙骂，从此继承沙骂家的官职，住牧古尼拉达，世代统治瓦岗和金阳、昭觉、美姑的一部分地方。①

清初招抚各部土长，沙骂部土酋安韦威被封为宣抚司使。嘉庆《四川通志·土司志》说："沙骂宣抚司安定国，其先安韦威于康熙四十九年投诚授职，颁给印信号纸，住牧沙骂……所管蛮夷共一千四百六十二户。"所属有那多土目、扼乌土目、咱烈山土目、撒凹沟土目、

---

① 参见中国科学院民族研究所、四川少数民族社会历史调查组《凉山西昌彝族地区土司历史及土司统治区社会概况》，第84、49、50页。

结觉土目。

据调查,沙骂安氏的家谱(以安学成的直系血亲排列),自安岗至新中国成立前的安学成,共十七代。新中国成立前的沙骂土司安登俊与安学成是一家族。安家第十二代阿木杰阳阳和阿木杰日直是两大房,安登俊属后一房。从阿木杰日直的儿子日直蒙哥起,一直当沙骂土司。日直蒙哥绝嗣,由他兄弟之子木呷拉拉袭职。木呷拉拉故,其子拉拉阳何袭,而后传给昭昭何木截,即安登俊。新中国成立前土司印在安登俊之手,后因其自杀而失传。

近百年来,沙骂土司的黑彝家支势力不断发展,大肆侵占土司的百姓和土地,直至将其赶出古尼拉达。沙骂土司被迫先迁至米姑、雷池,后又迁到阿里米。

四 阿都土司

阿都土司,又称都家土司,辖今普格、布拖和金阳的一部分地区。衙门设在普格的西洛。传至新中国成立前为安学成掌印。

阿都本为部名,是落兰部的分支。《元史·地理志·建昌路·里州》说:"蒙诏时落兰部小酋阿都之裔居此,因名阿都部。"蒙古兵南下时,阿都土长纳空随建蒂归附,中统三年又随建蒂叛。至元十年其子耶吻效顺。十八年元在其地置千户。二十三年升为军民总管府。二十六年罢府置里州。设治虽有不同,但当以耶吻及其子孙为世袭土官。

明代初年,依元制仍设里州。《明太祖实录》洪武十五年三月己未载,当时的里州隶云南布政司建昌府。洪武二十五年,罢里州,阿都土长当为建昌安氏所辖四十八站火头之一。唯记录缺略,其活动史事不可考。

清初，阿都土长结固随建昌安氏归附，于顺治六年（1649年）"投诚授职"，康熙四十九年（1710年）升授阿都宣抚司，颁给印信号纸。雍正六年（1728年）清世宗在西南推行"改土归流"，四川乌蒙（今昭通）土司禄鼎坤和芒部（今镇雄）等土司进行反抗，遭到云南总督鄂尔泰和四川提督黄廷桂的联合镇压。清统治者实行"诚心归顺者……使之仍旧住牧，各得其所"（《四川通志·四川巡抚宪德招抚雷波苗民疏》引黄廷桂咨文）的政策。阿都土司因剿凉山和追随鄂尔泰"从征乌蒙"（嘉庆《四川通志·土司二》）有功，令其仍住牧阿都，但由宣抚司改授正副长官。嘉庆《四川通志·土司志》说："阿都正长官司都安氏……所管苗、蛮、夷共四万户。所属有歪溪土目、荞山南土目、大河西土目、咱古土目。""阿都副长官司都安世……所管苗、夷一万五千户。所属有小凉山马希土目、大梁山拖觉土目、阿乃土目、阿史土目、结呃土目、派乃土目、者腻土目、那科土目、那俄土目、哈乃过土目、阿驴土目。"

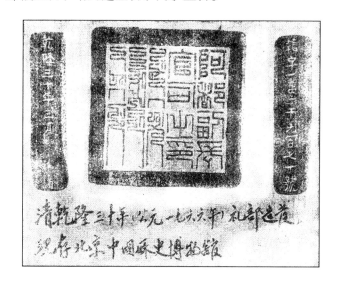

阿都副长官司印

都邦为阿都正长官司首任世袭长官，其四传至都天锡。道光三十年都天锡死，其子都定国、都镇江分袭阿都正、副长官司职。1856年云南大理地区爆发杜文秀起义，阿都土司辖区有起义军攻陷普格，都镇国"自统乡兵，独当一面"，佐官兵勠力镇压，以功特"晋参军戎将军等职"①，并敕令承袭阿都正印。《安氏（都天锡之妻）墓碑》说："同治甲子（1864 年），奸民周、徐辈倡为邪教，陷据普古（即普格），阴谋不轨，搅扰地方。（都镇国）奉宁远府钟、西昌县武明文，佐官兵围攻，歼厥渠魁，由是边地肃清，饬令承袭。镇国辞印卸肩，淑人（指安氏）深明大义，恐亲谊夷众议论，设法调集内外各四场首事并凉山夷众出结承保，正印仍由镇国管理。……令镇江管副长官司印。"光绪乙酉年（1885 年），都镇国死，其子保东承继。阿都副长官司都镇江有世钦、世福、世禄、世禧、世亨五子，唯不知其后谁袭职。

据调查，都家土司人口不旺，在沙马安家第九代末末乌乌时绝嗣（约为清代光、宣年间），绝嗣后末末乌乌的侄儿阿左阿甲顶袭，沙马安家自此同时继承两家土司的职务。从末末乌乌和阿左阿甲算起，沙马土司和阿都土司都传了七代。但传至第五代时，都家又绝嗣，又由沙马家的安树德继承。1945 年安树德被杀，最后由其侄子沙马土司安学成承继。②

五　小凉山地区的土职

黄茅埂以东的小凉山地区，古为牂柯属地，汉以来为马湖蛮部所居。马湖系一天然淡水湖，位于今雷波县黄郎之南五里、海脑坝之北

---

① 文见阿都土司墓碑。阿都土司墓碑共六块，为都天锡及其妻禄氏、安氏，其子都镇国，其女都学礼、都舍玉之墓。碑文载《凉山西昌彝族地区土司历史及土司统治区社会概况》。

② 同上。

一里。海脑坝亦名马湖村，"宋时蛮主屯湖内"①，当即屯于此。元至元十三年（1276年）马湖蛮内附，以其地置马湖路总管府，在蛮夷司（今秉夷场）溪口之南岸创府治（大德四年迁于屏山县治），命"蛮主"安氏为土知府，其下设雷波、夷都、泥溪、蛮夷、平夷、沐川六长官司隶之，封六个夷支的头目为长官。现将其史实分述如下。

（1）马湖土知府安氏。明宪宗成化二十三年（1487年），户部郎中南溪刘忠为马湖土知府安鳌撰《万寿观铜像记》云："马湖府治泸水（金沙江）下流，守其土者历代建官虽殊，然皆安氏子孙，自汉至今五十八世矣。"可知安氏源出于马湖蛮主，至元十三年置马湖路总管府，当以其为总管（从四品）。

明太祖"洪武四年（1371年）马湖路总管安济遣其子安仁（按：安仁疑为安本之误）归附，诏改马湖路为马湖府，以安济为知府，世袭"②。《土官底簿》卷下马湖知府说："安济，蛮夷长官司籍，罗罗人，洪武四年投降，患病，令男安本代领各司土官王麒等赴京。五年五月，改立马湖府，安济授世袭知府，患病，男安本奏准袭职。故，男安浚永乐五年（1407年）三月奉圣旨准他袭……男安灏正统三年（1438年）二月奉圣旨准他袭。……故，弟安洪景泰三年（1452年）二月奏准行令就彼冠带袭职，患疾，长男安鳌成化六年（1470年）六月准行令就彼冠带替职。"③

弘治八年（1495年），巡抚御史张鸾以"安鳌性残忍虐民，计口赋钱，岁入银万计，土民有妇多淫之，用妖僧百足魔杀人，又令人杀平夷长官王大庆"等罪奏准诛安鳌，改马湖府为流府知府（《元史·

---

① 1945年黑彝吉迪打打收买土司的随员，杀了安树德及其妻等十三人，卖掉十余人作娃子，这反映了土司制的衰落。
② 中国科学院民族研究所、四川少数民族社会历史调查组：《凉山西昌彝族地区土司历史及土司统治区社会概况》，第84、49、50页。
③ 同上。

地理志·叙南等处蛮夷宣抚司·马湖路》）。是时，安鳌子安宇被封为马湖土巡检。嘉靖二年（1523 年），安宇自言从征年久，累获昔功，奏乞改住官职。"兵部奏宇本土知府安鳌之子，法当置广西，因四川用兵，暂留行间。虽有功例应给赏，而宇故辞之，阴为开复土官之地，则先朝岑猛、岑溶事可取鉴也。上然其言，遂不许。"（《明史·四川土司传》）安宇故，安兴袭土巡检，住牧黄螂。万历年间，安兴与邛部彻假、雷波杨九乍和峨边大赤口白露寺作乱，守备刘继祖等进讨，于万历十六年四月俘其母安杨氏，五月俘安兴及其妻安沙氏，遂废其土巡检职。从此，安氏降为一般的小土舍。嘉庆《四川通志·土司志》说："土舍安庆泰，其先安济明时授马湖土知府，弘治八年安鳌因事革职，子安宇授马湖土巡检。雍正六年土舍安保投诚，管束夷众，无印信号纸，住牧天姑密。……所管头目二十四名，花户共六百六十七户。"

（2）雷波长官司杨氏。杨土司即阿卓土司。阿卓原为一土长之名，元季阿卓以雄杰著称（《雷波厅志》），遂以阿卓为部名。至元十三年（1276 年）元置雷波长官司，以阿卓部酋世袭长官司职。元顺帝至元元年（1335 年），并泥溪、平夷、沐川、夷都、蛮夷、雷波六长官司为三，雷波长官司当并于蛮夷司。明洪武四年，阿卓土长匹夜随安济归附，明仍置雷波长官司，赐其姓杨，以为世袭长官。清康熙四十三年（1704 年），阿卓十三世孙杨喇哇投诚，授雷波千万贯正长官司，颁给印信号纸，住牧千万贯。雍正六年（1728 年），云南米贴夷妇陆氏戕云南官兵，诱附近结觉、阿路等夷人作乱，杨喇哇之孙杨明义助逆，四川提督黄廷贵率军剿平之，革去土司职衔，不准承袭，次年改土归流，置雷波卫。田其继母杨沙氏幼弟杨明忠助顺，"复赏给土千总（正六品）职衔，未经请领印信号纸，住牧沙氏沟"（《土官底簿·马湖府》）。乾隆二十六年（1761 年），置雷波厅，设通判治之，而杨氏袭土职如故。咸丰、同治年间，土千总杨石金助官军作战有功，同治四年赏还千万贯正长官司原职，颁给印信号纸。其后有杨德寿、杨忠廷、杨先烈诸世袭职。1927 年杨先烈病死，其女杨代蒂袭职。

（3）蛮彝长官司文氏，蛮彝司即今秉夷场，地在屏山西一百二十里中都河与金沙江汇流处。其上五里为西宁河与金沙江汇流处，为马湖地区水陆交通要冲。

《蜀中广记》卷三十六马湖府引《土夷考》说："蛮夷司，民少夷多，故以名司……有征调，可得夷兵六千。"《读史方舆纪要》卷七十三马湖府说：蛮夷长官司，"文氏世守其地，编户二里"。元世祖至元十三年（1276 年）设马湖路总管府，以文氏为蛮夷司长官，世守其地。明太祖洪武四年，马湖路总管"安济令男安本带领各司土官王麒等赴京"（《明史·四川土司传》）投诚，诏授文氏怀远将军、承直郎，世袭蛮夷司正长官。清世祖顺治九年（1652 年），第十六代土司文凤鸣与各土司同赴嘉定州投诚，敕授昭信校尉，世袭蛮彝司正长官，颁给印信号纸。约在同治以后绝嗣。

（4）泥溪长官司王氏。泥溪在屏山西泥溪沟之西岸，距县城四五里。《蜀中广记》卷三十六马湖府引《土夷考》说："泥溪，傍府而居（按马湖府治原在蛮夷司溪口之南岸，元成宗大德四年迁于泥溪司东今屏山县治），其东西北三面，连接乌蒙与罗、回杂处，所受田赋与华民一体奉征调，可得夷兵三百人，受宁戎巡检司约束。"《读史方舆纪要》卷七十三马湖府说："泥溪长官司，王氏世守其地，编户三里。"王氏亦系当地土酋，洪武四年，"安济令安本带领各司土官王麒等赴京"投诚，王麒当即泥溪司长官。清世祖顺治九年，土司王嗣传投诚，敕授武略将军，世袭司正长官。顺治十八年横江四屯夷人陈奎、郑土道劫掠叙府和马湖一些地方，土官王嗣续佐官军围攻，四屯悉平。咸丰三年，王氏绝嗣。

泥溪长官司印

（5）平夷长官司王氏。平夷为屏山西九十里之一乡镇，位于金沙江北岸，隔江与云南绥江县治相望。唐僖宗乾符二年（875 年），西川节度使高骈筑城于此，号平夷。绥江原为平夷司副长官治所，故原名副官村。《读史方舆纪要》卷七十三马湖府说：平夷长官司，"王氏世守其地，编户一里"。由于文献记录缺略，王氏在元代史事不可考。明太祖洪武四年，土司王元寿与安济归附，次年敕授承直郎，世袭平夷长官司。敕命文曰："奉天承运皇帝圣旨，王元寿授承直郎平夷长官，子孙世袭……"（《叙州府志》）永乐元年（1408 年），其子王宣袭职。清世祖顺治九年（1652 年），土司王长才投诚，敕昭信校尉、承直郎，颁给印信号纸，住牧平夷。至光绪以后，土司名存实亡，其地为流官统治（嘉庆《四川通志·土司三》）。

（6）夷都长官司夷氏。夷都，即中都，为屏山、沐川、马边交界之一重镇。明万历十七年讨平邛部、黄螂、雷波诸夷之后，改夷都为中都。据《屏山县治》卷五《人物志》和陕西按察司金事富顺何钟《夷氏家祠记》所载：元世祖至元十三年置夷都长官司，封夷惊为进义校尉，夷都七村都大使。元顺帝至元二年（1336 年）并马湖府六长官司为三，夷都并于沐川，命夷氏为世袭副长官。明洪武四年夷氏随马湖路总管安济投诚，仍以其袭沐川司副长官，封承直郎。（《屏山县志·边防》）清康熙后绝嗣。

（7）沐川长官司悦氏。沐川原为屏山之一乡，因沐水而得名。《蜀中广记》引《土夷考》说："沐川司，东界宜宾，北界犍为，南界泥、平、蛮三司，西抵建昌、越嶲、邛部。"《读史方舆纪要》卷七十三《马湖府》说：沐川长官司，"悦氏世守其地，编户二里"。《悦氏先祖历代职官纪略叙》曰："遐稽我（祖），肇自汉朝，至宋时佛祖猎曲公、猎朴公、庭印公，得道为神，始都沐阳，护乡救民，利人济物，镇金江而妖氛全消，奠龙湖而逆焰永靖。汉封神，宋封佛，祀重千秋，显于明，盛于清，恩垂百代。其佛祖以下先祖名讳渺不可稽，谨自大明定鼎之初，我十五代祖德宗公首先投诚云云。"① 悦德宗投诚（洪武四年），诏授昭信校尉、承直郎，世袭沐川正长官司。清顺治九年，土司悦哓瞻赴嘉定投诚，仍颁给印信号纸。同治七年，悦绍裔绝嗣，土司遂废。

清统治者继承明代改土归流之政策，除明万历十七年设置的屏山县外，又于乾隆二十六年（1761 年）置雷波厅，二十九年（1864年）置马边厅，嘉庆十三年（1808 年）置峨边厅，派流官进行统治。流官之下仍设土司土目。如雷波厅所属有千万贯土千总杨氏、土舍杨氏、土舍安庆泰、黄螂土舍国氏等。马边厅所属有明州乐、油石洞、旁阿姑、大羊肠、腻乃巢、挖黑、阿招、乾田坝、麻柳坝、撕栗坪等土百户和冷纪土外委，皆承领号纸，但无印信。峨边厅所属有岭夷十二地和赤夷十三支头目。十二地头目为：豹岭岗头目，赐姓高；赶山坪、苦竹园头目，赐姓泽；阿叶坪、瓜家岗、麻衣塔头目，赐姓惠；

---

① 方壮猷：《蛮夷司文等九土司家谱》，《边政公论》（第 4 卷）1945 年第 7、8 期合刊。

牛跌蛮头目，赐姓周；龙竹山头目，赐姓夏；雪都都头目，赐姓万；芭蕉沟、象鼻子、龙胆；底鱼堡头目，赐姓华；小板房、大板房、水子池、撕栗坪、马鞍丘头目，赐姓年；阴山坪；牛心山头目，赐姓海；月落山头目，赐姓宇；盐井溪头目，赐姓成；桃子沟头目，赐姓平。此十二家，原属暖带密岭氏，故称作岭夷。皆嘉庆十三年（1808年）剿抚投诚，选放头目，各给委牌一张，并未赏给顶戴，不承袭，于本支内选放顶充。赤夷十三支中，嘉庆十三年（1808年）剿办后给委牌的只有四家：胆巴家，领头目四，赐姓边，住牧西河；蜚瓜家，领头目二，赐姓封，住牧大木瓜；魁西家，赐姓华，住牧主马；哈纳家，领头目三，赐姓海，住牧西河。

综合全文所述：元统治者在宪宗三年（1253年）平大理国，次年继续扫荡西南，凡降附诸部豪酋皆分别授予宣慰使（从三品）、宣抚使（从四品）、安抚使（从五品）、招副使（从五品）、总管（从四品）、长官（正六品）等职，令与流官共同管辖"蛮夷"之地。黄茅埂以西地区，在落兰部土长建蒂并有诸部的基础上，于至元十二年析其地置总管府五、州二十三，设罗罗斯宣慰司以统之，委任安氏为建昌路世袭总管和罗罗斯宣慰使，以其所节制的阿都、沙骂等部土长为下属州县长官，黄茅埂以东的小凉山地区，于至元十三年置马湖路总管府，以马湖部"蛮主"为总管，设置泥溪、平夷、蛮夷、夷都、沐川、雷波六长官司隶之，以其地土酋为长官。

明代"踵元故事"，"西南夷来归者即用原官授之"。唯因其推行卫所制度，原罗罗斯宣慰司安氏被封为建昌卫军民指挥使，而其所属四十八部土长被封为四十八马站火头。在小凉山之地，明改马湖路为马湖府，仍以原总管安氏为土知府。下辖泥溪、平夷、蛮夷、沐川四长官司（按：原雷波长官司并于蛮夷司，夷都长官司并于沐川司），仍封其土长为长官。弘治八年马湖府改流，唯四长官司依然如故。

清代大量封授土职，先后置邛部宣抚司、沙骂宣抚司和河东、阿都（正、副）、平夷、蛮夷、泥溪、沐川等长官司以及暖带密土千户、暖带田坝土千户、千万贯土千总等数以十计的土目头目。雍正初，虽在西南地区强行改流，但由于凉山社会经济基础落后，奴隶制处在上升阶段，土司土目非但未被革除，反而有增无减，后除部分因绝嗣为流官取代或因被黑彝打击而衰落外，其余多沿袭至新中国成立前夕。

（原载《社会科学研究》1981 年第 2 期）

元初罗罗斯土官宣慰使的
设置问题

至元十二年（1275 年），元统治者在今四川省凉山彝族自治州境置罗罗斯宣慰司，下辖总管府五、州二十三。由于该宣慰司设置的时间早，辖区大，民族情况和民族问题复杂，故历来为治元史及西南少数民族史的学者所关心。近年学术界在讨论该宣慰司的有关问题中，有的学者对该司设置的时间、其首任土官宣慰使之史事及其土官宣慰使之建置特点等提出了一些不同的意见，为使这些问题的讨论得到深入，笔者不揣浅陋，以此文就教于专家和读者。

一　元初设置罗罗斯宣慰司土官宣慰使的史料

据《元史·地理志》记载，今凉山彝族自治州境的少数民族，唐、宋时期自立为许多不相统属的部落，以彝族部落而论，泸沽县条曰："县在（礼）州北，昔罗落蛮所居……自号落兰部，或称罗落。"里州条曰："蒙诏时落兰部小酋阿都之裔居此，因名阿都部。"中县条曰："所居乌蛮，自别为沙麻部。"阔州条曰："州治蜜纳甸。古无城邑，乌蛮所居。昔仲由蒙之裔孙名科居此，因以名为部号，后讹为阔。"邛部州条曰："今其地夷称为邛部川，治乌弄城，昔么、些蛮居之，后仲由蒙之裔夺其地。"姜州条曰："姜者蛮名也。乌蛮仲牟由之裔阿垭绛始居闷畔部，其孙阿罗仕大理国主高泰，是时会川有城曰龙纳，罗落蛮世居焉。阿罗挟高氏之势，攻拔之，遂以祖名曰绛部。"德昌路条曰："所居蛮，号屈部。"昌州条曰："初，乌蛮阿屈之裔寝强，用祖名为屈部。"普济州条曰："卢鲁蛮世居之，后属屈部。"威龙州条曰："夷名巴翠部。"蒙古兵南下时，落兰部首领蒲德遣其侄建蒂归附，后建蒂叛元，"杀蒲德自为酋长，并有诸部"（《元史·地理志·泸沽县条》）。建蒂所并诸部，包括邛部以南至麻龙州以北之各部，其统治地域为大渡河以南、金沙江以北之广大地区。至元九年（1272 年），元军平建蒂之叛，以各部为基础上设千户。至元十二年，则"析其地置总管府五、州二十三……设罗罗宣慰司以总之"（《元史·地理志·建昌路》）。因此，罗罗斯宣慰司是以建蒂统治的整个地域为基础而设立的。

元朝设罗罗斯宣慰司以后，曾委派流官进行统治。如《元史·世祖本纪》说："至元十二年三月乙亥，谕枢密院：比遣建都都元帅火你赤征长西河，以副都元帅谭澄镇守建都，付以玺书，安集其民。"建都乃建蒂之音转，由于建蒂统一各部而统治了整个罗罗斯宣慰司的辖地，故以其名为地名，而称罗罗斯之地为建都。《元史·谭澄传》云："至元初，会西南夷罗罗斯内附，帝以抚新国，宜择文武全才，遂以澄为副都元帅同知宣慰使司事。"又《谭资荣传》曰："西南夷罗罗斯内附，帝以澄文武兼资，可使镇抚新国，以为副都元帅同知宣慰使司事。"谭澄后任该宣慰司流官宣慰使者有帖哥术、脱力世官、斡罗思。《元史·脱力世官传》云："父帖哥术……命从诸王奥鲁赤讨建都，平之，升昭勇大将军、罗罗斯副都元帅同知宣慰司事。……卒于官。脱力世官袭职，为武德将军、罗罗斯副都元帅、同知宣慰司事。"由于罗罗斯地区彝族社会经济发展落后和部落统治的传统势力强大，元统治者在任命流官宣慰使进行统治的同时，不得不安抚和利用原有的部落酋长来佐流官进行统治。用元统治者的话说，这叫"从本俗职权以行"。

因此，罗罗斯宣慰司是实行"土流兼治"的。

据清咸丰十年（1860年）所立的河东长官司长官《安世荣墓志》（下文简称《墓志》）记载，河东长官司长官安氏之一世祖，即是至元十六年（1279年）被封为罗罗斯宣慰司的土官宣慰使。《墓志》云："公讳世荣，字庭柱，世袭河东长官司兼河西抚夷理民司。其先盖滇人，元至元十六年，一世祖普卜公于云南行省平章帖木耳行辕投诚。沐雨栉风，佐开国之勋于彝鼎；披荆辟草，奠不毛之地于金汤，身经百战之劳，遂作南方之镇，特授建昌世袭镇国上将军宣慰使司宣慰使。明洪武十四年，颍国公傅、安庆侯仇、永昌侯蓝，统军征进，其五世祖讳配随军剿抚，番夷降附。"① 此是出自家承之材料，是我们用以证明元初封授过罗罗斯宣慰司土官宣慰使的重要依据。

值得注意的是，有学者认为《墓志》不能作为信史。其理由之一是，"找不到普卜在至元十六年于云南投诚的确切史料，更找不到投诚后的普卜由滇入罗罗斯百战开国的些许文字。相反，元代的许多记载都证明，罗罗斯土官宣慰使来自当地土著，并非外来的滇人。……晚清文人所撰世荣墓志的所谓滇人普卜开国罗罗斯说，有夸耀祖宗以显门第高贵之嫌，而无信史之实"。我们认为这一看法是不妥的。它的不妥是来源于对《墓志》碑文的不正确的理解。因为"于云南行省平章帖木耳行辕投诚"，不能理解为"于云南投诚"，"行辕"是派出机构，旧指统帅出征时办公的营帐或房屋。因此，云南行省平章帖木耳行辕是不会设在省城中庆（昆明）的，当时的建昌地区属于云南行省，这个行辕就设在当地。要"找普卜来云南投诚的确切史料"以及"投诚后的普卜由滇入罗罗斯百战开国的些许文字"，当然是不可能找

---

① 中国科学院民族研究所四川少数民族社会历史调查组：《凉山西昌地区彝族历史调查资料选辑》，第11页。

到的。又《墓志》中"其先盖滇人"一句，系追溯渊源的话，其意是指安氏（包括一世祖普卜在内）的远代祖先是从云南方面北迁罗罗斯的。不应该把这句话直接理解为普卜就是滇人，就是当时从云南迁去的。据传说，凉山地区的彝族是古侯、曲尼之后裔，而古侯、曲尼是从云南迁到凉山地区的。传说不尽可信。不过，《元史·地理志》追述凉山彝族各部落的历史时，就明确记载了今云南地区的彝族北迁的史实。如建昌路条说："懿宗时，蒙诏立城曰建昌府，以乌、白二蛮实之。"此乌、白二蛮，无疑是南诏由云南强迫迁去的彝族、白族。又麻龙州条说：所居蛮为"乌蛮蒙次次之裔，祖居闽畔东川，后普恐迁苗卧龙，其孙阿麻内附，至元五年为建蒂所并"。另外，从云南迁去的彝族，在罗罗斯地区扎根并形成称强一方的独立的部落，不能说他们不是当地的土著，而是外来者。

其理由之二是说，《墓志》"这条晚近的史料经不住其他史料的检验"。而这一说法也是不能成立的。下面就让我们来做一番具体的检验吧。

第一，《墓志》所说"元至元十六年一世祖普卜公于云南行省平章帖木耳行辕投诚"，事有所本。至元十五年罗罗斯地区爆发以谷纳为首的反元斗争，如《经世人典·招捕录·罗罗斯》说："至元十五年（1278年），定昌路总管谷纳叛，迁入八只巴砦为贼，八刺郡、安古马、杨古剌、乞剌蒲等皆应之。毁桥梁，取仓粟，夺驿马及屯田牛。明年（按：当是至元十七年）官军击斩谷纳。"又《元史·世祖本纪》说："至元十七年二月丁丑，答里不罕以云南行省军攻定昌路，擒总管谷纳杀之。"这次反抗战争持续近三年之久，得到建昌地区各族的响应，至元十六年安普卜向云南行省平章帖木耳行辕投诚，当与其参加这次反抗战争有关。而其被封为镇国上将军宣慰使，也可能是由于在这次战争中倒戈，并佐官军擒捕谷纳而以功授职。为什么他要向云南行省平章行辕投诚呢？因元统治者于"至元十五年二月己酉改罗罗斯宣慰司隶云南行省"(《元史·世祖本纪》)。据元御史郭松年《创建中庆路大成庙碑记》载：至元十六年云南行省平章赛典赤卒，"诏平章政事（按：指中书省平章政事）脱脱木儿继领省事"（万历《云南通志·云南府庙学》）。汪辉祖《三史同名录》说脱脱木儿又可译作脱帖木儿。二者为译音异字。《元史》卷十三《世祖本纪》载，至元二十二年的云南省臣系脱帖木儿。此当即至元十六年继领省事的脱脱木儿，也就是《墓志》中的帖木耳。《墓志》当夺一"脱"字，这种失误在古今文献中是常见而不足为奇的。这就是说，安普卜于至元十六年向云南行省平章帖木耳（应为脱帖木儿）行辕投诚，不但符合当时建昌战事的进程和结果，也是经得住《元史》、元御史郭松年《创建中庆路大成庙碑记》等元代的史料检验的。

　　第二，让我们再拿明代的材料来看看吧！《墓志》说安普卜系"建昌世袭镇国上将军宣慰司宣慰使。明洪武十四年颍国公傅，安庆侯仇，永昌侯兰统军征进，其五世祖讳配随军剿抚，番夷降附，十五年入觐，改封诏勇将军"。这与明曹学佺《蜀中广记》卷三十四引谭希思《土夷考》所载的材料相映证。《土夷考》说："洪武十四年（1381年），镇国上将军罗罗斯宣慰使安普卜之孙配率众归附，遂以招安旁夷有功，授昭勇将军……"以上两条不同的材料，都说安普卜是镇国上将军宣慰使司宣慰使，都说安配是安普卜之裔孙；又都说安配于洪武十四年归附而被封为昭勇将军。这当然不是巧合。《土夷考》是史料价值很高的文献史料。它是谭希思官蜀时命布政史官取全蜀土司土府绘图立说总合而成的，刻于万历二十六年（1598年），其所据为各土司土府的家谱及档册。《墓志》所载安普卜及安配事与其吻合，说明《墓志》和《土夷考》所载，皆同系出自安氏土司的家谱和档册。《墓志》说"明洪武十四年颍国公傅、安庆侯仇，永昌侯兰统军征进"事，也是有明代史料相证的。《明实录》说："洪武十四年九月壬午朔，上御奉天门命颍川侯傅友德为征南将军、永昌侯蓝玉为左副将军……统率将士往征云南。"又《墓志》关于洪武二十年安的勠力出战月鲁帖木儿事，亦见于《明实录》（具体为《太祖洪武实录》卷217第4卷上；卷219第1—2页，卷222第4页下）和《明史·四川土司传》的记载。《明史·四川土司传》说："洪武二十五年，致仕指挥安配贡马，诏赐配及其把事五十三人币钞有差。已而，月鲁帖木儿反……率众攻城，指挥使安的以所部兵出战，败之，斩八十余级，擒其党十余人。"怎么能说《墓志》"经不起元代以后的史料的检验"呢？

第三，《墓志》也经得起清代史料的检验。《墓志》说："顺治改元，远人向化，其十三世祖讳泰宁十六（1659年）缴印纳款，仍总管宣慰司事务。"嘉庆《四川通志》所记与此相同，该书说："河东长官司安氏，顺治十六年投诚。"（嘉庆《四川通志·土司志》）又《清史稿·土司传》说，顺治十六年，安泰宁"呈缴明印"。

因此，说《墓志》"经不起元代以后的史料的检验"，显然是不符合客观历史实际的。难道说《土夷考》《明实录》《明史》、嘉庆《四川通志》都不算是元代以后的史料吗？

综上所述，我们认为《墓志》除某些吹嘘先人业绩的谀辞以外，不失为研究罗罗斯土官问题的信史。根据《墓志》等的记载，我们认为元初是设过罗罗斯土官宣慰使的。充任这个宣慰司土官宣慰的，就是后来河东长官司安氏的先祖安普卜。

二 关于安普卜其人的史事

认为《墓志》"经不住历史事实的检验，与基本的史实不符，难以作为罗罗斯土官宣慰使设于元初说的支柱"的人，还有一个重要的论点，就是认为"安氏祖先以云南人来建昌立功升官的时间，是在明初，而不在墓志所说的元初"。其根据有三：一是道光《宁远府志》"河东长官司安玉枝，系云南人。明时随征月鲁帖木儿，留建昌授宣慰使"的记载；二是道光《土司纪要》所说的"河东长官司一员安平康。钦差断明：长袭河东，次袭河西。该土司之祖安普卜，原籍大理府人，前明奉征月鲁帖木儿，有功留守建昌，授宣抚司之职"；三是 20 世纪初，在四川米易县发现的所谓"明洪武二十五年（1392年）立的《萨连安氏宗祠碑》"① 所描述的同如上述的阿普卜的事迹。在上述的三种材料中，尤以《萨连安氏宗祠碑》为其主要的依据。因此，进一步的讨论不得不从这个碑文的可信价值开始。

1982 年，笔者曾在中华书局出版的《文史》杂志第 15 集上发表《四川米易萨连〈偍偍安氏纪功碑〉质疑》一文，对此碑进行全面的辨伪，为讨论安普卜其人的史事，有必要再对《萨连安氏宗祠碑》（下文简称《宗祠碑》）做一番考究。

其一，《宗祠碑》记述米易土官安氏家族接受封职的原因和过程，涉及的时间为洪武二年（1369 年）至二十五年（1392 年），涉及的空间包括西至云南腾冲，南至景东，东至武定、元谋，北至建昌（即今西昌）的滇、川广大地区，涉及的族别包括傣族和彝族。考察它的内容，我们认为此碑内容几乎无一可信。

该碑末刻有"洪武二十五年五月朔五日，诸弟兄子侄……同立"的字样，但它绝不可能立于此时。这一点，陆翔在其译文注释中早已指出。他说："碑文称太祖高皇帝，则此碑之立当在太祖已崩之后，且细察原所附拓片摄影片，'洪武廿五'四字粗大，似后来改凿者。疑此碑立于建文朝，后靖难兴师，成祖革除建文年号，故改凿欤！"陆翔改凿之说有理，但笔者认为它不可能立于建文之时。因碑文中有

---

① 此碑亦称《偍偍安氏纪功碑》，见开明书店出版的齐鲁大学国学研究所丛刊之二《国闻译征》。

"大侯州"（今云县）字样。据明《景泰云南图经志书》载，大侯州"亦名孟祐，元时属麓川路，今洪武十七年（1384 年）归附，三十四年开设大侯长官司，后改为州"。其改州在宣德三年（1428 年），《宣宗宣德实录》说："宣德三年五月戊午，升云南大侯长官司为大侯州。"（亦见《明史雪地理志·云州》）因此，说该碑立于建文时是不足为信的。又碑文中有"腾冲卫"字眼，而该卫置于正统十年（1445 年）。《明实录》说："正统十年（1445 年）三月庚辰，设云南腾冲军民指挥使司。"（《英宗正统实录》，亦见《明史·地理志》）故该碑当刻于正统十年三月之后。因此轻信它为洪武二十五年所立，说它比《墓志》的时间早四百六十年，这是一个不应该有的失误。

其二，该碑谓："土游击刀佩于洪武二年随同颍国公傅、黔国公沐，三载平定云南获功，奉命改赐姓陶，名承思，管理景东，世袭知府事。"考傅友德等率明兵征滇，如《安世荣墓志》所言是洪武十四年（1381 年），而非洪武二年。《明实录》载："洪武十四年九月壬午朔，上御奉天门命颍川侯傅友德为征南将军，永昌侯蓝玉为左副将军，西平侯沐英为右副将军，统率将士往征云南，友德等既受命。"（《太祖洪武实录》）明军平定云南的时间，显然不是洪武三年，而是十四年进征，十五年平定。《明实录》谓："洪武十五年春正月甲午，遣使谕征南将军颍川侯傅友德、左副将军永昌侯篮玉、右副将军西平侯沐英曰：比得报，知云南已克。"（《太祖洪武实录》）对于这样显而易见的谬误，是不应该为治史者所避而不辨的。

其三，《宗祠碑》称：

嗣以四川所属建昌一带地方，草寇扰攘多年不息，文武会题，经圣上降旨，仍差颍国公率师扫荡，奉差催督各路土司发兵征讨。景东土知府陶承思亲领家兵九千前赴征剿，途中染病难行，所有统带家兵，请余带住前征。余兄弟叔侄四人受此重任，不辞劳苦，愿与国家效犬马之劳，当即接受兵权。复蒙颍国公傅

给予剿虏游击札符各一道，统兵随前锋总兵官陈万策前行，至武
定府元谋县，弟侄与亲族七人分兵六千，两路围攻，前出南仓盐
井，余自率亲族三人，家兵三千，跟随大师，直抵叛保月鲁巢
穴，困守三载，余侄阿普卜（按：此即上文所指的安普卜）由后
路左冲右击，大破贼寨，活擒保王月鲁。

这段碑文是持上述观点的人用以否定安普卜是元初人的主要根
据。他们认为此碑描述的"阿普卜"，也是明初由云南来建昌立功升
官，而非墓志的元初。对此，我们只能说这个主要根据是靠不住的。
因为这段碑文完全是虚构的，明代的确凿记载说明：指挥平定月鲁帖
木儿者，并非"颍国公傅"和"总兵官陈万策"，而是都督聂纬、都
指挥使瞿能和总兵官凉国公兰玉等，生擒月鲁的也不是所谓的"阿普
卜"，而是百户毛海，元初的安普卜（即阿普卜）怎么会参加明初平
定月鲁的战争呢？实际上，参加平月鲁的不是安普卜，而是他的五世
后裔安配之弟安的。请看下面这些记载吧！

洪武二十五年夏四月戊寅，诏都督聂纬等总兵讨月鲁帖木
儿……云南、贵州、四川三都司从征军马悉听节制。（《太祖洪武
实录》卷二一七）

洪武二十五年四月癸丑，建昌卫指挥使月鲁帖木儿、绎忽乐
等叛，合德昌、会川、迷易、柏兴、邛部并西番土军，杀官军男
女二百余口，掠屯牛，烧营屋，劫军粮，率众万余攻城，指挥使
安的以所部兵开东北门出战，败之，斩首八十余级，获马五匹，
擒其党十余人。贼退屯阿宜河，已而，转攻苏州。（《太祖洪武实
录》卷一四一）

洪武二十五年秋七月，癸未，四川都指挥使瞿能率各卫兵讨
月鲁帖木儿至双狼寨，攻破之，擒伪千户段太平等，其众大溃。
月鲁帖木儿遁去，能督兵追捕进攻托落等寨，拔之。月鲁帖木儿

复遁走，能复追之，转战而前，破水寨关及上區寨，进至打冲河三里所，与月鲁帖木儿遇，大战，又败之。俘其众五百余人，溺死者千余。(《太祖洪武实录》卷二一九)

洪武二十五年冬十一月甲午，总兵官凉国公兰玉率兵攻柏兴州，玉间遣百户毛海以计诱致月鲁帖木儿并其子胖伯，遂降其众，遣人送月鲁帖木儿至京师，伏诛。(《太祖洪武实录》卷二二二，亦见《明史·四川土司传》)

建昌指挥使月鲁帖木儿叛，诏移民讨之。至则都指挥瞿能等已大破其众，月鲁走柏兴州。玉遣百户毛海诱缚其父子，送京师诛之，而尽降其众。(《明史·蓝玉传》)

以上材料说明，《宗祠碑》所载阿普卜等平月鲁战事，与实际风马牛不相及。以此碑为否定罗罗斯土官宣慰使设于元初的主要根据，是毫无说服力的。

其四，《宗祠碑》说，在乎月鲁之后，"承蒙颍国公傅，蜀主殿下暨叙功会题，奉旨安立五卫八所，设官招民，赏赐札赐。余世袭会川卫守御司迷易所正千户印务，自放百户八名，改兵为民，婚娶耕种，各守界限。二弟阿混泥为喇吗正长官司，所辖几处马头，远制南仓地方。三弟阿混散为土游击，分驻腾冲卫大侯州，统束威远、镇远二州，并辖三处长官司。侄阿普卜威镇凉山，留守建昌卫所，世袭宣慰司。……余弟兄叔侄十二人赴京朝觐，叩受圣恩，敕余更为安姓，赐名伏成。所有弟兄叔侄，一律更为安姓……"这段碑文所述亦与史实完全不符。第一，会川迷易守御千户所虽置于洪武二十五年十二月乙未[①]，但所封土官并非因征月鲁而从云南来的功臣。《土夷考》说：迷易"土官姓贤，远祖阿骇，原籍云南景东府，僰夷头目，因本处无田，带领夷民前来迷易趁田住种，洪武十六年，随军征进东川、芒部

---

① 《太祖洪武实录》卷223说："洪武二十五年十二月乙未，置会川卫迷易守御千户所。"

二府，杀贼有功归附，赴京钦授迷易所世袭副千户。"① 这就是说，迷易土官是因"住种"而由景东自然迁徙而来迷易的，根本不是因应征月鲁而来，更不是因征月鲁有功而得以授职，其先阿骇早已在元代迁来该地，因于洪武十六年随征东川、芒部二府有功，而得以授职。《宗祠碑》所说是没有根据的。第二，所谓喇吗长官司，即马剌长官司，其地在今盐边惠民。考马剌长官司亦为世袭土官，也非因从景东应征去建昌平月鲁而以功授职，且该长官司的设置，并不在洪武二十五年平月鲁之后，而是在永乐之初。《明史·四川土司传》（卷三一一"盐升卫"条）说："永乐五年该马剌长官司，其村落多白夷居之。长官世阿氏，洪武时归附，授世职。"《土夷考》卷三说："瓦剌（即马剌）长官司土官姓阿，始祖原系本处土人，洪武间归附，助饷有功，授以长官职衔，子孙世袭。"故该碑所谓二弟阿混泥从景东应征来建昌平月鲁以功授职毫无根据。第三，所谓"阿混散为土游击，分驻腾冲卫大侯州……"亦为不实之词。正如上文所述，腾冲卫并不设于洪武之年，而是设于正统十年三月（按：是年所设的腾冲军民指挥使司，可以简称为腾冲卫）。若其文不是指此时所置的腾冲军民指挥使司，那就只能是指年代更晚的嘉靖之时的腾冲卫。《明实录》说，"嘉靖十年（1531年）十二月壬寅，改云南腾冲军民指挥使司为腾冲卫。"（《世宗嘉靖实录》，亦见《明史·地理志》）又大侯州置于宣德三年（1428年），"以土官刀奉罕为知州"（《宣宗宣德实录》）。此二卫、州洪武之时未立，何谓有土游击阿混散分驻？又"威远州蛮名孟磨，又名惠蒙陇，元初立碌必陇管民头目，后改为威远州，今洪武十八年归附，二十六年仍立为州"（《云南图经志书》）。此州自元迄明皆有土官管辖，洪武三十五年（即建文四年，1402年）"以土官刀算党为威远知州"（《明史·云南土司传二》）。刀算党为世袭土职。又镇沅州"旧为威远州之地，洪武三十三年，其州土官刀混孟据其地

---

① 《四川土夷考》卷3，北京图书馆（现国家图书馆）馆藏显微胶卷。

叛，西平侯剿平之，立为镇沅州，以元江军民府土官千夫长刀平领州事"（《景泰云南图经志书》）。《土官底簿》说："刀平，百夷人，云南元江府因远罗必甸长官司民，世袭土官总管，专一管集操练。洪武三十四年总兵官奏准开设镇沅州，升本州知州。"此二州土官皆系当地世袭土酋，又何以受阿混散土游击统束？大量史实证明：《宗祠碑》关于安伏成、阿混泥、阿混散、阿普卜弟兄叔侄的记述系不实之词。

总的来说，《宗祠碑》的谬误，不止上述四点，笔者已著专文一一罗列，在此限于篇幅，恕不多赘。由于通篇不实之词，此碑实属伪作，它是证明不了安普卜是所谓"明初由云南来建昌立功升官"的结论的。该碑夸耀安氏弟兄叔侄的征"傈"功绩，号召"歼殄蛮傈"，反映了明代建昌地区傣族和彝族之间存在的矛盾。它所言事实，当是因为安伏成要为其族（傣族）扩张地盘，向彝族统治阶级争夺土地和辖疆而编造出来的。

关于道光《宁远府志》和《土司纪要》关于安普卜的材料，由于其所述内容完全如《宗祠碑》一样，与史实不符，如亦说什么安普卜是"前明奉征月鲁帖木儿有功留守建昌"，而且互相矛盾，一说安被"授宣慰使"，一又说他被"授宣抚司之职"，一说河东长官司安玉枝"系云南人"，一说河东长官司之祖安普卜"原籍云南大理府人"，所以已不值得我们一提。

另外，否定安普卜是元初首任罗罗斯土官宣慰使的人还有另外的一个说法，就是认为罗罗斯土官宣慰使是土著，而不是安普卜这样的外来的"滇人"。在此，我们暂且不论历史上有没有外来者被封为土官的情况，只需要提及一点，即除《宗祠碑》及道光《宁远府志》和《土司纪要》之外，谁也没有说过安普卜不是土著。已如前述，《墓志》说安氏"其先盖滇人"，并不等于说安普卜就不是土著。历史上不是有许多滇籍的人（包括汉族、彝族或其他民族），迁到罗罗斯后，都逐渐变成当地土著的例子吗？南诏于今西昌"立城曰建昌府，以乌、白二蛮实之"（《元史·地理志·建昌路》）。这些从云南迁去的乌、白蛮，后来不都是变成了当地的土著了吗？"太和六年（832 年），李德裕徙嶲州（今西昌）治台登（今冕宁），以夺蛮险。其后（咸通十年，869 年）陷于蒙诏，以乌蛮酋守此，后渐强，自号落兰部或称罗落。"（《读史方舆纪要》卷74《建昌前卫指挥使司·泸沽废县》）这里所说的乌蛮酋，一般学者认为即是从洱海区迁去的乌蛮首领。请问能说罗兰部不是当地的土著吗？安世荣之先，当是南诏时代从云南迁去的乌蛮酋长，其后裔发展成为落兰部的首领，而安普卜可能就是元初罗兰部的首领之一。因此，不能根据所谓"其先盖滇人"就断言安普卜不是在相当长的历史时期中"世长其民""世守其土"的土酋，因而他也就不能成为罗罗斯的土官宣慰使。

综上所述，由于《宗祠碑》不可信，而道光《宁远府志》《土司纪要》所述安普卜事迹与《宗祠碑》完全一样，都与史实背道而驰，所以不能据此断定安普卜是所谓"明初由云南来建昌立功升官"的"滇人"。与此相反，上述材料说明他是元初人的反证。否定他是土著，否定他是元初罗罗斯宣慰司的土官宣慰使，都是于史无据的。

三　关于罗罗斯土官宣慰使的建置特点

有的学者著文论证罗罗斯土官宣慰使的建置特点为"不止一家"，也就是说，该宣慰司的土官宣慰使是由同一时期、住在不同地区、属于不同民族的多家土官来担任的。这个看法也值得商榷。

这一看法的根据，一是认为至顺元年（1330 年）的"罗罗斯权土官宣慰撒加伯"（《元史》卷三十四）与泰定三年（1326 年）献方物的"西番土官撒加布"（《元史》卷三十）及致和元年（1328 年）

附元的"云南土官撒加布"（《元史》卷三十）是一人，他与至治三年（1323年）"权领司事"（《元史》卷二十八）的述古妻不是一家。胡庆钧先生与笔者于《民族研究》1980年第5期发表《元初未设过罗罗斯土官宣慰使吗？》一文，论及撒加布、撒加布、撒加伯三者并非一人，兹不赘述，至于所谓撒加伯与述古妻漂末不是一家的推论，我们亦不敢苟同。因为没有确凿的史料作为根据，只从"在漂末被任命为罗罗斯代理土官宣慰的七年（应为六年）之后，又在罗罗斯任命了一个新的代理土官宣慰使，其名字叫撒加伯……而当此之时，女代理土官宣慰使漂末尚未老死，其子娑住邦尚未袭任"得出这样的结论，是不能令人信服的。《元史》只有至顺元年（1330年）五月己未，罗罗斯权土官宣慰撒加伯、阿漏土官阿剌、里州土官德益叛，附于禄余（《元史》卷三十四）的记载，而未说他在何时被任命为"代理土官宣慰使"，也没有说明他被任命为"权土官宣慰"的原因；同时也没有材料说明漂末在此时"尚未老死，其子娑住邦尚未袭任"，怎么就能由此得出他们不是一家的结论呢？

二是认为洪武五年和洪武十六年归附明朝相距十一年时间的两个土官宣慰使安定、安配"并非一家"。理由是安定归附后"对建昌并无决定影响"，因此，他与安配"并非住居一地"。不错，《明史·四川土司传至建昌卫》有"洪武五年，罗罗斯宣慰安定来朝，而建昌尚未归附"的记载，但怎么能由此得出安定不住建昌的结论呢？当时的罗罗斯尚在月鲁帖木儿的控制之下，怎么能要求一个实际未掌建昌地方实权的土官宣慰使对建昌有决定性的影响呢？历史情况是多么的复杂啊！不考虑月鲁帖木儿控制着建昌地区的实际，只根据某一点就做出结论是不能取信的。另外，安定、安配的归附的确只相隔了十一年，但何以又能由此得出不能是一家的结论呢？

三是认为"罗罗斯土官月鲁帖木儿一例是只此一家说的难以逾越的障碍"，说"元末罗罗斯的最高土官并非宣慰使安定、安配、剌羡，而是云南行省平章月鲁帖木儿。按元朝官制，行省平章即行省的第二省长"。又说，月鲁帖木儿"于1832年归附明朝，即被任命为建昌土指挥使"。这些推论是不符合史实的。下面让我们来看看关于月鲁帖木儿的有关记载吧！

"洪武十五年（1382年）冬十月壬寅，故元平章月鲁帖木儿等自云南建昌来朝，贡马一百八十匹，并上故元所授符印。诏赐月鲁帖木儿袭衣靴、袜、家人棉布一百六十匹。"（《明太祖实录》卷一四九）

"洪武十五年十一月……甲寅，赐故元来降乎章月鲁帖木儿及其官属钞二千四百四十锭。"（《明太祖实录》卷一五〇）"（洪武十五年）以月鲁帖木儿为建昌指挥使，月给三品俸赡其家。"（《明史·四川土司传》）

据《明太祖实录》记载，在月鲁帖木儿投诚之后，洪武十五年"十二月乙未，故元建昌行省参政力德威石等五十七人并其家属二百七十人自云南来朝，献马三十匹……月给薪米以赡之"（《明太祖实录》卷一五〇）。此所谓"建昌行省"，前人已有考之，盖为梁王据云南时所设。① 所谓"故元平章月鲁帖木儿"，即指月鲁任过建昌行省的平章。云南行省平章只有一员，不能认为月鲁帖木儿为云南省平章，并称他为"第二省长"。认为他是"元末罗罗斯的最高土官""建昌土指挥使"也是不对的。因为月鲁帖木儿从未戴过所谓"土官"的帽子。历史上也没有所谓他是"土指挥使"的记载。②

从以上三点来看，"不止一家说"是不能成立的。

据《元史·地理志·建昌路》载，唐"懿宗时，蒙诏主城曰建昌府，以乌、白二蛮实之。其后诸酋争强，不能相下，分地为四，推段

---

① 参见方国瑜《彝族史长编》，出版名为《彝族史稿》，四川民族出版社1960年版。
② 法人亚陆纳认为他"是元宗室"（见1901年《亚洲学报》）。汪辉祖《三史同名录》指出元史以月鲁帖木儿为名者有十余人。汪继培释耀里铁木儿亦作月鲁帖木儿。《元史》卷34说："罗罗斯土官撒加伯合乌蒙蛮兵万人攻建昌县，云南行省右丞耀里帖木儿拒之，斩首四百余级。"又说：天历二年（1329年）八月辛亥，云南跃里帖木儿以兵屯建昌，执罗罗斯把事曹通斩之。"这个跃里帖木儿就是梁王时担任建昌行省平章"的月鲁帖木儿。

兴为长"。这就是说，唐时建昌地区存在部落分立称强的局面。至大理时期，段兴之"裔浸强，遂并诸酋，自为府主，大理不能制"。这说明原来分立的各部（如落兰、邛部、沙骂、阿都等），曾被段兴之裔所统一。但段氏裔孙的统一并不持久。元宪宗时，落兰部酋建蒂称雄，"并有诸部"（《元史·地理志·泸沽县》），又实现了地区性的统一。"元宪宗朝，建蒂内附，以其婿阿宗守建昌。"（《元史·地理志·建昌路》）这说明元统治者是利用落兰部的势力来统治这个地区的。后来，建蒂反叛，"至元九年平之"（《元史·地理志·永宁州》）并于"十二年析其地置总管府五、州二十三，建昌其一路也，设罗罗斯宣慰使以总之"（《元史·地理志·建昌路》）。所谓"析其地置总管府五"，说明当时建昌地区（相当于今凉山州黄茅埂以东之地）整个都在落兰部的控制之下。平建蒂之后，落兰部的势力虽然遭到打击，但其部落统治的传统势力是不会因此而退出历史舞台的，元朝不得不重新利用它的统治家族成员来进行统治，尽管这些成员是参加反叛的首领，也不得不封给他们以土职，实行这种安抚原有土官的政策，当然并不取决于元朝统治阶级的愿望，而是由当地彝族落后的社会经济基础决定的。因为土长政权是适应这种基础的上层建筑。我们认为安普卜是元初落兰部家族的一个成员，《墓志》说：他于至元十六年以功被授予"建昌世袭镇国上将军宣慰司宣慰使"。这反映了历史的必然。从落兰部"并有诸部"统治了整个建昌的史实来看，罗罗斯土官宣慰使只能由落兰部的统治家族来担任，由多家来担任是不可能的。

（原载《思想战线》1984 年第 3 期）

四川米易萨连《倮倮安氏纪功碑》质疑

1907年，法人亚陆纳（M. Iecommandant D'ollone）于四川米易萨连土署中得一刻石，以其为明洪武时代的珍品，进行拓片和考释，写成《倮倮安氏纪功碑探访记》，于1910年《亚洲学报》第十编第十六卷刊出。后经陆翔译载于《国闻译证》（齐鲁大学国学研究所丛刊之二，开明书店出版）。碑文说：

余自姓阿：名汪呼，字维德，生于元之至正十九年十月十五日子时，占籍云南大理人氏。因元朝暴虐，生灵不安，民殷国富而不存恤，智能之士思得明君。天从人愿，吾大明太祖高皇应瑞新兴，御驾亲率，雄师一出，元虏望风而逃。扫平中外之流寇，创成一统之天下。土游击刀佩于洪武二年随同颍国公傅、黔国公沐，三载平定云南获功，奉命改赐姓陶，名承思，管理景东，世袭知府事。余父与彼有莫逆之交，亲送陶承思赴任，被留景东，子女交婚，共成骨肉，情深意厚，相助为理。嗣以四川所属建昌一带地方，草寇扰攘多年不息，文武会题，经圣上降旨，仍差颍国公傅率师扫荡，奉差催督各路土司发兵随师征讨。景东土知府陶承思亲领家兵九千前赴征剿，途中染病难行，所有统带家兵，请余带往前征。余兄弟叔侄四人受此重任，不辞劳苦，愿与国家效犬马之劳，当即接受兵权。复蒙颍国公傅给予剿虏游击扎付各一道。统兵随前锋总兵官陈万策前行。至武定府元谋县，弟侄与亲族七人分兵六千，两路围攻，前出南仓盐井，余自率亲族三人，家兵三千，跟随大师，直抵叛保月鲁巢穴，困守三载，余侄阿普卜由后路左冲右击，大破贼寨，活擒保王月鲁。……月鲁之子名月平者，先其逃奔盐井喇吗地方为婿。阿混泥、阿混散带兵冲击，擒解赴川献捷。承蒙颍国公傅、蜀主殿下暨叙功会题，奉旨安立五卫八所，设官招民，赍赏扎赐。余世袭会川卫守御司迷易所正千户印务，自放百户八名，改兵为民，婚娶耕种，各守界限。二弟阿混泥为喇吗正长官司，所辖几处马头，远制南仓地方。三弟阿混散为土游击，分驻腾冲卫、大侯州，统束威远、镇远二州，并辖三处长官司。侄阿普卜威镇凉山，留守建昌卫所，世袭宣慰司。又蒙颍国公傅，赏扎酬功各亲族弟侄土巡捕、百户等官，阿吴、阿骇、阿刀胜、阿雷、阿混东、阿散、阿文、阿武、贾云俸九人，分土安插，各领所部兵丁，开垦田地，办纳粮差，表笺站马，逐项自纳。其迷易地方，东至龙州山顶，至金沙江界，西至打冲河界，北至可郎德昌界。余弟兄叔侄十二人赴京朝觐，叨受圣恩，敕余更为安姓，赐名伏成，所有弟兄叔侄，一例更为安姓，各名加御赏金皮敕书一道，约束盐井五所土舍，并辖昌州、威龙、普济、乌喇、倮果、怕定等处，控制东夷，操练亲兵，防范各隘，歼殄蛮保。余弟兄叔侄遵依分管地方，奏辞圣上，各回部落，抚恤下民，看守封疆，乐享升平，其各属地方，每年上纳规例金子马匹，帮贴朝觐表文之资，承传后世。尔诸子孙相继为官者，当思一脉渊源，其田地业产，各属地方，乃系皇恩分驻留守。凡我子孙，苦乐同受，毋得以强欺弱，务体吾祖宗创业之艰难，须念部落之劳苦，省刑薄税，宽以待人，远支近房，勿外同宗，谨守斯言，诚为我幸，须至传家记者。洪武廿五年五月朔五日，诸弟兄子侄同会传于祀祖堂，用泐石碑，永传后世。同立。

　　碑文记述米易土官安氏家族接受封职的原因和过程，涉及时间为洪武二年（1369 年）至二十五年（1392 年）；地域包括西至腾冲，南至景东，东至武定、元谋，北至建昌（即西昌）的滇、川广大地区；族别包括傣族和彝族。对于该碑的史料价值，我国学者在研究中早已有人做了富有卓识的论述。① 但迄今认识未能统一。为了进一步辨别该碑的真伪，笔者在前人研究的基础上，深入查考该碑所言史事，揭其不实，并论及清河东长官司长官《安世荣墓志》的史料价值，供西南地方史和民族史学工作者参考。

一

　　《保保安氏纪功碑》（下文简称《纪功碑》）令人不可置信之点，几乎涉及该碑记述的所有史事。

　　第一，该碑不可能刻于洪武二十五年。陆翔在其译文注释中指出："碑文称太祖高皇帝，则此碑之立当在太祖已崩之后，且细察原所附拓片摄影片，'洪武廿五'四字粗大，似后采改凿者。疑此碑立于建文朝，后靖难兴师，成祖革除建文年号，故改凿欤！"此说有一定道理。但仔细考察，也不可能立于建文之时。因碑文中有"大侯州"（今云县）字样。据《景泰云南图经志书》载，大侯州"蛮名孟祐，元时属麓川路，今洪武十七年归附，三十四年开设大侯长官司，后改为州"。其改州在宣德三年（1428 年），《宣宗宣德实录》说：

---

　　① 方国瑜教授在所著《彝族古代史长编初稿》（油印本）中说："碑末纪年'洪武廿五年五月朔五日立'，然此碑实不可信。碑谓明兵入滇在洪武二年，实为十四年。又谓沐英讨伐月鲁帖木儿，实为蓝玉。又谓陈万策为总兵官，未见记录，推事之大者碑谓当误。碑概弟兄叔侄十二人分管地方，出于夸大，当不可信，疑为后人撰文刻石，非洪武廿五年所作。叙事错落甚多，不待考辨也。"

"宣德三年五月戊午，升云南大侯长官司为大侯州。"（亦见《明史·地理志·云州》）因此，说该碑立于建文时不足为信。又碑中有"腾冲卫"字眼，而该卫署于正统十年（1445年）。《明实录》说："正统十年三月庚辰，设云南腾冲军民指挥使司。"（《英宗正统实录》，亦见《明史·地理志》）据此，疑该碑刻于正统十年三月之后。

第二，据《明实录》载："洪武十四年九月壬午朔，上御奉天门，命颖川侯傅友德为征南将军，永昌侯兰玉为左副将军，西平侯沐英为右副将军，统率将士往征云南，友德等既受命……"（《太祖洪武实录》卷一三九）"洪武十五年春正月甲午，遣使渝征南将军颖川侯傅友德、左副将军永昌侯蓝玉、右副将军西平侯沐英曰：比得报，知云南已克。"（《太祖洪武实录》卷一四一）由此看来，"纪功碑"所谓土游击刀佩于洪武二年（1369年）随同颖国公傅、黔国公沐征云南，并于洪武三载平云南获功，纯系不实之词。又"纪功碑"谓阿汪呼生于至正十九年（1359年），至洪武二年（1369年），其年仅十岁，何以谈得上随明军征云南获功呢？

第三，明初所封景东土知府是俄陶，而非刀佩（即陶承思）。《明实录》载："洪武十五年闰二月……景东土酋俄陶献马一百六十匹，银三千一百两，驯象二，诏置景东府，以俄陶知府事。"（《太祖洪武实录》卷一四三，亦见《明史·云南土司传》）《土官底簿·云南土司·景东府知府》载："俄陶，本府民，洪武十五年（1382年）投降，将军马匹军器，并父子前元给授金牌印信纳解，拟任景东府土知府，十七年实授世袭。"又《天启滇志·土司官氏》载："景东府土官俄陶，本府人，其先有阿只鲁，在元为景东土知府，统威远州（今景谷）及案井母龙、猛统、阿笼三甸，赐以金牌印信，陶仍其职。洪武大兵至楚雄，以通事阿哀从军纳款，大理既平，遣柳指挥宣谕景东，陶遂与柳俱至楚雄，献铠仗马匹，并元时所给牌印，因以陶为景东府知府，颁印，世其职。"这就是说，明初所封的景东土知府不叫刀佩，也不叫陶承思，而是俄陶。他在元时为世袭的土知府。他的受封是因主动归附，以通事阿哀从军纳款，并献马献驯象及元时所给牌印而得"以原官授之"，并非本人随明军征剿而以功授职。

第四，月鲁帖木儿并非"倮王"，即彝族首领，而是元末统治建昌地区的蒙古贵族。盖梁王据云南时，曾设建昌行省，以月鲁帖木儿任行省平章。《明实录》说："洪武十五年冬十月壬寅，故元平章月鲁帖木儿等，自云南建昌来朝，贡马一百八十匹，并上故元所授符印，诏赐月鲁帖木儿袭衣靴袜，家人棉布一百六十匹。"又"洪武十五年十一月甲寅，赐故元来降平章月鲁帖木儿及其官属钞二千四百四十锭"（《太祖洪武实录》卷一四九、卷一五〇）。是时，明在建昌的统治尚未巩固，为了稳定建昌，以故元平章"月鲁帖木儿为建昌卫指挥使，月给三品俸赡其家"（《明史·四川土司传》）。说月鲁帖木儿是"倮王"，纯属臆说。如果"倮王"一词在此系一泛称，那也是讲不通的，因为建昌卫指挥使所统治的并不仅是建昌地区的彝族，而且还包括白族、纳西族、西番族及阿汪呼所属之傣族，因此，我们认为这个词在此并非泛称。它可说明该碑的不实。

第五，指挥平定月鲁帖木儿者，并非"颍国公傅""总兵官陈万策"，而是都督聂纬、都指挥使瞿能和总兵官凉国公蓝玉等。擒月鲁的也不是阿普卜，而是百户毛海。元初的阿普卜（即安普卜）是根本不可能参加平月鲁之叛的，他的后裔安的才是这次平叛的参加者。《明实录》说："洪武二十五年夏四月戊寅，诏都督聂纬等总兵讨月鲁帖木儿……云南、贵州、四川三都司从征军马悉听节制。"（《太祖洪武实录》卷二一七）又说："洪武二十五年四月癸丑，建昌卫指挥使月鲁帖木儿、绎忽乐等叛，合德昌、会川、迷易、柏兴、邛部并西番土军，杀官军男女二百余口，掠屯牛，烧营屋，劫军粮，率众万余攻城，指挥使安的以所部兵开东北门出战，败之，斩首八十余级，获马五匹，擒其党十余人。贼退屯阿宜河，已而转攻苏州。""洪武二十五年秋七月，癸未，四川都指挥使瞿能率各卫兵讨月鲁帖木儿至双狼寨，攻破之，擒伪千户段太平等，其众大溃，月鲁帖木儿遁去，能督兵追捕进攻托落等寨，拔之，月鲁帖木儿复遁走，能复追之，转战而前，破水寨关及上區寨，进至打冲河三里所，与月鲁帖木儿遇，大战，又败之。俘其众五百余人，溺死者千余。"后月鲁帖木儿遁入柏兴州。"洪武二十五年冬十一月甲午，总兵官凉国公蓝玉率兵攻柏兴州，玉间遣百户毛海以计诱致月鲁帖木儿并其子胖伯，遂降其众，遣人送月鲁帖木儿至京师，伏诛。"（《太祖洪武实录》卷二一七、卷二一九、卷二二二，亦见《明史·四川土司传》）又《明史·蓝玉传》说："会建昌指挥使月鲁帖木儿叛，诏移民讨之。至则都指挥瞿能等已大破其众，月鲁走柏兴州。玉遣百户毛海诱缚其父子，送京师诛之，而尽降其众。"《纪功碑》所载平月鲁战事过程与上述文献记载风马牛不相及，其说沐英伐月鲁无此事，所言总兵官陈万策亦不见记录，当时的建昌土指挥使安的在这次平叛中立功而碑文不见记载，这进一步说明了该碑的不可靠。

第六，会川迷易守御千户所虽置于洪武二十五年十二月乙未[①]，但土官并非安姓，而为贤姓，有学者认为贤姓土官与安姓土官本系同族，分族之后，另易一姓，但由于笔者未见记录，是不敢置信的。《蜀中广记》所引《土夷考》载："迷易土官贤姓也。初云南景东府焚夷头目阿骇徙其属来住种，洪武十六年归附，以随征东川、芒部二府效劳，授世袭副千户该所印信，以武弁推选今土官贤氏居城外专理巡捕，管束八百户爽夷而已。"（又见《明史·四川土司传》等书）按《土夷考》为谭希思所作，希思官蜀时，命布政使官取全蜀土司土府绘图立说，总为一编，刻于万历二十六年（《四川通志》），史料价值极高，古今史家皆以其作为信史。根据此条材

---

① 《太祖洪武实录》卷223说："洪武二十五年十二月乙未置会川卫迷易守御千户所。"

料，从洪武十六年归附授职至万历年间，迷易世袭土官均为贤姓。其先祖为云南景东府僰夷头目阿骇，其徙来迷易的目的是"住种"，属于自然迁徙，不是因应征月鲁而来，也不是因征月鲁有功而得以封官授职。其先早已在元代为景东的世袭土官，明初贤氏因归附和随征东川、芒部二府有功而得以袭职。《纪功碑》言安伏成为米易土官，又说阿骇是安伏成的亲族弟侄，明初与安伏成同道来建昌，平月鲁后以功授职，显然是荒谬之言。阿骇及其部属从景东迁入米易的时间，当已很早。景东地区的傣族，历史上称为小白夷，远在大理国时期就有一些向北迁入洱海地区的炎热之地。《景泰云南图经志书·大理府·风俗》说："在海东牛井（今宾川县境）者曰小白夷，服食器用与汉僰不同，传云段氏时，海东地广民稀，又炎热，生瘴疠，乃于景东府移地白夷以实之。"当时开始向北迁徙的景东白夷，当不止到达海东牛井一带，也到达普渡河、安宁河等炎热低湿的河谷地区，包括今武定、禄劝、元谋、会理、米易等地。所以这些地区的傣族都自称原籍景东。他们迁来之后，随着时间的推移、人口的繁衍，其部落在当地造成势力，其部酋最迟在元时即成为御封的土官。如据《土官底簿·和曲州·元谋县》记载，该县知县"阿吾，景东府百夷（即白夷），原袭土官知县，洪武十五年投降，十六年扎付与流官相兼署管。十七年有流官知县张元礼病故，阿吾赴京朝觐，二十七年实授元谋县县丞"[①]。所谓"原袭土官知县"，即指其在元代已为世袭土职。可以推断，阿骇率部北迁迷易的时间，至迟不会晚于元代，且有可能就在段氏统治时期。

第七，《纪功碑》所谓喇吗长官司，当为马剌长官司（其地在今盐边惠民）之误。考马剌长官亦为世袭土官，也非因从景东应征去建昌平月鲁而以功授职，且马剌长官司的设置并非在洪武二十五年平月鲁之时，而在永乐之初。《明史·四川土司传》说："永乐五年设马剌

---

① 《土官底簿》卷上。

长官司，其村落多白夷居之。长官世阿氏，洪武时归附，授世职。"（"盐井卫"条）又《蜀中广记·土夷考》说："马剌又名瓦剌，土官姓阿氏，国初归附受职，世官旧部落。"由此可见，该碑所言亦属不实。又见于清代的记录，马剌长官司长官仍姓阿。嘉靖《四川通志·武备·土司》说："马喇副长官司阿际昌，系摆夷人，其先阿际忠于康熙十九年投诚，是系呈请袭职。"《纪功碑》所谓"所有弟兄叔侄，一例更为安姓"，是不可信的。

第八，《纪功碑》说："阿混散为土游击，分驻腾冲卫、大侯州，统束威远、镇远（应为镇沅）二州，并辖三处长官司。"已如前述，腾冲卫并不设于洪武，而设于正统十年三月。是年所设的腾冲军民指挥使司，可以简称为腾冲卫。若不指此时的腾冲军民指挥使司，那就只能指更晚的嘉靖之时的腾冲卫。《明实录》说："嘉靖十年十二月壬寅，改云南腾冲军民指挥使司为腾冲卫。"（《世宗嘉靖实录》卷一三三，亦见《明史·地理志》）又大侯州置于宣德三年（1428年），"以土官刀奉罕为知州"（《宣宗宣德实录》卷四十三）。该卫、州洪武之时未立，何谓有土游击阿混散分驻？又"威远州蛮名孟磨，又名惠蒙陇，元初立碌必陇管民头目，后改为威远州，今洪武十八年归附，二十六年仍立为州"（《景泰云南图经志书》卷五）。该州自元迄明有土官管辖，洪武三十五年（即建文四年，1402年），"以土官刀算党为威远知州"（《明史·云南土司传二》），刀算党当为世袭土职。又镇沅州"旧为威远州之地，洪武三十三年，其州土官刀混孟据其地叛，西平侯剿平之，立为镇沅州，以元江军民府土官千夫长刀平领州事"（《景泰云南图经志书》）。《土官底簿》说："刀平，百夷人，云南元江府因远罗必甸长官司民，世袭土官总管，专一管集操练。洪武三十四年总兵官奏准开设镇沅州，升本州知州。"此二州土官该是当地世袭土酋，镇沅州并非置于洪武二十五年平月鲁之后，又何以受阿混散土游击管束？

以上各点是《纪功碑》存在的问题。但碑中的疑点不止这些。它之所以如此错谬，根本原因就在于它没有反映明初建昌地区的客观史实。

二

如果上述诸点还尚不足以说明《纪功碑》的不实，那碑中关于安普卜（即阿普卜）的记载，却集中地说明了这一点。

根据该碑所载，安普卜系安伏成之侄，原是景东傣族，洪武二十五年跟随安伏成征月鲁帖木儿，"威镇凉山，留守建昌卫所，世袭宣慰司"。其实不然。清咸丰十年十一月十九日立的河东长官司长官《安世荣墓志》（下文简称《墓志》）说：

> 公讳世荣，字庭柱，世袭河东长官司兼河西抚夷理民司，其先盖滇人。元至元十六年，一世祖普卜公于云南行省平章帖木耳行辕投诚，沐雨栉风，佐开国之勋于彝鼎，披荆辟草，莫不毛之地于金汤，身经百战之劳，遂作南方之镇，特授建昌世袭镇国上将军宣慰司宣慰使。明洪武十四年，颍国公傅、安庆侯仇、永昌侯蓝统军征进，其五世祖配讳随军剿抚，番夷降附，十五年入觐，改封诏勇将军。二十五年，月鲁构祸，五世叔祖讳的协同建昌指挥勠力战守，生擒元凶，钦嘉赏之，自时厥后，功诏监府，迭奏军绩于二百年，威镇边隅，遂永家声于十余世矣。顺治改元，远人向化，其十三世祖讳泰宁十六年缴印纳款，仍总管宣慰司事务……①

---

① 中国科学院民族研究所四川少数民族社会历史调查组：《凉山西昌地区彝族历史调查资料选辑》。亦见中国科学院民族研究所云南少数民族社会历史调查组、云南少数民族社会历史研究所编《四川及云南昭通地区彝族社会历史调查资料》。

根据此《墓志》所载，安普卜是元代初年之人，于至元十六年被封为镇国上将军罗罗斯宣慰司土官宣慰使。其第五代裔孙为安配和安的。安配于洪武十四年随明征南大军剿抚，十五年入觐，被改封为诏勇将军。其弟安的于洪武二十五年勠力出战月鲁。这与米易萨连《僳僳安氏纪功碑》所记完全不合，它可以作为我们证明《纪功碑》不可置信的有力旁证。

成问题的是：《墓志》能否作为我们推倒《纪功碑》的信史？回答是肯定的。

第一，《墓志》所说"元至元十六年一世祖普卜公于云南行省平章帖木耳行辕投诚"，事有所本。至元十五年罗罗斯地区爆发以谷纳为首的反元战争，《经世人典·招捕录·罗罗斯》说："至元十五年定昌路总管谷纳叛，迁入八只巴寨为贼，八剌郡、安古马、杨吉剌、乞剌蒲等皆应之。毁桥梁，取仓粟、夺驿马及屯田牛。明年（当是至元十七年），官军击斩谷纳。"《元史·世祖本纪》说："至元十七年二月丁丑，答里不罕以云南行省军攻定昌路，擒总管谷纳，杀之。"这次反元战争持续近三年之久，得到建昌地区各族响应，其中当有西昌安氏家族的成员，说至元十六年安普卜向云南行省平章帖木耳行辕投诚，当与其参加这次反抗战争有关。而其被封为镇国上将军宣慰使，可能因其投诚后佐官军擒捕谷纳而以功授职。为什么他要向云南行省平章投诚呢？因元统治者于"至元十五年二月己酉改罗罗斯宣慰司隶云南行省"（《元史·世祖本纪》）。据《元御史郭松年记》说，至元十六年云南行省平章赛典赤卒，"诏平章政事（按：当指中书省平章政事）脱脱木儿继领省事"（万历《云南通志·云南府·庙学》）。根据汪辉祖《三史同名录》"脱脱森儿"条所载，脱脱木儿又可译作脱帖木儿。《元史·世祖本纪》载，至元二十二年云南省臣系脱帖木儿，此当即脱脱木儿。《墓志》中的帖木儿，疑即脱帖木儿，它是由夺一"脱"字而造成的，这种失误在古今文献中常见，因此，《墓志》所记这条材料是经得住史实检验的。

第二，《蜀中广记》卷三十四引《土夷考》说："洪武十四年，镇国上将军罗罗斯宣慰使安普卜之孙配率众归附，遂命以招安旁夷有功，授昭勇将军。"与《墓志》所载完全相合。二者都说安普卜是镇国上将军宣慰使司宣慰使；都说安配是安普卜之裔孙，又都说安配于洪武十四年归附而被封为昭勇将军。这说明《墓志》所述与《土夷考》所记当系出自家传。

第三，《墓志》所说"明洪武十四年颍国公傅、安庆侯仇、永昌侯蓝统军征进"事也是合乎史实的。如《明实录》说："洪武十四年九月壬午朔，上御奉天门命颍川侯傅友德为征南将军，永昌侯蓝玉为左副将军……统率将士往征云南。"（《太祖洪武实录》卷一三九）

第四，《墓志》关于洪武二十五年安的勠力出战月鲁帖木儿事，也见于《明实录》（《太祖洪武实录》卷二一七、卷二一九、卷二二二，亦见《明史·四川土司传》）。又《明史·四川土司传》说："洪武二十五年，致仕指挥安配贡马，诏赐配及其把事五十三人币钞有差。已而月鲁帖木儿反……率众攻城，指挥使安的以所部兵出战，败之，斩八十余级，擒其党十余人。"《墓志》称安配为"五世祖"，安的为"五世叔祖"，可知安的为安配之弟。安的为指挥使，当是沿袭兄职。

总而言之，《墓志》是经得起其他史料检验的。它客观地反映了自元代初年经明代至清代咸丰时罗罗斯宣慰司土官宣慰安普卜及其后裔活动的史实，是研究罗罗斯宣慰司土官事迹的极其珍贵的史料。它进一步说明了米易萨连《俫俫安氏纪功碑》的不实。

尚需指出，经得住某些史料检验的东西，并不一定就符合客观史实。唯《墓志》的情况不是这样。据《元史·地理志》追述，唐、宋时期，今凉山州西部广大地区，雄峙着落兰、邛部、沙骂、阿都、屈部等众多的部落，元宪宗时，落兰部酋建蒂称雄，"并有诸部"，实现了统一。至元十二年，元军平建蒂的反叛，在其统有诸部的基础之上，设置罗罗斯宣慰司以统之，下辖总管府五、州二十三。当时，建蒂虽平，但其部落统治的传统势力并不会因此而退出历史舞台，元统治者不得不安抚和利用原有的部落酋长来进行统治。尽管有的就是领导叛乱的首领，也不得不对他们中的一些人封以官职。实行这样的政策，自汉、晋以来就如此。如诸葛亮对孟获就是这样。实行这种利用原有土长进行统治的政策，并不取决于统治者的主观意志，而是由少数民族落后的经济基础决定的。土长政权是适应这种基础的上层建筑。因此，王朝统治者只有任用原来的土长，才能建立和巩固自己的统治。用元朝统治者的话来说，就是必须"从本俗职权以行"（《元史·仁宗本纪》）。《元史·世祖本纪》说："至元二十一年㧑完上言，建都女子沙智治道立站有功，已授虎符，管理其父（建蒂）。元收附民为万户，今改建昌路总管，仍佩虎符。"沙智为叛酋建蒂之女，平建蒂后任其为官，就是"从本俗职权以行"的表现。当然，元统治者为了建立和巩固对罗罗斯地区的统治，是绝不会只任命一个沙智为土官的。如前所述，建立罗罗斯宣慰司的基础是建蒂对各部的统一，可以推论，置罗罗斯宣慰司后，必然要利用落兰部的土长来佐流官对这个广大地区实行统治。因此，《墓志》说至元十六年安普卜被授罗罗斯土官宣慰使，是符合历史实际的。安普卜疑即落兰部的首领之一。

我们得出这一看法，还考虑到以下几点。

（1）安普卜"于至元十六年以师随征来建"的说法不可信。清同治十三年立的河东长官司《安平康墓志》说："世袭河东长官司兼河西抚夷司安公讳平康，字尧衢，其先滇南之大理人也，自其远祖普卜公于元至元十六年以师随征来建，封镇国上将军，留守于此，世袭职官，统辖部落笼历元迄明至我朝授宣慰司原职。"安平康为安世荣之子，其《墓志》与《安世荣墓志》同为安氏子孙所立，二者内容基本相同，唯前者说安普卜是"至元十六年以师随征来建，封镇国上将军，留守于此"，而后者则说安普卜是至元十六年"于云南行省平章帖木耳行辕投诚，沐雨栉风，佐开国之勋于彝鼎……特授建昌世袭镇国上将军宣慰使司宣慰使"。若按前说，我们认为安普卜是落兰部首领之一的说法就成问题了。但其说不可信。说安普卜之先盖滇人，或说是大理人，当有所本。唯其迁入建昌的时间不会在元至元初年。南诏时，于今西昌"立城曰建昌府，以乌、白二蛮实之"（《元史·地理志·建昌路》）。又《读史方舆纪要·建昌前卫指挥使司·泸沽废县》说，唐文宗"太和六年，李德裕徙篙州（西昌）治台登（冕宁），以夺蛮险。其后（咸通十年）陷于蒙诏，以乌蛮酋守此。后渐强，自号落兰部，或称罗落"。因此，早在南诏时期就有大理的乌、白蛮迁入建昌。这种迁徙，历宋至元，一直未断。我们认为安普卜之先可能就是南诏、大理时迁来的乌蛮酋长，其后裔发展为落兰部首领。《安平康墓志》说至元十六年安普卜才从大理迁入，当是对"其先为大理人"的附会。

（2）民国《西昌县志》的说法值得怀疑。该县志说："至元十一年，野僚、生番占据建昌，世祖命征讨，大理土职安普卜随同镇国上将军征剿平定，留守于此，嗣后设罗罗斯，即以普卜后裔安定世其职。"考元平建蒂之叛在至元九年，这是元统治者在罗罗斯地区发动的一场大规模的平叛战争，其结果以元朝的全面胜利而告终。战争之后，元统治者广置路、府、州、县，罗罗斯地区至少在战后的两三年中出现了相对安定的局面。说"至元十一年野僚、生番占据建昌，世祖命征讨"，且从大理调土职安普卜来助战，是没有根据的。又所说"嗣后（至元十一年后）设罗罗斯，即以安普卜后裔安定世其职"亦为误说。《明实录》说："洪武五年三月壬申，哕哕斯宣慰安定来朝。"（亦见《明史·四川土司传》）安定不是元初而是明初之人。由上述两点分析，我们认为民国《西昌县志》关于安普卜系至元十一年到建昌之说不可信。

（3）道光《土司纪要》和道光《宁远府志》与米易萨连《倮倮安氏纪功碑》关于安普卜平月鲁以功授职的说法相同，该《纪要》说："河东长官司一员安平康（钦差断明：长袭河东，次袭河西）。该土司之祖安普卜原籍云南大理府人，前奉征月鲁帖木儿，有功留守建昌，授宣抚司之职。"又该《府志》谓："灌档长官司安玉枝，系云南人，明时随征月鲁帖木儿，留建昌授宣慰司。"① 由于《倮倮安氏纪功碑》所记不实，所以《土司纪要》和《宁远府志》关于安普卜明时因征月鲁来建昌的说法不可取。

（4）安普卜既不是傣族，也不是西番族、白族、纳西族、蒙古族及回族。安宁河流域自古为多民族杂居，曹学佺《蜀中广记》卷三十四引《土夷考》说：安氏（指安普卜之裔）"所属有四十八马站火头，土番、爨人子、伯夷、摩西、佲僳、倮罗、鞑靼、回纥诸种，散居山谷间。北至大渡，南及金沙，东抵乌蒙，西迄盐井，延袤殆千余里"。土番即西番，爨人子即白族，伯夷为傣族，摩西为纳西族，佲僳、倮罗为彝族，鞑靼为蒙古族，回纥为回族。

西番为秦汉时居于大渡河南北地带之筰人，唐、宋时期分布在大渡河南至昭觉以北地区，称为两林、勿邓、丰琶诸部，"天宝中皆受封爵"（《新唐书·南蛮传》）。在政治上，此诸部以邛都为首，结成强大的联盟，屡与南诏、吐蕃、唐朝争战，且能左右唐、诏、蕃三大势力的争夺。唐王朝屡调其攻击吐蕃。《新唐书·南蛮传》说："丰琶部落大鬼主骠傍，数兵出攻吐蕃。"又说："两林都大鬼主苴那时，遗韦皋书，皋遗将进逼台登……苴那时战甚力，分兵大破吐蕃青海、腊城二节度于北谷。"由于诸部对唐朝攻击吐蕃有功，其首领屡受唐、宋朝廷封号。宋封两林、丰琶首领为将军，有怀化、归化、归德、归

---

① 《土司纪要》为清道光时修，系手抄本，有复制本，为四川省志编辑委员会所藏。《宁远府志》亦是手抄本，1960年西安古旧书店油印复制。本文转引自李绍明《元罗罗宣慰司之后为河东长官司说质疑》，《凉山彝族奴隶制研究》1980年第1期。

义的称号；封邛都首领为"大将军""新都王"（《续资治通鉴长编》卷八八）。在经济上，此诸部与汉族发生租佃关系，宋淳熙七年（1180 年）枢密院编修李嘉谋言："黎州过大渡河外，弥希皆是蕃田，每汉人过渡耕种其地，及秋成，十归其一，谓之蕃租。"（《宋会要辑稿》）根据上述政治经济情况，邛都等酋有可能成为元初受封的土官宣慰使，然而，事实并非如此。由于落兰部（分布在今泸沽，为彝族先民部落）的崛起，两林、勿邓、丰琶诸部为之不敌，纷纷被迫接受它的统治，有的则被赶出原来住地。《元史·地理志·建昌路》载："邛部州，在路东北，大渡河之南，越嶲之东北。至宋，岁贡名马土物，封酋为邛部王。今其地夷称邛部川，治乌弄城，昔磨些蛮居之，仲由蒙（彝族的始祖）之裔夺其地。"所谓磨些蛮，即指勿邓诸部（因为磨些与勿邓诸部同为古旄牛夷，故将其混称）。如果安普卜是西番族，元统治者是绝不会将这个受制于罗兰部的西番族首领封为罗罗斯土官宣慰使的。

白族系南诏、大理时期从洱海地区迁来的白蛮发展而来的。《元史·地理志·黎溪州》说："初，乌蛮与汉人杂处，及南诏阁罗凤叛，徙白蛮守之。蒙氏终，罗罗逐去白蛮。"同书"建昌路"条说："懿宗时，蒙诏立城曰建昌府，以乌、白二蛮实之。其后诸酋称强，不能相下，分地为四，推段兴为长。其裔浸强，遂并诸酋，自为府主，大理不能制。传至阿宗，娶落兰部建蒂女沙智。元宪宗朝，建蒂内附，以其婿阿宗守建昌。"这说明在阿宗之前，段兴等白蛮首领曾称强一时，成为建昌地区的霸主。阿宗以后，白蛮在这个地区的霸主地位为落兰部所取代，以致阿宗不得不娶建蒂女沙智，从而沦为落兰部的附庸。如果说安普卜是白族的酋长，那元统治者也是绝不会舍落兰部之首领来封其为罗罗斯土官宣慰使的。落兰、恪鹿，为彝族旧称倮锣之同音异字。这一名词的同音异字甚多，《元史·地理志》罗罗斯宣慰司各路所记有落兰（见建昌路、泸沽县、里州、会理州等条）、罗落

（见泸沽县、姜州条）、罗罗（见黎溪州、柏兴府条）、卢鲁（见普济州、威龙州条）、卢鹿（柏兴府条）等名，它们都是彝族，同受罗兰部控制。

纳西族，昔称摩沙夷。《元史·地理志·柏兴府》说："昔摩沙夷所居，汉为定笮县，隶越嶲郡……元至元十年，其盐井摩沙酋罗罗将鹿鹿、茹库内附，十四年立盐井管民千户。十七年改为闰盐州，以鹿鹿部为普乐州，俱隶德平路。二十七年，并普乐、闰盐二州为闰盐县，立柏兴府，隶罗罗宣慰司。"盐井是纳西族在罗罗斯地区的一个主要的分布地区。元朝先后以其地立盐井管民千户、闰盐州、柏兴府，隶罗罗宣慰司，如果安普卜是纳西族，那元封其为罗罗斯土官宣慰使岂不也是完全不可能的吗？

蒙古族是由元时的蒙古驻军落籍为民户并保存自己的民族特点发展而来的，元封安普卜为罗罗斯宣慰使时，蒙古族是以驻军的身份存在于这个地区的，安普卜显然不是蒙古族。当然，他也绝不会是由外地迁来这个地区的回族。

因此，我们认为安普卜是彝族落兰部的首领之一。由于落兰部的崛起，先后并有诸部，并将罗罗斯地区置于本部的控制之下，所以，元初才以其为罗罗斯地区的土官宣慰使。

综合本文论述，笔者认为米易萨连《倮倮安氏纪功碑》疑为后人伪作，故通篇不实之词。该碑把月鲁帖木儿视为"倮王"，并夸耀征"倮"功绩，号召"歼殄蛮倮"，反映了明代建昌地区傣族和彝族之间存在的矛盾。因此，该碑可能是因安伏成为其家族扩张地盘，与彝族争夺田地产业或封疆而刻。

与此碑相反，西昌礼州的《安世荣墓志》具有极大的史料价值。墓志文所述史事可能出于家传，所以能在《明实录》《土夷考》等史料中得到印证。分析唐、宋以至元、明建昌地区的历史情况，该《墓志》所述与史实基本相符。因此，它可以作为信史，作为我们研究罗罗斯土官历史的重要根据。

根据这个《墓志》和诸如《土夷考》《明实录》这样可以令我们置信的其他材料，笔者认为安普卜既非"至元十六年以师随征来建"（《安平康墓志》），也非至元十一年因征野僚、生番到建昌（《西昌县志》），更不是"前明奉征月鲁帖木儿有功留守建昌"（《倮倮安氏纪功碑》），而是从南诏、大理时期相沿而来的世袭土长，他的民族成分不是傣族、西番族、白族、纳西族、蒙古族及回族，而是彝族。其远祖可能是南诏时期徙入建昌地区的乌蛮酋长，其后裔成为落兰部的世袭首领之一。因在谷纳叛乱中投诚，随征有功，而于至元十六年（1279 年）被御封为镇国上将军罗罗宣慰司宣慰使。其后裔世袭其职，第四代为安定，第五代为安配，安配之后为其弟安的袭职；沿袭至清代为河东长官司长官。因此，罗罗斯土官宣慰当封于元代初期。从至元十六年授宣慰司职的安普卜至洪武十五年改封昭勇将军的安配，中经五代，如果以二十五年为一代计算，共计一百二十五年，而至元十六年至洪武十五年为一百一十三年，二者时间大致相当。否定元初封过罗罗斯土官宣慰使是不妥当的。

由于汉文献资料的缺略和彝文文献的发掘、翻译、整理不够，史学界对罗罗斯地区的土官问题历来有争论，对同一个资料的解释也很不一致。看来要求得问题的解决，还有待民族学、民族语言文学和史学界的共同做深入的研究。

（原载中华书局编辑部编中华书局出版《文史》第十五辑）

驳所谓"独立罗罗"论

大渡河、金沙江之间的四川大小凉山彝族地区，面积约 3.5 万余平方千米，居住着一百余万彝族人，是我国最大的彝族聚居区。

这里土地肥沃，物产及资源丰富。1840 年鸦片战争后，随着我国半殖民地半封建地位的加深，帝国主义国家加紧了对这个地区的侵略。英、法等国首先派遣文人墨客，以"探险""考察"为名，深入这个地区进行活动，为其侵略制造舆论。这些文人肆意破坏凉山彝族与祖国的血肉关系，胡说他们属"高加索人种"，是所谓"雅利安人"①，他们的宗教"非常接近天主教"②，他们是所谓"独立罗罗"③，等等。在他

① 1868 年 2 月，法人安邺从云南渡金沙江到会理、红布所等彝区"考察"，写成《探险活动》一书，胡说彝族属于"高加索人种"，说什么"中国南方属于高加索人种的野蛮人——黑罗罗，孤零零地住在中国的群山之巅，他们的脸形、衣着都同印度——欧罗巴人种相似……弄清他们的族源，证明他们是雅利安人"。又法人多龙在《人种学和人类学》一书中声称彝族人"毫无亚洲人的气质""像南欧居民一样的棕色皮肤而不是黄色皮肤……"本文关于帝国主义文人对凉山彝族的谬论，均引自张良春、陈宗祥、杜品光《西方著作中关于彝族的论述（摘译）》，载《凉山彝族奴隶制研究》1978 年第 1 期。以下只注原书。

② 见法人多龙《人种学和人类学》。

③ 最早贩卖"独立罗罗"论的是 1877 年曾窜入越西海棠等地"考察"的英人巴伯，他在 1882 年、1883 年出版的《在华西的旅行和研究》《中国的地理和社会概况》中称凉山彝族为"独立罗罗"。在其后贩卖"独立罗罗"论的西方论著层出不穷，主要的有：H. R. Davies, *Yun-Nan the link between India and the Yaugtze*, Cambridge；at the University Press. 1909（戴维斯：《云南——连接印度和扬子江的链条》，剑桥大学出版社 1909 年版）；Harry Franck, *Roving through Southern China*, London. Fisher Unwin Ltd. 1926（哈里·弗兰克：《华南漫游记》，伦敦菲希尔欧文有限公司 1926 年版）；Henrie Cordier, *Les lolos*, *Etat acruel de 1a question*（亨利·考迪：《罗罗的现实形态问题》）；A. L. Broomhall, *Strong Tower*, London. China lnland misson. 1947（布鲁尔：《坚固的堡垒》，伦敦内地会 1947 年版）；A. F. Legendre. *Fat-West Chinois*, *races aborigenes*：*Les Lolos EtUde ethnographique et Anthropplogique*（吕真达：《华西的土著民族——罗罗人的人种学和人类学研究》）。

们制造的一系列旨在侵略、分裂我国凉山彝族的奇谈怪论中，"独立罗罗"论可说是集其侵略思想之大成者。此论鼓吹三个不同的论点：其一是凉山"未曾受中国人征服过"[1]，是"在中华帝国腹心之地建立的国中之国"[2]；其二是"多少世纪以来……直到现在，汉人还难以接近（凉山）这块地方"[3]；其三是我国历代中央王朝对凉山的管辖是所谓"地地道道的外国统治"[4]。

作为近代时期帝国主义侵略分裂我国彝区一个有代表性的谬论，"独立罗罗"论在历史上曾产生过恶劣的影响。甚至直到今天，有的外国学者著书立说，还以它为圭臬之论。因此，对其进行系统的批判，仍然是我国社会科学工作者的一项重要的任务。本文特就这个谬论进行初步的批驳，以肃清它的流毒和影响。

一　驳所谓"国中之国"

"独立罗罗"论说"大凉山未曾受中国人征服过"，是"在中华帝国的腹心之地建立的国中之国"，这不仅在理论上是荒谬的，而且也是完全违背客观史实的。

从理论上说，这一说法把民族和国家两个完全不同的概念画了等号，从而认为汉族是中国人，而把同样属于中国人的凉山彝族视为外国人，并由此得出中国人未曾受中国人征服过的荒谬结论。

马克思主义认为，民族是人们在历史上形成的一个有共同语言、

---

① Ernest Henry Milson, *A Natu ralist in Western China*.

② M. G. Deveria, *La frontiere Sino-Annamite*, Paris 1886（德维亚：《中越边境》，巴黎，1886 年出版）。

③ 同上。

④ 吕真达：《华西的土著民族——罗罗人的人种学和人类学研究》。

共同地域、共同经济生活以及表现于共同文化上的共同心理素质的稳定的人们共同体；而国家是阶级专政的工具，是统治阶级用来镇压被统治阶级的暴力机关。由于国家和民族是两个完全不同的概念，所以在一个国家之内，往往存在许多不同的人们共同体——民族。以欧洲的例子来说吧！"欧洲没有一个国家不是一个政府管辖好几个不同的民族"，"没有一条国家分界线是与民族的自然分界线，即语言上的分界线相吻合的"。① 如在法国，除法兰西民族之外，还有布列塔尼亚、巴斯克及科西嘉等少数民族；在英国，除英格兰族外，还有苏格兰、威尔士及爱尔兰族。如果把国家与民族等同看待，那在法国国内，岂不是还存在塔尼亚国、巴斯克国、科西嘉国；在英国国内，岂不是还存在苏格兰国、威尔士国及爱尔兰国等"国中之国"了吗？请问得出这样的结论，岂不是荒唐可笑吗？因此，把凉山彝族视为"中华帝国之内的国中之国"，只有处心积虑图谋分裂和瓜分我国的帝国主义理论家们才胡诌得出来。

我国是世界上由多数民族组成的多民族国家之一。在我国多民族大家庭之内，彝族是一个光荣的成员。从很早的古代起。彝族的祖先，就与我国其他民族的先民一道，共同为缔造我们伟大的祖国——中国而斗争。商汤伐桀之时，彝族祖先就包括在"万邦""万方"（《尚书·牧誓》）之中，为伐桀做出了贡献。周武王伐纣时，南方的庸、蜀、羌、髳（苗）、微、卢、彭、濮八族参加，羌即是彝族的先民。公元前221年，在彝族先民与我国其他各族先民长期共同斗争的基础之上，秦始皇顺应历史的发展，在我国建立了一个统一的多民族的封建专制主义的中央集权国家。今天的中国就是由这个国家发展而来的。在秦以后的发展中，我国虽出现过汉末时期的三国、东晋末期的十六国、五代时期的十国等那样的分裂局面，但由于各族人民的共

---

① ［德］恩格斯：《工人阶级同波兰有什么关系？》，《马克思恩格斯全集》第16卷，人民出版社1965年版。

同利益使他们血肉不可分割地结合在一起，任何一次的分裂都没有破坏中国国家的整体性，任何一个分裂政权的统治者都不得不以统一全国为己任；任何一次的分裂，最终都不得不以全国的大一统而告终了。在漫长的历史中，彝族不但在缔造中国的过程中做出了贡献，而且在维护国家统一、反对分裂的斗争中也尽了光荣的职责，怎么能说只有汉族才是中国人，而彝族不是中国人呢？

说"大凉山未曾受中国人征服过"，目的是要得出凉山是所谓"国中之国"的谬论，但是，这种说法只不过是一种别有用心的无稽之谈。自秦始皇统一中国始，凉山就加入我们伟大祖国——中国之版图，成为中国的一个行政区，凉山彝族与其他地区的彝族就成为我们祖国民族大家庭的一个光荣的成员。据《史记》记载，秦始皇曾派"常頞略通五尺道"，在凉山等西南少数民族地区设郡"置吏"。司马相如说："邛、榨、冉駹者近蜀，道亦易通，秦时尝通为郡县。"虽秦时所设之郡、县名不见于记录，但司马相如为西汉前期人，他于元光六年（前129年）奉命"通灵关道，桥孙水，以通邛都"（《史记·司马相如传》），亲临过凉山地区，其所言当系事实。

西汉时期，汉武帝于元鼎六年（前111年）"以邛都为越嶲郡"（《史记·西南夷列传》）。《汉书，地理志》说越嶲郡辖"县十五"，其中之卑水县在今昭觉、美姑，阑县在今越西，灵关道县在今甘洛、喜德，台登县在今冕宁……东汉仍置越嶲郡，设县与西汉略同。蜀汉、西晋在凉山亦仍置越嶲郡，设县与两汉基本相同。唯蜀汉在今雷波增置马湖县，在沐川、马边增设新道县，在屏山境增设安上县（《华阳国志·蜀志·越南郡》）。南齐建"越嶲僚郡"（《南齐书·州郡志》）。北周天和三年（568年）"开越嶲地于嶲城（今凉山州首府西昌）置严州"（《元和郡县志·嶲州》）。天和五年（570年）又以"大将军郑恪帅师平越嶲，置西宁州"（《北周书·五帝纪》）。隋开皇十八年（598年）改为嶲州（《元和郡县志·嶲州》）。唐初仍置嶲州

（《旧唐书·地理志》）。至元十二年，元王朝在黄茅埂以西之大凉山及安宁河流域地区置"总管府五、州二十三，设罗罗斯宣慰司以总之"（《元史·地理志·建昌路》），隶云南行省。至元十三年（1276年）又在黄茅埂以东之小凉山地区置马湖路总管府，隶叙南等处蛮夷宣抚司，属四川行省，下辖泥溪、蛮夷、平夷、夷都、沐川、雷波六长官司。明代置建昌、宁番、越嶲、盐井、会川五卫军民指挥使司。其中建昌卫军民指挥使司下辖四十八马站火头，管辖"北至大渡，南及金沙，东抵乌蒙，西讫盐井，延袤数千里"之广大地区。清初在凉山大量封授土职，委土长进行统治，并于雍正初年进行改流，先后置宁远府、越嶲厅、盐边厅、雷波厅、马边厅、峨边厅及西昌、会理、盐源、冕宁等县，派流官进行统治。民国初年置建昌道，辖昭觉、越嶲、会理、冕宁、西昌、峨边、盐源、盐边等县，并于今泸州置永宁道，辖屏山、马边、雷波等县。1939 年西康建省，大凉山各县为西康省第三行政督察区管辖。①

上述我国历代王朝在凉山设治的历史证明，所谓"大凉山未曾受中国人征服过"的说法，完全是不符合我国历史实际的。

应该指出，在凉山彝族与祖国的历史关系中，确也出现过对抗和冲突的关系，但这种对抗和冲突并没有导致凉山彝族的所谓"独立"和"国中之国"的建立。如西汉初年，王朝"关蜀故徼"，封锁通往凉山地区的交通关塞，"皆弃此国"（指邛都、滇、夜郎等），但凉山各族人民与祖国内地人民之间的关系，是任何力量所关禁不了的，"巴、蜀民或窃出商贾，取其笮马、僰僮、髦牛"，"四塞栈道，千里无所不通"（《史记·货殖列传》）。新莽更始二年（24 年）邛都彝人"长贵率种人攻杀（越嶲郡守）牧根，自立为邛谷王，领太守事"（《后汉书·南蛮西南夷列传》），但长贵不久就降于公孙述，述败，

---

① 自秦汉以来中央王朝在凉山地区的设治，已详叙于拙文《凉山彝族与汉族的历史关系》，国家民委政策研究室编《中国民族关系史论文集》上集。在此恕不赘述。

又接受汉光武帝"邛谷王"之封号，成为王朝的命官。唐、宋时期，
凉山为南诏、大理所据。南诏、大理的统治者出于自身的利益，曾割
据一方，造成分裂的局势，但南诏、大理亦不是什么中国之外的独立
国家。在割据一段时间之后，南诏、大理的统治者又与唐、宋王朝修
好，而成为王朝隶属的地方官吏。贞元九年（793 年），南诏王异牟
寻给西川节度使韦皋书说："（南诏）人知礼乐，本唐风化，愿竭诚日
新，归款天子"，并发誓"愿归清化，誓为汉臣"（《新唐书·南诏
传》）。异牟寻的话说明了南诏统治区的各族与祖国内地的汉族在政
治、经济、文化上有不可分割的联系，西南地区与祖国内地自来是一
个整体，所以他不得不"归款天子""誓为汉臣"。大理段氏亦对宋
朝"累年……遣使乞修朝贡"（《宋会要辑稿》第 199 册载大理国王
段和誉奏），并接受王朝的封号。宋朝给段氏的敕文称："彼外蕃居南
服，能响风而慕义，宣孚号以示恩。"[1] 在明、清以来的发展中，凉山
的黑彝奴隶主家支不受王朝和当地土司的约束，对内发动冤家战争，
对汉族地区则进行频繁的窃掠，又造成割据的局势。1919 年，雷波的
恩扎家、阿着家，马边的乌抛家，越嶲的阿侯家、素噶家，昭觉的八
且家、阿什家联合进攻，攻占了雷波的马颈子、三棱岗、东宁乡、青
山乡、李子坪和马边的油榨坪、烟峰及昭觉的汉族住地[2]，至 1943
年，雷波被占至仅存原辖地的 1/10，马边被占至仅存原辖地的约 1/
5，峨边被占至仅存约 1/4（《西昌县志》），使彝汉之间的联系一时发
生了中断。黑彝家支的割据是不是形成了所谓"国中之国"呢？没
有，因为这种割据是在统一体中包含的割据，而不是在统一体之外形
成的什么独立实体。毛主席指出："自秦汉统一中国以后，就建立了
专制主义的中央集权的封建国家，同时，在某种程度上仍旧保留着封
建割据的状态。"黑彝奴隶主家支的割据，就是在封建专制主义的中

---

① 常隆庆等：《雷马峨屏调查记》，第 77 页。
② 任映苍：《大凉山开发概论》，第 23 页。

央集权国家内的割据。这种割据是在中央王朝的压迫比较缓和的情况下才得以存在的，一旦王朝的统治加强，它就会失去存在的条件而归于消灭。

要说"征服"的话，我国封建王朝对于黑彝奴隶主家支的割据是进行过多次"征服"的。现举下例来加以说明：（1）同治七年（1868年），周达武由西昌督兵征讨，经昭觉进至美姑的牛牛坝，"群夷畏服乞降"（《大清穆宗毅皇帝实录》）。（2）"同治末，越巂夷叛，成都将军崇实兼摄四川总督，奏调贵州提督周达武率军由陕回剿，前锋罗应旒出清溪，抚大树堡左右王岑各土司，进住保安，攻降洽马里、阿波落、跑马坪、燕麦厂，遂克普雄石城，夷地四百里间咸受约束。官军至靖远，刷兹、林加、布约、尼钱、交脚等支亦降，更设靖远新老两营，土千百户出汉奴数万。"（《清史稿·土司二》）（3）同治十二年（1873年）征峨边，"歼擒悍目数人，该蛮众穷蹙畏惧，先后投诚。该将军总督择其朴诚可靠之人，令充千百户，设立夷兵夷约，并将建碉修堡等事宜次第举行，办理尚未妥协"（《清史稿·土司二》）。（4）宣统元年正月，建昌镇总兵田镇邦、宁远府知府陈廷绪，征服白母子、吗哒拉、施三合等支，并收抚诸咱鸡租支、别牛租等支，于是加拉及吉狄、马加等支先后降。官军进驻交脚，收抚八且、阿什并阿落马家上三支、下三支，"野夷悉请内附"（《昭觉县志稿·政教》）。是年，川督赵尔丰进剿凉山，于交脚旧汛置昭觉县，委陕西孝廉徐怀章署县事。徐申明王法，与各支黑彝制定汉彝简明约章（《西昌县志》卷九）。（5）1931年8月，邓文富征热水后山忍渣支，破其险要，迫使该支黑彝诣军前悔罪输诚。邓文富不许，令其交出罪魁。该支报称祸首为忍渣木书、忍渣鸡虎二黑彝，"今二黑彝自知罪重，愿诣诚请死，以彰国法，惟求免治胁从"。邓文富允之，但规定"全支黑彝须迁往宁属境外之雅砻江两岸，不复得还原地，所有白彝除准带少数偕往外，余均解放，编入汉团保甲，与该黑彝脱离主奴关系"，该支黑彝集议数日，乃愿遵循。所遗白夷，皆被编入四十八甲①。这些材料不但再一次说明所谓"凉山一直未曾受征服过"的说法是完全没有根据的，而且说明凉山黑彝奴隶主家支的割据并未形成什么"国中之国"，连割据也是一种极不完全的割据。

二　驳所谓"汉人难以接近凉山"

"独立罗罗"论者为要证明凉山是"国中之国"，曾制造出一个所谓"汉人难以接近凉山"之说。法人德维亚在1886年巴黎出版的《中越边境》一书中声称："多少世纪以来，唯有这些群山里的保保人……才在中华帝国的腹心之地建立了国中之国，直到现在，汉人还难以接近（凉山）这块地方。"② 但是，这个说法仍然是一个毫无根据的臆说。

首先，凉山地区出土的文物资料证明：早在两汉时代，这个地区就有汉族移民居住。我国考古工作者在昭觉县城北公社热赫溪曾发掘东汉墓三座。这三墓均为石墓，有墓道和墓室，用十二种花纹砖砌成。花纹的种类有羽人、朱雀、玄武、青龙、白虎、叙方格、几何等诸种。因为被盗和破坏，墓中仅存陶片。从这些陶片可看出，殉葬的器物有灰陶俑、俑头、陶鸡、陶屋、陶瓮、陶钵等。经发掘者研究，认为这些器物与成都同期出土的器物大体相近，只在制法上有差异。③ 根据民族学的调查资料，凉山彝族由于历史上长期处于游牧经济的发

①　参见四川省博物馆、凉山州文化局《昭觉县城北公社热赫溪东汉墓清理简报》，《凉山彝族奴隶制研究》1978年第2期。

②　M. G. Deveria, *La frontiere Sino-Annamite*, Paris 1886（德维亚：《中越边境》，巴黎，1886年出版）。

③　参见四川省博物馆、凉山州文化局《昭觉县城北公社热赫溪东汉墓清理简报》，《凉山彝族奴隶制研究》1978年第2期。

展阶段，迟至新中国成立前还未使用陶器而是使用木质器具。他们认为木质器具不易破碎，游牧携带方便。从墓中的殉葬陶器来看，这三墓的主人不是彝族是肯定的。再从新中国成立前凉山地区的其他少数民族的情况来看，他们所达到的生产水平亦不足以说明其先民在东汉时代就能制出与成都地区同期大体相同的陶器。因此这三墓的主人只能是汉族移民。另外，根据考古工作者的报告，在昭觉县境内，有许多东汉砖墓发现，其分布密集，数量不下数百。其墓砖花纹、墓室结构、殉葬品都与内地汉人者相同。墓砖上有建武三年（27 年）的汉字纪年。四开区大坝公社还有汉代的古城遗址，遗址中发现与内地汉人使用相同的石臼、板瓦、筒瓦等物。当地还出土了铜镜和大量的两汉五铢钱、新莽大布黄千铜钱。在上述墓砖花纹、汉城屋瓦上，有大量的方孔铜钱图像。据《昭觉县志稿》载，清代还在昭觉出土过五铢钱范和汉印。① 特别重要的是，1983 年 2 月，四川省凉山彝族自治州文化局文物考察组在昭觉县发现东汉时代的石表和石阙各一座。石表高一百六十二厘米，有四百余字，正面刻隶书九行，侧面刻隶书三行，主要记载东汉光和四年（181 年）越嶲郡任命苏示县有秩（汉代的乡长）冯佑为邛都县安斯乡有秩的事迹，以及"复除"（免除赋役）上诸、安斯二乡赋役等内容。② 其命令是以"五曹诏书"（东汉官吏用皇帝的名义发出的公文）的形式颁发的。立石表者为安斯乡十四里丁众（见《光明日报》1983 年 6 月 12 日报道）。上述东汉时代的遗迹遗物证明：汉武帝置越嶲郡卑水县后，就有大量汉族移民徙居凉山。

其次，从文献上看，两汉以来有关于汉人进入凉山的大量资料可考。《汉书·地理志》说：越嶲郡辖"六万一千二百零八一户，四十

---

① 参见凉山彝族地区联合考古队《凉山州昭觉县石板墓发掘简报初稿》，《凉山彝族奴隶制研究》1977 年第 1 期。

② 黄承宗《凉山彝族自治州部分古城址调查记》（《凉山彝族奴隶制研究》1982 年第 1 期）认为新民公社土城遗址为阑县、邛部县县治所在地。登相营石城为明代所建。

八万八千四百零五口"。至东汉时，越嶲郡的户数约翻了一倍。《续汉书·郡国志》记载，东汉越嶲郡辖十四城，共十三万零一百二十户，六十二万三千四百一十八口。由于当时少数民族人口一般不上版籍，这些户口绝大部分应是移入的汉族移民。西晋时蜀中扰乱，大批汉人移入南中七郡，《晋书·李雄载记》说："蜀人流散，东下江阳，南入七郡。"凉山不但属于七郡之一（越嶲郡），而且是当地蜀人流入建宁、兴古、云南、永昌诸郡的必经之道，当时南迁的汉人，落籍于凉山的不会少。北周大象二年（580年）梁睿定巴、蜀，为益州总管，他在一份上书中说："南宁州其地沃壤，多是汉人，既饶宝物，又出名马。"此言系根据大都督杜神敬在南宁州耳闻目睹的材料所写成，虽有夸大，但基本上是可信的。南宁州在越嶲郡之南，既然该地"多是汉人"，那在越嶲郡的汉人当然亦不会少。武德年间，唐高祖以地在凉山地区的嶲州为经略南宁州的据点，曾拜韦仁寿为嶲州都督府长吏，令其检校南宁州都督，"寄听政于越嶲，使每岁一至其他，以慰抚之"（《旧唐书·韦仁寿传》）。这说明当时汉人在凉山地区的势力比较强大。这些汉人除唐初移入的以外，大部分是南北朝时期移入的。天宝十三年（754年），南诏陷嶲州，从嶲州各地将这些汉人大量掠去，其中郑回通经术，后来做了南诏的清平官。当时迁入凉山的汉人，一条路是从古旄牛道移入，即从雅安经汉源、冕宁等地到达今西昌；另一条是由今乐山向西南经凉山腹地入昭觉、西昌等地。宋熙宁七年（1074年），峨眉进士杨佐出使大理买马，走的就是纵穿凉山腹地的这条道路。他自虚恨（乐山）出发，凡四十八日程至束密（姚安）。① 这条路虽然难走，但毕竟有路可通，它是汉族自川西平原进入云南的通道之一。它的存在说明，汉族不但不是难以接近凉山，而且

---

① 事见杨佐《云南买马记》，李焘《续资治通鉴长编》卷267 "熙宁八年八月庚寅"引此文说："宋如愚《剑南须知》有《云南买马记》。"宋如愚录杨佐原文如下："自达虚恨界分，十有八月而抵束密之墟。"据辛怡显《至道云南录》，此为四十八日之误。

还在凉山走出了一条道路。

宋时亦有很多汉族人民进入凉山，拿进入小凉山的情况来说，有的是去做工，有的是去耕作。如《建炎以来朝野杂记·乙集》卷二十说："夷界多巨木，边民嗜利者赍粮深入，为之庸锯，官禁虽严，而不能止也。板之大者径六七尺，厚尺许，若为舟航楼观之用，则可长三数丈，蛮自载至叙州之江口，与人互市。太守高辉始奏置场征之，谓之抽收场，至今不废也。"又说："初，赖因本夷地，景德、天至间，属采寇掠，治平间，把截将王文揆始据险立寨，侵耕夷人山坝，名赖因庄。夷人诉之，事闻，有旨以其地归董蛮。既而寨民私赂之以偿其侵地，岁为釉二百匹，幅广二尺，长二丈，于是蛮人每岁至赖因，谓之索税。"由于汉族不断进入彝区，小凉山彝族在各方面受到汉族的影响，以致"其民被毡、椎髻，而比屋皆覆瓦如华人之居，饮食种艺多与华同"（《建炎以来朝野杂记·乙集》卷二十）。

元、明、清时期，更有大量的汉族移入凉山。其移入的方式大致可以分为四类。

（1）因屯垦而来。分军屯、民屯两种。《元史·本纪》说，至元十三年，"命云南行省给建都屯军弓矢"，"以瓮吉剌带、丑汉所部军五百戍哈答城，不吉带所部军六百移戍建都，其兀、唐忽军前在建都者并遣还翼"。这是元初在凉山地区设置军屯的情况。至元十六年元统治者立建昌民屯，发编民一百四户，立德昌路民屯，发编民二十一户，三十年立会川路民屯，发本路所辖州邑编民四十户。各民屯的户数，除从先后移入的汉户编民征集之外，就是大量从内地招来。明代搞卫所屯田，在凉山、西昌有屯堡官兵五万八千余名[1]，即五万八千余户。屯军营垦之地，除安宁河流入坝区外，多数在大凉山山区。今喜德县深沟公社，有登相营石城遗址，城址墙为条石所砌，为椭圆

---

[1] 万历年间建昌兵备道邓贵有《善后条议》一文，载嘉庆《四川通志》卷92《边防志》。该文说凉山地区的"屯堡共官兵五万八千余名"。

形，开四面，城墙高约三米，宽约两米，墙顶设垛眼，周围六百余米，经实地考察，此城建于明代①，此即为卫所屯军所建。明代万历中叶以后，屯政日渐废弛。邓贵《善后条议》说，万历中期，"卫所各军逃亡殆尽，今止存五千二百四十九名矣"，即大约只剩下原额的1/10。《蜀中广记》卷三十四宁番卫引《渡泸初略》说："旧额，宁番一卫，为屯者凡九十百二，今无一人存矣。"屯户逃到哪里去了呢？当然是在凉山与彝族杂居，由屯户变成了民户。今凉山各地汉族，多言其先祖是明朝时期由内地迁来的，当即明时落籍于当地的屯户。

（2）因移民而来。《峨边县志略》载："明正德七年（1512 年），由湖广移民入川，落业冷土司辖境普雄乡、平夷堡等地。"这是统治者有组织的移民，其数量不会少。

（3）应招佃种而来。嘉庆末年四川总督常明奏疏说："大小凉山系生倮熟夷巢穴，汉界夷疆本有定址，自百年来，夷地招汉佃开垦，遂至汉夷杂处，疆界混淆。招有汉佃之土司土目五十四处，夷地内有汉民八万七千六百八十九户，男女四十二万五千二百四十七丁口。"（《会理州志》）昭觉县城北乡有一块《昭觉开山碑》，记载了汉族在昭觉、三湾、四开一带应招垦殖的情况，该碑说：

　　尝闻，碑以志铭示不朽也。粤籍我滇南众姓等移居此土，共计口百三十八股分，某股捐银三十两。今虽身居夷地，勿得视为私入夷巢。自嘉庆二年，有河东土司安氏裔，因交脚、三湾、四块一带地方，荒坝未开，情愿立契，招我滇省开垦，每斗子种纳租三斗。我等上庄阴阳二宅，凭随仟茔建造，不得取价。当日，土司百户花正昌等，得受佃银四千一百四十一两。我首人张照福、刁正明、陈国栋等自揣，若不禀请县主，虽有招契，未免私

①　黄承宗《凉山彝族自治州部分古城址调查记》（《凉山彝族奴隶制研究》1982 年第1 期）认为新民公社土城遗址为阑县、邛部县县治所在地。登相营石城为明代所建。

入夷巢，致于未便，复我首人等，同土司于嘉庆二年禀请县主邓，给开垦证一纸……

又在昭觉县城南乡则洛村，有道光年间何、张、李等汉姓墓葬，其中一块《张门秦老太君墓志》说：

> 生于乾隆二十九年十二月吉日吉时，系云南曲靖府平彝县山半里戴七屯秦公第五女，德配张公洪良长子连珍为婚，因人口繁衍，家业无几，以其穷守故里，不如另择乐郊，同父母谪迁居宁远西邑焦脚汛。

昭觉为大凉山腹地，汉族亦来此佃种，说明当时应招入山的人数不少。据不完全统计：乾隆二十六年（1761 年），雷波仅有汉人六百三十二丁口，至嘉庆十九年（1814 年）则增至十万二千二百二十一丁口，光绪二十一年（1895 年），马边的汉民多达十万七千七百零九丁口。为什么会猛增呢？《叙州府志》说："汉人久居夷地，祖孙父子滋养生息于其间者不下千万家，已入者不能请其复出，来入者方且日事接踵。""入则投至蛮家，承领地方耕种。"这说明入山佃种是汉族人口猛增的主要原因之一。

（4）因雇工而来。据 1939 年中国西部科学院的调查，在马边、峨边、雷波、昭觉等处曾开采 25 个铜矿、2 个铁矿、11 个煤矿。矿工基本上是应雇入山的汉族贫苦人民。昭觉的乌抛铜矿，是清代嘉庆年间移居昭觉的汉人开办的，矿工从西昌、云南等地招来。除开矿之外，有相当数量的汉族手工艺人移居凉山，彝族称他们为"却坡"，意为朋友。"却坡"在凉山安家落业者，即变为"客户"。昭觉四开区新中国成立前有客户十余家，其中一个叫吕浪八的铁匠，在凉山已居住了数代，他每年轮回在四开、坝等地为彝民打制农具，促进了彝族的生产，很受当地彝民的爱戴。

较早时期移入凉山的汉人，不断融合于彝族之中，有的还成了彝族的土司。如会理树堡普隆沙土司的墓志说，其先"原籍南京应天府恩洪县大坝柳树湾，明初中原板荡，先世东征西讨，平服蛮夷有功于国……公袭宣抚之职，就住于黎溪舟"。又甘洛地区彝民传说，甘洛田坝下土司岭家是江南陈天官之后，陈天官做过钦差大臣，因罪被充军到凉山落户，被赐封为土司，故他家有"奉旨出京华，承德镇邦家"之匾。以上墓志和传说未必可信，但它客观地反映了汉族与凉山彝族融合的历史情况。晚近迁来或未融合于彝族的汉族，由于自古以来彝汉之间血肉不可分割的关系，尽管不断受到黑彝奴隶主的袭击，随时都有被掳为奴的危险，但他们仍在彝区扎下根来。这就使凉山形成彝汉杂居的情况。据20世纪40年代初期宁属各县府的统计，宁属有汉族人口847795人，有彝族622067人。其杂居情况见彝、汉杂居情况表①。

彝、汉杂居情况表　　　　　　单位：人

县别	越嶲	冕宁	西昌	会理	盐源	盐边	昭觉	宁南	宁东	总　计
汉族	92930	90208	22007	271690	87938	58822	180	25937	—	847793
彝族	211274	53368	132627	8000	34680	17469	7664	3000	75000	622067

　　以上大量史实证明，所谓"许多世纪以来，汉人一直难以接近凉山"，完全是一种违背我国历史事实的说教。马克思说："现存的所有制关系是造成一些民族剥削另一些民族的原因。"② 在漫长的中国封建社会及半殖民地半封建的社会中，汉族封建统治阶级为维护和发展封建地主阶级的所有制关系，对彝族实行大民族主义的剥削压迫，而长期处于奴隶制发展阶段的凉山彝族的黑彝奴隶主阶级，为了维护和发展奴隶制的所有制关系，则对这种压迫实行强烈的反抗。二者之间的

---

　　① 引自庄学本《西康彝族调查报告》。
　　② 《马克思恩格斯全集》第4卷，人民出版社1965年版，第409页。

矛盾和激烈的斗争以民族矛盾和民族斗争的形式表现出来。应当指出，这种斗争确曾给汉族进入凉山带来了一定的困难，如有的进去了又被驱赶出来，或就地沦为奴隶。但是，这一斗争并没有导致所谓"国中之国"的建立，也没有引起所谓"许多世纪以来汉人一直难以接近凉山这块地方"的情况出现。为什么呢？因为彝、汉之间两千多年来形成的血肉不可分割的关系，是以相互之间长期形成的经济依存关系为基础的。这首先表现在彝族人民需要汉族人民的先进生产技术上。据调查，新中国成立前凉山彝族使用的各种铁质生产工具，如铧口、钉耙、条锄、板锄等，都是历史上从汉区传入或者从汉族那里学会制造的。彝族铁匠打制的工具，不但生铁是从汉区输入，而且技术是从汉族工匠学得的。凉山彝区的农作物，除荞子（格）、燕麦（朱）是本族自古相传的外，玉米、水稻、洋芋、麦子、菜子、豆类等，也是从汉区传入的。彝族的生活必需品，如盐巴、铁货、针线等，历史上也由汉区供给。其次是表现在汉族人民需要彝族的猎产品、畜产品、林产品和农产品方面。彝区的毛皮、药材（包括五味子、神莲、蜜糖、贝母、天麻、大黄连等）、木材、苞谷、豆子、木耳、笋子、牲畜、家禽等，都是汉族人民所必需的。因此，经济上的相互依存把彝、汉人民紧密地联系在一起，这种联系是汉族统治阶级及彝族的奴隶主阶级所破坏不了的。

三　驳所谓"地地道道的外国统治"

秦、汉以来，我国封建王朝对彝族等一些少数民族地区的统治，采取有别于内地的政策，内地委派流官进行统治，实行赋税制的剥削；在少数民族地区则"以夷制夷"，封赐当地少数民族的酋长、头人为土官、土司，建立土长政权，实行贡纳制的剥削。"独立罗罗"论者无法否认凉山地区存在我国王朝封赐的土司、土官，乃采取歪曲我国封建政治统治制度的卑劣办法，胡说"土司是汉人的奴才"，他"讨伐自己的同族兄弟，强迫他们向共同的敌人低头归顺……强迫他们屈从于一个地地道道的外国统治"①。

这一说法万变不离其宗，仍然是要证明，凉山是独立于中国之外的外国。为此，帝国主义的理论家们把土司政权视为所谓的外国政权。但是，这个说法是根本站不住脚的！我们知道，流官政权和土长政权在形式上虽有区别，但本质上都是我国封建中央集权国家的地方政权，土官、流官统治地区都是我国国土不可分割的一个组成部分。

为什么我国封建王朝要在少数民族地区建立形式上有别于内地的土官政权呢？原因是汉族和少数民族的社会经济发展不平衡。《后汉书·南蛮传》有这样的记载："武陵太守上书，以蛮夷服属可比汉人，增其租赋，议者皆以为可。尚书令虞诩独奏曰：'自古圣王臣异俗，非德不能及，威不能加，知其难率以礼，是故羁縻而绥抚之，附则受而不逆，弃而不追，先帝旧典，贡献多少，所由来久矣。'"所谓"知其难率以礼，是故羁縻而绥抚之"，就是说少数民族地区的社会经济发展水平，不适宜采用内地的统治政策，只能"踊縻而绥抚之"。虞诩的话比较客观地说明了王朝要在一些民族地区建立土官政权的原因。马克思主义认为，政权是上层建筑之一，它的内容和形式是由其赖以存在的那种社会经济基础所决定的，是一定时期占统治地位的经济基础的反映。我国内地的汉族，早在秦、汉时代就建立了封建地主经济的生产关系，这种生产关系适宜于流官政权的统治和进行较重的赋税制的剥削，而边疆许多少数民族地区，则自秦汉以来一直还处在奴隶制、封建领主制的社会发展阶段，这些民族的社会经济发展水

---

① A. F. Legendre, *Far-West Chinois, races aborigenes*: *Ies Lolos Eeude ethnographique et Anthropplogique*. Leide, 1909. Extrait du Tiung Pao. Serie Ⅱ. Vol. 10.

平,不能比之汉人而"增其租赋",只能实行贡纳制的剥削,亦不能比之汉人实行流官统治,而只能建立土官为政的羁縻政权,让土长"世守其地""世长其民""世袭其职"。不然的话,那就不能建立或巩固王朝对这些民族的统治。因此,土官政权是王朝根据少数民族地区的特殊情况而建立的一种地方政权,把这种政权说成独立于中国之外的什么外国政权,把我国封建王朝对少数民族地区进行的统治说成什么"外国统治",纯粹是一种旨在分裂和侵略我国少数民族地区的胡说八道。

应该指出,我国封建王朝对内地和边疆民族地区所建立的不同形式的政权,只产生压迫剥削程度的差异,而不改变王朝对内地和少数民族地区的主权。因此,土司政权和流官政权并不存在本质的差异,也不存在不可逾越的鸿沟。一旦少数民族地区的社会经济基础有了改变,或者土官坐大而反对王朝的主权,王朝就要强制实行"改土归流",即改土官政权为流官政权。明朝弘治年间,由于小凉山地区的社会经济有所发展,马湖土知府安鳌"计口赋钱,岁入银万计",明统治者即以"安鳌性残忍虐民",下令捕杀安鳌,并改马湖土府为流官知府,只让其子安宇为马湖土巡检。至万历年间,安宇之子安兴与邛部(越嶲)撒假、雷波杨九乍和峨边大赤口白露寺等联合反对明朝的统治,明统治者以守备刘继祖统兵进讨,俘安兴及其母安杨氏和其妻安沙氏,并废除安兴之土巡检职,彻底实现了马湖土府的改流。如果土司统治区不属于中国的一部分,土官政权不属于中国的地方政权,那么我国封建朝廷要进行"改土归流",是绝对不可能的。

在我国多民族国家内,汉族人口多,生产水平和文化水平比较先进,是我国的主体民族。从我国历代封建王朝的建立来看,汉族建立的王朝占大多数,但并非所有王朝都是汉族建立的。如古代鲜卑族的一支,曾在我国北部地区建立北魏政权;而蒙古族曾经建立元朝,满族则建立过清朝。以少数民族为统治民族而建立的王朝,都是中国的王朝，土司、土官既然是王朝的地方命官，那不管建立王朝的是汉族或是少数民族，他们都一样要尽自己的行政职责。如蒙古族建立元朝之后，凉山彝族的土官就效忠于元朝。据《元史·本纪》记载，在至元二十一年（1284年），今西昌地区的彝族土官沙智，为元统治凉山地区"治道立站"，以功而被授予虎符，元统治者让其管理其父建蒂的统治区域。在建蒂之前，还有凉山河东长官司安氏之一世祖安普卜，于至元十六年向西昌的云南行省平章帖木耳行辕投诚，"沐雨栉风，佐开国之勋于彝鼎，披荆辟草，奠不毛之地于金汤"，被元统治者授予建昌世袭镇国上将军宣慰使司宣慰使。汉族统治阶级建立明朝之后，安氏又效忠于明朝。满族建立清朝，安氏又"呈缴明印"，为清朝"总管（建昌）宣慰司事务"①，怎么能说土司只是充当所谓"汉人的奴才"呢？如果说他们只是什么"汉人的奴才"的话，那何以解释他们对元朝、清朝的效劳呢？他们对元、明、清统治者的效劳，不正说明了他们并不是哪一个族的什么"奴才"，而是中国封建王朝的地方官吏吗？既然是王朝的地方官吏，那他们就得忠实地执行王法和皇帝的旨令，而又何以能说这样就是充当"奴才"呢？试问有哪一个多民族国家的民族地方官吏不是执行其中央政府的法令及政令呢？能因此说他们是统治民族的"奴才"吗？

另外，说凉山彝族土司强迫"自己的同族兄弟"，"屈从于一个地地道道的外国统治"，这是对明代中叶以来凉山彝族和汉族矛盾斗争性质的严重歪曲。大家知道，明代中叶以后，凉山彝族与汉族之间的矛盾和斗争比较尖锐，但是，这一斗争的性质并不是凉山彝族的统治阶级——黑彝奴隶主阶级要建立什么独立国家，而是要从汉区获取奴隶，以发展自己的奴隶制度。他们与王朝之间的斗争，虽然有反对大民族主义的民族压迫的因素，但主要是要发展奴隶制的斗争，而并不

---

①　参见《安世荣墓志》，载中国科学院民族研究所、四川少数民族社会历史调查组《凉山西昌地区彝族历史调查资料选集》。

是什么要维护"国中之国"的斗争。考察这个时期凉山彝族与汉族之间的斗争，绝大多数都是因黑彝奴隶主要掳掠汉族人口作为奴隶而引起的。如《明史》记载，明宪宗成化元年（1465 年），"夷驱合江等县一百七十人，水牛三百……都指挥等率军逐之，贼皆遁，尽虏所获人畜"。又《族巂厅全志》卷五说，道光十七年（1837 年），成都将军凯章奏：彝人"数年来则千百成群，直入乡村市镇，任意焚虏……约计被掳男女，以数千计"。又《叙州府志》卷四十三说："自同治以来，夷匪积年滋扰，所掳各边丁口，不下万余人，皆役属为奴。"又 1939 年编印的《宁属调查报告》说："宁属近二十年来，减少人口约百分之七十，其被夷虏充娃子（奴隶）者，亦不下五六十万人。"①"独立罗罗"论者不看这些斗争的内容和目的，把黑彝奴隶主要发展奴隶制的斗争歪曲为他们不服从于所谓外国统治的斗争，目的就是要把凉山彝族从我们祖国的民族大家庭中分裂出去，以便他们在凉山地区建立殖民统治。

（原载《思想战线》1983 年第 5 期）

---

① 任映苍：《大小凉山㑩族通考》，1947 年，第 229 页。

凉山彝族与汉族的历史关系

凉山是我国彝族的最大一个聚居区，自古有彝族先民居住。在漫长的历史发展中，凉山彝族与祖国内地汉族在政治、经济、文化等方面形成了血肉不可分割的历史关系。研究这种关系，不仅有助于彝族社会历史和西南地方史的研究，而且对于加强我们祖国的统一和民族的团结具有重要的现实意义。

一　历代中央王朝在凉山地区的设治

凉山地区古时称为邛都，居住着邛、榨和属于彝族先民的"嶲""昆明"等许多的部族和部落。秦始皇统一中国，曾派"常頞略通五尺道"，在邛都等西南少数民族地区"置吏"。司马相如说："邛、榨、冉马龙者近蜀，道亦易通，秦时尝通为郡县。"（《史记·司马相如传》）虽是时所设郡县不见于记录，但司马相如为西汉前期人，他于元光六年（前129年）奉命往邛都等地招抚"西夷"，所言当系事实。这说明自秦始皇统一中国开始，凉山就加入我国第一个专制主义的中央集权王朝的版图，成为我们伟大祖国不可分割的一部分，凉山彝族就与汉族和我国各兄弟民族进一步建立了不可分割的密切联系。

汉武帝时期，王朝大力开发西南，凉山与祖国内地的关系更加密切。元鼎六年（前111年），汉武帝"以邛都为越嶲郡，榨都为沈犁郡，冉駹磁为汶山郡"（《史记·西南夷列传》）。《汉书·地理志》说：越嶲郡辖"县十五"。其中邛都县在今西昌、德昌，苏示县在今礼州，定榨县在今盐源，会无县在今会理，台登县在今冕宁，卑水县在今昭觉、美姑；大榨县在今米易，阐县在今越西，灵关道县在今峨边一带，三绛县在今元谋县北部的姜驿。

蜀汉、西晋在凉山仍置越嶲郡，设县与两汉基本相同。唯蜀汉在今雷波增置马湖县，在沐川、马边增设新道县，在屏山境增设安上县（《华阳国志·蜀志·越嶲郡》《晋书·地理志》）。南齐建"越嶲僚郡"（《南齐书·州郡志》），至北周天和三年（568年），周武帝"开越嵩地于嶲城（今凉山州首府西昌）置严州"（《元和郡县志·嶲州》）。天和五年（570年），又以"大将军郑恪帅师平越嶲，置西宁州"（《北周书·五帝纪》）。隋开皇十八年（598年）改为嶲州（《元和郡县志·嶲州》）。

唐初仍置嶲州。《旧唐书·地理志》说，武德元年（618年），"嶲州领越嶲、邛部、可泉、苏祁、台登六县（缺一县名）。二年又置昆明县。三年置总管府，管一州。贞观二年割雅州阳山、汉源二县来属。八年又置和集县。天宝元年（742年），越嶲郡依旧都督府。乾元元年（758年）复为嶲州"。

到至德二年（757年），南诏与吐蕃攻陷嶲州，大渡河以南、台登（今冕宁）以北被吐蕃占据。台登以南则为南诏占据。贞元三年（787年）西川节度使韦皋"招抚群蛮"，离散南诏与吐蕃的结合，并击败吐蕃而尽复台登以北之地。咸通以后，南诏与西川争战，西川势力不敌，大渡河以南地区遂被南诏占领，宋代则为大理段氏控制。

西汉以后历代王朝在凉山设治，采取不同于内地的统治方法，在委派太守、令、长的同时，加封原有土长为王、侯，使他们成为王朝地方政权的世袭统治者。元、明以后，这种承认土长政权的统治方法，逐渐发展成为一套完整的土司制度。至元十二年（1275年），元统治者在凉山西部置"总管府五，州二十三，设罗罗斯宣慰司以总之"（《元史·地理志·建昌路》），隶云南行省。至元十三年（1276年）又在东部小凉山地区置马湖路总管府，隶叙南等处蛮夷宣抚司，属四川行省，下辖泥溪、蛮夷、平夷、夷都、沐川、雷波六长官司。

明代推行卫所制度，在罗罗斯故地置建昌、宁番、越嶲、盐井、会川五卫军民指挥使司以及礼州后、礼州中、打冲河中前、打冲河中左、德昌、冕山桥后、迷易、镇西八个守御千户所和昌州、威龙、邛部、马刺、普剂五个长官司。建昌卫军民使司下辖四十八马站火头，"北至大渡，南及金沙，东抵乌蒙，西讫盐井，延袤数千里"（《蜀中广记》引《土夷考》，《明史·土司传》）。凉山以东之地，明初"改马湖路为马湖府，以安济（世袭土长）为知府"（《明史·四川土司传》）。弘治八年（1495年），明统治者以土知府"安鳌性残忍虐民，计口赋钱，岁入银万计，土民有妇多淫之，用妖僧百足魇杀人，又令人杀平夷长官王大庆"（《明史·四川土司传》）等罪杀安鳌，并将马湖土府改为流官知府。

清代初期大量封授土职，在凉山东西两个地区先后置邛部、沙骂宣抚司和河东、阿都、平夷、蛮夷、泥溪、沐川长官司，又置暖带密土千户、暖带田坝土千户及千万贯土千总等数以十计的土目、头目。到嘉庆时，凉山彝族共有宣抚司二、长官司十、土千户十、土百户四十七、土舍三、土目五十四、土千总六、土把总五、土外委一、土乡总七、头目二十一，总计一百六十六名。[①] 清统治者在不断册封土职的同时，自雍正初年开始继承明代中叶以来"改土归流"的政策，先后改建昌卫为宁远府，越嶲卫为越南厅，盐井卫为盐边厅，并置雷波

----

① 《四川省志·民族志·彝族志》（初稿）。

厅、马边厅、峨边厅及会理、西昌、盐源、冕宁等县，皆派流官进行
统治。宣统元年（1909 年）川督赵尔丰进攻凉山后，置昭觉县隶属
宁远府，委陕西孝廉徐怀璋署县事。

民国初年，袁世凯的北洋军阀政府在雅安置建昌道，辖昭觉、越
嶲、会理、冕宁、西昌、峨边、盐源、盐边等县。① 在今泸州置永宁
道，辖屏山、马边、雷波②等县。1935 年国民党政府分四川省为十八
个行政督察区和西康行政督察区。小凉山的雷波、马边、峨边、屏山
属第五行政督察区，西昌、冕宁、会理、越嶲、盐源、盐边、昭觉、
宁南诸县及宁东设治局（治在喜德）属第十八行政督察区。1939 年
西康建省，大凉山各县改属西康省第三行政督察区。

有人认为，我国历代王朝虽在凉山地区设治，但建立的是羁縻
政权或土司政权，这种土官政权还带有一定的"半独立性"。这种
看法是不对的。我们知道，土官政权和流官政权都是我国封建中央
集权国家下属的地方政权，王朝之所以要委任土官土司进行统治，
是由于少数民族地区经济发展比内地落后。土长政权是在这种落后
的经济基础上产生并与之相适应的上层建筑，只有承认它才能使王
朝的统治适应少数民族的社会经济基础，从而达到加强统治的目
的。《后汉书·南蛮传》说："武陵太守上书，以蛮夷服属可比汉
人，增其租赋，议者皆以为可，尚书令虞诩独奏曰：自古圣王臣异
俗，非德不能及，威不能加，知其难率以礼，是故羁縻而绥抚之。"
所谓"知其难率以礼"，就是说内地的流官统治制度不适用于边疆
地区社会经济落后的少数民族。所谓"蛮夷服属可比汉人，增其租
赋，议者皆以为可"，就是说统治阶级的主观愿望也是在少数民族
地区实行同内地一律的统治制度，但因"蛮夷难率以礼"而不得不
封土官以进行羁縻统治。因此，土官政权和流官政权并无所谓"半

---

① 民国二年（1913 年）改峨边厅、越嶲厅、盐边厅为县。
② 民国二年（1913 年）改雷波厅为县。

独立性"的差别，二者之间也没有不可逾越的界限，一旦社会经济基础有了改变，或者土官坐大而反对王朝的主权，王朝就要强行"改土归流"。

又有人以南诏、大理曾设会川都督府和建昌府统治凉山地区，而认为南诏、大理统治时期的凉山与中原断绝了政治关系。这种看法也是不对的。我们知道，在我国统一的多民族国家内，由于汉族统治者和各民族统治者之间的利害关系，相互之间经常发生争夺，有的民族的统治者有时甚至建号称尊，自称王者，自称为国，如西晋时期的十六国和五代时期的十国等，但是，由于我国各族人民自古以来形成的不可分割的血肉联系，这种分裂主义的政权都不能维持长久，都不能割断各族人民之间的联系，离开中国这个国家整体而独立存在。它们实质上只不过是中国版图之内的一种地方割据政权。南诏、大理的情况即是这样。就南诏、大理与中原的政治关系来看，天宝十一载（752年）南诏阁罗凤建赞普钟年号，自立为王，与唐决裂，但在贞元九年（793年），异牟寻就请归唐朝，自此累世受唐朝封号。据方国瑜先生《唐蒙信使录》统计，自开元二十二年（734年）至乾宁四年（897年），南诏对唐朝的朝贡见于记录的约有一百次。大理段氏对宋朝的朝贡以及宋朝册封大理国王的记载也很多（见《宋史·大理国传》《宋会要辑稿》《历代朝贡》和《文献通考》等书）。因此，不能认为南诏、大理及其统治时期的凉山与中原绝断了政治关系。

总之，自秦始皇统一中国，凉山彝族地区就已加入中国版图，成为我们伟大祖国不可分割的一部分。自汉武帝在凉山地区建置越嶲郡，历代在凉山所设州、县虽有分合，但凉山彝族地区始终作为祖国的一个政区，与内地紧密相连地发展着。

二 历代迁入凉山彝区的汉族人民

历代中央王朝在凉山地区设置郡县，随之而来的是采取巩固统治的措施，将大量内地汉族人民移到凉山来。清宣统二年（1910 年），昭觉县府筑城，掘出汉代墓葬及五铢钱（《昭觉县志稿》卷一）。新中国成立后又在该县继续发现汉墓，并在四开区掘出东汉时代的军屯城堡①，证明自汉武帝置越嶲郡，就有汉人进入凉山。《汉书·地理志》说：越嶲郡辖"六万一千二百零八户，四十万八千四百零五口"，《续汉书·郡国志》载，越嶲郡辖十四城，共十三万零一百二十户，六十二万三千四百一十八口。由于少数民族人口一般不上版籍，这些户口中绝大部分是汉族移民。当时移民的主要方式是以其进行军事屯垦。汉武帝时移到边地的屯田卒有六十万（《汉书·食货志》），其中不少就在凉山地区。屯卒在边地编为部伍，与彝族人民错杂而居，友好相处，对促进彝族社会经济的发展起了积极作用。

到蜀汉时，自两汉以来不断进入凉山等西南彝族地区的汉族人民，逐渐同化于彝族之中，据《华阳国志·南中志》记载，当时汉人"与夷为婚曰遑耶，诸姓婚为自有耶，世乱犯法，辄依之藏匿，或曰有为官所法，夷或为报仇，与夷至厚者谓之百世遑耶，恩若骨肉，为其捕逃之薮，故南人轻为祸变，恃此也"。当时为彝族所同化的汉人中的统治阶级，即是历史上的南中大姓。越嶲地区虽未见有大姓的记载，但存在汉族移民，且存在彝族同化汉族的情况是无疑的。刘备章武三年（223 年）"越嶲夷王"高定"杀越嶲太守将军焦璜，破没州

① 1976 年、1977 年凉山州考古训练班及联合考古队在昭觉城北公社发掘汉墓两座，在四开区发掘汉墓数座及东汉军屯城堡一个。

土"(《华阳国志·南中志》),响应南中大姓雍闿反蜀,说明越嶲地区有南中大姓的活动,而这在很大程度上是以当地彝化了的汉人为纽带和基础的。南北朝时,南中大姓霍氏、爨氏的统治及于越嶲,霍承嗣任越嶲太守和"南夷校蔚",爨龙颜父任越嶲、晋宁、建宁等"八郡监军",其本人袭封"邛都县侯"①,也说明越南地区有彝化了的汉族作为南中大姓统治的社会基础。

唐代在凉山设立嶲州,以嶲州为经略西南地区的政治、军事据点。贞观二十二年(648 年)梁建芳出兵击松外蛮;永徽三年(652 年)赵孝祖出兵大小勃弄;咸亨三年(672 年)梁积寿出兵击西洱河蛮;神龙三年(707 年)唐九征击姚州诸种落;开元十七年(729 年)张守素破西南蛮,拔昆明及盐城,都是从嶲州地区出兵,可知这个时期迁到凉山的内地汉人数量不少。《旧唐书·地理志》说,天宝时嶲州领七县,共辖四万七百二十一户、七万五千二百八十口(按:《新唐书》作七十万口),其中大量是从内地迁入的汉人。天宝十三载(754 年)南诏陷嶲州,从各县掳掠汉人,西泸县(今德昌)令郑回就是其中的代表。郑回通经术,后来做了南诏的清平官。

元代马端临说:"宋太祖鉴于唐之祸基于南诏,乃弃越嶲诸郡,以大渡河为界,使欲为寇不能,为臣不得。"(《文献通考·四裔考》)有人据此认为宋以大渡河为界,使彝、汉隔绝达三百年之久。但事实不然,在越线以北地区,宋时"有华人亡其入境者",土长朝贡"亦与偕来"(《宋会要辑稿·蕃夷》)。在小凉山地区,宋时不但有汉人移居,而且使当地彝人在各方面都受到汉族的影响。《建炎以来朝野杂记》说:"其民披毡椎髻,而比屋皆覆瓦,如华人之居,饮食种艺多与华同。"(《建炎以来朝野杂记·乙集》卷二十)凉山以南的地区,也有内地汉人通过凉山而寓居,而且也给当地各族以很大的影响。如郭松年《大理行记》说:大理地区"宫室楼观,言语书数以至

---

① 刘宋《爨龙颜碑》载于阮福《滇南金石录》。

冠婚丧祭之礼，干戈战阵之法，虽不能尽善尽美，其规模服色，动作云为，略本于汉"。宋时入凉山及金沙江以南各地的汉人，一是走古旄牛道（又称清溪道），由成都至雅安经汉源、越西、甘洛、西昌、会理至云南；二是由石门道（即秦时的五尺道），由成都经乐山至宜宾或新市镇再到云南；三是从乐山经大小凉山腹地而达于云南。宋熙宁七年（1074 年），峨眉进士杨佐出使大理议买马事即走此道。杨佐是时自虚恨（乐山）出发，凡四十八日程至束密（姚安）。① 当时通过这几条路而入凉山的汉人，当有不少成为与土酋"偕来"朝贡的伙伴。近年来在西昌发现宋代汉人墓葬，证明宋时有汉人迁入凉山。

元、明时期，统治者在凉山推行军民屯田和卫所制度，大批内地汉人被移入凉山。《元史·本记》说，至元十三年，"命云南行省给建都屯军弓矢"，"以瓮吉剌带、丑汉所部军五百戍哈答城，不吉带所部军六百移戍建都，其兀、唐忽军前在建都者并遣还翼"。这是元初在建都置军屯的情况，其时间当在至元九年平兰共部酋建蒂反叛之后，建都即建蒂的同音异写，在此指凉山、西昌地区。关于民屯，《元史·兵志》说，至元十六年，立建昌民屯，发编民一百四户；同时立德昌路民屯，发编氏二十一户，三十年立会川路民屯，发本路所辖州邑编民四十户。"罗罗斯屯、会通、建昌、会川、德昌立屯，四百七十户。"② 这些民屯户，多数是从流入当地的汉户编民征集的。明代搞卫所军屯，在凉山、西昌各地的屯堡官兵达五万八千余名，即五万八千余户。明统治者对当地彝民采取"阅实户数，户以一丁编伍为军，令旧军领之，与民杂处。唯有警则赴调，无事则听其耕牧，从其乱者悉捕送京师，隐匿者罪之"（《明太祖实录》卷二一八）的政策，使

---

① 事见杨佐《云南买马记》。李焘《续资治通鉴长编》卷 267 "熙宁八年八月庚寅"引此文说："宋如愚《剑南须知》有《云南买马记》。"宋如愚录杨佐原文入《剑南须知》当有漏误。如原作"自达虚恨界分，十有八日而抵束密之墟"，当为四十八日之误，今据辛怡显《至道云南录》改。

② 邓贵《善后条议》载于嘉庆《四川通志·边防志》。

彝、汉之间的关系得到了新的发展。除军民屯户以外，明统治者还直接将汉民移居凉山。如《峨边县志略》说："明正德七年（1512 年），由湖广移民入川，落业冷土司辖境普雄乡、平夷堡等处。"明代移入凉山的汉民，后来有不少逐渐融合于彝族，据说其中一部分还成为土司，如会理树堡普隆沙土司墓志说，其先"原籍南京应天府恩洪县大坝柳树湾，明初中原板荡，先世东征西讨，平服蛮夷有功于国……公袭宣抚之职，就住于黎溪舟"。又甘洛地区的彝民传说，甘洛田坝下土司岭家是江南陈天官之后，陈天官做过钦差大臣，因罪被充军到凉山落户，皇帝特赐封他为土司，故他家有"奉旨出京华，承德镇邦家"之匾。[①] 上述墓志和传说未必可信，但它反映了明初以来汉族融合于彝族的历史情况。

清代有大量"汉佃"迁居凉山。嘉庆末年四川总督常明奏疏说："大小凉山系生保熟夷巢穴，汉界夷疆本有定址，自百年来，夷地招汉佃开垦，遂至汉夷杂处，疆界混淆。招有汉佃之土司土目五十四处夷地，内有汉民八万七千六百八十九户，男女四十二万五千二百四十七丁口。"（《会理州志》卷九）由于"汉佃"源源应招入山，乾隆二十六年（1761 年），雷波仅有汉人六百三十二丁口，至嘉庆十九年（1814 年）增至十万二千二百二十一丁口，光绪二十一年（1895 年）马边的汉民多达十万七千七百零九丁口。[②]《叙州府志》说："汉人久居夷地，祖孙父子滋养生息于其间者不下千万家，已入者不能请其复出，未入者方且日事接踵。""汉人潜入夷地者，或由附近素相识者为援引，否则夷地中亲友相招，率由山地小路，不令地方约保知之。入则投至蛮家，承领地方耕种。"移入的汉民，不仅分布在汉彝杂居的边沿区，而且深入中心区的美姑、昭

① 中国科学院民族研究所、四川少数民族社会历史调查组：《凉山西昌彝族地区土司历史及土司统治区社会概况》，第 84 页。

② 江应梁：《凉山彝族社会的历史发展》，《云南大学学报》（人文科学版）1958 年第 1 期。

觉。据调查，美姑的诺伙乌抛家，曾从雷波招来汉人，汉人在那里修了水沟和梯田。在昭觉，汉民遍住于老城、三湾河、四开、竹核诸处。昭觉县城南乡则洛村，尚有道光年间何、张、李等姓墓葬。其中有"张门秦老太君墓志"说：

> 生于乾隆二十九年十二月吉日吉时，系云南曲靖府平彝县山半里戴七屯秦公第五女，德配张公洪良长子连珍为婚，因人口繁衍，家业无几，与其穷守故里，不如另择乐郊，同父母谪迁居宁远西邑焦脚（焦脚即昭觉）汛。

据昭觉小海子的穆松亭老人说，过去昭觉一带的汉人很多。汉人以八百锭银子从彝族土司岭邦正家买得昭觉坝子，先后有千家汉户搬来，光小海子就有一百多户。昭觉的夏、高、李等姓和西昌的孙家，均为当时昭觉汉人的后代。昭觉老城当时属于五家汉户。这五家人用牛车拉石头在昭觉河边筑堤，把水堵往东边山下，这个石堤被称为"王大爷坝"。汉人还开了很多水碾，光老城就有十几盘。彝汉互通有无，阿侯家（彝族家支）的人经常来城中买大米、盐巴和酒等物品。

由于明、清以来凉山彝族奴隶制向上发展，彝族奴隶主阶级掳掠汉人为奴，在明代以来进入凉山的汉人中，有相当数量是被奴隶主通过劫掠战争从邻近汉区抓来的。兹略举数例，据《明史》记载：明宪宗成化元年，"夷驱合江等县一百七十人，水牛三百……都指挥章用等率军逐之，赃皆遁，尽掳所获人畜"。道光十七年成都将军凯章奏说：彝人"数年来则千百成群，直入乡村市镇，任意焚房……约计被掳男女以数千计"（《越嶲厅全志》卷五）。又《叙州府志》说："自同治以来，夷匪积年滋扰，所虏各边丁口，不下万余人，皆役属为奴。"据民国二十八年（1939年）编印的《宁属调查报告》估计，"宁属近二十年来减少人口约百分之七十，其被夷掳充娃子者，亦不下五六十万"①。凉山彝族的奴隶，主要即是被掳掠来的汉人和他们的子孙。

两千多年来汉族人民不断寓居凉山，使凉山出现了今天彝、汉杂居的状况，也使彝、汉之间相互同化。现在居于西昌、会理、冕宁等地的彝族，多数是近百年来从大凉山诸县迁出的，原来住在这里的彝族，几乎已全部同化于汉族。即使是新迁入的彝族，也不断同化于汉族。如德昌麻泉乡张姓，阿色乡赵姓，小高乡王、李、马三姓，西昌县黄连乡罗姓等，都是汉人。但他们尚有烧尸场的遗迹以及供着彝族规矩的神主，并传说他们的祖先是彝族。另外还有分布在冕宁、西昌、德昌一带的"水田"彝族，由于接受汉族种植水稻的技术和先进文化，原有的本民族的风俗习惯逐渐消失，各方面变得和汉族大同小异。有的甚至改用汉姓，而且与汉族通婚。汉族同化于彝族的情况，已如上述自汉、晋时期就已存在。凉山彝族社会中的白彝娃子，有汉根和彝根两种，所谓汉根娃子，就是后来同化于彝族的汉人及其后裔。因此，凉山彝族与汉族之间的历史关系，不但是密切相连，而且是血肉不可分割的。

三 彝、汉人民之间在政治、经济、文化方面的密切联系

两千多年来凉山彝族与内地汉族在政治、经济、文化等方面发生的联系是极为密切的。

经济上的联系首先表现在彝族人民需要汉族人民的先进生产技术上。汉族是我国历史上经济发展水平最高的民族，从很早的古代起就学会了使用青铜器和铁器的生产工具。早在秦、汉时代，凉山等地的

---

① 任映苍：《大小凉山倮族通考》，1947年，第229页。

彝族人民就依靠汉族给他们铁制工具。据《史记·西南夷列传》记载，西汉初"关蜀故徼"，封锁到大渡河以南的交通关塞，"皆弃此国"（指邛都、夜郎、滇等），但"巴蜀民或窃出商贾"，向彝族人民提供生产工具和生活必需品，以至于"四塞栈道，千里无所不通"。当时蜀境有工商业者卓氏、程郑等人，专在临邛冶铸铁质生产工具，以"贾椎髻之民"。据调查，新中国成立前，大凉山彝族使用的铁质生产工具，如铧口、钉耙、条锄、板锄等，种类和形状皆类似汉区，据说都是历史上从汉区传入或者从汉族学会制造的。新中国成立前凉山彝族已有自己的铁匠，能够打制简单的铁质农具。但他们使用的生铁都来源于汉区，技术也是向汉族学得。历史上有许多汉族铁匠作为"客户"长期住在彝区，一面为彝族打制农具，一面向彝族传授打铁技术。直到新中国成立前，这样的"客户"在彝区还不少。如昭觉四开有个居住了数代的汉族铁匠吕浪八，每年轮回在四开、滥坝等地为彝民打制农具。

彝区农作物的种类也基本与汉区相同，据说除荞子（格）、燕麦（朱）是彝族古老相传的以外，其他农作物如玉米、水稻、洋芋、麦子、菜籽、豆类等，皆从汉区传入。因此许多作物还一直使用汉称，如洋芋、菜籽、烟草等。又如青菜称汉人菜，四季豆称"荚豆"，辣椒称汉人椒，豌豆称汉人豆。据调查，水稻种植在美姑巴普乡、昭觉城南乡、甘洛斯补乡、宜地乡只有两百多年的历史。各种豆类（如豌豆、胡豆、黄豆、黑豆、白豆、四季豆）及油菜、麦子等，在马边种植的时间距新中国成立前不过五六十年。彝区种植以上各种作物的技术，也是向汉族学来的。

汉族人民不但向彝族人民传入先进的农业生产技术，而且还传给他们各种手工业生产的技艺。除上述的铁匠外，新中国成立前彝区还有本民族的木匠、石匠、泥水匠、银匠和铜匠等。这些匠人一般还未脱离农业生产，各匠之间的分工也尚不严格。据美姑县九口乡的调查，该乡有五户从事手工业的彝族，但分不出他们各是哪一种工匠。如木匠既是石匠也是泥水匠，铁匠既是银匠也是铜匠，这说明他们学习各种技艺的时间不长。考察他们的家史，最远的只能追溯到三代，而且他们都是不同时期内抓来的汉根娃子。其中有两户原来就是汉区的工匠，有三户是被抓来后才向汉人学习的。他们所使用的工具，与汉区相差无几，其中大部分是从汉区买来，一小部分是模仿汉式工具就地取材自己制作的。以罗古差多的木匠工具为例，他的工具一是由他的师傅汉族汤木匠送给的；二是向子威的一个木匠家买的，这个木匠死后，家里卖工具，他买了一部分；三是黑彝保头保来该地修房子的汉人木匠，回家时用工具换鸦片，他换到几件；四是他托到汉区做生意的人代买了几件。这个例子说明，彝族的手工业生产受汉族的影响很大，或者说彝族的手工业是源出于汉族的。除手工业生产以外，汉族还在开矿等方面给彝族以一定的影响，据1939年中国西部科学院的调查，在马边、峨边、雷波、昭觉等处，曾经开办的铜矿有二十五处，铁矿十二处，铅矿、煤矿各十一处。这些矿基本都是汉族贫苦人民开采的，但有彝族人民参加。如有名的昭觉乌抛铜矿，是清代嘉庆年间流寓昭觉的汉人开办的，一部分矿工从西昌、云南等地招来，一部分直接雇用昭觉等地的彝族劳动人民，集众至千余人（有超过万人之说），建有炼铜炉六七个，每炉产铜千余斤。彝人在开矿中向汉族工人学习生产技艺，汉人将开矿冶炼方面的技术传给彝人。这些矿山后来虽因彝族奴隶主的焚掠而遭到破坏，但它对汉族人民向彝族传授工业生产方面的技术不能不产生影响。

彝、汉人民之间密切的经济联系，还突出地表现在经济交换方面。凉山彝谚说："彝人离不开汉人，汉人离不开彝人；彝人离不开盐巴铁货，汉人离不开毛皮山货。"历史上，自古以来有汉商不顾山高水寒而将铁器、铁质农具、食盐、针线、布匹、烧酒、装饰品等生产、生活必需品输进彝区，再从彝区换回汉族人民所必需的猎产品、畜产品、林产品和农产品，例如毛皮、药材（包括五子、神莲、蜜糖、贝母、天麻、大黄连等）、苞谷、豆子、木耳、笋子、牲畜、家禽等。也有彝族商人三五结队到汉区购进彝族所需要的各种商品。此外，彝汉之间还通过街子期进行固定的经济交流。《雷波厅志》说："土产沃富，远货他乡，而白布红盐；则取资于外郡，是以道途虽险，商贾流通，远方之人，闻风麇集。""中山坪、罗三溪两场，商贾云集，每逢街期，汉彝赶集者七八百人。"又《叙州府志》说："马边，其逼进夷地凡有市场地方，每逢赶集场期，彝人辄出贸易，更有彝人通事，由该场店铺客民留其长住，资其日食，往来场上有待交易者，谓之交口蛮，专为经纪贸易。"同治初年昭觉筑城以后，逐渐形成市场，逢街子期有上千人赶集，销售盐巴二百斤，布匹、铁矿、针线等不计其数。

随着生产技术和生产品的交流，汉族的封建生产关系对彝族也发生一定的影响。这突出地表现在汉、彝杂居区或接近汉族的彝区。如西昌、冕宁、德昌等地的"水田"，在汉族的影响下已经完全封建化。他们的阶级关系已经不再是诺伙、曲伙、阿加、呷西的关系，而是地主、富农、佃农、雇农的关系。又如在会理的土司地区，新中国成立前经营土地的方式主要已采取汉族的租佃方式，也采用汉族的押金、加押等办法。在甘洛和雷波等地的彝汉杂居区，彝汉人民之间还普遍发生土地租佃和土地买卖及雇工、借贷等关系。这些地方的曲诺一般不给主子服劳役，土地可以自由买卖，人身隶属关系也比其他地方的轻。即使在彝族聚居的中心区，也有汉族封建生产关系的影响。据调查，昭觉县滥坝乡的租佃关系在土地关系中占据显著的地位，该区十七户土目占有的土地总面积为16836.96亩，出租土地面积为14632.8亩，占土地总面积的86.94%。形式有两种，一种是定租制，由曲诺、阿加直接向土目领种，缴纳为数很轻的地赋并提供无偿劳役及其他"送礼"、摊派；另一种是分租制，主要是曲诺从土目处领种土地，再转租给其他的曲诺、阿加或朔，租额比定租制为重。①

在政治关系上，如前所述，自秦、汉以来王朝在凉山设置郡县，彝族就成为我们祖国民族大家庭的成员，与汉族有血肉不可分割的政治联系。这里所要说的是彝汉人民在斗争中的相互联系。在历史上，彝族统治阶级以汉族统治者作为他们压迫剥削本族劳动人民的支柱，而汉族的统治者也利用彝族的统治者来加强对彝族的统治。因此，彝、汉统治者彼此之间在镇压人民这点上总是相互紧密勾结起来。他们的大汉族主义的民族压迫政策和彝族诸伙奴隶主家支集团掳掠汉人为奴的政策，虽然造成历史上彝、汉人民之间激烈的矛盾和斗争，但是大汉族主义的民族压迫实质上是汉族中封建阶级和后来的官僚资产阶级的压迫，汉族中的广大劳动人民，也同样遭受汉族封建阶级和官僚资产阶级的压迫。同样，彝族对汉族的压迫掠夺，实质上是彝族奴隶主阶级的压迫掠夺，彝族中的奴隶阶级和其他劳动人民，也同样遭受这种压迫掠夺。因此，共同的阶级命运使彝、汉人民在斗争中总是密切联系以反对共同的阶级敌人。特别是在近代以来的反帝反封建反官僚资本主义的革命运动中，彝、汉人民始终团结战斗，共同用鲜血换取中国革命的胜利。

凉山彝族和内地汉族的文化交流，在历史上也是相当密切的。一方面是汉族统治阶级推行民族同化政策，将汉族的文化硬灌到彝族当中去。以兴办儒学为例，早在元代初年，马湖路土官总管汝作就适应王朝统治阶级的需要，参与兴办"马湖儒学"（嘉靖《马湖府志》卷六）。又"洪武二十八年六月壬申，户部言：云南、四川诸处边彝之地，民皆罗罗，宜设学校以教其子弟，上然之"（《明太祖实录》卷一八七）。据《马湖府志》记载，明洪武年间土知府安

① 参见《昭觉县滥坝乡社会调查（初稿）》，第60、24 页。

本曾在马湖"建公署，改学校"。除此之外，明代统治阶级还从彝族中招生到南京的国子监去就学。如《明史·土司传》说："洪武二十三年安配遣子僧保等四十二人入监读书。"《明太祖实录》说："洪武二十年十一月辛卯，命国子监罗罗生阿署等三人归省其亲。""洪武二十二年七月戊辰，赐国子监罗罗生阿聂等夏衣鞋袜。"另一方面是彝、汉人民之间的互相学习和交流，以语言为例，在彝、汉杂居区，彝、汉人民互通语言的情况是相当普遍的，在彝族聚居的中心区，也有不少的彝人可以说汉语。彝族有自古相传的老彝文，但仅有巫师毕摩能够写读，在本民族中不通用，不少地方通用的是汉文。另外彝语借用汉语词汇的情况也比较多，据统计，喜德地区新中国成立前 3203 个词汇中，借词为 90 个，占 2.8%，大都已是群众上了口的词语。

以上情况说明，凉山彝族与汉族两千多年来在经济、政治、文化等方面的联系是极为密切的。任何认为凉山彝族是孤立发展而未受汉族影响的看法，都是不符合历史实际的。

末了还需要说明两点：第一，历史上凉山彝族与汉族的民族关系是阶级对抗性社会里的民族关系。马克思说："现存的所有制关系是造成一些民族剥削另一些民族的原因。"[1] 在私有制存在的社会里，民族对抗和民族压迫是不可避免的，因此历史上凉山彝族和汉族之间政治、经济、文化的联系，不是和谐地进行，而是往往伴随着民族冲突和民族压迫，或者就是通过民族冲突和民族压迫来实现的。我们绝不能以历史上有过民族冲突和民族压迫来否定凉山彝族和汉族血肉不可分割的历史关系，也不能以彝族和汉族之间具有血肉不可分割的密切联系来否认他们之间曾经存在的矛盾和斗争。总的来说，彝汉之间密切联系的一面是主流，而斗争的一面只是支流。第二，凉山彝族和汉族之间历史上密切的政治、

---

[1] 《论波兰》，《马克思恩格斯全集》第 4 卷，人民出版社 1947 年版，第 409 页。

经济、文化联系推动了凉山彝族社会向前发展，但始终没有引起彝族奴隶制生产关系的根本变革。因为汉族的影响并没有导致凉山彝族社会生产力的巨大发展，从而最终导致奴隶制生产关系的改变。

（原载《思想战线》1980 年第 3 期；国家民族事务委员会政策研究室编、民族出版社出版的《中国民族关系史论文集》上集收录）

武定凤氏本末笺证叙录

一　檀萃及其《农部琐录》

《武定凤氏本末》，载方树梅（腥仙）残藏之《农部琐录·土司志》。《农部琐录》系清人檀萃撰，共十四卷。乾隆四十三年（1778年）付梓。今仅存八卷至十四卷，且系云南省图书馆根据云南省文史研究馆从方树梅残藏本所抄之传抄本。

檀萃，字岂田，号黔斋①，安徽望江县人②。乾隆二十五年（1760年）举于乡，次年中进士，选为贵州青豁县知县，后归乡服父丧。继而补滇，于乾隆四十三年（1778年）宰禄劝县事。其"性嗜学爱民，教士谆谆不倦"。任上"兴学劝农，政声大著"（《清史列

---

① 《清史列传·檀萃传》言其字默斋。《农部琐录·重修县志徐文耀跋》谓其"姓檀氏，名萃，字岂田，默斋其号也"。今从后者。

② 杨伟群校点的《楚庭稗珠录》（广东人民出版社 1982 年版）作"山西省高平县人"，误也！檀萃在其所著的《楚庭稗珠录》自序中，在其所著的《华竹新编》中，的确都说他是高平人，但这个高平不是山西之高平，而是安徽的高平。《中国历史地名大辞典》第五卷云："高平，北魏改东平置，为东楚州高平郡治。今安徽盱眙县西北八十一里。"《清史列传·檀萃传》《农部琐录》俱云其为安徽望江人，《读史方舆纪要》"江南安庆府"云："望江县，汉统县地，开皇十八年改曰望江县，唐武德五年置高州，寻改为智州，七年州废，县属严州，八年属舒州，宋末尝迁治于东流县香口镇，元还旧治。"疑高州即高平，而高平即望江县是也。

传·文苑传三·檀萃传》)。士民宗仰之。时人为之歌（见《农部琐录·重修县志跋》)曰：

> 望江名士重岩廊，丹桂文杏呈芬芳。
>
> 匝月清溪恩波远，两载禄劝惠泽长。
>
> 兴利除弊分次第，祷雨祈晴重农桑。
>
> 抚宇何劳催科抽，听讼一镜悬虚堂。
>
> 无复吏胥为衙蠹，军流不敢恣枭张。
>
> 弭盗岂惟无遗拾，还教邻邑盗莫飚。
>
> 树种满城资余荫，路平九衢履康庄。
>
> 更以学校为最重，时以多士课文章。

此诗虽系封建文人的谀辞，但对于了解檀萃在禄劝为官的情况，是有参考价值的。乾隆四十六年，他奉命"权利元谋"。乾隆四十九年（1784年），因派运滇铜至京途中翻船，"沉铜六万五十八斤有奇"，而被云南巡抚谭尚忠"请旨革审"，"遂被参官"（《清高宗实录》卷一三一二、卷一二九三）。其被"参官"的原因，《清史列传·檀萃传》谓"以不阿，里吏议罢官"，《滇海虞衡志序》说他"恃才凌人"，"以傲罢令，且获罪"。疑"沉铜"只是原因之一，根本的原因是他对封建统治者具有刚直不阿的性格和气质。"参官"后被流放。后来在昆明育材书院、里盐井万春书院担任山长，"滇人多师之"①。

檀萃是一个"名重海内，文词撰著，衣被艺林，而醇雅深厚"（《农部琐录·重修县志跋》)的学者。他"博极群书，以渊雅称"，"诗恣肆汪洋"（《清史列传·文苑传三·檀萃传》)，著述"不屑拾人牙慧，自成一家"（民国《禄劝县志·循吏志》)。其旅黔、粤垂四

---

① 《清史列传·檀萃传》言其被罢官后"主云南五华书院讲席"，实为育才书院及里盐井万春书院。

年，著《黔囊》一卷、《粤囊》二卷、《粤啡》二卷、《说蛮（粤产附）》一卷，合之为《楚庭稗珠录》。他在此书自序中说："黔故楚也，而粤为楚庭大长，霸南徼，西役夜郎，则黔亦粤之所曾属，录所见闻，总曰'楚庭'。粤故为珠海，游者多艳心焉。珠有九品而稗珠为下，其量也以升斗计，易粟而已矣。"尽管他称自己在粤所录写的见闻只是"稗珠"，但实际其是祖国文化遗产中的一颗灿烂明珠。1982年，经杨伟群校点，《楚庭稗珠录》作为广东地方文献丛书之一，由广东人民出版社正式刊印出版。他勤于笔耕，即便是在"放废羁离，不能自便"的流放时期，亦不辍著述，他在《滇海虞衡志》自序中说："老夫居滇数十年，为《农部琐录》《华竹新编》及腾越、蒙自、浪穹、顺宁、广南凡七志。"① 除这七种地方志之外，他在云南时期的著作尚有《滇南文集》及《滇海虞衡志》四卷、《滇南诗话》十四卷。另外，他还著有《大戴礼注疏》《穆天子传注》《逸周诗注》《俪藻外集》《番禺县志》及书法十卷。

檀萃性淳重知识，重视人才。宰禄劝县事期间，以文章理学为治政之本，"凡政之有利于学校民生者，次第举行"，他引进人才，培养人才，"是时，博士朱先生、王先生，从事黄少公，皆学优德懋，星聚一隅，同寅协恭，朝夕聚首，商课士之方，筹抚民之策，兴养立教，屹屹孜孜。因念科第乏人，文风待振，择子弟中之颖慧者，收而裁之，耳提面命，俾不狃于积习，不安于小成"②。"陈君缙云（绍绅）、望江周君剑溪（文源）、亳州刘君掌丝、定远王生墦、禄劝戴生圣哲、楚雄徐生文耀"，皆客其所，"复于政治余闲，纂修县志"（《农部琐录·重修县志跋》），成《农部琐录》十四卷。

农部系"洪农碌券部"之简称，为南诏"东方三十七蛮部"之

---

① 檀萃《滇海虞衡志序》，此序为他七十五岁时在武昌黄鹤楼所作。
② 《滇南诗话》，檀默斋辑，嘉庆庚申（1800年）新镌，蕴经堂藏板。此书序云："默斋先生道行于滇二十余年，滇人士从之游，门墙极盛，开草堂行诗，教与诸弟子百诗，先生话之，弟子录而编次之曰《滇南草堂诗话》，凡十四卷。"

一。《南诏野史》云："洪农碌券部，今武定州禄劝县。"《元史·地理志·禄劝州》云："甸名洪农碌券。"又景泰《云南志·禄劝州》云："蛮名法块甸，又曰洪农碌券。"《农部琐录》，乃《禄劝县志》是也。

禄劝之有志，始于康熙五十八年（1719年）。是年所修《禄劝州志》，凡二卷，为禄劝知州李廷宰属高攀云所修，今北京图书馆（现为国家图书馆）、故宫博物院藏有刻本。檀萃修《农部琐录》是在此书基础上进行的，故又名《续禄劝县志》。他说：此书"体例较旧志加详，间以史法行之，期于雅驯合体"。嘉庆间师荔扉修《滇系》，阅书四百余种，其中包括此书。《滇系》纂录的《御贼议》《守御后议》《厂记》《蒙狱记》《三台山记》《镌字岩记》《悬女岩记》等篇，署名檀萃撰，但不见于此书现存的八卷至十四诸卷，疑采自已失佚的一卷至七卷。

从《农部琐录》今所存八卷至十四卷的内容视之，此书不但博采史籍，而且大量收录了作者在罗婺部彝族地区实地考察的见闻。书中所述的许多彝族情况，前人未有涉及。因此，该书的史料价值极高。

首先，该书《种人志》说：彝族"蛮长有庆事，令头目入村寨，计丁而派之，游行所至，合寨为供。张少长出，罗拜马前，邻寨在数十里内者，皆以鸡黍幼"。仅数十字，就生动地绘出了凤氏进行封建领主制剥削奴役的图景。1980年冬，笔者与中国社会科学院民族研究所胡庆钧研究员在贵州盘县普古彝族地区进行调查，此区淤泥河村七十四岁的白彝老人王连苟说："淤泥河地区解放前属簸箕营龙土司管辖，龙氏逢遇红白事及节庆日，都要率百余人的出巡队伍到各村派口。行前令各村整修大路，所过之处连个窝棚也不准留，彝民在途中遇见要行跪拜礼，进村时村中老幼须脱帽及取下头帕，立村前相迎。届时，淤泥河的小土目柳家向附近数十里的彝村计户征水火钱五升谷子，并买猪鸡酒以供食。土司勒敛过后，彝村鸡犬殆尽。"这一情况验证了檀萃所绘出的上述图景，它说明檀萃的调查研究是何等的深入和何等的真切，他的《农部琐录》又具有多么大的价值和意义。

其次，该书《种人志》详述了罗婺部彝族的物质生活和民族习俗：

> 其俗男子挽发，以布带束之。耳圈双环，披毡佩刀。妇人头蒙方尺青布，以红绿珠杂海贝琏瑯为饰，着桶裙，手戴象圈，跣足。在夷为贵种。凡土官营长皆黑罗罗也。土官服虽华，不脱夷习。其妇以彩缯缠首，戴金银大耳环。服锦绮，曳地尺余，然披黑羊皮于背，饰以金银铃索。

> 男事耕牧，高岗硗陇，必火种之，顾不善治水田。所收养稗无嘉种。其畜马羊，多者以谷量。女子能织羊毛为布。植木于地，维经于木，跣足坐地，贯杼而纬之，最巧捷。幅宽五六寸，染之似厨。

> 其富者辄推为土司，雄制一方。耕其地者，直呼为百姓。土司过必跪谒。奉茶烟必跪进。或献鸡酒，或炮豚，虽不食必供之。其极重则具马镯，不然即逐之。每曰：汝烧山吃水在我家，何敢抗我。

> 其婚姻犹诸夷，兄死妻嫂，尝有一妇而递为兄弟四五人之妻者。妇拥夫赀，不欲他嫁。则招夫，谓之上门郎，能专制，所有亲族不得过问。

> 其耕山，男女和歌相答，似江南田歌。所居多为楼。楼下煤熏，黑逾黝漆，其光可鉴。扫地必择日，粪秽丛积，不俟日不敢拼除。贵宾至，以松叶席地，自门径至堂室，履之青滑可爱。贵者屋以瓦，次则板，次则茅。如汉俗，不大远。

> 多有姓氏，其同姓者，不必亲种类，或久居相爱，即结为同姓，叙伯仲。

> 死以火化，同诸夷，惟神主或以金银叶为之，葬于一处，或高冈之上，叙昭穆次第，并无坟塚，惟指悬岩曰："此吾祖茔。"

有侵之，亦控诉纷纭。

值冬节，歌舞宣淫。而平素，弟妇见兄公，必肃立低头，不敢仰视。其谨如此。

然富者多聘汉儒为师，习六艺，补博士弟子。次则学为吏典。衣服冠带如汉仪，讳言其夷。丧葬多如汉礼。禄劝四人土司，撒甸之常，他颇之张，半果之鲁，汤郎之金，或举于乡，或由禀贡，或补诸生，皆累世相承。……

夷性畏鬼，多禁忌。有效汉葬，而裔不昌，群诮之，复以夷法葬。其焚尸也，贵者裹以虎皮，贱者以羊皮。执役者必其百姓。其市以牛街、狗街。其约以木刻，大略与诸夷不相远云。

这是自元李京《云南志》问世以来对黑彝最完备的记录。说明檀萃对彝族社会的了解，已达到了前人无法比拟的地步。

最后，该书《彝语志》著录的汉、彝语对译，为研究彝族语言提供了翔实的资料。其著录分为释天（天象、天气、日月、四时、岁时、十二月、十二辰）、释地（田土畈、山、水、道里、四方）、释伦（君王、宗族、母党、妻党、婚姻、师友）、释数、释权、释量、释度、释色、释味、释言、释诂、释形体、释宫室、释寺院、释官民、释公仪、释服、释器具、释文具、释田器、释起居、释饮食、释女工、释谷、释蔬、释果、释货币、释草、释水、释畜产、释毛羽、释虫鱼等三十二类，每类又拣常用词语作彝、汉语对释。如《释天·天象》曰："天谓之木，木撮，天晴；木甲，天阴；木叨，天雨；姆梯，天明；姆祭，天黑。"《释天·气》曰："云谓之呆，雨谓之呵，露谓之至，雷谓之更，电谓之孔，雪谓之诬拈，风谓之姆你，气谓之宜，雾谓之姆内，虹谓之姆……"

总而言之，《农部琐录》是一部不可多得的地方志书，是清代史家研究禄劝彝族的成果的荟萃。檀萃是值得肯定的一位历史人物。

二 《武定凤氏本末》的史料价值

《武定凤氏本末》，记述自南宋孝宗淳熙年间，罗婺部首领阿而至清乾隆末期六百余年武定彝族凤氏土司的历史。所述宋、元至明嘉靖十二年（1533年）凤氏之历代史事，多出自家乘之资料，此后者则多引自史书。其收集鸿富，史料价值很高。

第一，它全面地记载了罗婺部由盛而衰的历史，为研究云南彝族史提供了具有代表性和典型性的资料。大理段氏政权建立于五代后晋天福二年（937年），是段思乎联合滇东地区的三十七蛮部推翻"大义宁国"国王杨干贞的统治后建立的罗婺部，是三十七蛮部之一。其首领受封当在大理国建政初期。大理建国（937年）至南宋淳熙元年（1174年），相距二百三十七年，在这期间，罗婺部的首领未见于彝、汉文史料记载，说明其社会经济发展尚处于落后的阶段。南宋孝宗淳熙时，有阿而能服其众，被段氏举为罗婺部长，且从此开始有明确的世系记载，说明从这时起罗婺部的社会经济发展进入了一个新的时期。其子矣袜时，罗婺部成为三十七部中最有实力的部落，"雄冠三十七部"。经晋解、矣根，四传至矣格，遇元世祖征云南，"矣格首先归附，授罗婺万户侯，将仁德、于矣二部统入本部，名为北路，升矣格为北路土官总管"。又经郡则、安邦，七传至安慈，得"以功授武德将军，赐龙虎符金牌，兼管云南行中书省参政"。八传至弄积，"以功升兼管八百司元帅，加升亚中大夫"，发展到"兼制全滇"的地步。九传至海积，年幼，其母商胜继之。明洪武十五年正月，明军征云南抵达昆明，"商胜即将金牌印信缴于千户徐某，自运米千石，开通道路，至金马山接济大军，乃回本府，招谕人民。十六年（1383年）

遣阿额、黑次、曲里、使迷、赵寺贡马二十匹，七月亲身入觐"，"授中顺大夫、武定军民府土官知府，赐之世袭诰命"。经海积、萨周，十二传至商智，诏赐其"诰命中顺大夫"。经阿宁，十四传至矣本，"诰授中宪大夫"。经金甸，十六传至阿英（即凤英），"奉例赐姓凤，帝宠之甚，晋中宪大夫。赠其母索则，妻索国俱为恭人"。弘治十五年（1502年），征贵州普安，"以功进云南布政司右参政"。正德二年（1507年），"征师宗豆温乡，功尤伟，赐尽忠报国金带一具"。十七传至凤朝明（凤英子），十八传至凤昭。凤昭后裔多次发动反王朝的战争，但结果都失败了。最后只剩下一个女儿凤阿爱。招马龙州土酋常应运为夫。阿爱死，应运复姓常，其子常守嗣，不复姓凤氏，史称常土司。

从《武定凤氏本末》提供的上述资料可以看到，我国彝、汉民族之间有血肉不可分割的政治关系。自宋淳祐十二年（1252年），矣格升北路土官总管，至嘉靖十二年（1533年）的二百八十一年间，中央王朝屡封凤氏官爵名号，元朝所封的有北路土官总管、罗武路土官总管、武定路军民府土官总管、云南行中书省参政、武德将军、亚中大夫，明朝封的有武定军民府土官知府、云南布政司右参政、中顺大夫、中宪大夫、亚中大夫等。其间凤氏朝觐不绝，贡使往还不断，且屡受王朝厚赐。如元朝赐其龙虎符金牌，明朝赐其尽忠报国金带及宝钞、绸缎，等等。这种密切的政治关系，加强了彝汉民族之间的团结和祖国的统一，有利于彝、汉民族之间的经济文化交流，使罗婺部日益获得发展。当这种关系由于大民族主义的压迫，或彝族统治者的割据而遭到削弱或破坏的时候，罗婺部彝族的发展就遭到严重的阻碍，并出现倒退和走向衰败。

第二，它为我们研究武定彝族社会的封建领主制经济形态提供了系统的资料。就社会经济的发展言之，如果说宋末以前罗婺部尚处在以牧业为主要生产部门，"其民多散居林谷，不事耕作"的话，那么，宋末以至元、明时期则不如此。据《元史·地理志》追述，段氏使阿厉治纳演昵共龙城于共甸，又筑城名曰易龙。阿厉疑即阿而，其能在幸邱山筑易龙城，如果社会经济仍以牧业为主要生产部门，那是不可能的。强大的政治力量，只能建立在强大的社会经济基础之上。阿而子矣林雄冠三十七部，是罗婺部社会经济发展到新阶段的反映。明军入云南时，商胜能"自运米千石"至金马山接济大军，又瞿氏与凤昭在平凤朝文之乱后，能"招抚良善万有七千，出粟千石，给济复业"，都说明罗婺部的社会经济发展到了相当高的水平。建立在这种经济基础上的社会生产关系，不可能再是奴隶制的生产关系。因此阿而、矣袜、矣格、安慈、弄积、商胜、商智、凤英、瞿氏等都是封建领主，而不是奴隶主。由这种经济基础所决定，元、明中央王朝在武定地区推行的是土官制度。

据《武定凤氏本末》记载，这种土官制度是以"凤氏专土"，进行领主制的剥削压迫为主要内容的。"凤氏专土，设曲觉三人分管地方。庶古三人管理庄田。更资三人管瑚喇惧，一应调遣，各领步兵从征。扯墨一人管六班快手。管家十二人管庄田租谷。"所谓的"庄田"，就是王朝封授给凤氏的封建领地。封建领主土地所有制是封建领主制度的基础。其特点是由于王朝的封授，所有土地为封建领主所占有，并依封职的高低呈阶梯式的等级占有结构。但是王朝不是将土地赠予他们，而是仅仅作为职田或俸禄田而授予他们使用，且授予是有一定条件的，违背了就要受到王朝的惩罚。恩格斯指出，领主的占有地，"在任何情况之下都是一种职田"①。在这种土地占有制的基础之上，统治关系是占有的基本关系，即领主在占有领地的同时，亦占有领地上的生产者——农奴。为了维持领主制度，领主将自己占有的土地分一些给农奴作份地，将农奴束缚在土地之上，迫使他们终年为自己提供各种繁重的生产劳役和杂役。凤氏的情况就是这样，由于受

---

① 《法兰克时代》，《马克思恩格斯全集》第19卷，人民出版社1965年版，第551页。

王朝的封赐，所以不但占有土府辖区内的全部土地，而且占有其领地上的生产者。这种占有和被占有的人身依附关系，在《武定凤氏本末》中称为"主"与"民"的关系。因此，《本末》说："夷人愚而恋主。"又说："瞿氏与（凤）昭率众自省城回，武定蛮民相顾惊喜曰：'我主故在也。'咸投凤昭降。"所谓"主"，就是占有生产者人身的封建领主凤氏，所谓"民"，就是人身属于凤氏占有的封建农奴。这种"主"与"民"的占有和被占有的关系，在政治上是靠封建领主的武装及其土府政权统治机构来维持的，故《武定凤氏本末》说，对于凤氏土衙和领主的各种苛派，"民畏之如虎"，不得不"甘为盗贼劫掠以应其求"。

第三，它为研究武定彝族地区的"改土归流"提供了系统的资料。由于明代在武定及西南地区推行卫所屯田制度，大批的汉族人民由内地迁入武定彝族地区，给彝族人民传来了先进的文化和生产技术，使这个地区的社会经济在明代中叶有一个较大的发展。《武定凤氏本末》说："（凤）英之在官也，正己爱民，勤于政务，四礼正家，一经教子，开辟田野，教民稼穑。"所谓"四礼"，指的是内地汉族中所有的封建道德规范，"一经"即"儒经"，指传统的儒家思想；"教民稼穑"，就是要彝族人民学习汉族的先进生产技术。又《本末》关于"商智曾命通事张应修正续寺山门"，"（阿宁）率郡通事李贤出资鸠工建前殿（按：即正续禅寺前殿），阿宁起钟楼"的记载，说明武定彝族除接受汉族的先进文化和生产技术之外，还接受了汉族地区传入的佛教。一定的文化是一定的社会经济基础的反映，上述记载都说明武定彝区社会经济有了新的变化和发展。这种变化导致了封建地主制生产关系的确立，封建领主制的生产关系及其上层建筑土官制度的解体。据《武定凤氏本末》记载，武定彝族地区土官制度的解体和流官制度的建立，是在凤氏封建领主的强烈反抗中进行的。从明嘉靖七年（1528 年）至明末清初，凤氏抵制改流及图谋恢复土官统治的较大规模的反抗有七次。

第一次是嘉靖七年（1528 年）凤朝文的反抗。凤朝文是武定土知府凤昭之叔。在他发动反抗的头一年，寻甸土酋安铨不堪于流官知府马性鲁的压迫奴役，率众攻嵩明等处，败守道黄咕、道副使周奎等兵，都御史傅习讨之，败绩。凤朝文自感于武定改流之威胁，于次年自厂江拥兵响应安铨，攻禄劝，武定陷之，杀同知袁俸、知州秦健等十三人，并与锤连兵二万直指省城，屯于城西北门外，焚军民房屋。王朝以右都御史伍文定为兵部尚书，提督川、湖军务，调四镇土汉官军讨之。

第二次是嘉靖四十四年（1565 年）凤继祖之反。武定土知府凤昭卒，母瞿氏袭子宫，妻索林佐之。瞿氏请老，举索林袭府事。而索林失事姑礼，瞿氏大恚，乃阴冀阿伦（凤继祖）为子，挟其甥媳贵州水西土官安国亨、四川建昌土官凤氏兵力谋夺索林以予阿伦。阿伦欺寡嫂潜谋夺嫡，挟资赴京纳级指挥，扬言已袭武定土知府，逐索林，索林因与总管郑竑谋诛继祖。继祖大发兵围城，攻和曲、禄劝等州县。巡抚敖宗庆讨之。继祖潜奔四川会理州，阴结姚州土官高钦，高钧及易门土官王一心等为羽翼，诱索林讲和，杀其总管郑竑等七十人。新抚吕光洵命佥事张泽督兵由寻甸进讨，被围遇害，洵乃移黔、蜀官兵四道并进会剿。继祖久困绝粮，其党惧，遂斩伦（继祖）首乞降。高钦、高钧、王一心俱被诛。事定后改土设流，择凤索林支属凤思壳授府经历。

第三次是隆庆三年（1569 年）凤历之反。凤历系凤思尧父。凤思尧授府经历，彝人之赴府者，必潜往拜谒思尧如主。凤历以其子不得知府怨，阴结四川七州及水西宣慰安国亨谋作乱。隆庆三年（1569 年）凤历聚众，称思尧知府，夜袭郡城。后为知府刘宗寅击溃。凤历被诛。

第四次是万历三十五年（1607 年）凤阿克、郑举之反。郑举为武定人，富于财，流官知府陈典以廉访禁举，举置金于鱼腹馈典获免。已而复收之，举恶其无厌，乃纠彝目阿克陷武定，杀指挥金守仁等男妇四百余人。时陈典正在省城为贺。举等乃拥推官白明通，以兵随其后向省城进发，请以冠带印信给阿克。围城三日，当事不能制，缗印与之，举等方去攻禄丰，禄丰知县苏梦畅力战死。次年六月，诸路兵至，斩其家属十一名。举等逃东川，官兵追及之，东川土官禄哲缚举、克献军前，余党郑文、郑宗舜就擒。阿克等八人被送京师，磔于市。

第五次是天启二年（1622年）凤阿歹、张世臣之反。是时，沾益土司设科及土目补蚱、奈科，李贤、期曲等叛，陷各堡卫，凤阿歹与彝目张世臣率禄劝、东川等地彝族千余人，攻陷禄劝的他颇、补知二堡，进攻武定。东川、沾益彝酋与之呼应，共同陷城邑。天启四年（1624年）新抚闵洪学平之。

第六次是清康熙四年（1665年）凤阿歹妻奢卓之反。是年，凤奢卓抗粮拒捕，禄劝知州彭蠡命左镇沈应时剿之。卓逃东川母家，分武定、寻甸土兵戍撒甸，雄制诸马，形成割据。至康熙二十年始遵化。

第七次是奢卓女凤阿爱及其夫常应运之反。奢卓死，其女凤阿爱复据撒甸，招马龙彝酋常应运为夫，应运冒充凤裔，雄制诸夷，长期与慕连土酋仇杀。康熙五十四年（1715年）冬，禄劝知州李廷宰委吏目史道隆等进撒甸逐之不去，廷宰亲往逐之，应运潜匿山簿，火头鲁甫、阿俄等请于廷宰，愿改流官，于是改马为甲，分归仁、向化、怀德、幕义四里。康熙五十七年（1718年）正月，应运复入撒甸，诱胁数千人，攻卓干马，逼杉松营，总督蒋陈锡、巡抚甘国壁、提督张谷贞发曲靖、寻沾、武定三路兵会剿之，直至五月，因常应运自死才得以平定。

以上七次反抗的起因虽然不完全相同，但其宗旨都是要巩固或恢复土官的统治。然而，在地主制封建生产关系确立和发展的情况下，属于农奴制上层建筑的土官制度，已经失去了它所赖以存在的基础，加上王朝的力量强大，这些反抗都只能以失败为结局。新中国成立前武定地区虽有部分小土目存在，但这些土目已经没有什么力量了，他们只是作为土司的一种残余而保存了下来。

第四，它为研究汉族封建统治阶级的民族压迫剥削政策提供了具体的资料。武定及其临近彝族地区改流以后，中央王朝及地方官仍对彝族人民实行敲骨吸髓的剥削压迫政策。据《武定凤氏本末》记载，这种剥削压迫主要表现有下列几种。

（1）横征地租、田赋。《本末》说："安铨之乱，由知府马性鲁系挞其妻所致也。"马性鲁为应天府溧阳县进士，嘉靖四年（1525年）任寻甸府知府，为向彝民征收地税，不惜系安氏（故土知府）余孽安铨及其妻入狱，并裸挞其妻。汉族官僚地主为获得地租，大肆兼并掠夺土地。如万历末年的云南总兵官沐昌祚就霸占民田八千余顷。《万历实录》卷四百八十云："万历三十九年二月……云南抚按奏，镇臣沐昌祚田，自钦赐外，多至八千余顷，横征暴敛，以致庄户劫掠公行，该镇庇之，滇民如在水火，宜归并有司征收，明国法以甦民困。"据万历《云南志·赋役志》记载，万历初年，云南布政司征收的田赋总数为夏税麦三万六千一十九石六斗一升七合，秋粮米一十万六千九百九十九石一斗八升九合二抄四圭。这个数字是洪武二十六年（1393年）征收的夏税麦一万八千七百三十石、秋粮米五万八千三百四十九石的一倍（尤中《云南民族史》）。其增加的部分多来自改设流官后变贡纳制剥削为赋税制剥削的原土官统治地区，而且是靠采用马性鲁系捕土酋入狱及裸挞彝妇那样的强迫手段来实现的，这说明了封建统治阶级所推行的民族压迫剥削政策的残酷性。

（2）勒索。《武定凤氏本末》说，武定流官知府陈典，以火头

"郑举（凤阿克属下之马头）富于财……假廉访禁举，举置金于鱼腹馈典，乃已。已复收之，如是再四，举恶其无厌，阴畜异谋，而管甸马一龙、马化龙等侵夺诸夷，有司不为理，诸夷咸怨。举乃趁此与凤阿克号召诸夷反"。又说，武定改流后，"管甸通火……指一科十，鱼肉弗餍"。马一龙、马化龙是新兴于彝区的官僚、地主阶级，其侵夺诸夷事见云南巡抚周嘉谟的一份奏疏。该奏疏说，马化龙，其先为凤氏仆，改土设流以后，化龙等遂世占田庄，积成巨富。素把持府、州，拨置启衅。禄劝黄知州从马化龙、马一龙管征环州二十七马钱粮，将旧额每年二钱，增加至七钱（《万历实录》卷四百七十五）。像陈典、马一龙、马化龙这样的勒索，明代中叶以后遍及云南所有少数民族地区。如何孟春《复永昌府治疏》说：明代中叶以后，"广占夷田以为官庄，大取夷财以供费用。然名目尚少，犹可支持，相承到今，日增月盛，典马典军，费以万计。磕头见面，亦要数千，过江籽粒等钱，无时得了，白米马料等项，无日不征，加以跟官小人，百样生事，害人积棍，一时纵横取索；椎髓剥肉，倡言不恤。夷民畏死，不敢不从。由是强者为盗，弱者远逃"。

（3）剥削。《武定凤氏本末》引云南巡按周懋相《条议兵食疏》说：武定地区改流，"奸商黠民，移居其寨，侵占田土，倍索利息，稍不当意，罗告撰词，不才有司，乘之以上下其手，左右其袒，彼彝民视城市如陷阱，见差役即魂销。宿怨深怒，郁结而不可解矣！一夫疾呼，诸蛮响应，其势然矣！"汉族官僚、地主、商人进行残酷剥削，这是汉族封建统治阶级推行的民族压迫政策实施的一个必然结果。

（4）进行贡金和榷税的掠夺。《武定凤氏本末》两次提到彝族土长用金子贿赂地方官吏的事。一是说"（凤）朝明被劾革职，阴遣刘宣、董傅载金宝贿赂钱宁（即太监钱能）求复官"。二是说凤阿克的马火头郑举"置金于鱼腹馈典（即武定知府陈典）"。这实际上是对汉族封建统治阶级在云南少数民族地区掠夺贡金的揭露。万历三十六年（1608年）四月工科右给事中王元翰分析认为，凤阿克等少数民族头目发动的反抗，与统治者掠夺贡金榷税分不开。他说："阿克小丑，一旦猖獗，地方破坏，生灵戮惨，不可胜言……若夫招乱之由，则以滇中贿赂公行，闒茸成政，其为害者，莫如贡金榷税两者。是以室室空虚，人人思乱。闻会城焚劫之日，纵火之人，盖有不尽出于贼手者，离心结怨，使贼酋借为师名，即二贼（指凤阿克、郑举）扑灭，而虐政不除，滇之为滇，未可知也。"这样的议论，还见于万历三十四年八月云南巡抚陈用宾的上疏。该"疏"云："税使杨荣以掊夺取祸，今荣死而税犹在也。滇省无商，从民取盈，急之则变乱又作，且国家最重之征，莫过云南输金一事。陛下知此五千之金，岁入内帑者，公私之费几何，臣简阅案牍，布政司岁给金值三万二千两，民间贴买，亦如其数，计亦十年，滇力当竭。若加征无已，窃恐金税两穷。则如滇民勉力输金，又不得不罢税也，伏望皇仁罢税首从滇始，次第以及天下。"（《万历实录》卷四百二十四）所谓"五千之金"，即规定由云南上缴给朝廷的五千两金子。成化九年（1473年），明宪宗命令云南布政司在"差发银""赃罚银"内拨银购买黄金五百两进贡。这个数字不断增加，嘉靖十三年为两千两，至万历二十年（1592年）则翻了十倍，为五千两。万历三十七年七月，"云南抚臣之请暂免滇中贡金也。按臣邓渼复言：'滇中所产，止铜锡矿砂，金非自有之赋。二千两之派，始自嘉靖十三年（1534年），非祖宗之制也，五千两之加，始自万历二十年，非肃宗皇帝之旧也。今民穷财尽，即不敢望全蠲，乞以嘉靖年间为例。'"（《万历实录》卷四百六十）。朝廷向各土司按年征取定额金银，谓之差发，如田有赋、身有庸、差发银是从少数民族人民的身上搜刮来的，它是明朝统治阶级实行的民族压迫政策的一个具体方面。

三　校勘、注释、笺证叙例

今天可以见到的《武定凤氏本末》，是一个传抄本，讹误、错简、夺漏迭出，加之间杂彝语同音字词，许多地方不易读懂。

第一，如传抄本有"（弄积）以功升管八百司元帅，加升亚中大夫，自世祖末年征八百大甸不能敢，丧师者屡矣"一句，读后令人费解，武定彝族之土长，怎么能到傣族聚居的远地八百司（今泰国北部的清迈、清莱一带）去管事呢？元世祖既然去征八百大甸，又为何言其"不能敢"呢？经校勘，发现传抄本在"升管"二字之间夺一"兼"字，而"不能敢"系"不能服"之误。

第二，如传抄本讲平凤继祖事，有"继祖益穷，贼师者色，遂斩继祖"一句，亦令人费解。按前面两句之意，可将原句理解为"继祖为明军所追，率众驻扎于者色"，但怎么又说"遂斩继祖"呢？这样的理解显然不对。经校勘，"贼师者色"应为"贼帅者色"之误。一笔之差，使者色成为地名，全句无解，而勘正一笔，者色为人名，则疑难冰释。

第三，如传抄本讲"凤氏专土"一段，有"补知阿遮、土色者虚、激摆鸡苴、半果鲁章、皆以火头为曲觉、遮古大头目，而又有的多阴额马改之属，虽已听抚……"一句，叫人不能断读，且产生误解，经用邓世彦《武定府改土设流记》校勘，发现问题之所在是有漏字、误字。"的多阴额马改"应为"的多、阴龙、者额、马改"。为了将地名、人名区别开，我们还在"补知阿遮、土色者虚、激摆鸡苴、半果鲁章"四句的每一句中间加一个"之"字，使前一地名和后一人名不致混为一谈。

第四，如传抄本讲凤阿克、郑举之乱，引云南巡按周懋相之《条议兵食疏》，漏错有数十字之多，其中有的疑系檀萃删节不当，造成阅读困难。如"武定城池虽复，而无兵守，与无城同，宜增千兵，镇以游击，节度三营"一句，"节度三营"令人不解，经用原《疏》校勘，"节度三营"系"虚仁、寻甸、款庄三营，皆听调度节制"之删节，而这样的删节似属误删，所以叫人读而不知其意。

第五，如传抄本有"寻甸夷目大理保、杨礼、招补、阿白、者色及夷妇海冲等尽叛"一句，《滇系·典故系·节删凤氏本末记》无"招补、阿白、者色"六字，考此并非衍文，光绪《沾益州志·兵防志》云："寻甸夷目大理保、杨礼屡被官司责辱，结连招补及阿白、者色及夷妇海冲等叛，攻破嵩明署。"所以招补、阿白、者色皆为当地的彝族头目，疑师荔扉不识此系汉字注音的彝族人名而将其删去，故我们在校勘中予以保留。有的治史者不识此为汉字注音的彝族名字，将招补误为招捕，认为此是职名而非人名，并由此得出阿白、者色或阿白者色是土司衙门中之警史的解释，这显然是错误的，经过校勘，这种错误的理解得到了纠正。

由于传抄本《武定凤氏本末》存在诸如上述一类误漏和问题，故不加以校勘，就无法阅读，又因为它的内容涉及宋、元、明、清四代的史事，而有的记述比较简单，需加以增补，有的比较复杂，需加以梳理和注释，不然就无法予以全面的正确理解。所以在这次笺证的过程中，笔者力图把校勘、注释、笺证有机地结合起来。对不完备者进行补充，以广异闻，对事乖情理者有所评论，以明是非，努力使这本笺证成为一部学术性、资料性、考证性三者兼备的研究之作。

在校勘方面，笔者以今云南省图书馆所藏《农部琐录》传抄本中的《凤氏本末》为底本，用出自凤氏家乘之《钻字岩石刻·凤公世系记》《钻字岩石刻·凤英自题世系碑》及赵汝濂《云南平诸夷碑》等石刻资料，用根据吏部铨选司档册编录之《上官底簿》，依云南布政司档册编录之天启《滇志·土司官氏》及《明实录》《明史·土司传》《清实录》、康熙《武定府志》、康熙《禄劝州志》、毛奇龄《云南蛮司志》、师荔扉《滇系·典故系·节删凤氏本末记》等文献资料对校，不足为校者则以实物，或以笔者的实地考察资料证之，许多地方亦采用本证法，从该书的前后文、上下文中发现矛盾，以求得正确的解决。

在注释方面，力求利用前人的研究成果和准确无误的文献资料，使困惑不解的疑难问题得到解决。其中需要强调的有两点：一是注释中引用了许多尚未出版或为笔者亲自请教彝族毕摩所得的有关老彝文资料。如关于凤氏之先为宋孝宗淳熙间的阿而一事，笔者用流传在武定、禄劝地区的老彝文经典《六祖分支》① 和《六祖魂光辉》② 中的资料，用笔者亲访曾作过凤氏毕摩的杨自荣所得的老彝文经典《普呷多吐母格母呷克》（意为凤氏起祖的经过）中的资料，说明凤氏之最早的先祖，并不是宋孝宗时代的阿而，而是彝族六祖分支时代的长房德布。二是以今证古，即用今天的民族学调查资料去说明元、明时代的问题。如我们引用张传玺、杨万全等关于武定慕连土府的统治机构及其压迫奴役农民的情况，去说明凤氏在明代"籍土衙之势，索取夷民，民畏之如虎，甘为盗贼劫掠以应其求"的土官统治情况。

在笺证方面，由于《武定凤氏本末》的内容涉及元、明、清三代的史事，对彝族史及西南地区史、民族史的研究具有重要的史料价值，所以凡所载人名、地名、事件，均一一寻检成书年代最早的有关资料，加以全面的释证。对学术界有分歧或可能产生歧异理解的史事，均一一加以介绍，并力图阐明自己的观点。如关于"乌蛮"一词的笺证，首先引《隋书》卷六十五《周法尚传》，说明"乌蛮"一词

① 张兴、李开亮、张思彦翻译，载云南省社会科学院楚雄彝族文化研究室《彝文文献译丛》第 5 辑。

② 杨自荣、朱琚元、罗希吾戈译，载《彝文文献译丛》第 5 辑。

始见于此传；其次引《蛮书》卷一及《新唐书·南蛮传》，说明"乌蛮"的分布，并依次引证《蛮书》有关"乌蛮"部落之顺蛮、磨蛮、磨些蛮、长裈蛮等的有关史料，说明不能从狭义上去理解"乌蛮"一词；再次是引证方国瑜先生关于乌、白蛮的论断，突出介绍他对"乌蛮""白蛮"含义的解释；最后是引用史料阐明笔者对"乌蛮"一词的观点。总之，鉴于笺证体例的特定要求，对每一个人名、地名或时间、事件的证明，均一一列出相关的资料，但又不仅仅满足于资料的罗列，还同时开展必要的评论，从而使笺证与札记有机地结合，使读者不但可以获得尽可能完备的相关史料，而且能够对这些资料进行判断、鉴别使用。应当指出，《凤氏本末》出自封建文人、史家之手，字里行间充满封建统治阶级的偏见和大民族主义的观点，笔者在做某些评论时，不可能加以一一驳正。希望读者在引用时用马克思主义的立场、观点和方法进行分析和正确对待。

在彝族历史的研究上，四川大小凉山的彝族、贵州水西地区的彝族、云南武定地区的彝族具有同等重要的典型意义。如果说四川大小凉山和贵州水西地区彝族的研究，过去曾取得了可喜的成果，那么，对武定地区彝族的研究则还很不够，或者说才刚刚开始。为了推动这个地区彝族的研究，该书后面编了一个附录，一是选收有关《武定凤氏本末》研究的文字；二是选录元、明、清以来有关凤氏研究的文献、碑刻及论证，三是有关世系表；四是笺证该书所参考过的书目。希望通过这个附录，对阅读《武定凤氏本末》，研究彝族和西南少数民族的历史地理，能有点帮助。

初治《武定凤氏本末》是在 1963 年春天。是时，正在本师方国瑜先生指导下攻读中国少数民族史专业研究生二年级课程。时逢向达先生《蛮书校注》问世，国瑜先生以评《蛮书校注》作为我的作业，要求在两周内读完该书，并写出一篇评论。乃勉力从事，精读向达先生的校注本，从中汲取营养，读完后写成《蛮书和蛮书校注》一文，发表于当年 1 月 17 日的《云南日报》上，这篇文章虽然是一篇习作，但颇得国瑜先生赏识。几天后，国瑜先生再布置作业，就要我校注《武定凤氏本末》。为此，我阅读了明、清以来的几部云南省志和二十来部有关县的县志，采用向达先生的注法，以半年的时间，校注出一个初步的本子。国瑜先生看后决定收入他当时主编的《云南史料丛刊》第二辑，后因故未能付梓。自那以后，在二十年的治史过程中，凡读到有关武定凤氏的史料，均一一录成卡片贴在初稿本上。1978 年党的十一届三中全会以后，随着我国科学春天的到来，国瑜先生、尤中先生多次敦促将此稿抄成清本作为专书付印。但自感学识浅陋，理论水平和古籍整理水平低下，一直未敢应诺。1981 年 9 月 17 日，中共中央发出《关于整理我国古籍的指示》，指出"整理古籍，把祖国宝贵的文化遗产继承下来，是一项十分重要的，关系到子孙后代的工作"。根据陈云同志的提议，党中央在国务院成立了古籍整理出版规划小组，这使我受到巨大的鞭策和鼓舞，我鼓起了勇气，把这份旧稿重新整理成为现在的这个本子。

国瑜先生对本书的校勘、注释、笺证做过精心的指导，甚至在他临终前的半月之内，还两次对本书应收的附录做出指示。在本书即将出版之时，谨此表示吊唁之忱。尤中先生在百忙中先后两次审读过本书，对书中的错误进行过指正，谨在此表示衷心的谢忱。希望阅读本书的同志，继续对书中的错误或不足给予批评指教。

（原载《西南民族研究彝族专集》）

论"爨文化"的界定

中华民族的传统文化，是我国各民族传统文化的总和。关于文化的定义，国内外学术界至今尚未取得共识，不同的定义据说多达500多种。这种众说纷纭的现象说明，文化的概念，并不是具有普遍意义的、固定不变的，而是根据定义者的意图而界定。"爨文化"的含义，学者们的论证亦是多样的。从研究民族共同体的角度出发，它指的应是反映"爨人""爨蛮"群体意识的共同心理素质，包括这个群体所形成的知识、信仰、艺术、道德、习俗和其他一切作为这个群体的人所获得的能力。

"爨"字在云南历史上不同时期有不同的含义和用法。东晋以前，专指姓氏之称。《爨龙颜碑》说："其先世则少昊，颛顼之玄胄，才子祝融之渺胤也。清源流而不滞，深根固而不倾。夏后之盛，敷陈五教，勳隆九土，纯化洽于千古，仁功播于万祀。故乃耀辉西岳，霸王郢楚，子文铭德于春秋，班朗绍纵于季叶。阳九运否，蝉蜕河东，逍遥中原。班彪删定汉记，班固述修道训。爰暨汉末，采邑于爨，因氏族焉……迺祖肃，魏尚书仆射河南尹，位均九列，舒翮中朝。迁运庸蜀，流簿南人，树安九世，千柯繁茂，万叶云兴。乡望标于四姓。"所谓"四姓"，即西汉以来客籍南中而发展起来的四家最有势力的汉人。《华阳国志·南中志》说："大姓焦、雍、雷、爨、孟、董、毛、李部曲，置五部都尉，号五子，故南人言四姓五子也。"爨即"四姓"之一。诸葛亮南征后封南中大姓为官，有建宁郡爨习官至领军。西晋太始元年（265年），有爨谷被封为交趾太守，咸和八年（333年），李雄占领宁州，有兴古太守爨琛被封为交州刺史。李京《云南志略》说：爨琛后，"爨瓒、爨震相继不绝"。

东晋穆帝以后，由于爨琛及其裔孙在南中称霸，"爨"字亦被用作新兴民族共同体的族称。李京《云南志略》说："爨琛为兴古太守，爨人之名始此。"爨人，亦作爨蛮。《新唐书·南蛮传》云："爨蛮西有昆明蛮。""爨蛮之西，有徙莫祇蛮、俭望蛮。"爨蛮又有东爨乌蛮和西爨白蛮之分。樊绰《蛮书》卷四曰："西爨，白蛮也。东爨，乌蛮也。当天宝中，东北自曲（今昭通地区）、靖州，西南至宣城（今元江），邑落相望，牛马被野，在石城（今曲靖）、昆川（今昆明）、曲轭（今马龙）、晋宁、喻献（今徵江、江川）、安宁至龙和城（今禄丰），谓之西爨，在曲靖州、弥鹿川（今泸西）、升麻川（今寻甸、嵩明），南至步头（今建水），谓之东爨。"

西爨白蛮，系由地处交通沿线，坝区从事农业的爨人融合大量汉人及其他一些民族的人之后形成的，东爨乌蛮则地处山区、半山区从事牧业经营的爨人，融合汉人及其他一些民族之后形成的。由于分解为两个不同的族，所以各具民族特点。《爨龙颜碑》称其为"东西二境"。"东境"为东爨乌蛮地区，在今昭通、泸西、寻甸、嵩明以至建水一带，"西境"为西爨白蛮之地，在今曲靖、昆明、徵江、江川、禄丰等地。西爨白蛮的经济出现了"邑落相望""牛马被野"的繁荣景象。而东爨乌蛮则是"散居林谷"，依然处于比较落后的状态。就语言而论，二者各操一种特定的语言。樊绰《蛮书》卷八云："（西爨白蛮）言语最正，蒙舍蛮次之，诸部落不如也。大虫谓之波罗，犀谓之矣，带谓之怯苴，饭谓之喻，盐谓之宾。鹿谓之识，牛谓之舍，川谓之赕，谷谓之浪，山谓之和，山顶谓之葱路。舞谓之伽傍。加，富也，阁，高也，诺，深也，苴，俊也。东爨谓城为弄，谓竹为翦，谓盐为晌，谓地为渿，谓请为数，谓酸为制。言语并与白蛮不同。"就反映共同心理素质的风俗习惯而言,以爨白蛮"死后三月内埋殡,依汉法为墓,稍富室广栽杉松,蒙舍及诸乌蛮不墓葬,凡此后三日焚尸,其余灰烬,拖以土壤,唯收两耳"(樊绰《蛮书》卷八)。唐贞元十年(794年),袁滋出使册封南诏,经今大关县至曲靖,纵穿曲、靖州东爨乌蛮地区,记录了所见部落情况,樊绰录其《行记》著于其《蛮书》卷一中,为我们提供了研究东爨乌蛮的真实可靠资料。"从戎州(今宜宾)南十日程至石门(今大关县豆沙关)……石门外第三程至牛头山,山有诸葛古城,馆临水,名马安渡。上源从阿竿路部落,绕蒙夔山,又东折与朱提江合。第五程至生蛮阿旁部落。第七程至蒙夔岭。……第九程至鲁望,即蛮、汉两界,旧曲、靖之地也。曲州、靖州废城及邱墓碑阙皆在。……依山有阿竿路部落。第六程至生蛮磨弥殿部落。此等部落,皆东爨乌蛮也。男则发髻,女则散发。见人无礼节拜跪,三译四译乃与华通。大部落则有大鬼主。百家二百家小部落,亦有小鬼主,一切信使鬼巫,用相制服,土多牛马,无布帛,男女悉披牛羊皮。"又元李京《云南志略》亦记录了大德年间今黔西北、滇东北和四川凉山东爨乌蛮的实况:"罗罗即乌蛮也。男子椎髻,摘去须髯,或髡其发。左右佩双刀,喜斗好杀,父子昆弟之间,一言不下,则兵刃相接,以轻死为勇。马贵折尾。鞍无鞯,剜木为蹬,态如鱼口,微容足指,妇人披发,衣布衣,贵者锦缘,贱者披羊皮,乘马则并足横坐。室女耳穿大环,剪发齐眉,裙不过膝。男女无贵贱皆披毡跣足,首面经年不洗。夫妇之礼,昼不相见,夜同寝。子生十岁,不得见其父。妻妾不相妒忌。虽贵,床无褥,松花铺地,惟一毡一席而已。嫁娶尚舅家,无可匹者方许别娶。有疾不识医药,惟用男巫,号曰大奚婆,以鸡骨占吉凶,酋长左右,斯须不可阙,事无巨细皆决之。凡娶妇,必先与大奚婆通,次者诸房昆弟皆舞之,谓之和睦,后方与其夫成婚。昆弟有一人不如此者,则为不义,反相为恶。正妻曰耐德,非耐德所生,不得继父之位。若耐德无子，或有子未及娶而死者，则为娶妻，诸人皆得乱，有所生，则为已死之男女。如酋长无继嗣，则立妻女为酋长。妇人无女侍，惟男子十数奉左右，皆私之。酋长死，以豹皮裹尸而焚，葬其骨于山，非骨肉莫知其处，葬毕，用七宝偶人，藏之高楼，盗取邻近贵人之首以祭。祭祀时，亲戚毕至，宰杀牛羊动以千数，少者不下数百。每岁以腊月春节，竖长竿，横设一木，左右各坐一人，以互相起落为戏。多养义士，名苴可，厚赡之，遇战斗，视死如归。善造坚甲利刃，有价值数十马者。标枪劲弩，置毒矢末，沾血而死。自顺元、曲靖、乌蒙、乌撒、越巂，皆此类也。"东爨乌蛮、西爨白蛮的住地经济发展水平、语言等虽有不同，但他们不是两个民族，而是以爨为名称的一个民族。

只是在元、明、清时期，爨族才分化成两个不同的民族，后来"爨"字成了彝族的专称，不再称白族为白爨。《景泰云南图经志书》第二曲靖府曰："罗罗，一名爨，而有黑白之分，黑爨贵，白爨贱。"（按：这里的黑、白爨，不是分别指彝族及白族，而是指彝族的统治阶级黑彝及被统治阶级白彝）天启《滇志》卷三十："爨蛮之名，相沿已久，其初种类甚多，有号卢鹿蛮者，今讹为罗罗，凡黑水（红河改澜沧江）之内，依山谷险阻皆是。"道光《云南志·爨蛮》所载与此同。乾隆《东川府志》卷八《户口附种人》说："爨人……明人呼为倮罗，居板屋，上压石……元为黑罗罗。则补凉山皆爨人，四乡八里，爨人十居六七。"嘉庆《永善县志略·种人》云："爨人，元为黑罗罗，惟滇之东川、昭通二府与蜀之雷波、建昌等处为多，但今士人统谓之罗罗，无所区别，正不知孰为爨人，孰非爨人也。"由于"爨"成为彝族的专称，明、清时期把彝族的古老文字称为爨字或爨文。道光《云南通志·爨蛮》说："有夷经，皆爨字，状类蝌蚪，精者能知天象，断阴暗。"《开化府志》说："爨字为纳垢酋阿丁所撰，凡一千八百四十有奇，名之曰韪书。"抗战时期，丁文江将所收彝文典籍编成专集，题曰《爨文丛刻》。由于"爨"字成彝族的专称，彝族老者被称为老爨，如《腾越州志》云："蒙山老爨不死，久则生尾，食人食，不认子女，好山畏家，健走如兽。"彝女被称为爨女。如《东川府志》云，当地彝族婚日，"新妇在途，故作坠马三，新婿挟之上马三，则诸爨皆大喜，即父母亦以为是爨女也"。

根据上述史料，"爨文化"一是指东晋穆帝永和三年（347 年），晋灭蜀李氏，南中大姓爨氏称霸南中，至唐玄宗天宝五载（746 年）被南诏蒙氏所灭四百余年间，西爨白蛮和东爨乌蛮两个同族而不同支系的人们所共同创造的文化；二是指元、明、清以来今彝族先民爨蛮（罗罗）所固有的文化。

"爨文化"是中华民族悠久的传统文化的一个组成部分，它不仅留存在晋唐时代思想家、历史家、文学家的书本中与辉煌斑斓的文物上，而且还体现在彝族的风俗习惯中。发掘和抢救已经失传和濒于失传的"爨文化"遗产，考察和描述彝族等族世代相袭、衍化的民风民俗，是我们当前继承和弘扬中华民族优秀传统文化，建设社会主义新文化刻不容缓的任务。

"爨"字在云南民族历史上的
不同含义

"爨"（cuàn）字有多种不同的含义：《孟子·滕文公上》曰："许子以釜甑爨，以铁耕乎？"此处之意为烧火煮饭。《诗·小雅·楚茨》云："执爨踖踖，为俎孔硕，或燔或炙。"此处则为灶。另外还用作戏曲名词或泛指演剧。在云南民族历史上，"爨"字在不同的历史时期则有不同的含义和用法。

东晋以前，专为姓氏之称。《爨龙颜碑》说："其先世则少昊、颛顼之玄胄，才子祝融之渺胤也。清源流而不滞，深根固而不倾。夏后之盛，敷陈五教，勳隆九土，纯化洽于千古，仁功播于万祀。故乃耀辉西岳，霸王郢楚，子文铭德于春秋，班朗绍纵于（二行）季叶。阳九运否，蝉蜕河东，逍遥中原。班彪删定汉记，班固祖述道训。爰暨汉末，采邑于爨，因氏族焉……迺祖肃，魏尚书仆射河南尹，位均九列，舒翮中朝。迁运庸蜀，流簿南入，树安九世，千柯繁茂，万叶云兴。乡望标于四姓。"所谓"四姓"，即西汉以来客籍南中而发展起来的四家最有势力的汉人。《华阳国志·南中志》说："大姓焦、雍、雷、爨、孟、董、毛、李部曲，置五部都尉，号五子，故南人言四姓五子也。"爨即"四姓"之一。诸葛亮南征后封南中大姓为官，有建宁郡爨习官至领军。西晋太始元年（265 年），有爨谷被封为交趾太守。咸和八年（333 年），李雄占领宁州，有兴古太守爨琛被封为交州刺史。李京《云南志略》说：爨琛后，"爨瓒、爨震相继不绝"。

东晋穆帝以后，由于爨琛及其裔孙在南中称霸，"爨"字亦被用作民族的名称。李京《云南志略》说："爨琛为兴古太守，爨人之名始此。"爨人，亦作爨蛮。《新唐书·南蛮传》云："爨蛮西有昆明蛮。""爨蛮之西，有徙莫祗蛮、俭望蛮。"所谓爨蛮之西，即爨族分布区域之西。由于爨蛮是民族称谓，所以爨蛮又据分布区的不同而有东爨乌蛮和西爨白蛮之分。樊绰《蛮书》卷四曰："西爨，白蛮也。东爨，乌蛮也。当天宝中，东北自曲、靖州（今昭通地区），西南至宣城（今元江），邑落相望，牛马被野，在石城（今曲靖）、昆州（今昆明）、曲轭（今马龙）、晋宁、喻献（今澂江、江川）、安宁至龙和城（今禄丰），谓之西爨。在曲靖州、弥鹿州（今泸西）、升麻州（今寻甸、嵩明），南至步头（今建水），谓之东爨。"元时东爨乌蛮称为黑爨，发展为今彝族的先民，西爨白蛮则称为白爨，发展为今白族的先民。这在元人李京《云南志略》中已有明确的记载。该志曰："今曰白人为白爨，罗罗为黑爨。"由于二者原是一个民族共同体，《爨龙颜碑》称其分布地为"东西二境"。"东境"为东爨乌蛮地区，在交昭通、泸西、寻甸、嵩明以至建水一带；"西境"为西爨白蛮之地，在今曲靖、昆明、澂江、江川、禄丰等地。就经济生活而言，东西两爨发展不平衡。西爨白蛮的农、牧业相当发达，出现了"邑落相望，牛马被野"的繁荣景象，而东爨乌蛮则是"散居林谷"，依然处于比较落后的状态。就语言而论，二者各操一种特定的语言。樊绰《蛮书》卷八云："（西爨白蛮）言语最正，蒙舍蛮次之，诸部落不如也。大虫谓之波罗，犀谓之矣，带谓之怯苴，饭谓之喻，盐谓之宾，鹿谓之识，牛谓之舍，川谓之赕，谷谓之浪，山谓之和，山顶谓之葱路。舞谓之伽傍。加，富也。阁，高也。诺，深也。苴，俊也，东爨谓城为弄，谓竹为篾，谓盐为昫，谓地为渿，谓请为数，谓酸为制。言语并与白蛮不同。"就反映共同心理素质的风俗习惯而言，西爨白蛮"死后三日内埋殡，依汉法为墓，稍富室广栽杉松；蒙舍及诸乌蛮不墓葬，凡死后三日焚尸，其余灰烬，掩以土壤，唯收两耳"（樊绰《蛮书》卷八）。唐贞元十年（794年），袁滋出使册封南诏，经今大关县至曲靖，纵穿曲、靖州东爨乌蛮地区，记录了所见部落情况，樊绰录其《行记》著于其《蛮书》卷一中，为我们提供了研究东爨乌蛮的真实可靠资料。兹特录出以资参考："从戎州（今宜宾）南十日程至石门（今大关县豆沙关）……石门外第三程至牛头山，山有诸葛古城，馆临水，名马安渡。上源从阿竿路部落，绕蒙夔山，又东折与朱提江合。第五程至生蛮阿旁部落。第七程至蒙夔岭。……第九程至鲁望，即蛮、汉两界，旧曲、靖之地也。曲州、靖州废城及邱墓碑阙皆在。依山有阿竿路部落。过鲁望第七程至竹子岭。岭东有暴蛮部落，岭西有卢鹿蛮部落。第六程至生蛮磨弥殿部落，皆东爨乌蛮也。男则发髻，女则散发。见人无礼节拜跪，三译四译乃与华通。大部落则有大鬼主。百家二百家小部落，亦有小鬼主。一切信使鬼巫，用相服制。土多牛马，无布帛，男女悉披牛羊皮。"又元李京《云南志略》亦记录了大德年间今黔西北、滇东北和四川凉山东爨乌蛮的实况："罗罗即乌蛮也。男子椎髻，摘去须髯，或髡其发。左右佩双刀，喜斗好杀，父子昆弟之间，一言不下，则兵刃相接，以轻死为勇。马贵折尾，鞍无鞘，剜木为镫，状如鱼口，微容足指，妇人披发，衣布衣，贵者锦缘，贱者披羊皮，乘马则并足横坐。室女耳穿大环，剪发齐眉，裙不过膝。男女无贵贱皆披毡跣足，首面经年不洗。夫妇之礼，昼不相见，夜同寝。子生十岁，不得见其父。妻妾不相妒忌。虽贵，床无褥，松花铺地，惟一毡一席而已。嫁婆尚舅家，无可匹者方许别娶。有疾不识医药，惟用男巫，号曰大奚婆，以鸡骨占吉凶，酋长左右，斯须不可阙，事无巨细皆决之。凡娶妇，必先与大奚婆通，次者诸房昆弟皆舞之，谓之和睦，后方与其夫成婚。昆弟有一人不如此者，则为不义，反相为恶。正妻曰耐德，非耐德所生，不得继父之位。若耐德无子，或有子未及娶而死者，则为娶妻，诸人皆得乱，有所生，则为已死之男女。如酋长无继嗣，则立妻女为酋长。妇人无女侍，惟男子十数奉左右，皆私之。酋长死，以豹皮裹尸而焚，葬其骨于山，非骨肉莫知其处，葬毕，用七宝偶人，藏之高楼，盗取邻近贵人之首以祭，如不得，则不能祭。祭祀时，亲戚毕至，宰杀牛羊动以千数，少者不下数百。每岁以腊月春节，竖长竿横设一木，左右各坐一人，以互相起落为戏。多养义士，名苴可，厚赡之，遇战斗，视死如归。善造坚甲利刃，有价值数十马者。标枪劲弩，置毒矢末，沾血而死。自顺元、曲靖、乌蒙、乌撒、越嶲，皆此类也。"

明、清时期，"爨"字成了彝族的专称，不再称白族为白爨。《景泰云南图经志书》卷二曲靖府曰："罗罗，一名爨，而有黑白之分，黑爨贵，白爨贱。"（按：这里的黑、白爨，不是分别指彝族及白族，而是指彝族的统治阶级黑彝及被统治阶级白彝）天启《滇志》卷三十："爨蛮之名，相沿已久，其初种类甚多，有号卢鹿蛮者，今讹为罗罗，凡黑水（红河或澜沧江）之内，依山谷险阻皆是。"道光《云南志·爨蛮》所载与此同。乾隆《东川府志》卷八《户口附种人》说："爨人……明人呼为保罗，居板屋，上压石……元为黑罗罗。则补、凉山皆爨人，四乡八里，爨人十居六七。"嘉庆《永善县志略·种人》云："爨人，元为黑罗罗，惟滇之东川、昭通二府与蜀之雷波、建昌等处为多，但今土人统谓之罗罗，无所区别，正不知孰为爨人，孰非爨人也。"由于爨成为彝族的专称，明、清时期把彝族的古老文字称为爨字或爨文。道光《云南通志·爨蛮》说："有夷经，皆爨字，状类蝌蚪，精者能知天象，断阴晴。"《开化府志》说："爨字为纳垢酋阿丁所撰，凡一千八百四十有奇，名之曰韪书。"抗战时期，丁文江将所收彝文典籍编成专集，题曰《爨文丛刻》。由于"爨"字成彝族的专称，彝族老者被称为老爨，明代《腾越州志》云："蒙山老爨不死，久则生尾，食人食，不认子女，好山畏家，健走如兽。"彝女被称为爨女。如《东川府志》云：当地彝族婚日，"新妇在途，故作坠马三，新婿挟之上马三，则诸爨皆大喜，即父母亦以为是爨女也"。

（原载《思想战线》1986 年第 5 期，用笔名云津发表）

楚雄彝族的文化瑰宝与游艺

一　史诗：《梅葛》

　　彝族史诗《梅葛》有 5770 多行，是中国五大民族史诗中的一部。它的诗意在彝话中是说古。梅是说，葛是古。其内容分四大部分，分别为创世、造物、婚事恋歌和丧事。千百年来，这些内容不是说出来的，是唱出来的。"梅葛"以优美的曲调被民间自发地一代代口传下来，成为彝族的"根谱"，彝人不仅用它歌唱历史故事，还歌唱现实生活，成为他们生活中不可缺少的一部分。"梅葛"的内容教育人们不要忘记彝族的历史，教育人们尊老爱幼，继承优良的文化传统，是提高彝人素质、增强民族凝聚力的教科书，它深厚的文化底蕴，使"梅葛"的发源地楚雄姚安县马辨乡如今成为秀才村。

二　彝剧

　　彝剧这一剧名，产生的时间不长，但这一戏剧形式源远流长，早在清代，楚雄境内的彝族地区就有"阿佐分家""大王操兵"等剧目，新中国成立后的 1958 年，楚雄大姚县昙华山的小学教师杨森和乡亲们创作了《半夜羊叫》，使其成为彝剧的一个代表性作品，在大理召开的西南地区民族文化工作会议上做汇报时，主持会议的文化部副部长夏衍，对这出地方戏做了充分的肯定，并认为这一艺术作品的产生，证明"楚雄彝族自治州的彝族口传诗歌曲调在反映现实生活中发展成为戏剧的道路，是正确的"。1962 年，彝剧被正式命名为新兴的地方民族剧种。2001 年，楚雄的彝剧《真假乡长》获得全国戏剧比赛群英奖，2002 年创作的《暮勒祭爹》又获曹禺戏剧奖一等奖。如今，彝剧已成为中国戏剧百花园中一朵盛开的奇葩。彝剧的题材、舞台表演、唱腔、服装、道具都具有浓郁的楚雄地方特色和民族风格，1983 年正式成立了楚雄州彝剧团。

三　十月太阳历

彝族十月太阳历相传有数千年的历史，它将一年分为 10 个月，每月 36 天，外加 5 天过年日，全年 365 天，与现行公历非常接近。彝族十月太阳历是彝族人民在漫长的发展过程中不断观察、总结，逐渐创造形成的，在科学史研究上有重要价值，是彝族人民智慧的结晶，是彝族历史文化中灿烂的一章。

四　彝药

彝族的医药历史悠久，医药典籍有上百种，其中一本流传在民间的《齐苏书》汉语叫《找药书》，成书于明代嘉靖四十五年，比李时珍的《本草纲目》早 12 年。显然传统的彝药是中医药不可缺少的部分。它对彝、汉各族人民的健康有非常重要的作用。今天楚雄的医务人员正在用现代技术种植开发和研究新彝药，使其成为民族地区不可低估的支柱产业，并使彝医、彝药得到传承和发展。

五　彝绣与彝服

中国的刺绣有多种，著名的有苏绣、湘绣、蜀绣、汴绣，但彝绣在中国刺绣中别具特色。它融合了中原汉族刺绣的一些技法，但又不同于中原的刺绣，具有极其浓郁的民族特色和艺术特色。彝绣的作品种类繁多，主要用于服装、鞋帽上的饰物，另外一些生活用品像挎包、围巾上面都有刺绣。彝绣的图案非常丰富精美。上面都是彝家人喜爱的花鸟瑞兽、古老的图腾，有很深的文化内涵。精细繁复是彝绣的一大特点，它充分反映了彝家女子心灵手巧，对生活的热爱和憧憬。所谓"不长树的山不算山，不会绣花的女子不算彝家女"，以彝绣来赞美彝族妇女的心灵手巧，并说明刺绣是彝家女必须掌握的标志性技能。刺绣品同任何艺术品一样，都承载着丰富的文化内涵，通过其图案、色彩、造型以及绣法，我们能够领悟到大至整个民族、小至创作者个人的审美情趣、人生追求、哲理思考乃至文明发展水平。丰富多彩的彝绣同当地美丽的自然风光交相辉映，形成了一道耀眼的彝家人文景观。彝族妇女不仅善于刺绣，而且善于制作多姿多彩服饰。

如小凉山妇女的服饰以雍容典雅见长，一般中青年妇女多头顶一块绣花的瓦式方帕，用毛线或发辫缠压。老年妇女则头戴一盘包裹得非常整齐的黑布包头。双耳都戴有银质和料珠做成的耳环，并在领口上别有一块银排花。上身穿镶有色布或绣有花边的右衽大襟衣，袖子细窄，衣短仅至腹部。下身穿用多层色布环绕拼接而成的百褶裙，裙长及地，线条修长优美，显得非常大方。大姚昙华、武定白露一带深山区的彝族妇女，其服饰则比较注重保暖。头上一般都拓着青黑布包头，或者戴一顶用红毛线织成的"小红帽"。上身的右衽大襟衣，在领边、袖口和衣襟边缘都镶有宽窄不一的多层色布和刺绣。禄丰高峰一带的妇女，其头饰最为引人注目。她们戴的鸡冠帽，上面都用绒线绣上精美的图案，缀有亮闪闪的银泡亮片，边缘还饰有红、黄、绿色的缨络，并用一大束红色毛线围裹缠压其上，配上红底或白底精工刺绣上各种精美图案的衣、裤、围腰，一群群彝家姑娘聚在一起，远远看去，就像一丛丛火红的马樱花。在楚雄彝族服饰中，大多选用黑白二色布料为基色，镶嵌的色布和刺绣花边，也多是红、黄、蓝三种颜色。除了绿色之外，很少用别的过渡性中色，但经过精心调配，色调鲜艳而且和谐，具有别具一格的美感。楚雄彝族共有13个支系，由于各支系所处的地域、自然环境、生产、经济各有差异，因而服饰也色彩纷呈，各有千秋。而且还有婚服、战服、丧服以及毕摩等专用服饰。有的雍容华贵，有的干净利落，有的娇艳富丽，有的潇洒大方，真是琳琅满目，令人目不暇接。

六　游艺

（1）跳锅庄。在村内或村外广场中掘一火坑，用木柴烧燃，火上架一大铁锅，祭者围锅庄席地而坐，顿时乐声大作，青年男女立即牵手扶腕应声起舞，逆时针绕锅庄旋转，且歌且跳舞，弯转徐行，第二转则微跃，第三转则飞跃大跳。歌声为男二声、女二声，秩序井然，舞一转，歌一遍，其乐无穷，歌声远闻，震动林木，山野为之欢动。

（2）踏歌。又称"跳月""跳歌""打歌"。源于对月神的祭祀。特点是边唱边跳，一人吹芦笙居中，二人吹箫或弹月琴，男女数十人牵手。在明月中踏脚拍掌旋转而歌，腔拍音节以笙箫为起止。其声音高昂，情感粗犷奔放，格调热烈，节奏快捷，拍掌清脆，舞步有半方半转，两方两转，三方三转等，舞步快慢均以击掌来调节，舞圈如圆月，象征美满、吉祥、幸福。一个圈可容纳数十、数百、数千乃至上万的祭祀队伍。

（3）跳农、猎祭祀舞。源于对田公地母和猎神的祭祀。舞步如点荞子、点玉米或模拟禽畜的动作。跳法单纯、朴素，具有泥土的芳香，充满着对五谷丰登和猎事丰收的祈求与期望。

（4）跳婚丧礼仪舞。这种舞源于婚礼时的娱神和对祖灵的崇拜。婚礼时，跳的是蒙莫居兹舞和阿斯牛牛舞，以男子二人披毡，庆贺者跟随跳跃，边唱边舞，歌词内容多为对新婚伴侣的祝愿，格调喜气洋洋，节奏热烈奔放，跳至半夜或通宵才散。丧祭时跳瓦兹黑舞。男子二人或四人跳，第一人执刀或人人执刀，边舞边与后随者轮唱，一人一句，或互为问答，内容是追忆和表彰死者功德和对后世的勉励。

（5）跳三笙。三笙指老虎笙、大锣笙、小豹笙。是流传于楚雄州双柏县境内的一种与原始崇拜有关、带有祭祀色彩的原始舞蹈形式，舞者以黑毡、树叶等裹身并做出豹等动物造型，身上、脸上涂抹虎豹等动物的模样，挨家挨户驱鬼降妖，送去吉祥，庆祝丰收。三笙是研究当地宗教、民俗的活化石，是极富地域特色和彝族风情的民间活动。

（6）乐器。月琴、巴乌、口弦、小闷笛……这些彝族民间乐器伴随彝族人民的生活，表达着人们的心声，给彝家带来了无数的欢乐，除了它们的美妙乐声外，这些乐器的制造、演奏、乐器的外形等诸方面都有许多文化内涵可挖掘。

（此为应邀做中央电视台嘉宾，在"走遍中国·楚雄"节目中的介绍词）

彝族历史研究述评

——为第二届国际彝学研讨会而作

一　引言

第二届国际彝学研讨会，于 1998 年 6 月 18 日至 24 日在德国特里尔大学东亚和平研究中心举行，会议组织委员会主任托马斯·海博尔（Thomas Heberer）教授命题要我为会议撰写此文，并任会议的即场主持人。把彝学推向国际，这是弘扬中华民族文化的一个光荣的历史使命，作为中国学术代表团的团长，我对会议的召开感到无比的欣幸和鼓舞。谨以这篇短文作为献礼。

中国彝族是一个有悠久历史和光辉文化的民族。总人口 657.85 万（1990 年），主要分布在中国西南部的云南、四川、贵州、广西四省（区）的广阔山岳地带。除云南、四川交界处的大小凉山呈大片聚居以外，其余与汉、纳西、哈尼等民族杂居。

彝语属汉藏语系藏缅语族彝语支，共有 6 种方言，不同方言中有50% 左右的同源词和 25% 的汉语借词，这说明分布在广大地区的彝族相互之间以及彝族与汉族之间历史上有血肉不可分割的联系。彝族有自己的文字，史称"爨文"，今称彝文。四川凉山地区的彝文经书，用竹片蘸鸡血或木炭锅烟液，自右至左横写在木板上，云南、贵州地区的则为棉纸的墨写本或刻印本，由左向右竖书，多为韵文，便于背诵。彝文经书卷帙浩繁，内容丰富，有重要的史料和科学研究价值。彝族支系繁多，有数十种自称和他称。20 世纪 50 年代经过科学的识别，并遵照本民族的意愿统称为彝族。

对彝族历史的研究自来是中国历史研究的重要领域，也是一个多世纪以来国际学术界重视的热点。作为介绍彝族编史工作的最新动态，本文拟以 20 世纪 80 年代以来出版的彝族史及与史相关的著作作为评介的对象。由于篇幅的限制，本文不可能把尽可能多的著作加以涉及，也不可能对提及的著作详尽评说。

二　彝族通史之编撰

为少数民族编写通史，是近半个世纪以来中国史学界的奋斗目标。1958 年，中国科学院民族研究所组织所内外一批专家，分赴彝族地区，在继续完成自 1956 年开始的彝族社会历史田野调查的同时，还组织《彝族简史》编写组为彝族编写简明通史。

云南大学历史系教授方国瑜、西北大学历史系教授马长寿，是首先被委托撰写彝族通史的史学家。四川大学冯汉骥教授被委托研究晋宁石寨山滇王墓出土文物。1959 年，马教授写出《彝族古代史》（初稿），次年，方教授写出《彝族史长编》，冯教授先后写出《云南晋宁石寨山出土文物的族属问题试探》《云南晋宁石寨山出土铜器研究——若干主要人物活动图像试释》《云南晋宁石寨山铜鼓研究》等①文，对古代滇国的历史、族属、风俗进行全面研究。在上述论著的基础上，中国科学院民族研究所和云南少数民族社会历史调查组联合组织的《彝族简史》编写组，于 1960 年写出《彝族简史》第一稿，

① 《考古》1961 年第 9 期、1963 年第 6 期；《文物》1974 年第 1 期。

分别于 1961 年、1963 年写出第二、第三两稿。1966 年，彝族史的编写工作因"文化大革命"而被迫中断，直到 1978 年后才迎来自己的春天。近二十年来，出版的"彝族史"著作日益增多，新一代彝族史学家的登台为编修工作注入了无限的活力。

（1）《彝族史稿》（方国瑜著，四川民族出版社 1984 年版）。本书是在《彝族简史长编》的基础上经过作者改定的。共 4 章 45 万字，分述彝族的渊源与地理环境、古代彝族社会、较早时期进入封建制地区的彝族社会、较长时期延续在落后阶段的彝族社会等问题。这是迄今为止最具权威性的彝族史著作，有"广、博、精、深"的特点。"广"指其内容涵盖历史上云南、四川、贵州各具不同发展阶段、不同社会形态的彝族地区，且按纵的发展来阐述不同地区的彝族社会。如述公元前 3 世纪初至公元前 2 世纪末的古代彝族社会，以邛都地区（今四川凉山彝族自治州）及云南滇池地区的彝族部落为对象；公元前 2 世纪末至公元 4 世纪的彝族社会则以云南东部爨氏家族、贵州西北部仲牟由家族、四川凉山落兰家族统治地区的奴隶制生产关系为重点；较早时期进入封建制地区的彝族社会，以公元 8 世纪后期至 10 世纪末期彝族封建领主制的形成，11 世纪至 15 世纪前期封建领主经济的发展，15 世纪后期至 19 世纪前期社会经济的大变动及地主经济的发展为内容；较长时期延缓在落后阶段的彝族社会，则以论述西州（今四川西昌）、马湖（今四川雷波县境）、水西（今贵州西部）、罗罗斯（今四川凉山州）等地区的经济与政治情况为对象。"博"是指对每一个地区每一个专题的分析都有翔实准确的文献、文物、田野等方面的资料作为依据，这些资料共 283 条，每条都做出了科学的解释和考证。"精"指论述精辟，观点为首创，体系为创新，所提出的资料、问题、见解，均是前无所见、前无所依的。"深"指读后能给人以深刻的启发和感受。此书之不足，一是未从古通到今，只写了古代部分，未写近现代部分；二是资料与正文的有机结合不够，附录及参考过于烦琐。

（2）《彝族古代史》（马长寿遗著，李绍明整理，上海人民出版社 1987 年版），本书原稿为马长寿 1959 年撰写的《彝族古代史》（初稿）。整理出版稿凡 10 万字，共 3 章，分述从原始公社到奴隶社会、奴隶社会的形成与发展、奴隶社会的演变和凉山彝族奴隶制的延续等问题。作者于 20 世纪 30 年代、50 年代曾两次亲赴处于奴隶制下的四川凉山彝区考察，1959 年又赴云南进行彝族调查，书中所用资料大多是他第一手调查所得。此书的最大特点是对彝族古代历史的许多重大疑难问题都提出了自己独到的见解，能给人"柳暗花明又一村"的欣慰。如作者根据云南晋宁石寨山滇王古墓青铜器上奴隶主奴役奴隶的图画，及墓中的铜人发式、衣式与今天彝族有密不可分关系的地下埋藏资料，认为"彝族在距今二千年的滇王国中是主要的组成部分。彝族向凉山、黔西及云南各地的迁徙一般是在滇王国崩溃以后，距今只有七八十代，因此，奴隶制就在凉山、黔西及云南各地延续存在并且发展了"①。这一看法使人们找到了大凉山及贵州西北部与云南各地彝族奴隶制的源头。此书的整理者李绍明教授在此书出版时为其加了富有学术创见的 30 条"整理者注"，凡 1.36 万字。这些注释增加了本书的学术分量，起到了锦上添花的作用。本书存在的问题是，内容单薄，基本上是只限于奴隶制历史的研究。

（3）《彝族简史》（集体编写，吴恒统修，云南人民出版社 1987 年版）。共 10 章，凡 20 万字，分述了彝族的族源、族称、原始社会、奴隶占有制的形成和发展，南诏奴隶制政权，封建制形成和奴隶制的延续，封建地主经济的发展和奴隶制的变化；半殖民地的彝族社会及彝族人民的解放斗争、历史上的科学文化成就、生活习俗和宗教信仰。本书以国家民委民族问题五种丛书之一、中国少数民族简史丛书的形式出版，是新中国成立后按通史体制编写的第一本官修彝族史。

---

① 马长寿遗著：《彝族古代史》，李绍明整理，上海人民出版社 1987 年版，"弁言"第 5 页。

其古代部分的体系及资料，大致与《彝族史稿》相同。所不同的是，由于对滇东地区"东爨乌蛮、西爨白蛮"与滇西洱海地区的"乌蛮""白蛮"的族属认识有异，《彝族简史》采用曲木藏尧及岭光电在1936年提出的观点，将南诏史作为彝族史来对待，而《彝族史稿》则只收南诏时期统治彝族地区的情况。方国瑜教授不同意这种做法，认为"地方史与民族史虽有联系而又有区别"①。《彝族简史》较之于《彝族史稿》，不仅增加了彝族近代史、现代史的内容，而且系统介绍了彝族的科学、文化、生活习俗、宗教信仰，评述了以安健为代表的彝族旧民主主义革命先驱在辛亥革命中的业绩及中国工农红军过彝区，大批彝族青年走上革命征途，为新中国诞生所做出的贡献。此书还以附录或简表的形式，介绍了彝族人口分布、自称和他称、方言分布地区、自治地方及编年史大事。因此，它的通史特征比《彝族史稿》更显著，但其下限也只写到1949年。资料过于简略、开凿不够深、学术含量不够高是它的主要不足之处。

（4）《中国彝族通史纲要》（中国彝族通史编委会编，陇贤君执笔，云南民族出版社1995年版）。共9编，凡23万字，分述彝族的起源、西南夷时代、夷帅始末、南诏、土司制、帝国主义入侵、半殖民地社会与民族解放斗争、社会主义革命与建设等不同时期的重大史事。其特点有三：第一，该书以罗希吾戈为首的编委会的20名成员全是学有建树的彝族学者，其中不少是在中国学术界有名望的史学家。第二，富有开拓性。它不仅是第一本由民族起源写到20世纪90年代社会主义现代化建设时期的彝族通史，而且有资料新、观点新的特色。第三，该书是迄今为止采用老彝文经典资料最多的史学著作。也是采用最近二十年来彝族学者自身研究成果最多的著作。比之以往的彝族史学著作，其在本民族中有更大的影响。不足之处是，由于是"纲要"，铺垫不够深厚。作为通史，分量尚嫌不足。

---

① 方国瑜：《彝族史稿》，四川民族出版社1984年版，第591—592页。

三　断代史、部落史、文化史、宗教史的编撰

20 世纪 80 年代以来，中国学术界对彝族断代史、部落史、文化史、宗教史的研究呈空前高涨的态势。对各类专题的研究，也出现新的局面，如先后出版集体编写的《凉山彝族奴隶社会》（人民出版社 1982 年版）、周自强的《凉山彝族奴隶制研究》（人民出版社 1983 年版）、胡庆钧的《凉山彝族奴隶制社会形态》（中国社会科学出版社 1985 年版）。1984 年云南省社会科学院楚雄彝族文化研究所以出版刘尧汉、卢央、陈六金合著的《彝族天文学史》为先河，提出创建中华彝族文化学派的主张，并陆续出版《彝族文化研究丛书》系列内的一批著作。由于篇幅的限制，本文不能展开评介上述有关的研究成果，只能就断代史、部落史、文化史、宗教史的专项成果做评介。

（1）《明清彝族社会史论丛》（胡庆钧著，上海人民出版社 1981 年版）。凡 20 万字，分论明代的水西彝族奴隶制度、凉山彝族奴隶制度、彝族社会的冤家械斗"奢安之乱"；清代的彝族社会生产力、奴隶制度的变化、土司制与改土归流等问题，具有断代史的特点。作者利用明清时期的大量实录、档案、地方以及私家著述的丰富史料写成。其论证深刻而多有创见，具有较高的学术价值。

（2）《武定凤氏本末笺证》（何耀华著，云南民族出版社 1986 年版）。凡 26 万字。是以笺记体裁系统研究云南古代彝族罗婺部酋长及其后裔凤氏的史学专著。该书以清代乾隆四十三年至四十六年（1778—1781 年），主宰罗婺部地区县事的檀萃著《武定凤氏本末》为线索，对南宋淳熙年间（1174—1189 年）至清朝乾隆末期六百年间罗婺部历史进行直接的阐述、论证和考释。罗婺部是宋朝时期"雄冠"云南东部三十七个少数民族强大部落中的彝族部落，南宋孝宗淳

熙时该部有阿而能服其众，被大理国主段氏举为罗婺部长。此前，罗婺部首领未见有汉、彝文史书记载，说明其社会经济发展尚处于落后阶段，自阿而后则有明确的谱系、口承史事及记录。檀氏《武定凤氏本末》，原著不足1.4万字，近24万字之笺证为何氏所著，所以史家评论说：此书"开创了研究彝族部落史的先河"①，"是目前所见研究宋至清初乌蒙彝族封建领主制土司的权威著作"②。

（3）《清代武定彝族那氏土司档案史料校编》（王梅堂、黄建民、陆裕民校注，朱琚元、罗有俊审订，中央民族出版社1993年版），此书对收藏于武定慕连土司府的自清顺治十八年（1661年）至同治八年（1869年）的档案文献资料进行统编，并加编者的注释、校勘和考证。原资料多为孤本，内容涉及那氏土府的政治、军事、经济、司法、立嗣、禁烟、民族关系等史事。原本之脱漏、讹误经过校注、考释，得以廓清补正，读之疑难冰释。那氏是武定凤氏之后裔，何耀华《武定凤氏本末笺证》未涉及乾隆以后之史事，而该书则填补了这个空白。这是研究彝族史及其封建领主制度的重要资料。

（4）《彝族文化史》（马学良编著，上海人民出版社1989年版）。共46.6万字，分历史篇（祁庆富执笔）、语言文献篇、宗教篇、科技哲学篇（马学良、巴莫石布嫫执笔）、民俗篇（巴莫石布嫫执笔）、文学篇（杨敏锐执笔）、艺术篇（何青、巴莫石布嫫执笔）。编著者马学良教授是我国老一辈彝族文化研究的权威教授，曾出版《云南彝族礼俗研究文集》《增订爨文丛刻》《撒尼彝语研究》等宏著。该书是他对彝族文化研究的又一巨大贡献。各分篇执笔者都是在学术上有造诣的中青年学者，其中3人是彝族。内容广泛、采摭宏富、论证科学是该书的特色。

---

① 李惠铨：《彝族史研究的新收获：读〈武定凤氏本末笺证〉》，《云南社会科学》1988年第1期。

② 楚雄彝族文化研究所编：《清代武定彝族那氏土司档案史料校编》，王梅堂、黄建民、陆裕民校注，朱琚元、罗有俊审订，中央民族学院出版社1993年版，第3页。

（5）《中国各民族原始宗教资料集成·彝族卷》（总主编吕大吉、何耀华，本卷主编何耀华、顾问、伍精华，中国社会科学出版社1996年版）。凡54余万字，共7章36节324目。其特点是利用20世纪中国学者对彝族原始宗教进行田野调查与研究的资料；经过去粗取精、去伪存真的筛选，精编而成，全书之主体资料是近五年本卷主编及部分彝族学者的实地采访记录，资料价值极高，填补了中国和世界宗教史、宗教现状研究的空白。学者们评论说这是"20世纪中国彝族研究之二大成果"，"学术体系有开拓性、创新性、科学性。富有创建原始宗教新学科体系的理论价值"。

四　结论

（1）彝族历史的编修工作近20年取得了令世人瞩目的成就，但似乎还处于初始阶段。21世纪向我们呼唤一套多卷本的《彝族通史》巨著，这部巨著应多侧面地反映彝族的政治、经济、文化、民族关系、宗教、法律、军事、伦理、道德、文学、艺术、天文、民俗和社会生活。有百科全书式的广博内容和广泛的社会意义。能最大限度地展现彝族的全貌，给人以历史的启示。能"究天人之际，通古今之变，成一家之言"。编好这套通史只有在大量彝文经典经过认真发掘、整理、翻译之后才能完成[①]；同时有待汉文古籍的深度开发和利用。

---

　　① 应该指出：彝文古籍文献的收集、整理、翻译工作，20世纪50年代以来取得了辉煌的成就。如贵州毕节彝文翻译组自1955年至1966年的10年间翻译了《西南彝志》《六祖纪略》《水西全传》《水西制度》《笃慕史记》《德布史略》等22部50余卷。20世纪80年代初马学良教授主编的《增订爨文丛刻》出版。云南省民委民族古籍整理办公室先后翻译出版了《喀志思》《普兹楠兹》《查诗拉书》等多种古籍。四川则先后出版《勒俄特衣》《玛姆特衣》《古侯（公史篇）》《雪族》等多种彝文古籍。但是，目前的发掘、整理、翻译可说是万里长征才起步。

就编好彝族的近代、现代史而言，还有待进行新时期广泛深入的田野调查。这是一项巨大的系统工程，除了中国学者应为之奋力拼搏之外，还应该以国际合作的形式展开，动员国际学术界的力量来参与和进行各方面的协助。

（2）我国的改革开放政策，正把彝族历史及整个彝族文化（包括物质的和精神的）推向国际，彝学正步入世界文化遗产的殿堂。中西文化交流历来是中国文化发展的重要表现形式。彝族史学的发展也不能例外，一方面，我们应吸收西方有价值的史学理论和史学方法，作为彝族史学现代化、国际化的借鉴；另一方面，应发扬彝族和我国其他55个民族的史学传统，以建立具有中国特色的彝族史学。具有时代精神、创新精神、客观精神是传统的彝族史学的特点，也是西方史学的特色，在彝族史学国际化和建立有中国特色的彝族史学过程中，应该大力弘扬这些精神。

（3）20年来，彝族史编撰的成功经验说明，造就一支高素质的彝族史学家队伍，是彝族历史编纂取得成功的关键。一切有志于从事本民族历史研究的彝族青年，应有"读万卷书，行万里路"的精神，脚踏实地发掘、整理、翻译彝文典籍和收集口承之史料，并在编修本民族历史的过程中做出巨大的贡献。

（此文于1998年6月14日在德国特里尔大学第二届国际彝学研讨会上发表）

中华彝族文化学派的崛起

20 世纪 80 年代初期，云南省楚雄彝族自治州，在全国率先以单一民族为研究对象，建立彝族文化研究所，提出创建中华彝族文化学派的主张。30 年来，他们向创建学派的深度、广度进军，一批又一批的学者成长起来，一批又一批的学术研究成果问世，研究机构由研究所升格为研究院，创建学派的努力也在强势发展中浮出水面。

文化在不同时代、不同地方、不同的人类群体中，具有不同的而且是多元的表现形式。这种多样性的表现，是由不同的生产生活模式所决定的。文化就是由一个稳定的生产生活模式所构成的一个个不同的整体。中华彝族文化学派是怎样界定彝族的生产生活模式，怎样界定彝族文化这个整体的呢？以楚雄彝族文化研究院为核心的主力军做了许多探索，但尚未在理论上给出定义。我从他们的研究成果、研究特色中，为他们做出了这样的概括：文化是彝族人民在悠久的历史发展中，适应自然与社会环境的创造，是一切创造行为的产物，是创造组合的总体。因此，我称他们的学派是"文化创造学派"。30 年以来，他们在发掘研究彝族人民的"文化创造"中，取得了令人称道的成果。所长刘尧汉教授以彝族先民在万年以前适应宇宙运行的特点，创造出十月太阳历，为彝族文化研究的切入点，1986 年与南京大学天文学系主任卢央教授合作，著成《文明中国的彝族十月历》一书，使学派建设首先在天文历法的研究上取得突破。历法是一个民族在适应宇宙变化中的创造，它是一个民族创造力高低的重要标志。我国传统的、广泛使用的历法为阴阳历，平年 12 个月，大月 30 天，小月 29 天，全年 354 天或 355 天（一年中哪一月大、哪一月小，年年不同）。由于平均每年的天数比太阳年的差 11 天，所以在 19 年里设置 7 个闰月，有闰月的年份全年 383 天或 384 天。又根据太阳的位置，把一个太阳年分成 24 个节气，便于农事。纪年用天干地支搭配，60 年周而复始，这种历法创始于公元前 22 世纪末至前 21 世纪初。所以又称夏历，也叫旧历，通称为阴历，因农民以此进行农事，所以也成为农历。直至今天，我国农村还普遍使用。这种历法反映了华夏民族的智慧和创造力。彝族先民创造的十月太阳历将一年分为 10 个月，每月 36 天，外加 5 天过年，全年 365 天，与现行的公历非常接近，据说这种历法比夏历存在的时间要早五六千年。原紫金山天文台台长张钰哲评论说："十月太阳历是一种独具特色，简明而又科学的历法，在世界科学史上，无疑占有重要地位。"著名史学家杨向奎说："我们的天文历法在世界古代史上是比较完善而准确的，因而它是近代世界科技史学家重点研究的对象，但仍有许多疑点难以攻破……而以彝族古历（十月历）解释古籍中有关历法方面的疑难问题，往往得到较好的结果。"如果说《文明中国的彝族十月历》是中国彝族文化学派将文化定义为一切"创造行为的产物"的一项有影响的代表作，那么他们在彝医彝药发掘中，推出的《双柏彝族医书》（齐苏书），则是继之而取得的另一项文化创造行为的成果。《双柏彝族医书》成书于明代嘉靖四十五年（1566 年），比李时珍的《本草纲目》还早 12 年，被视为彝族医药的百科全书。

彝文和彝文典籍是彝族人民创造性行为组合总体中一个重要的部分。据不完全统计，彝文典籍有一万多册，其中数以千册计地流到西方国家，还有一部分被民间视为"神物""神器"秘藏。这些"神物"都为手写本。其内容大都与鬼神崇拜的信仰祭祀有关。但去其糟粕，取其精华，他们大都是彝族人民创造行为产生的精品。楚雄彝族文化研究院把抢救、翻译、整理民间秘藏作为创立学派的举措之一，广泛深入乌蒙山、大小凉山、哀牢山的彝村，将 1000 多册收集起来，进行了翻译整理。2010 年有 88 部申报进入第三批国家珍贵古籍名录，3 部在国家图书馆举办的"国家珍贵古籍特展"中展出。

应该指出，中华彝族文化学派也把文化看作一切文化特质或文化元素的集合，也对其他文化事项进行研究，如对经济发展、法制、军事、意识、道德、宗教信仰、风俗习惯、演艺、方言、土语、语音、语素、彝文字书写、传承、历史人物等进行研究，并取得了众多的研究成果。

中国彝族文化学派是在中国改革开放的大潮中兴起的，是学术坚持为中国改革开放和现代化服务的产物，希望中华彝族文化学派更上一层楼，进一步为建设具有中国特色的社会主义文化强国做出贡献。

2011 年 12 月 20 日

石林彝族自治县经济发展史

一 早期的石林县经济

（一）部落农业

1961 年，中国古脊椎动物与古人类研究所在县城鹿阜镇的红土坡、山冲，板桥乡的青山口、小矣马伴、羊脚迹、白石岭、马料河等处发现了打制石器石片、石核 20 多件。1984 年又在板桥乡附近山冈上发现核、尖状器、刮削器等石器 70 多件。这些石器比较粗糙，多用天然石块略加打制而成，很少进行二次加工。这些石器说明，远在旧石器时代中晚期，石林县的巴江流域坝区就有人类进行生产活动。石林县境内新石器时代的考古资料，至今未有发现，但是在云南省的元谋县大墩子村，却有大量的新石器遗物出土。从这里出土的生活用具、农业生产工具、陶器纺轮等分析，可以推知，石林县的古老居民，在新石器时代就已有农业和手工业的分工，这种分工导致最原始的商品交换和发端时期商品市场的出现。殷商时期，石林县境内的居民与黄河流域的居民建立了密切的经济交流关系，这可以从石林县圭山乡南部出土的青铜器铜戈、铜刀中得到证明。这里的铜戈的花纹与黄河流域出土的相似。

春秋战国时期，石林县巴江流域居民也与滇池地区的居民一样，处于"耕田有邑聚"的农业社会。西汉元封二年（前109年），汉武帝出兵滇池地区，"滇王举国降，请置吏入朝"。"置郡……赐滇王印，使复长其民。"滇王统治的范围，包括今石林县地区，滇王政权的经济基础，就建立在滇池平原、宜良盆地、路南巴江流域坝区农业发展的基础之上。元鼎元年（前111年），石林县的农牧业发展已经达到了单独建县的水平，所以汉武帝在其地设置谈稿县。1979年，在石林县小村和跃宝山之间发现汉代的五铢钱两千克，这是置县后汉人与当地民族进行交换的遗物。唐朝天宝末年，居住在石林境内的彝族部落落蒙部的农牧业发展，达到足以支撑其酋长撒吕兼部各部，筑撒吕城进行部落统治的水平。元宪宗六年（1256年），元朝在落蒙部辖区置落蒙万户府。至元十三年（1276年），改落蒙万户府为路南州。伴随着汉、唐以来至元朝郡县的设立，汉族不断进入石林县境，据《华阳国志·南中志》记载，汉族与当地民族通婚称"遑耶"，"与夷至厚者谓之百世遑耶""恩若骨肉"。石林县所发现的唐、宋以后自中原传入的"牛角制象""竹制牛""铜驴"等遗物，证明内地先进的牛耕等生产技术随着汉族的到来不断传入石林县地，使石林县部落农业经济不断向前发展。

（二）明清时期的屯垦农业

元、明以前进入石林县的汉族，由于与当地民族通婚，"变服从其俗"，皆融合于当地土著民族中，而自明朝时期迁入的汉族，则保留了自己的社区和文化，使全县的经济进入屯垦农业的发展时期。

洪武十五年（1382年），明朝中央在今昆明、石林一带置前卫，推行卫所屯田制度，洪武十九年（1386年），路南屯、古城屯、邑市屯在今石林县境内设置。2627 名汉族官兵被移入石林进行屯垦。屯军携带家室，世代为军，"三分守城，七分屯田"，若每一军户以 4 人计算，明朝在石林进行屯垦的汉人有 1 万余人，屯军遍布县境，现今的琐布所（在路美邑乡）、占屯（在石林镇）、大屯（鹿阜镇）、小屯、堡子（在今路美邑乡）、口子哨、大哨、高石哨、石板哨、老木哨、水塘哨、土官哨、革尼哨（今圭山乡革腻）、青山哨（今板桥乡青山口）、北山哨等地，都是因有驻军屯垦而得名。除军屯以外，明朝又招募内地汉人来县屯垦，谓之民屯，"募盐商于各边开中，谓之商屯"。因民屯、商屯来石林的汉族人民也不在少数。

清朝推行汛塘制度，以千总、把总、外委所统率的绿营兵（汉族）驻防地为汛地，汛地下之防地为塘。石林县的大哨塘、红坡塘、小哨塘、骂革塘、马旧村塘、北山塘、所衣山塘等地区，都有汉族汛兵塘卒驻守屯垦。

屯垦农业的一个主要特征，就是完全使用内地的先进生产工具、生产技术，使农业生产内地化，生产水平大为提高，地主经济租佃生产方式大为发展。这个时期，农田水利事业空前发展，如嘉靖二十二年（1543 年），知州邹国玺倡筑鱼池堰、开东山沟、小乐台阳沟引黑龙潭水灌溉，并开东河，涸东海子为田。康熙四十一年（1702 年）、四十四年（1705 年）分别建昌乐堰，挖白虎山沟，溉田 3000 余亩，筑双龙坝，开渠 20 余里，溉田 8000 余亩。成化十三年（1477 年），王朝在地主经济发展的基础上，将政治上的土酋专政改为流官（定期委派更换的汉族官吏）专政，废除少数民族的土官、土长，由流官知州李升（甘肃澧州举人）主宰路南流官知州政事。成化十七年（1481 年），由于农业商品交换的发展，城市初级市场的出现，知州鲁厚建城四座，东建启明楼、南建迎董楼、西建长庆楼、北建拱极楼，并建州署于鹿阜山，使屯垦农业经济的发展有城镇作为依托。

（三）民国时期的石林县集市经济

石林彝族自治县市场经济的出现也很早。据《路南彝族自治县志》记载，在石林县的农村，明代就出现了定期集市，到了清朝的康熙年间，形成了县城、板桥、古城三大集市。县城以属牛、蛇、狗的日子为大集，属兔、羊的日子为小集。板桥的集市日为属虎、马的日子，古城的集市日为属龙、狗的日子。民国6年（1917年）时县内共有县城、板桥、古城、堡子、东海子、林口铺、北大村、大哨、紫云街、普拉河、南大村、舍莫、团山、禄丰街、新街、耿家营、羊街、邑市县街等18处定期集市。都按照十二生肖来规定开市的日子，使集市一个接一个循环不断。到了民国30年（1941年），全县共有22个集市。

鹿阜镇的集市在民国时期，有包括"汉记"米铺在内的工商业者158家，出县的大宗商品有大米、生猪、芝麻油、白酒、草帽、草鞋、麻袋、卤腐、焦炭等，从县外输入的商品主要有土布、食盐、红糖、煤油、火柴、布匹、铜版纸等。另外还从宜良、陆良、泸西、弥勒、罗平等县输入桐油、草纸、棉纸、陶器、竹器、黄烟、小杂货等商品。每次集市上市的粮食约为8000公斤，蔬菜为1000—1500公斤，大小家畜为200—300头，鸡蛋为200—300公斤，汇集到集市的人数为2000—3000人，成交额为9000元左右。

板桥的集市在民国时期有坐商3家，中药铺4家，旅馆5家，马店2家，集市日有游商开设的店铺与饮食店50多家。上市交易的粮食约为10吨，大小家畜为100余头，蔬菜2吨多，还有100多个草帽、草鞋、草绳的摊点，集市汇集的人数为2000余人，成交额有6000余元。

北大村的集市最初是师宗、罗平、陆良的行旅商人往来昆明时的歇脚地。民国24年（1935年）开通了昆明到罗平的公路，开始有少量的汽车通行。1940 年，昆明昆华煤业公司在北大村采购焦炭，将这里作为运输到昆明的中继站，往来的马帮与牛车开始增加，街上越来越热闹。当时有旅社 9 家，马店 2 家，坐商 2 家，烤酒房 1 家，屠宰牛羊肉的店铺 12 家，行商的露天摊点 20 多家。上市的粮食为 2 吨多，家畜 50 多头，鸡蛋 80—100 公斤，卤腐 200 公斤，出售竹器、陶器的露天摊位 40 多个，集市汇集人数为 1000 余人，成交额为 3000 元左右。

海邑的集市原来为陆良的行商下个旧、泸西的行商上昆明的中途歇息地。这里是山区的少数民族地区的定期集市，汇集了不少宜良、泸西、弥勒、泸南的小商人。在清朝与民国期间，上市的物资以玉米、菜种、荞为主，也有一些麻布、卤腐、蜂蜜等土特产品。小商人们从陆良、泸西带来陶器、糖果，从弥勒带来烟叶、红糖、糕点，从路南带来大米、手工棉布与百货等进行销售。再把麻布、芝麻油贩卖到个旧，把卤腐、蜂蜜、煤炭贩卖到昆明，把玉米与蔬菜的种子带到路南出售。集市上几乎都是以物易物，用麻布换手工棉布，用玉米换白酒，用卤腐换盐，用鸡蛋换针等。当时有坐商 2 家，马店 8 家，酒坊 1 家，以屠宰羊为主的露天屠宰店 20 余家，上市交易的粮食约为 5 吨，大小家畜 60—80 头，集市汇集的人数为 2000 余人，成交金额为 5000 余元。1946—1949 年，海邑是圭山革命根据地的主要市场。驻扎在此地的中国人民解放军滇桂黔边区纵队第二分队司令部对商业交易活动严加保护，使海邑的集市成为根据地的商业交易活动中心。

南大村的集市主要是路南、弥勒、宜良三县交界山区的木材、杂货的集散地。民国时期有坐商 3 家，酒坊 2 家，旅馆 5 家，饮料与红糖、糕点铺 10 家。上市的粮食以玉米、荞、大米为中心，每次集市交易的粮食为 4.2—7 吨，鸡蛋为 50—100 公斤，大小家畜 50—480 头，集市汇集的人数为 1000 余人，输出的物品以木材、玉米、白酒、核桃、水果居多，外面运进来的物品以盐巴、土布、红糖居多。

二　改革开放前的石林县经济

新中国成立后到 1978 年实行改革开放之前，经济主要以粮食种植为主，后大力发展烟叶等经济作物栽培，积极发展工商业，商品经济向前推进。

自 1953 年起，全县相继成立 2815 个互助组，入组的农户占总数的 90% 左右，其中临时互助组有 936 个，季节性互助组有 543 个，常年的互助组有 1336 组，互助组将劳力与畜力协同利用，按节令进行农业生产，对促进农业生产的发展起了很大的作用。1955 年秋，在互助组的基础上，全县办起 449 个初级农业合作社，入社农户占总户数的 35%，入社土地占全县耕地面积的 37%。到了 1956 年，初级农业生产合作社发展为高级农业生产合作社，全县有 353 个合作社，入社农户占总农户的 91%，次年占 99.7%。初级合作社以自愿入社、等价互惠、民主管理三原则为基础运营，土地评估后作为资产入社，由合作社统一管理。可是，这样一来土地依然保留了私有性质，入社的土地资产可以得到分红，土地资产占分配总数的二成到三成，劳动力占七成到八成。高级合作社取消了土地的分红，将土地的所有权与使用权划归集体所有，消灭了私有制，不过，划出少量土地分给社员作为自留地，按工分分配粮食与工钱。

农业互助组与合作社设立前后石林的主要粮食产量统计表

（单位:亩、千克、吨）

年份	大　　米			玉　　米			小　　麦		
	面积	亩产	总产值	面积	亩产	总产值	面积	亩产	总产量
1949	94000	181	17014	73500	95	6983	24950	50	1248
1953	67300	203	13650	83400	112	9300	23500	60	1410
1954	67900	209	18340	82700	96	7980	33700	52	1745
1955	86800	271	23545	88100	92	8100	44100	44	1960
1956	91400	280	25620	81300	122	9950	49700	71	3505

资料来源:《路南彝族自治县志》,云南人民出版社 1996 年版,第 190 页。

石林县有关烟叶收购的统计表（20 世纪 70 年代）

（单位:千克、元,%）

年份	收购量	收购金额	中高级烟叶		
			高级	中级	中高级
1971	895800	922081	3.6	35.8	39.3
1972	1485000	2004539	9.3	44	53.3
1973	1966500	2002623	19.5	48.5	68
1975	2362500	3152884	9.5	49.5	59
1978	2697500	3168532	1.5	43.4	44.9

资料来源:石林县统计局。

互助合作运动对提高农民的生产积极性发挥了很大作用,表现在粮食产量有了增长,成立互助组的 1953 年以及随后的数年,大米、玉米、小麦等主要粮食总产量和单产与原来相比,有了大幅提升(参见农业互助组与合作社设立前后石林的主要粮食产量统计表)。

1958 年开展了"人民公社化"运动,成立了政社合一的集工、农、商、学、贸五行业于一体的人民公社，实行"一大二公"，成立公共大食堂，吃饭不要钱，大吹"共产风"，家庭的副业收入全部归集体所有，农业生产受到严重破坏。当年的粮食总产量仅有3.144万吨，社员每人每天仅有250克粮食。1959年，水稻种植面积为8.41万亩，亩产只有210公斤，比1956年减少了70公斤，总产量为1.765万吨，比1956年减少了7970吨。玉米的种植面积为8400亩，亩产94公斤，比1956年减少了28公斤，总产量为7405吨，减少了2545吨。小麦的种植面积为5.71万亩，亩产仅有34公斤，比1956年减少37公斤，总产量为1930吨，比1956年减少1575吨。这些数据说明人民公社制度给生产带来的破坏有多大。

烟叶是石林县的主要经济作物。自20世纪40年代开始试种，50年代出现第一个发展高潮。1956年全县的烟叶种植面积为2.83万亩，烟叶的产量为1455吨，分别达到了1949年的17.6倍与18倍。60年代在人民公社的体制下，生产队没有了自主权，农民的生产积极性很低，烟叶生产下降很快，1961年全县烟叶栽培面积为7900亩，总产量为270吨，分别比1956年减少了72.1%与81%。

到了20世纪70年代，在国家政策的带动下，石林县的烟叶种植迎来了第二次发展高潮。1977年11月，供销总社、农业部、轻工部决定在全国范围内建设包括云南省的5省40万亩高产烟叶生产基地，给云南省下达了10万亩的栽培计划。其中就包含石林县的2万亩优质烟草原料种植。云南省政府决定改变以往供应化肥奖励出售烟叶的办法，实施按等级的奖励措施，每50公斤的优质烟叶奖励供应化肥30公斤，中级烟叶20公斤，低级烟叶10公斤。1979年石林县被选为41个烟叶基地之一，该年烟叶种植面积2.1万亩，总产量2.850吨。与第一次发展高潮的1956年相比，产量翻了一番，增加了1395吨。1971年国家在县上收购烟叶895.8吨，收购金额为92.2081元。

1978年的收购总量达到2697.5吨，金额达到316.8532万元。

1977 年，来自烟叶收购的产品税有 128 万元，占全县财政收入的 38.8%，比上一年增长了 25.5%。显示了在 20 世纪 70 年代，烟叶生产在全县的经济发展中就已经占据了支柱产业的位置。

1949 年，石林县有铁器、木材、竹器、石材、编织、纺织、酿造、食品、烟丝、银器制造等私人手工业者多达 549 户。1956 年进行了社会主义改造，划分为铁器、木制品、裁缝、印刷、染织等 7 种类型的集体企业。1956 年 12 月，国家投资 2.4 万元建设了小型火力发电站，成为第一家大型国营企业。1958 年，全民所有制工业企业增加到了 10 个，年产值为 802 万元。这些企业大多是 1958 年"大跃进"时涌现出来的，基础与效益都很差。1959 年以后做了调整，关闭了部分工厂与矿山。到了 1970 年，全县的国有工业企业仅剩 2 家，年产值为 41 万元。

石林县工业总产值量表（20 世纪 50—70 年代）

（单位：万元、%）

年份	生产总值（1990 年不变价格）	累重工业划分		经济类型划分		
		轻工业	重工业	国有工业	集体所有制工业	个体经营工业
1951	61	52	9	—	—	61
1958	1071	220	851	802	269	—
1960	760	224	536	579	181	—
1967	424	224	200	91	333	—
1970	312	166	146	41	271	—
1978	1003	553	450	472	531	—

资料来源：石林县统计局。

在 20 世纪 50—70 年代建设起来的工业中，原煤采掘是最重要的部门。从 1956 年起，国家投资 150 万元，在距离普拉河 3 公里的地方开办了小型的国营煤矿，工人最多时达到 3000 余人，年产原煤 15 万吨。还是因为效益不好，1960 年停止了业务。1970 年复业，那时只有 150 名工人，年产原煤 3 万吨。1978 年，原煤年产 1.74 万吨，是 1949 年的 12.43 倍。年产焦炭 1.6 万吨，是 1949 年的 26.57 倍。第二大的部门是电力工业，1978 年发电量为 1.3 万度。1963 年以来，相继修建了石林、永定水库与 16 座小型水电站，但效益很差，永定水库、昌乐村、水补衣、小戳、西街口等电站相继关闭。1978 年后修建了叠水水电站。

石林县的收购·销售额数据表（20 世纪 50—70 年代）

（单位：万元）

年份	纯 国 内 收 购 额			省外销售	纯国内销售	调出总额	年末库存
	合计	工业品收购	农副产品收购				
1952	113	—	113	—	50	—	219
1956	286	—	286	—	285		305
1958	251	—	251	—	313	—	360
1965	492	—	492	—	115	—	618
1970	603	62	541	30	1004	1	647
1975	905	115	790	9	1577	7	925
1978	1250	306	944	18	1953	6	1084

资料来源：石林县统计局。

　　20 世纪 50 年代，全县的工业总产值 1958 年的最高，为 1071 万元（1990 年可比价格），60 年代 1967 年的最高，为 424 万元（1990

年可比价格），70 年代 1978 年的最高，为 1003 万元。从整体来看，石林县的工业发展水平低，经济效益也不高。

1956 年进行了私营商业改造，148 家商业、饮食业、服务业转换成了合作商业，在县城由国营企业管理，在农村由供销社管理。城市里的合作商户，大致可分为商店、食堂、旅馆、米线厂、理发馆、茶馆 6 个种类。1964 年有合作商店 3 家，员工 20 人；食堂 3 家，员工 26 人；旅馆 2 家，员工 4 人；米线厂 1 家，员工 24 人；茶馆 2 家，员工 6 人；理发店 2 家，员工 15 人。1964 年的营业收入为 44.535 万元，纳税额为 1.4108 万元，利润总额为 2.4297 万元。到了 1975 年，营业收入为 53.829 万元，纳税额为 1.7609 万元，利润总额为 3.2627 万元，这一年在 1950—1970 年期间也是最高的一年。

农村合作社的人挑着货担走村串寨为农民与农业生产做贡献，很受群众欢迎。1956 年，全县有 12 家农村合作社，员工 90 人；合作食堂 10 家，员工 75 人；马店 2 家，员工 111 人，注册资金总计 2.4387 亿元，有小卖店 37 家，露天店铺 35 家，供应点 13 处，年销售额 51.5 万元，收购额 2.77 万元，盈利 2.03 万元。

国营商业有贸易公司、百货公司、食品公司、饮食服务公司、石油公司、石林旅游服务公司、物资公司 7 家企业。它们都是 20 世纪 50—70 年代成立的，到 1976 年国营商业有员工 367 人，固定资产 105.9 万元，自筹流动资金 70.2 万元，销售额 1302.2 万元，盈利 28 万元。1978 年员工为 385 人，固定资产 143.2 万元，流动资金 71.5 万元，营业额 1549.6 万元，盈利 47.3 万元。

在计划经济体制下，商业企业的所有制单一，商品也很单一。再加上布、线、肉、油、白砂糖、酒、烟、粉丝、肥皂、缝纫机、自行车等受制于凭票供应，全县的商业发展非常缓慢。

三　改革开放时期的石林县经济

（一）家庭联产承包责任制给农业带来的发展

1981 年 12 月 29 日，石林县委、县政府作出了"关于每家每户承包责任制问题的暂行规定"，在全县推进以农产为单位的家庭联产承包责任制，土地集体所有，承包农产有经营权，按照提留合同分配，缴纳国家与集团部分后剩余的归自己。耕地按照农业人口人数分配，也考虑劳力，粮食、烟叶、蔬菜、水果等主要农作物的种植面积与产量，由国家下达生产计划，逐级传达到农产，农产再进行自主经营。到 1982 年 12 月，全县 904 个生产队中，有 895 个实行了承包到产责任制。1983 年春，在全县范围完成了向家庭联产承包责任制的转换。家庭联产承包责任制极大地提高了农民们的生产积极性，农业、林业、畜牧业、副业、渔业全面得到快速发展。1990 年全县农业生产总值 1.5943 亿元，比上年增长了 18.9%（以当年价格计算）。1995 年农业生产总值达 2.9387 亿元，按当年价格计算的话，五年来平均增加了 16.9%。这一年全县的粮食总产量为 9.7539 万吨，比上年增加了 4.3%，农民人均粮食产量为 504 公斤，比上年增加了 18 公斤。烟叶的总产量 2.4414 万吨，比上年增加 3282 吨，增幅达 15.5%。到了 1997 年，全县的农业生产总值 2.4966 亿元，比 1992 年增加了 19.6%，这一年的粮食总产量为 10.4994 万吨，比 1992 年增长了 20.3%，年均增加 3.8%，比 1996 年增加了 3.75%。1998 年的粮食总产量 10.654 万吨，比上年增加了 1.5%。从农林牧渔业的生产总值来看，1997 年比 1975 年增加了 1.1892 亿元，年均递增率 13.79%（以当年价格计算）。

石林县农林牧渔业生产总值统计表

年份	生产项目	生产总值(万元)		生产项目	生产总值(万元)	
		1990年不变价格	1995年价格		1990年不变价格	1995年价格
1995	农林畜渔生产总值合计	22392	43126	1. 采集	325	512
	一、农业总产值	16264	29387	2. 农户兼营工业品	129	129
	(一)种植业	15810	28476	二、林业总产值	834	1191
	1. 主要产物	15191	28127	(一)造林	224	224
	①粮食	5971	13121	(二)林产品	84	136
	②油料	159	367	(三)竹木采伐	526	831
	③烟叶	7434	12207	三、农业总产值	5190	12320
	④麻	3	6	(一)家畜	4710	10965
	⑤蔬菜瓜果	948	1598	①大型家畜	378	378
	⑥茶叶水果	293	427	②生猪	4213	9914
	⑦其他	383	401	③羊	119	673
	2. 副产品	619	619	(二)家禽	140	351
	①粮食	537	537	(三)家畜、家禽产品	324	967
	②其他	82	82	(四)其他动物产品	16	37
	(二)其他农业	454	641	四、渔业总产值	104	228

续　表

年份	生产项目	生产总值(万元)		生产项目	生产总值(万元)	
		1990年不变价格	1997年价格		1990年不变价格	1997年价格
1997	农林畜渔生产总值合计	24966	55018	二、林业总产值	979	1500
	一、农业总产值	17478	37864	(一)造林	239	522
	(一)种植业	16956	36746	(二)林产品	66	111
	1.主要产物	7455	16129	(三)竹木采伐	674	867
	①粮食	148	337	三、农业总产值	6346	15347
	②油料	7115	16678	(一)家畜	5502	13038
	③烟叶	44	108	①大型家畜	404	937
	④麻	1322	2173	②生猪	4939	11658
	⑤蔬菜瓜果	347	611	③羊	159	443
	⑥茶叶水果	525	710	(二)家禽	259	648
	⑦其他	522	1118	(三)家畜、家禽产品	553	1614
	(二)其他农业	392	988	(四)其他动物产品	32	47
	①采集	130	130	四、渔业总产值	163	307
	②家庭工业					

资料来源：石林县统计局。

改革开放时期石林县的 GNP 统计表

年份	GNP(万元)				GNP 占比(%)		
	总计	第一产业	第二产业	第三产业	构成	第一产业	第二产业	第三产业
1979	3571.31	266.24	318.4	588.67	100	74.60	8.92	16.48
1980	3724.22	2698.92	342.37	682.93	100	72.47	9.2	18.33
1983	4814.00	3265.92	439.82	1086.26	100	67.8	9.55	22.65
1984	6501.01	3778.0	907.14	1815.87	100	58.11	13.95	27.94
1985	8836.00	5006.0	1410.0	2420.0	100	56.65	15.96	27.39
1986	9021.77	4951.0	1503.0	2567.77	100	54.88	16.66	28.49
1988	14581.0	7403.0	2847.0	4331.0	100	50.77	19.53	29.7

资料来源：石林县统计局。

（二）20 世纪 90 年代后期所有制结构与产业结构的变化

20 世纪 90 年代以来，全县的非公有制经济取得了显著的发展，县政府提出了将非公有制经济的发展结合到全县的经济社会发展的综合计划中的要求，让个体经营与私营经济得到更大胆、更自由的发展。结果，在个体经济的发展上，表现出以下特征：政治地位得到提高，队伍快速壮大，经营规模得到扩大，经济领域得到扩展，经营水平也有了提高。1998 年，全县有个体经营的工商户 5206 家、从业人数 7102 人、注册资金 4871.4 万元，分别比上年增长了 10.4%、14.1%、22.6%。私营企业达到 80 家，注册资金 6662 万元。个体、私营经济的纳税额为 978.6 万元，营业收入占全县乡镇企业的 74%。

在向市场经济转换的过程中，乡镇集体企业快速扩大，1998 年乡镇企业的营业收入为 14.743 亿元，实际纳税额为 1473 万元，分别比上年增加了 38.8% 与 15.4%。

1992—1997 年，全县引进外部投资项目 37 个，合同投资总额 666934.6 万元，合同引进资本 5.261 亿元，实际引进 1.301 亿元。37 个引进项目中，有 16 个是海外的投资项目，21 个是国内的投资项目。1998 年的引进投资项目有 2 个，总投资额为 3785 万元，引进资本合同金额为 50 万美元。经济体制的建立与投资项目的引进，促进了全县产业结构的全面升级。1978 年全县的 GNP 构成比例为：第一产业 74.78%，第二产业 8.36%，第三产业 16.86%，1988 年分别为 50.77%、19.53%、29.7%。产业的升级变化，最早可追溯到实行改革开放的 1979 年，之后逐年增强。

（三）农业商品生产值的提高与农村市场的发展

石林县改革的一个主要成果，是在全县逐渐建立了市场经济体系的同时，农产品的生产主要不是为了满足生产者自身的消费，而是以满足市场需求为目的。农民不单是作为生产者，而且转换为生产经营者，针对市场需求进行调查研究，根据市场需求决定生产什么、生产多少。以市场为导向的石林县商品生产规模日益扩大，农林牧渔业的商品总值逐步提升。1990 年农业商品总值共计 9892 万元，商品化率为 58.4%。1996 年农业商品总值达到 3.0409 亿元，商品化率为 60.8%。

农产品大多通过城市与农村的定期集市出售，因此市场出现了前所未有的繁荣。除原有的 6 个市场外，由于市场经济的发展，截至 1992 年，前后又增加了小波溪、海邑、普拉河、石林风景区、路美邑（旱市）5 个市场。全县市场的举办日期因市而异。集市最繁盛时达到 1 万人以上的是鹿阜镇的大市场，5000 人到 1 万人的有板桥、北大村、海邑、南大村等集市，其他的集市较小。参加市场交易的除了国营商业单位与供销合作社外，更多的是来自乡村的农民、联合体、个

体的工商业者，还有邻近各县与广东、广西、四川、河南、安徽等省
（区）的商人与企业。当地市场出售的农产品有大米、小麦、玉米、
蚕豆、黄豆、豌豆等，成交量最多的月份可达 2900 多吨，成交额为
160 余万元。猪、牛、羊肉、乳制品、鸡、鸭、鹅、蛋等每月成交额
达 15.14 万元。还有各种油料、植物油原料、烟、麻、水产品、蔬
菜、干菜以及咸菜、干鲜果品、日用杂货、木材、茶叶等，其每月成
交额也很多。

石林县农产品产值统计表（20 世纪 90 年代）

（单位：万元、%）

年份	农业产品总产值合计		农作物商品生产总值		林产品生产总值		畜牧产品生产总值		渔业生产总值	
	产值	商品化率	产值	商品化率	产值	商品化率	产值	商品化率	产值	商品化率
1990	9892	58.4	6821	56.5	234	42.0	2601	65.3	73	84.9
1993	24091	18.176	18176	61.9	246	20.2	5512	44.7	155	68.0
1996	30409	23434	23434	67.5	312	21.5	6500	47.7	163	68.2

资料来源：石林县统计局。

农产品总产值的提高促进了社会消费零售额的增加。1997 年全县
社会消费零售额总计 2.5079 亿元，与 1992 年相比提高了 161.7%，
年均增长 21.2%，比 1996 年增加 18.93%。1998 年社会消费零售总
额 2.7 亿元，比上年增长了 7%。

通过对石林经济史的概览，可以得到三点认识。第一，石林县的
开发很早，此地的彝族人民与中国内地的汉族在经济技术与文化的密
切交流中都得到了发展。第二，集体化农业的生产效率低下，家庭联
产承包责任制极大地刺激了农民的生产积极性，提高了农业生产的效
益。这项制度应该在 21 世纪长期坚持下去。农业的规模经营也应该

建立在这样的制度稳定的发展上。第三，有必要在特色农业发展的道路上继续迈进，赢得市场竞争。虽然实现工业化是将来的发展目标，但石林县的历史经验证明，不能仅依赖于开发自然资源的一条道路，必须走人才与人力资源开发、知识经济与特色加工工业相结合的发展道路。第四，对于旅游经济的发展，必须提高少数民族的文化科技水平，创建一流的旅游特色，使旅游经济进一步成为全县的支柱产业。

（原载日本东京大学教授中兼和津次编著《中国农业经济与社会的变迁：云南省石林县的案例研究》，日本御荣水书房出版）

改革开放条件下石林彝族
自治县的民族关系

为了解改革开放条件下社会主义民族关系的新变化，我多次到石林彝族自治县彝族撒尼支聚居的圭山乡、亩竹箐乡、维则乡、北大村乡和汉族聚居的板桥乡及汉族、彝族、壮族杂居的路美邑乡，通过对农户日常经济生活的观察、会议座谈、个别访问及问卷了解等多种方式进行调研。由于我所寻求的并不仅仅是有关该问题的一般情况，而且是要做深层次的本质上的了解，所以，在整个调查中总是抓住改革开放和建立市场经济体制这根主线，看看它给社会主义民族关系带来什么影响、产生了什么作用。这篇短短的报告，就是我在调查中耳闻目睹的实录与思考。

一　家庭联产承包责任制的实行与各民族间
团结、互助的加强

1978 年，中国共产党第十一届三中全会召开后，县委、县政府将全县工作的重心转移到经济建设上来。1981 年 12 月 29 日，制定《关于包干到户责任制有关问题的暂行规定》，在全县推行联产（包产）到组的农业责任制，各族农民的生产积极性空前高涨，农业产量大幅度提高。以圭山乡为例，1982 年粮食生产猛增到 5731723 千克，比未实行这项责任制的 1981 年增长 6.2%。1983 年进一步推行以家庭为单位的联产承包责任制，将集体所有的土地承包给各族农户经营，这个乡的粮食又增至 6497637 千克，比 1981 年增产 1121627 千克。至1992 年全乡粮食总产 849.2 万千克，人均有粮达到 510 千克；农业生产总值 15562759 元，人均 539 元。

改革是促进生产力发展的动力，也是加强民族团结与互助的动力。家庭联产承包责任制推行后，少数民族生产致富，科学种田，教育兴农、兴工、兴商等的积极性高涨，他们迫切希望得到汉族的帮助。由于他们中的一部分剩余劳动力转移到建筑、运输、工副、餐饮、旅游等新兴产业上来，这些人与汉族劳动者共同工作在一个个经济实体当中，直接向汉族同胞学习文化和科学技术，少数民族与汉族的经济联系空前加强。即使是在少数民族聚居的村寨，少数民族亦千方百计把汉族科技人员请到村中去传授科学技术。如路美邑乡的小华坡村是个壮族聚居的村子，原是全县闻名的贫困村，靠领救济金吃返销粮过日子，全村每年只有数百元的现金收入，每个劳动日的工分值才 8 分，最高的一年也只有 2 角，逐年积累至承包土地时，全村欠银行贷款 4 万元。为还清贷款，村里不得不对每亩承包地加收 200 元的还贷任务。实行联产承包制后，村里到昆明市烟草公司请来一位汉族的高级农艺师，又到县烟草公司和乡烟叶站请来两位汉族科技人员给壮族农民讲授烤烟栽培和管理技术。汉族科技人员全心全意地帮助壮族农民掌握技术。当他们发现有一部分壮族农民不相信科学方法时，就种试验田进行开导，一半试验田的面积用传统办法种，另一半用科学方法种。结果，前者每棵烟的产值仅为 3 角 7 分，而后者则为 9 角8 分，至第二年，村里的科学种烟就实现了普及。由于汉族的科技人员传播技术，这个村 1984 年的烤烟收入 5 万余元，1985 年增至 6 万元，1986 年猛增至 12 万元，1987 年为 15 万元；1988 年为 17.8 万元，1989 年为 18.7 万元，1990 年为 21.5 万元，1991 年为 23.5 万元，1992 年为 25.7 万元。仅此一项，1992 年全村的人均收入就达 1401.86 元（毛收入），人均纯收入 900 多元。这个村的壮族农民说："不搞家庭联产承包责任制的改革，我们和汉族的关系不会像现在这样是鱼水关系。因为土地由我们自己经营，有了生产自主权，我们不但可以，而且有能力聘请汉族技师来帮助。我们富裕了，和汉族差不多过一样的生活，我们和汉族、汉族和我们就有亲密的关系和共同的语言了。历史上，总共只有两个汉族姑娘嫁来我们村，没有汉族小伙子来壮族家上门，实行家庭联产承包责任制以后，由于经济生活改善，民族之间的团结加强，有 30 多个汉族姑娘和小伙子自愿嫁来或到本村壮族家上门。我们壮族的姑娘也能嫁到汉族村子去了。"板桥乡的大矣马半村是一个汉族居住的村子，实行家庭联产承包制后经济发展快，历史上汉彝不婚的习俗被打破，有三户汉人娶了彝族的姑娘做妻子。

从人民公社体制转变为家庭联产承包责任制，这是中国农村的一项具有战略意义的改革，它使民族团结从以阶级斗争为纲的轨道转移到以发展民族经济为中心的轨道上来。由于这一改革使各民族间的经济联系增强，他们之间的团结因此变得更加紧密，互助更加自觉，相互间更加离不开。

二 市场经济体制的建立与各民族间经济文化差别的缩小

在新的历史条件下，发展社会主义民族关系的一个根本任务，就是要帮助经济、文化发展缓慢的少数民族，快速、持续、健康地发展他们的经济、文化，以消灭历史上遗留下来的民族间事实上的不平等。早在 1953 年，中国共产党就提出要"在祖国的共同事业的发展中，与祖国的建设密切配合起来，逐步地发展各民族的政治、经济、文化……消灭历史上遗留下来的各民族间事实上的不平等，使落后的民族得以跻于先进民族的行列"①。随着社会主义市场经济体制的建立，石林彝族、壮族、苗族与本县汉族在经济、文化发展上的差别日趋缩小。

　　例之一　彝族（撒尼支）聚居的维则乡的乾塘子村，1992 年全村 73 户，共 306 人，粮食总产 285309 千克，人均产粮 932.38 千克，人均口粮 668 千克。当年经济收入 304060 元，人均 993.66 元，人均纯收入 680 元。在这项经济收入中，种植业占 27.6 万元。1988 年该村开始规模种植苹果，产量逐年上升，1993 年产量达 50 吨，收入 10 万元。再过 3 年全部挂果后，年产可达 660 吨，人均收入仅此一项就可达 3921.56 元。过去村中的撒尼人住茅草房，结构为正三间或正六间，由于经济发展，1993 年有 13 户改草房为砖木或砖混结构的新式瓦房，占总户数的 18%。全村有电视机 34 台（其中彩电 9 台），有电视机的农户占总户数的 46.57%。另外，80% 以上的农户都有收录机、缝纫机、自行车。村里有解放牌汽车一辆，手扶拖拉机 42 台。有手扶拖拉机的农户占总农户的 58.9%。这样的经济生活水平大体与该县坝区汉族相等。该村的彝族干部群众说，该村的变化"来自党的改革开放政策；来自汉族的帮助。是民族团结、互助所结的硕果"。为适应改革开放的发展和市场经济体制的建立，村里调整了产业结构，发展适度规模经营，搞科学种田，在提高单产、稳定粮食总产的前提下，用 700 亩土地栽烤烟和种苹果、梅子。其中 400 亩建成规模化经营的苹果基地，苹果地上套种烤烟。种植技术和科学化的管理方法，都是汉族科技人员教给的。优良品种也是汉族科技人员帮助引进的，

---

① 闵言：《论历史上遗留下来的民族间事实上的不平等》，《人民日报》1984 年 3 月 26 日。

高产杂交苞谷优良品种的引种率达80%，烤烟 K326 等优良品种的引种率为 100%。烤烟的营养袋育苗和地膜覆盖，苹果的松土、施肥、修枝、防虫防病等种植技术和管理也全都是汉族科技人员传给的。汉族科技人员向彝族农民传授科学种植与管理方法、技术，是直接对彝族农民进行培训，他们每年来村中举办 2—3 期培训班，并帮助发展教育，开展扫盲，直接提高彝族劳动者的文化素质。1993 年全村 45 岁以下的彝族农民已经无文盲，达到国家规定的无盲标准。由于教育在近几年的快速发展，全村已有大学毕业生 3 人、中专毕业生 6 人、高中毕业生 12 人、初中毕业生 40 人。村办小学原来设在一间破旧的仓房内，冬天通风，夏天漏雨，现在已变为砖混结构的新房，全校共有 8 间新建的教室和一块水泥面篮球场。村里的儿童入学率、巩固率、毕业率都达到了国家规定的标准。另外，汉族科技人员在全村自筹资金 4000 元的基础上，还帮助建立了一个电视差转台。彝族农民说："没有汉族科技人员来帮助我们发展经济和文化，党的改革开放政策再好，我们也是无法落实的。由于他们的帮助，我们撒尼人也过上了和汉族一样的日子。"

例之二 圭山乡糯黑办事处的大糯黑村有 142 户彝族（撒尼）和 13 户汉族。由于搞市场农业，生产社会化的程度不断提高。村中种的 200 亩高产玉米基地，用科学方法进行种植和管理，亩产达到 687 千克。每户农民自种烤烟，从引进良种、营养袋育苗、化肥供应到烟叶的销售，都有社会化服务体系服务。社会化服务体系使各家各户的经营和县内外、省内外的市场接轨。在市场经济的作用下，村里的经济迅速发展，彝族与汉族在经济文化上的差别缩小。下面让我们用一户彝族的情况来说明。

该户彝族农民姓李，其家族经济在村中属于中等。户主现年 40 岁，初一文化程度，配偶为小学毕业，女儿 15 岁上初一，儿子 13 岁上小学。1992 年他家种粮 15 亩，收玉米 4000 千克，洋芋 3000 千克，烤烟 650 千克。由于经济水平的提高，村中撒尼人都用玉米换大米而改变了几千年来以玉米为主食的习惯。1992 年，他家用 2304 千克玉米换进大米 1152 千克（2 千克玉米换 1 千克大米），人均 288 千克，除掉籽种和饲料以外，这一年他家在市场上出售玉米 450 千克，收入人民币 360 元；出售洋芋 2700 千克，收入 600 元；出售烤烟 650 千克，收入 2500 元，三项共收入 3460 元。除掉投入下列费用：化肥 420 元，地膜 153 元，农药 50 元，烤烟用燃料 160 元，共计 783 元。全年种植业纯收入为 2677 元，人均 669.2 元，这是一个有代表性的山区彝族中等经济水平农户的人均纯收入的数字。而这个数字比坝区板桥乡大小矣马半村汉族的人均纯收入要高，如 1993 年大小矣马半村汉族的人均纯收入仅为 630 元。李家四口人住在正三间传统式的老房里，下面的墙壁为砖墙，窗子为玻璃窗，是最近两年才改的。家中有缝纫机 1 架、收音机 1 台、机械表 2 块，正准备买彩色电视机。李家夫妇说："我家在这个村中不算富裕，因为我们还无力将老住房改建为新房，还无钱买大卡车等那样的东西。村里有 5 户人买了解放牌和东风牌的大卡车，有许多户建盖了新房，我家和他们无法比。"确实是这样，他家的经济生活水平在该村还不算好，但是，如上所述，这样的水平与该县处于中等水平的坝区汉族农户相比，则有过之而无不及。

　　例之三　石林镇的五棵树、小箐、阿玉林、三家等村，随着全县对外开放的扩大，依托石林风景区搞旅游产品——民族传统刺绣致富，经济文化发展也与本地汉族无差别。五棵树村有 189 户，800 余人，全部是撒尼人。近五六年家家户户都从事本民族传统刺绣工艺品的生产，有近 300 人的剩余劳动力转移到第三产业上，其中摆摊卖刺绣挎包、钱包、坐垫、沙发巾、马桶包、壁挂等工艺品的有 70 多人，出售民族服装的 110 人，经营摄影的 55 人，出租马车的 5 人，出租汽车的 1 人，建盖店铺出租的 45 户，经营旅馆的 5 户（其中 4 户是承包给外地客商）。一件刺绣民族服装的成本为 30 多元，售价不低于 250 元。1992 年，石林镇范围内出售的刺绣品价值 600 万元，许多撒尼人家成了 3 万元户。这一年全村有 60 户到 80 户的人均收入为 5000—6000 元。据对 10 户人家的抽样统计，卖刺绣收入年平均为 3000—5000 元。据对出租民族服装供游客留影的 X 户的抽样调查，每户在该经营项目上的收入均在 3000 元以上①。五棵树村旅游经济已辐射到附近北大村、西街门、维则、路美邑等乡的彝族农村。这些农村的彝家妇女，都是刺绣工艺品半成品的加工生产者，她们把半成品通过各种渠道卖到五棵树村及县城的市场上，再用机械缝纫成商品出售，刺绣已成为路南彝族妇女普遍的家庭副业。而该县汉族搞这样的支柱产业很少。

彝族、汉族经济、文化发展差别的缩小，使历史上遗留下的不平等问题逐步得到消除，相互之间的关系变得更加密切而富有活力。糯黑村 64 岁的王有志老人说："这些年我们彝族和汉族的关系十分亲密友好，在政治、经济、文化乃至民族特点上已没有多少的差别，语言共用彝语或汉语，办红白事的礼俗也一样。过去彝汉之间不通婚，现在糯黑村的 13 户汉族全部娶了撒尼的姑娘作媳妇。本村有 10 个撒尼姑娘嫁给别村的汉族，其中 3 个嫁海邑、2 个嫁合和、3 个嫁小板田、2 个嫁宜政。汉族杨荣昌家的女儿嫁给了彝族王和昌家，结婚时按彝族的婚礼进行。汉族尊重彝族的习惯，他们的婚丧都按彝族的规矩进行。彝汉之间相互帮助的事说也说不尽，汉族盖房子，彝族都去帮助。如杨和德（汉族）家建新房，撒尼人义务去帮助他家抬石头、砍树、砌墙。汉族死了人，撒尼人帮助抬上山、挖坟、做饭。杨玉光（汉族）病了，撒尼人高家用自己的汽车帮助送往县医院，高家不要报酬。"

有一种观点认为：社会主义市场经济体制的建立，后进民族竞争

---

① 参见和钟华《传统与现代——石林五棵树村妇女现状考察》，《云南社会学》1993 年第 3、4 期。

不过先进民族，这必然会拉大少数民族和汉族之间固有的差距，扩大他们在经济、文化上存在的事实上的不平等。该县的事实表明，这种担心是没有必要的。发展社会主义市场经济既是各民族摆脱贫困的必由之路，也是使各民族走向完全平等的必由之路。这是因为，市场经济有把民族地区的土地资源、气候资源、矿产资源、劳动力资源等优势变成经济优势的本能属性，能推动生产力的不断发展，能摧毁各民族相沿数千年的自给半自给的自然经济，打破民族和民族、地区和地区之间的壁垒，使经济发展水平高的民族和经济发展相对滞后的民族加强谁也离不开谁的经济联系，在经济上形成一个有机的整体，从而使各民族的经济发展水平逐步接近，并最终一致起来。

三 发展石林社会主义民族关系应该重视的几个问题

（一）少数民族生产力的潜能有待进一步发挥

目前影响路南彝族、壮族、苗族生产力进一步发展的原因，一是经济结构、所有制结构单一；二是生产社会化、规模化的层次低。在经济结构上，彝族、壮族、苗族聚居的乡、办事处大多没有工副业，经济收入的主要来源是卖粮食、烤烟、水果和刺绣一类民族工艺品。全部劳力几乎都集中在耕地上，致富门路不多；在所有制结构上，除少数农户买卡车搞个体运输，一些家庭妇女搞民族传统刺绣，少数人家开旅馆、餐馆之外，几乎全是公有制的。这种单一的公有制经济不适应路南彝族、壮族、苗族生产力缓慢发展的水平，应使非公有制经济的比重进一步提高。在生产经营方式上，主要是一家一户的传统耕作，这种经营方式所进行的只不过是小商品生产，而小商品生产是适应不了市场经济发展需要的，是释放不了生产力的潜在能量的。长期下去，少数民族与汉族在经济、文化上缩小了的差距，还会再拉大。根据邓小平建设有中国特色社会主义的理论，中国社会主义农业的改革与发展，应有两次飞跃，第一次是废除人民公社体制，实行家庭联产承包为主的责任制；第二次是适应科学种田和生产社会化的需要，发展适度规模经营，发展集体经济。路南的干部群众认识到，调整所有制结构和在生产经营方式上来一次变革，既是发展生产力的需要，又是推动社会主义民族关系向高层次发展的需要。

（二）少数民族劳动者的科学文化素质有待进一步提高

彝族（撒尼）聚居的圭山乡大糯黑村，195 户人中有 1 名男性受过小学以上教育的只有 46 户，占总户数的 23.6%；有 2 名男性受过小学以上教育的有 6 户，占 3.1%；有 1 名女性受过小学以上教育的有 16 户，占 8.2%；有 2 名女性受过小学以上教育的只有 1 户，占 0.5%；这个村的男性 464 人，女性 462 人。如果包括学龄前儿童在内计算，在男性中受过小学教育的 58 人，只占男性总数的 12.5%，女性中受过小学以上教育的 18 人，只占女性的 3.9%。不管从户数还是从人口来看，受过小学教育的户数和人数都是很低的。若与基本上普及了九年义务教育的坝区汉族相比，彝族劳动者在文化素质上的差距还是很大的。因此，采取有利于民族教育发展的政策和措施，是消除少数民族与汉族在文化上的差距、加强民族团结、发展民族经济的一项紧迫而具有战略意义的任务。

（三）本县少数民族不同乡村间的发展不平衡问题有待进一步解决

民族聚居的乡村间发展不平衡是路南县的基本县情之一。其中既有自然地理环境方面的原因，也有各种各样的历史原因。北大村乡老挖办事处辖大小老挖两个自然村 442 户，共 2065 人，其中彝族（撒尼）1859 人，汉族 206 人。1992 年，农副业总收入 83.4 万元，净收入 559132 元，农民所得 45.43 万元，农民人均纯收入仅 220 元。这个乡的螺蛳塘办事处是一个汉族、彝族、苗族的杂居地，1992 年农民人均纯收入 825 元，是老挖办事处的 3.75 倍。螺蛳塘办事处有苗族 78 人，1992 年人均纯收入 300 元左右，这个数字与该办事处的人均纯收入也相差 2.75 倍。亩竹箐乡红路口村是一个以彝族为主的彝汉杂居村，全村 448 人，其中黑彝 207 人，撒尼支 76 人，彝亲 61 人，汉族 104 人。1992 年，全村总收入 284002 元，净收入 219107 元，人均纯收入 489.1 元。这个数字与螺蛳塘办事处相比，相差达 336 元。

要解决发展不平衡问题，首先，少数民族自身应消除某些对生产力发展有束缚作用的传统观念，建立市场意识、科技意识、开放意识、改革意识，提高自我发展能力。北大村乡政府的一位彝族干部说："撒尼人采山毛野菜是能手，但做买卖不行。长期以来，他们以商为耻，只会以物换物，且任凭汉族商人换，有时即使讨价还价，也是三句话成交了事。"只有改变这种不利于商品经济发展的观念与习俗，才能有较快的发展。有些经济贫困的彝村，与彝族杂居在同一个村的汉人会做各种生意，买卖各种商品，会出外经商、搞建筑，家里的地雇人来种。而同村的彝族直到现在还不愿做生意，有钱也不会用于扩大再生产，而是拿去买酒喝。有几个彝族带家属去昆明玩，一个星期就花去一万多元，这样做对发展经济极为不利。有的彝族在破除束缚生产力发展的传统观念，建立市场意识、开放意识等新观念之后，很快就走上了致富的道路。如路美邑乡卜所村的撒尼人杨绍祥，看准国内外蜂产品市场看好的势头，利用花蜜资源，自办养蜂场 12 个，搞科学养蜂，一年产蜜 15.6 吨，蜂王浆 700 多千克，他组建滇东蜂业公司将产品销往国内外市场。1993 年，一家日商向他订购蜂蜜上百吨。他的做法很值得推广。其次，国家要加大扶持的力度。国家扶持包括政策扶持、投资扶持、科技扶持、智力扶持等方面。要帮助发展滞后的民族乡镇开拓新的产业，拓宽致富门路。同时要大力发展县内交通，解决一些乡村不通公路和饮水困难的状况。

（四）应加大社会主义精神文明建设的力度

新时期社会主义民族关系的巩固与发展，有赖于社会主义精神文明建设的加强。社会主义市场经济是新的历史条件下社会主义民族关系所赖以存在的经济基础，但是，我们应该看到，由于市场经济固有规律的作用，片面追求利润，"一切向钱看"的观念、损人利己的观念、弄虚作假的观念等，还会导致民族利己主义的产生，引起新的民族矛盾和冲突，最终破坏社会主义的民族关系。因此，绝不能放松社会主义精神文明的建设，要用正确的社会主义商品经济观念，用共产主义的理想和民族观来教育各族人民，使他们克服上述不正确的观念，以防止民族利己主义的产生。

概括本文的基本论点，我认为透过石林县社会主义民族关系发展的历史变化，可以窥见在改革开放和建立社会主义市场经济的条件下我国社会主义民族关系发生变化的客观规律：民族平等的实行由政治领域逐渐而迅速地扩大到经济、文化领域，各民族之间历史上遗留下来的经济、文化上事实上的不平等向完全平等方面转变，各民族之间的团结变得更加紧密而不可分离，互助变得更加深入、广泛而自觉。

（原以笔名云津载《石林彝族传统文化与社会经济变迁》，云南教育出版社 2000 年版）

奴隶制社会经济形态
理论学习札记

1859 年，马克思在《〈政治经济学批判〉序言》中首先提出关于人类社会形态发展的学说："大体说来，亚细亚的、古代的、封建的和现代资产阶级的生产方式可以看作社会形态演进的几个时代。"①

关于亚细亚生产方式的性质，我国学术界有原始社会说、奴隶社会说、封建社会说、混合阶级说、东方特有的阶级社会说、经济形式说诸种，但古代的生产方式为奴隶制社会，这大致已成为定论。我认为亚细亚生产方式，指的是原始社会的最后阶段，即私有制和阶级产生的阶段，它是先于古代的，即奴隶制的社会生产形态而存在的。在这里马克思大体上提出了五种社会发展阶段的学说。为了肯定奴隶制是一个单独的社会发展阶段，马克思在《哲学的贫困》一书中指出："奴隶制是同其他任何经济范畴一样的一个经济范畴。""因为奴隶制是一个经济范畴，所以它总是列入各民族的社会制度中。"②

1884 年，恩格斯根据马克思对摩尔根《古代社会》一书所做的摘要和评论，写出划时代的伟大著作《家庭、私有制和国家的起源》，明确指出"奴隶制是古代世界所固有的第一剥削形式，继之而来的是中世纪的农奴制和近代的雇佣劳动制。这就是文明时代的三大时期所

---

① 《马克思恩格斯全集》第 13 卷，人民出版社 1965 年版，第 9 页。
② 《马克思恩格斯全集》第 4 卷，人民出版社 1965 年版，第 145、146 页。

特有的三大奴役形式"①。

列宁在《论国家》一书中发展了马、恩关于五个社会发展阶段的学说，进一步论证了奴隶制社会的特点。他说："奴隶主和奴隶——是第一次大规模的阶级区分。前一集团不仅占有一切生产资料，即占有土地和当时还很原始的工具等，并且还占有人。这个集团就叫作奴隶主。从事劳动，并把劳动果实交给别人的人则叫奴隶。在历史上继这个社会形态而起的另一形态是农奴制。在绝大多数国家里，奴隶制发展成了农奴制。这时社会基本上分为农奴主和农奴。"②

1938 年，斯大林在《辩证唯物主义和历史唯物主义》中根据马、恩、列的论断，进一步明确指出："历史上有五种基本生产关系：原始公社的，奴隶制的，封建的，资本主义的，社会主义的。"

为了证明奴隶制的存在，马克思主义经典作家对奴隶和农奴的区别还做了一系列的论述。

什么是奴隶呢？第一，奴隶是一种"会说话的工具"。马克思说："全部生产工具的概念，在原始奴隶制度形式下也包括直接生产者本身。"③ 在奴隶制度下，"奴隶也属于这种生产资料，但是奴隶在这里也同役畜一样，并不形成特殊的经济范畴，或者，最多也只是存在物质上的差别：不会说话的工具，有感觉的、会说话的工具。"④ 第二，奴隶是一种私有财产，其人身被奴隶主完全占有，奴隶主可以随心所欲地进行支配，包括进行生、杀、予、夺。马克思在《黑格尔法哲学批判》中指出："私有财产的权利是任意使用和支配的权利，是随心所欲地处理什物的权利……就像在一切古代民族中一样，人（作为奴隶）是私有财产的对象。"⑤ 恩格斯在《共产主义原理》一文中说：

---

① 《马克思恩格斯选集》第 4 卷，人民出版社 1972 年版，第 172 页。
② 《列宁全集》第 29 卷，人民出版社 1958 年版，第 433 页。
③ 《马克思恩格斯全集》第 25 卷，人民出版社 1965 年版，第 906 页。
④ 《马克思恩格斯全集》第 26 卷，人民出版社 1965 年版，第 541 页。
⑤ 《马克思恩格斯全集》第 1 卷，人民出版社 1965 年版，第 382 页。

"每个奴隶是特定的主人的财产，由于他们与主人的利害攸关，他们的生活不管怎么坏，总还是有保障的。……奴隶被看作物件。"① 列宁在区别奴隶和农奴时指出："奴隶主把奴隶当作自己的财产，法律把这种观念固定下来，认为奴隶是一种完全被奴隶主占有的物品。农奴仍然遭受阶级压迫，处于依赖地位，但农奴主不能把农民看作自己私有的物品，而只能占有农民的劳动并强迫他担任某种劳役。"②

什么是农奴呢？第一，农奴是土地的附属品。他们和领主的关系是依附而不是被占有。马克思说："地主从小农身上榨取剩余劳动，就只有通过超经济的强制，而不管这种强制是采取什么形式，它和奴隶制经济或种植园经济的区别在于，奴隶要用别人的生产条件来劳动，并且不是独立的。所以这里必须有人身的依附关系，必须有不管什么程度的人身不自由和人身作为土地的附属物对土地的依附，必须有真正的依附农奴制度。"③ 第二，"农奴拥有并使用生产工具和一块土地。为此，他要交出自己的一部分收入或者服一定的劳役。"④

五种生产关系相继演变的学说能否成立，关键之一在于承不承认奴隶制生产关系在人类社会发展中的普遍意义。

长期以来，国外资产阶级和其他形形色色的反马克思主义的文人墨客，总是否认奴隶制度这个经济范畴，否认奴隶社会是人类社会发展的必经阶段，以反对马克思主义关于人类社会发展规律的科学。20世纪20年代初期，在关于中国社会史的大讨论中，我国学术界一些学者也否定奴隶制生产关系，否定五种生产关系的存在。他们说："奴隶社会这个阶段不但中国找不出，就在欧洲也不是各国都要经过这个阶段。"⑤ 针对当时否定马克思主义史学观的种种错误思潮，郭沫

---

① 《马克思恩格斯全集》第 4 卷，人民出版社 1965 年版，第 360 页。
② 《列宁全集》第 29 卷，人民出版社 1965 年版，第 433 页。
③ 《马克思恩格斯全集》第 25 卷，人民出版社 1965 年版，第 891 页。
④ 恩格斯：《共产主义原理》，《马克思恩格斯全集》第 4 卷，人民出版社 1965 年版，第 306 页。
⑤ 《中国社会形态发展史中三谜的时代》，《读书杂志》第二卷第 7、8 期合刊。

若在 1930 年曾出版他的第一部史学著作《中国古代社会研究》。这一著作在当时曾引起巨大的反响，成为否定奴隶制及五种生产关系的人不可逾越的障碍。沫若同志在 1947 年本书改版的《后记》中说，该书"在我自己是一部划时期的作品，在中国的史学界似乎发生过相当大的影响"。为什么呢？这就是郭沫若用中国古代社会的发展，肯定了奴隶制曾经是中国历史的一个社会发展阶段，从而捍卫了马克思主义关于五种社会生产关系的学说。他在该书《自序》中说："本书的性质可以说就是恩格斯的《家庭、私有制和国家的起源》的续编。研究的方法便是以他（指恩格斯）的《家庭、私有制和国家的起源》为向导，而于他所知道了的美洲的红种人，欧洲的古代希腊、罗马之外，提供出来了他未曾提及一字的中国的古代。"郭沫若指出：《周书》自《牧誓》至《文侯之命》的十八篇中，有八篇便是专门对付殷人说的话，周公骂殷人是"蠢殷""戎殷""庶殷"，而且把"庶殷"征发来作洛邑，证明周人把被征服了的民族当成奴隶使用。当时阶级的机构是分成"君子"和"小人"，"君子"又叫"百姓"，是当时的奴隶主贵族，"小人"又叫作"民""庶民""黎民""群蛮"，实际就是当时的奴隶，周人一方面在族内使用着奴隶，另一方面便向长江流域的荆蛮、淮夷、徐戎，西方的犬戎，北方的蛮貊、狄人、俨狁和山东的莱夷、蜗夷进攻，把四面八方的民族变为自己的奴隶。郭沫若指出："中国的社会在西周的时候，刚好如古代的希腊、罗马一样，是一个纯粹的奴隶制国家。"郭沫若肯定中国经过奴隶社会发展阶段的研究，在中国史学发展中的确具有划时代的意义。

但是，自 1930 年 3 月《中国古代社会研究》出版以来，由于对马克思主义经典作家关于奴隶制论断的认识不同，对中国乃至古代社会有关资料的理解不一样，在马克思主义理论队伍和史学、民族学等学科的理论队伍中，有一些学者对奴隶制的普遍意义及中国存在过奴隶制社会的问题也还持有不同的看法。他们的根据是：

（1）马克思在《摩尔根〈古代社会〉一书摘要》中说："现代家族（法律家庭）在胚胎时期就不仅含有奴隶制，而且也含有农奴制，因为它从最初起就和土地的赋役有关，它含有后来在社会和国家中广泛发展起来的一切对抗性的缩影。"恩格斯把这个论断引进了他的《家庭、私有制和国家的起源》一书。既然农奴制在现代家庭胚胎时期就已出现，那么，人类社会就不一定要经过奴隶制，而可以由原始社会直接进入封建的农奴制社会。

（2）奴隶制只在西方的希腊、罗马等古代国家存在过，东方国家属亚细亚的生产方式，亚细亚的生产方式的属性不是奴隶制而是原始公社制。如卜辞中的"众""众人"不是奴隶，而是马克思说的公社成员，不能把殷商说成典型的奴隶社会。恩格斯曾提出"古代东方的家庭奴隶制"的概念，但既然是家庭奴隶制，那奴隶在生产中就不占据主导的地位，故这种家庭奴隶制就不能作为决定一个社会经济形态属性的根据。西周不但不是奴隶制的国家，而且不属于古代东方奴隶制的范畴，因为井田制中份地的分配权掌握在各级领主手中。

（3）恩格斯在 1882 年 12 月 22 日给马克思的一封信中说："毫无疑问，农奴制和依附关系并不是某种特有的中世纪封建形式，在征服者被迫使当地居民为其耕种土地的地方，我们到处，或者说几乎到处都可以看到，例如在特萨利亚很早就有了。"① 既然农奴制不是特有的中世纪的封建形式，那它就可以先于奴隶制产生，奴隶制就不可能成为人类社会发展的一种具有普遍意义的社会发展阶段。

以上这些说法有两个重要的问题。

其一，没有把马克思主义作为一个完整的体系去对待，只根据马、恩说过的一些关于剥削形式的个别语句就去否定他们关于社会形态所做出的重大的科学论断。我们知道，马克思、恩格斯确定一个独立的社会经济形态，都是进行了大量的艰苦分析之后才做出的。如关

---

① 《马克思恩格斯全集》第 35 卷，人民出版社 1965 年版，第 131 页。

于原始社会形态的确定，是在吸收哈克斯特豪森、毛勒、摩尔根等人的研究成果，研究了从印度起到爱尔兰止的广大地区的情况之后才做出的。恩格斯在 1888 年《共产党宣言》英文版的一个附注中说："在一八四七年，社会的史前状态，全部成文史以前的社会组织，几乎还完全没有人知道。后来哈克斯特豪森发现了俄国的土地公有制，毛勒证明了这种所有制是一切条顿族的历史发展所由起始的社会基础，而且人们逐渐发现，土地公有的村社是从印度起到爱尔兰止各地社会的原始形态。最后摩尔根发现了氏族的真正本质及其对部落的关系，这一卓绝发现把原始的共产主义社会的内部组织的典型形式揭示出来了，随着这种原始公社的解体，社会开始分裂为各个独特的，终于彼此对立的阶级。关于这个解体过程，我曾试图在《家庭、私有制和国家的起源》中加以探讨。"① 关于奴隶制社会形态的确定，也是马克思主义经典作家做了大量的分析研究之后才得出的，如恩格斯在分析了雅典国家、罗马国家、德意志国家的形成后，发现在原始共产主义社会解体后获得充分发展的是奴隶制，而奴隶制的出现使社会发生了分成剥削阶级和被剥削阶级的第一大分裂，从而得出"奴隶制是古代世界所固有的第一个剥削形式"的论断。列宁赞扬恩格斯的《家庭、私有制和国家的起源》说："其中每一句话都是可以相信的，每一句话都不是凭空说出，而都是根据大量历史和政治材料写成的"，并且"提供了正确观察问题的方法"②。恩格斯的这个论断，是在《家庭、私有制和国家的起源》一书的结尾部分写出的，更是在大量分析之后得出的结果，我们不能以点代面，以个别的词句来代替完整的体系，用马克思、恩格斯说过的农奴制在现代家庭胚胎期间，及在征服者迫使当地居民为耕种土地的地方就已存在或到处可以看得到而否认恩格斯的这一论断。道理很简单，因为存在过并非就形成了占据统治地位

---

① 《马克思恩格斯选集》第 1 卷，人民出版社 1972 年版，第 251 页。
② 《列宁全集》第 29 卷，人民出版社 1958 年版，第 430—431 页。

的主导的生产关系，对绝大多数古代民族和国家而言，原始社会解体后的社会是奴隶制占据主导地位的社会，而不是农奴制的社会。

其二，对奴隶社会本身，特别是对中国和其他东方国家的奴隶社会的内容和特点缺乏具体的了解。郭沫若对周朝奴隶制的剖析，可以说是相当具体深入的，但是由于周朝相距我们甚远，人们看不见，摸不着，这就使他的剖析不能成为所有史家认识奴隶制度的生动的有说服力的例证。自恩格斯的《家庭、私有制和国家的起源》问世以来，不知有多少史家梦寐以求地想从现代民族或国家中找到了解古代奴隶制的活化石，包括郭沫若自己。民主改革以前凉山彝族存在的奴隶制度，终于使他们找到了这样的化石。郭沫若在其专著《奴隶制时代》中说："要阐明我国古代社会，自当尽力找寻和占有直接史料。但因时代远隔，直接的史料很有限，因而必须采取权宜的方法——用间接的资料来作比较研究。古代的希腊罗马自然可资比较，而尤其重要的是我国国内的兄弟民族的情况能够为我们提供很丰富的资料。"在《青铜时代》和《十批判书》中，他曾引用 1935 年 4 月出版的《中国西部科学院特刊》第一号《四川省雷马峨屏调查记》中凉山彝族奴隶制的情况，来说明西周的奴隶制度。在《奴隶制时代》一书中，他又引胡庆钧新中国成立初在凉山调查的笔记，来论证古代奴隶社会的问题。他的这一研究不仅在我国学术界，而且在国际学术界产生了巨大的影响。

大量事实告诉我们，凉山彝族奴隶制在理论上具有极大的研究价值，它能帮助我们揭开古代奴隶制社会之谜，更好地掌握马克思主义关于人类社会发展的学说。

（原载《西南民族研究动态》1985 年第 14 期）

用马克思主义宗教理论研究西南少数民族宗教

用马克思主义的立场、观点、方法指导中国西南少数民族宗教的研究，建立一支马克思主义的关于民族宗教的研究队伍，向少数民族，特别是少数民族广大青少年进行无神论科学世界观的教育，是我们党在理论工作战线上的一个重要任务。

一 马、恩对资产阶级无神论的继承和批判

宗教是一种重要的社会现象，是历史唯物主义研究人类社会历史的重要课题之一。它作为一种唯心主义的社会意识形态，在哲学研究领域中占有极其重要的地位。早在马克思主义产生以前，无数的资产阶级哲学家、宗教学家、社会学家、历史学家、民族学家就做过大量的研究。但是，由于阶级立场和世界观的局限，他们不可能对这一现象做出科学的解释，更不可能对它的发生、发展及其消亡的规律做出正确的判断。即使像斯宾诺莎①、爱尔维修、狄德罗、霍尔巴赫②和

---

① 巴鲁赫·德·斯宾诺莎（1632—1677 年），荷兰的唯物主义者和无神论者。
② 爱尔维修（1715—1771 年）、狄德罗（1713—1784 年）、霍尔巴赫（1723—1789年）皆为 18 世纪法国"百科全书派"的唯物论哲学家、无神论者。

费尔巴哈①等这样一些对这一研究有过重大贡献的人，也不可能真正地揭示宗教发展的客观规律，只有马克思主义的经典作家才是这个问题的解决者。

马克思主义的宗教理论是辩证唯物主义和历史唯物主义科学世界观的一个组成部分，与资产阶级的无神论有着本质的区别，是在对上述资产阶级哲学家的无神论进行批判继承中发展起来的。

斯宾诺莎否定基督教神学超自然的精神实体——上帝（神）的存在，反对"上帝创世说"。他从客观存在的自然界（"实体"）出发，认为"实体"自身是自身的原因，是自己决定自己的存在，无须灵魂、鬼神、上帝等超自然的东西来决定它的存在，除了自然界这个实体之外，再没有什么别的第二个实体——上帝、鬼神等的存在了。爱尔维修驳斥了"灵魂不死"及"上帝存在"的观点。认为人的精神归根到底不过是感觉能力，而感觉能力乃是具有一定结构的物质的属性。因此，离开人的身体这一物质结构，也就根本不可能再有什么独立存在的精神实体——灵魂、上帝等。狄德罗认为物质是第一性的，他"把物体看成是存在的、多样的具有各种特性和活动的"东西，说运动是物质的固有属性，"要假定任何一个处在物质宇宙之外的实体，都是不可能的"。他用自己的学说批判了在物质宇宙之外存在灵魂实体的神学观点。霍尔巴赫是"上帝的正面之敌"，18世纪欧洲战斗无神论的代表人物。他在《自然体系》（1770年）一书中，不仅从理论上批判神学，从实际生活中揭露宗教的罪恶，而且还力图阐明宗教发生发展的进程。他说："宗教只是为了使国王凌驾于人民之上并使人民屈服于国王而虚构出来的"，教会"对国家的幸福是有害的，它是人类精神进步的敌人"。他认为宗教是上帝的保护者，是为了更有把握地支配我们而想象出来的一种见解与行为的体系，是僧侣们捏造出

---

① 费尔巴哈（1804—1872年），杰出的德国唯物主义哲学家、无神论者，马克思主义的直接先驱者之一。

来并利用人民的无知和愚昧而使他们接受并发展起来的。费尔巴哈的认识比霍尔巴赫等人前进了一步。他否定康德的不可知论、黑格尔的绝对唯心论，宣布上帝不过是人的本质的映象，创立了人本主义的唯物主义和无神论。他认为宗教的产生，有着心理的根源，这就是人的无知，人对自然现象的恐惧，对一些达不到的希望所存在的幻想等。他说，上帝并不是真实的，因为任何一个人都不是万能的，都不能无所不知、无所不在，但人却有一种要求和希望，希望自己是万能的，而这是任何一个人所达不到的。于是，他们就幻想出一个无所不知、无所不在、无所不能的上帝，以满足自己那种达不到的希望，上帝因此就在人们的幻想中产生了。他把宗教幻想的根源从天上移到人间、人的生活和人的身上，认为上帝的本质就是人的本质，上帝是人类本质的虚幻的反映，不是上帝创造了人，而是人创造了上帝。

马克思、恩格斯对以上资产阶级学者的唯物论、无神论学说曾给予积极的评价。恩格斯说："斯宾诺莎：实体是自身的原因——把相互作用明显地表现出来了。""我们不能追溯到比对这个相互作用的认识更远的地方，因为正是在它背后没有什么要认识的了。"[①] 恩格斯的这段话是说，斯宾诺莎认为自然界的事物是互为因果、互相作用的，并不像宗教神学所说的那样是超自然的上帝（神）作用于自然界，自然界事物的原因都在自然界之中，即自然物的相互作用之中。我们不能追溯到自然的相互作用之外，因为在此之外已不存在什么需要认识的东西了。恩格斯在此不仅肯定了斯宾诺莎对超自然的上帝为自然的原因的宗教唯心论的批判，而且肯定了他的理论中所包含的辩证法。在谈到爱尔维修时，马、恩认为他的反宗教神学的理论是对英国唯物主义哲学家洛克（1632—1704 年）感觉论的继承，"是以洛克的学说为出发点"，并把洛克的"唯物主义运用到社会生活方面"[②]，为当时

---

① 《自然辩证法》，《马克思恩格斯全集》第 20 卷，人民出版社 1965 年版，第 574 页。
② 《神圣家族》，《马克思恩格斯全集》第 2 卷，人民出版社 1965 年版，第 165 页。

革命资产阶级反封建主义和天主教神学提供了锐利的武器。对于狄德罗，恩格斯肯定了他的唯物论、无神论，并认为他是为唯物论、无神论而战斗到底的人。恩格斯说："如果说，有谁为了'对真理和正义的热诚'……而献出了整个生命，那么，例如狄德罗就是这样的人。"① 对于霍尔巴赫，马、恩认为他的理论不仅尖锐地揭露了宗教的本质及其充当御用工具的面目，而且还力图阐明原始宗教产生的认识论的根源。由于马、恩肯定了他的理论，所以列宁曾说："恩格斯早就嘱咐过现代无产阶级的领导者，要把十八世纪末叶战斗的无神论的文献翻译出来，广泛地传到人民中去。"② 对于费尔巴哈的无神论，马、恩更是给予高度的评价，说它具有"解放作用"，对自己的影响很深。

在肯定上述资产阶级唯物论、无神论哲学家的同时，马克思、恩格斯批判了他们的理论的不彻底性及其对社会现象所做的唯心主义的解释。认为他们虽然否定了上帝的存在，确认宗教的根源并不在虚构的天空里，而是在大地上，在人本身，但是他们仅从人的粗浅的观念中去探求，而未从周围的社会物质条件中、人们的生活方式中，特别是人们的经济中去探求；由于他们仅仅把人们对于虚幻的上帝（神）的信仰看作愚昧无知的产物，所以既不能历史地批判宗教，也不能真正揭露宗教世界观的阶级本质，更不能找到消灭宗教的途径。列宁十分赞赏马、恩上述的批判，认为在"十八世纪革命家的无神论著作中有不少不科学的和幼稚的地方"③。

在正反两方面的评论中，马、恩批判地继承了十七八世纪欧洲资产阶级哲学家对宗教神学批判的成果，特别是批判地继承了19世纪初的费尔巴哈的无神论，并弥补了他们之不足，科学地创立了马克思主义的宗教理论。恩格斯在谈到费尔巴哈的无神论对他和马克思的影

---

① 《费尔巴哈和德国古典哲学的终结》，《马克思恩格斯选集》第4卷，人民出版社1972年版，第228页。
② 《论战斗唯物主义的意义》，《列宁全集》第33卷，人民出版社1958年版，第200页。
③ 同上。

响时说：1841 年，"费尔巴哈的《基督教的本质》出版了。它一下子就消除了这个矛盾，它直截了当地使唯物主义重新登上王座。自然界是不依赖任何哲学而存在的，它是我们人类即自然界的产物本身赖以生长的基础；在自然界和人以外不存在任何东西，我们的宗教幻想所创造出来的最高存在物只是我们所固有的本质的虚幻反映。魔法被解除了；'体系'被炸开了，而且被抛在一旁，矛盾既然是仅仅存在于想象之中，也就解决了。——这部书的解放作用，只有亲身体验过的人才能想象得到。那时大家都很兴奋；我们一时都成为费尔巴哈派了。马克思曾经怎样热烈欢迎这种新观点，而这种新观点又是如何强烈地影响了他（尽管还有批判性的保留意见），这可以从《神圣家族》中看出来"①。费尔巴哈从 1836 年开始着重批判神学。1841 年出版著名的《基督教的本质》一书；1843 年又出版《未来哲学原理》一书。马、恩亲身体验这些书的"解放作用"，认为费尔巴哈的弱点仅仅在于他的唯物主义及其对宗教神学的批判不够彻底。他们接受了他的正确思想，迅速从青年黑格尔左派转变为唯物主义者。1844 年，当马克思的观点形成时，他根据费尔巴哈等人的正确论断，用辩证唯物主义和历史唯物主义的观点写了《〈黑格尔法哲学批判〉导言》，全面地提出了马克思主义关于宗教问题的基本观点。次年，他又写《关于费尔巴哈的提纲》，进一步论述宗教的产生及其本质。1861 年、1886 年，恩格斯先后完成《反杜林论》及《路德维希·费尔巴哈和德国古典哲学的终结》两篇巨作的写作，使马克思关于宗教的科学理论更加全面和更加系统。在此基础上，列宁又写了《社会主义和宗教》《工人政党对宗教的态度》② 等著作，使马、恩的宗教理论在新的历史条件下得到了发展。

---

① 《费尔巴哈和德国古典哲学的终结》，《马克思恩格斯选集》第 4 卷，人民出版社 1972 年版，第 218 页。

② 《列宁全集》第 10 卷，人民出版社 1958 年版，第 2 页。

二 马、恩关于宗教问题的基本观点

（1）马、恩认为宗教是人们对现实的幻想的、歪曲的、颠倒了的反映。马克思说：宗教是一种"颠倒了的世界观，因为它们本身就是颠倒了的世界。宗教是这个世界的总的理论，是它的包罗万象的纲领，它的通俗逻辑，它的唯灵论的荣誉问题，它的热情，它的道德上的核准，它的庄严补充，它借以安慰和辩护的普遍根据"[①]。恩格斯说："一切宗教都不过是支配着人们日常生活的外部力量在人们头脑中的幻想的反映，在这种反映中，人间的力量采取了超人间力量的形式。"[②] 在这种反映之下，人们错误地相信在此岸世界之外，尚存在一个超自然、超人间的各种非物质实体——善神、恶神、上帝、天神、地神、妖魔、鬼怪及不灭的灵魂等存在的"彼岸世界"；相信非物质的实体具有超自然的力量，主宰着自然和社会，对它们祈祷和崇拜，可以化凶为吉、化祸为福，并满足人们的希望，带给他们奇迹。因此，马克思认为一切宗教都不过是那个颠倒了和虚构出来的彼岸世界的理论、纲领、逻辑及道德上的核准。

（2）马、恩认为宗教的产生有其社会根源和阶级根源。恩格斯说："宗教是在最原始的时代从人们关于自己本身的自然和周围的外部自然的错误的、最原始的观念中产生的。"[③] 在原始时代，当人们进入采集和渔猎经济发展阶段的时候，愈来愈感到自然现象与自己经济

---

① 《〈黑格尔法哲学批判〉导言》，《马克思恩格斯选集》第1卷，人民出版社1972年版，第1页。

② 《反杜林论》，《马克思恩格斯选集》第3卷，人民出版社1972年版，第354页。

③ 《费尔巴哈和德国古典哲学的终结》，《马克思恩格斯选集》第4卷，人民出版社1972年版，第250页。

生活的密切关系。他们无法认识那些攸关自己生活、安乐、苦难的自然现象，更无法认识应该怎样去战胜那些威胁自己的自然现象。对于自己本身的自然（包括生死、疾病、梦幻的产生等），他们也不能进行正确的认识。对于周围的自然和自身的自然，他们都只能简单愚昧地去解释，如他们根据自身的情况，而把意识加给自然界，并把各个不同的自然对象都看作有意识的实体，因此，在无法对付自然力袭击的时候，就对自然产生希望和求告之念。于是敬拜它们，并进行虔诚的祈求祷告，以博得它的好感，使其服从或恩典于自己。与此同时，他们把某一动物、植物或无生物视为自己的祖先，认为自己的氏族是从它演变而来的，并对它进行祭拜，以求保护自己氏族兴旺。对一般自然物的敬拜，导致自然崇拜的产生；对视其为自己氏族祖先的自然物的崇拜，则导致图腾崇拜的产生。这两种崇拜虽有区别，但它们都是崇拜自然物，都是从对自然（包括自身的自然和周围外部的自然）的错误的最原始的观念中产生的，也都是人类最初的宗教形式。根据马、恩的指示，人类认识的发展是以经济发展为基础的。因此，最原始时代人们关于自然的错误的最原始的观念，归根到底是由当时极为低下的社会经济发展水平所决定的。正如恩格斯所说：原始时代人们"种种关于自然界、关于人本身的性质、关于精灵、关于魔力等等虚假的表象，大抵是以消极的经济因素为基础：史前时期低级的经济发展把关于自然界的虚假表象作为补充，有时也当作条件，甚至当作原因"①。由此可见，社会经济发展水平低下，是宗教产生的社会根源。

在阶级对抗社会中，除经济生产发展水平仍未使人们取得真正控制自然和征服自然的手段这个原因之外，马、恩指出，反动统治阶级的压迫剥削是产生宗教的最主要的根源。马克思说："宗教是被压迫

---

① 《马克思恩格斯论宗教》，人民出版社 1957 年版，第 18 页。

生灵的叹息。"① 由于反动统治阶级给被压迫阶级带来无与伦比的苦难，被压迫阶级才去追求宗教允诺的来生幸福和升入天国的理想，宗教因此才得以存在。恩格斯曾以资本主义社会的生产关系为例，阐明现代资本主义的压迫剥削制度是产生宗教的阶级根源。他说："我们已经不止一次地看到，在目前的资产阶级社会中，人们就像受某种异己力量的支配一样，受自己所创造的经济关系、受自己所生产的生产资料的支配。因此，宗教的反映过程的事实基础就继续存在，而且宗教反映本身也同它一起继续存在。"② 列宁对此进一步论证说："劳动群众备受社会方面的压制，他们在资本主义（资本主义时时刻刻使普通劳动人民受到比任何非常事变如战争地震等还要厉害千百倍的最骇人听闻的灾难和痛苦）的盲目势力面前似乎束手无策——这是宗教的最深刻的现代根源。"③ 在被压迫阶级惨遭奴役以及各种形式的反抗斗争（包括武装起义）都遭受失败的情况之下，他们对反动统治阶级的压迫无从索解。在他们看来，这种压迫亦是由一种异己的、不可抗拒的、"彼岸世界"的神灵决定和主宰着的。因此，他们祈求上帝来帮助自己摆脱所受之苦难。由于社会力量（指反动统治阶级的压迫势力）和自然力量都是导致宗教产生的根源，所以恩格斯说："宗教可以在人们还处在异己的自然和社会力量支配之下的时候，作为人们对这种支配着他们的力量的关系的直接形式即有感情的形式而继续存在。"④

剥削阶级不仅是阶级对抗社会中宗教存在的主要根源，而且是宗教继续发展的主要支柱。在中外历史上，一切剥削阶级均把宗教作为麻醉人民的统治工具而加以利用。在古代和中世纪，世界上许多奴隶

---

① 《列宁全集》第 10 卷，人民出版社 1958 年版，第 2 页。
② 同上书，第 355 页。
③ ［苏］列宁：《论马克思恩格斯和马克思主义》，人民出版社 1955 年版，第 233—234 页。
④ 《列宁全集》第 10 卷，人民出版社 1958 年版，第 355 页。

制或封建制国家都有强制性的官方宗教，如公元前 3 世纪，印度阿育王朝把佛教立为国教；公元 4 世纪末（384 年），罗马帝国皇帝狄奥多西一世（379—395 年在位）将基督教定为帝国国教①；我国魏晋南北朝时，北朝的统治者将佛教定为国教②等。为什么统治阶级要支持和利用宗教呢？就是因为它可以缓和阶级矛盾，麻醉人民的反抗意识。现举我国南朝统治阶级推广佛教的例子来说，在南朝统治者奉佛之过程中，宗炳著《明佛论》推广佛教，宋文帝曾就此对侍中何尚之说，宗炳"明佛法汪汪，尤为名理，并足以开奖人意，若使率土之滨，皆纯此化，则吾坐致太平，夫复何事？""汪汪"是形容佛法宽广，"皆纯此化"指被统治阶级都被佛教经典教义所感化。宋文帝所说的意思是，佛法是最高的真理，可以开通人的心意，如果全国人民皆受它的感化，那他就可以坐享太平了。何尚之答复说："百家之乡，十人持五诫，则十人淳谨矣；千室之邑，百人修十善，则百人和厚矣。"（《广弘明集》卷一）何尚之此言之意是，如果人民依佛法尽修善事，那百姓就会"淳谨""和厚"而不起来进行反抗了。这个例子说明，反动统治阶级利用宗教，是由其阶级利益所决定的。因此，我认为体会马克思、恩格斯关于社会异己力量是宗教产生的阶级根源这个科学的论断，除了认识反动统治阶级的压迫本身导致人民的贫困，使他们产生宗教幻想，以至信仰宗教之外，还应该认识到统治阶级皆利用宗教来作为巩固和加强自己统治的这一至关重要之点。

（3）马、恩认为宗教是一个历史范畴，最初的宗教是自然宗教，而后是人为宗教。

---

① 基督教在公元 1 世纪起源于巴勒斯坦，后逐渐流传到罗马帝国全境。初期主要系贫民和奴隶信仰的宗教，后因统治者的改造和利用，才成为罗马帝国统治者的工具及其他国家反动统治阶级的工具。

② 佛教系在西汉哀帝元寿元年（前 2 年）传入我国，至魏晋南北朝时在全国范围内得到发展。除北朝统治者将其定为国教外，南朝的一些帝王及世豪族亦奉佛。至隋唐时达到鼎盛，形成天台宗、律宗、净土宗、法相宗、华严宗、禅宗、密宗以及三阶教等中国佛教宗派。它的发展的一个重要原因，就是统治阶级的支持和利用。

　　自然宗教有以下的特点：一是多神崇拜，所以它又称多神教。其所崇拜的神没有大小高低之分，神与神之间的关系是完全平等的，它们各自主宰着一定的自然界和社会生活现象。这种神与神之间的平等关系，实质上是原始社会氏族成员间的平等关系的反映。二是自然宗教皆依部落的存亡而存亡。由于原始社会尚未出现广大地域上分立的各部落的统一，所以各部落都有与他部落不相同的崇拜对象。而每一种崇拜都是以共同血统关系的氏族、部落为基础的。当氏族、部落分裂之后，那些共同崇拜的对象（神）也就不复存在，而依各自的生活条件再创造出新的神。同样，新神的存亡也是随着创造它的集团的存亡而存亡的。民族形成以后的发展当然也是这样。因此，恩格斯说："在每一个民族中形成的神都是民族的神，这些神的王国不越出它们所守护的民族领域，在这个界限以外，就由别的神无可争辩地统治了。只要这些民族存在，这些神也就继续活在人们的观念中，这些民族没落了，这些神也就随着灭亡。"① 三是自然宗教是自发发展的原始宗教，没有独立存在的专门的宗教组织（一般是部落组织同时就是宗教的祭祀团体），没有成套的经典教义，没有庙宇、教堂和专门的宗教职业人员。

　　人为宗教，如佛教、基督教、伊斯兰教、印度教、道教等，是继自然宗教之后在阶级社会中出现的宗教。其产生的原因主要是社会力量对人们的压迫。其发展靠的是有意识的人为的力量。如基督教、伊斯兰教等成为世界宗教，"多少是人工造成的"②。因此，这种宗教与自然宗教不同，它们都有明确的创始人，都有成套的系统的经典教义，都有自成一体的教会组织，都有固定的庙宇、教堂作为宗教活动的场所。由于社会中出现了等级、阶级、国王、君主、皇帝及大大小小

---

　　① 《费尔巴哈和德国古典哲学的终结》，《马克思恩格斯选集》第4卷，人民出版社1972年版，第250页。
　　② 同上。

的官吏，人们由此联想，乃认为"彼岸世界"的鬼神中，亦有一个主宰一切的大神及有许多被它管属的大大小小的神，这个大神因宗教之不同而被称为上帝、安拉、佛陀等。没有统一的皇帝，就不会有统一的上帝，这个主宰无数自然现象和联合自然界各种对立力量的统一的上帝，不过是新出现的统一人间的帝王在宗教中的再现而已。人为宗教只崇拜一个最高的神，与原始的多神教不同，故被称为一神教。

出于宗教是一个历史的范畴，除宗教形式、宗教观念随着社会的发展而发生"适应时势"的变化之外，宗教组织也是随着社会的发展变化而变化的。如在罗马帝国崩溃之后，罗马和君士坦丁堡的主教便发生了分裂，1054 年形成了西方的以罗马为中心的"公教"（天主教）和东方的以君士坦丁堡为中心的正教（东正教）。16 世纪，随着西欧资本主义生产关系的发生和发展，天主教又出现了分裂。其表现是德国的马丁·路德和法国的加尔文等发动了适应新兴资产阶级需要的宗教改革运动，"新教"① 于是从天主教中分裂出来。我国的道教同样是随着社会的发展而发展的。道教源于战国西汉时代方士的巫术活动。当时的一些妖人方士，自言能"通神""致鬼"，并通过修炼成仙的妖术，贩卖长生不死之药，以欺骗统治者而谋求自己的富贵。方士们的活动充满着宗教迷信的色彩，但不能认为已因此形成了宗教。因为方士只知骗取钱财，尚不知建立宗教来为统治阶级效劳，统治者也只知求长生不死之药，而不知建立宗教来作为加强统治的手段。因此，方士们的骗术一经败露，他们不是被杀，就是被迫逃走。东汉后期，随着封建社会的向前发展，阶级矛盾的激化和佛教在中国的传播、发展，统治阶级愈来愈感到建立一种新的宗教来瓦解人民斗争的必要性。于是，方士们把"神仙术"与老子的"谷神不死""玄

---

① 新教俗称耶稣教，指欧洲宗教改革运动后出现的路德教、加尔文教、安立甘教等基督教的新教派。由于不承认罗马主教的教皇地位，对其进行抗议，故又称"抗罗宗"或"抗议宗"。

牝之门"等神秘思想结合起来，奉老子为教主，创立了道教。汉桓帝（147—167 年在位）为促进道教的发展，一面派亲信去苦县祭老子，一面在宫中立黄老浮屠祠，使道教很快就发展成了公开的宗教。东晋建武元年（317 年），葛洪撰《抱朴子》内篇，阐述自战国以来的神仙方术理论，为道教奠定了自己的理论基础和基本的教义。唐初，高宗（650—683 年在位）奉道教教主为李氏祖先，上"太上玄元皇帝"尊号，道教在全国发展起来，至唐玄宗（712—756 年在位）时，朝廷更令士庶之家皆藏《老子》一本，且置崇玄学，号《老子》《庄子》《列子》等为"真经"，使道教随着唐朝封建经济、政治的兴盛而盛极一时。中外宗教发展史证明，马、恩关于宗教是一个历史范畴的论断，多么地合乎宗教发展的实际。

（4）马克思认为："宗教是人民的鸦片。"[①] 列宁指出："马克思的这句名言是马克思主义在宗教问题上的全部世界观的基石。"[②] 为什么说宗教是人民的鸦片呢？因为它导致人们屈服于自然的和社会的压力，使其不能依靠自己的斗争去改变自己的苦境。对于来自自然界的压力，宗教所宣扬的神灵救助的思想解除了他们与大自然做斗争的武装，使他们不能以有目的的生产实践控制自然和征服自然，而是通过祷告、祭祀去祈求上帝（神）的恩赐，这使他们在自然压力面前变得更加束手待毙。对于来自社会的压力，神灵救助的思想则使他们自动放弃反剥削制度的解放斗争，而把希望寄托于死后升入"天堂"，或来生获得富贵。根据佛教的因果报应说，要实现这个希望，只有忍受今生之苦，对压迫者温顺驯服，所谓"有道（善人）虽死，神归福堂（天堂）；为恶虽死，神归其殃（地狱）"，讲的就是这个道理。又佛教宣扬所谓摆脱现世苦难之法，是依经、律、论三藏，修持戒、定、

---

① 《〈黑格尔法哲学批判〉导言》，《马克思恩格斯选集》第 1 卷，人民出版社 1972 年版，第 2 页。

② 《列宁全集》第 2 卷，第 375 页。

慧三学，以彻底转变自己的世俗欲望，其核心也是要人们远离现实，放弃斗争，不反抗统治者。伊斯兰教、基督教对人民的麻醉作用也同样是这样。

由于宗教对人民具有麻醉作用，马克思全面论证了批判宗教的重要意义。他说，要"实现人民的现实的幸福"，必须"废除作为人民幻想的幸福的宗教"；宗教是维护苦难世界的"灵光圈"，"对宗教的批判就是对苦难世界的批判的胚胎"，宗教批判可以摘去"装饰在锁链上的那些虚幻的花朵，但并不是要人们依旧带上这些没有任何乐趣任何慰藉的锁链，而是要人扔掉它们，伸手摘取真实的花朵。宗教批判使人摆脱了幻想，使人能够作为摆脱了幻想、具有理性的人来思想、来行动，来建立自己的现实性，使他能够围绕着自身和自己现实的太阳旋转"。①

马克思为我们树立了进行宗教批判的光辉榜样，他批判宗教不是仅局限在揭露宗教的虚幻性及其危害性方面，而是把宗教批判与对旧世界的批判、建立无产阶级的新世界紧密地结合起来，由对宗教的批判进一步发展到对政治的批判，由对神的批判进一步发展到对法的批判，并最终得出必须进行无产阶级革命的结论，创立了科学社会主义的学说。正如他所说："彼岸世界的真理消逝以后，历史的任务就是确立此岸世界的真理。人的自我异化的神圣形象被揭穿以后，揭露非神圣化形象中的自我异化，就成了为历史服务的哲学的迫切任务。于是，对天国的批判就变成对尘世的批判，对宗教的批判就变成对法的批判，对神学的批判就变成对政治的批判。"②

必须指出，理解马克思的关于批判宗教的指示，绝不能认为可以简单地采取行政命令或某种暴力的手段去对待宗教，而必须把它放在

---

① 《〈黑格尔法哲学批判〉导言》，《马克思恩格斯选集》第 1 卷，人民出版社 1972 年版，第 2 页。

② 同上。

无产阶级革命的整个任务中去考虑。因为只有批判宗教赖以存在的那种社会关系（包括物质关系和思想关系），宗教才可能得到全面的批判。1874年，恩格斯在谈到当时侨居伦敦的公社布朗基派流亡者发表的著名宣言时说，他们大声疾呼地向宗教宣战，是一种愚蠢的举动，因为这种宣战只能提高人们对宗教的兴趣而妨碍宗教的真正消亡。恩格斯斥责布朗基派不了解只有工人群众的阶级斗争从各方面吸引了最广大的无产阶级群众参加自觉的革命的社会实践，才能真正把被压迫的群众从宗教的压迫下解放出来，宣布工人政党的政治任务是同宗教作战，那不过是无政府主义的空谈而已。

（5）马、恩认为宗教只有在消除了自然和社会的异己力量对人们的支配之后，才能最终走向消亡。要消除自然的异己的力量，必须极大地发展人类社会的生产力，包括极大地提高文化、科学、技术水平，使人们能够真正获得征服自然、改造自然的手段，成为自然的主宰，并使自己的生产能够最大限度地满足人们的物质、文化需要。因为只有在这种条件之下，自然力才不会使人们产生宗教的幻想，要消除社会的异己力量，就必须进行无产阶级革命，消灭一切人剥削人的制度及其思想影响。马克思说："（宗教）的根源不是在天上，而是在人间，随着以宗教为理论的被歪曲了的现实的被消灭，宗教也将自行消灭。"[1] 恩格斯指出，消除这个异己的力量，是宗教走向消亡的最为重要的条件。他说："现在还是这样：谋事在人，成事在神（即资本主义生产方式的异己支配力量）。单纯的认识，即使它比资产阶级经济学的认识更进一步和更深刻，也不足以使社会力量服从于社会统治。为此首先需要有社会的行动。当这种行动完成的时候，当社会通过占有和有计划地使用全部生产资料而使自己和一切社会成员摆脱奴役状态的时候（现在，人们正被这些由他们自己所生产的但作为不可

---

[1] 《马克思致阿·卢格》，《马克思恩格斯全集》第27卷，人民出版社1965年版，第436页。

抗拒的异己力量而同自己相对立的生产资料所奴役），当谋事在人，成事也在人的时候，现在还在宗教中反映出来的最后的异己力量才会消失，因而宗教本身也就随着消失。原因很简单，这就是那时再没有什么东西可以反映了。"① 恩格斯所说的"社会行动"，指的就是推翻资本主义生产方式的无产阶级革命。因为只有这种革命才能最终消灭人剥削人的制度，而使人民真正成为社会的主人，不受任何奴役。只有这样，才能最终铲除宗教存在的基础。

承不承认"社会力量"是产生宗教的根源以及消灭这种力量是宗教消亡的重要条件，是马克思主义的宗教理论与资产阶级比较神话学的根本区别。马、恩认为，在阶级社会中，异己的社会力量对人民的压迫比异己的自然力量对人民的压迫更直接、更残酷，它是阶级社会中宗教产生和存在的最主要的根源。但是资产阶级比较神话学家只片面地承认神仅仅是自然力的反映，而不承认社会力量也是一种支配人们的异己力量，也是产生神的根源。他们反对马、恩关于宗教产生和走向消亡的基本观点，这使他们的理论在后来的发展中陷入了不可自拔的泥坑。

三 马克思主义的宗教理论在中国的发展

像马克思主义的其他理论一样，马克思主义的宗教理论，亦是在无产阶级革命和社会主义建设的实践中不断发展的。中国共产党在中国革命和社会主义的建设中，不但贯彻执行了马克思主义的宗教理论，而且不断以自己的新认识和新经验丰富和发展了这一理论。

我国幅员广阔，历史悠久，民族众多，是一个有多种宗教存在的

---

① 《列宁全集》第 10 卷，第 355—356 页。

国家，而且各种宗教在我国都有悠久的历史。如佛教有两千多年，伊斯兰教有一千三百多年，道教有一千七百多年，基督教有一千三百多年［从唐贞观九年(635年) 聂斯脱利派，即景教传入算起］，一些少数民族残存至今的自然宗教则有几千年。由于我国人民过去惨遭帝国主义、封建主义、官僚资本主义的残酷压迫，也由于国内外的反动统治阶级控制和利用各种宗教来为他们的统治服务，我国人民受各种宗教的影响是很深的。在新民主主义革命、社会主义革命和建设中，我们党都碰到了一个如何对待宗教的问题，而且正确解决了这个问题。马克思主义的宗教理论在中国的发展，正是建立在中国共产党正确对待和正确解决国内复杂的宗教问题的基础之上的。

早在1927年3月，毛泽东就把马克思主义的宗教理论运用到中国革命中来。在《湖南农民运动考察报告》中，他揭露了神权的本质和批判神权的重要性，说"政权、族权、神权、夫权，代表了全部封建宗法的思想和制度，是束缚中国人民特别是农民的四条极大的绳索"。神权就是"由阎罗天子、城隍庙王以至土地菩萨的阴间系统以及由玉皇上帝以至各种神怪的神仙系统——总称之为鬼神系统（神权）"。他用湖南农民在几个月光景中就把一切土豪劣绅、贪官污吏打倒的生动事实，证明了神能使人走好运的荒唐性。他讽刺地说："神明么？那是很可敬的。但是不要农民会，只要关圣帝君、观音大士，能够打倒土豪劣绅么？那些帝君、大士们也可怜，敬了几百年，一个土豪劣绅不曾替你们打倒！现在你们想减租，我请问你们有什么法子，信神呀，还是信农民会？"针对当时湖南农民"打菩萨之风"，他指出菩萨之消亡只能"是政治斗争和经济斗争胜利以后自然而然的结果"，不能"用过大的力量生硬地勉强地从事这些东西的破坏"，"菩萨是农民立起来的，到了一定时期农民会用他们自己的双手丢开这些菩萨，无须旁人过早地代庖丢菩萨"。[①] 毛泽东的这些指示，不仅生动

---

① 以上所引均见《毛泽东选集》第1卷，人民出版社1964年版，第33—35页。

地揭露了宗教的虚伪性、欺骗性、麻醉性及其维护封建宗法制度的反动性，而且揭示了只有采取正确方法才能导致宗教消亡的原理。这种方法就是通过政治斗争和经济斗争，铲除宗教存在的基础，使它自然而然地走向消亡。政治斗争指的是消灭剥削阶级和剥削制度的革命，使人民不再受异己的社会力量的压迫；经济斗争主要指的是发展社会生产力，使人民不再受异己的自然力量的压迫，并使他们真正成为自然的主人。不言而喻，毛泽东的这些指示，是对马克思主义的宗教理论的正确运用，它成为我们党在新民主主义革命时期处理宗教问题的灯塔。

根据这些指示，我们党在新民主主义革命时期与爱国的宗教界人士建立了统一战线，并对他们和广大的信教群众和不信教群众实行宗教信仰自由政策。1940 年，毛泽东在《新民主主义论》中指出："共产党员可以和某些唯心论者甚至宗教徒建立在政治行动上的反帝反封建的统一战线，但是决不能赞同他们的唯心论或宗教教义。"① 1945 年，他又在《论联合政府》中指出：少数民族的"言语、文字，风俗、习惯和宗教信仰，应被尊重"；"根据信仰自由的原则，中国解放区容许各派宗教存在。不论是基督教、天主教、回教、佛教及其他宗教，只要教徒们遵守人民政府法律，人民政府就给予保护。信教的和不信教的各有他们的自由，不许加以强迫和歧视"。② 新民主主义革命胜利的实践证明，毛泽东的指示和我们党所采取的上述政策是完全正确的。

新中国成立以后，我们党清除了帝国主义在教会中的势力，推行独立自主办教会和"三自"（自传、自治、自养）的方针，使天主教、基督教由帝国主义的侵略工具变为中国教徒独立自主的宗教事业。同时，彻底废除各种宗教封建特权和宗教压迫剥削制度，揭露和

① 《毛泽东选集》第 2 卷，人民出版社 1964 年版，第 700 页。
② 《毛泽东选集》第 3 卷，人民出版社 1964 年版，第 1084、1093 页。

打击披着宗教外衣的反革命分子和坏分子，使佛教、道教、伊斯兰教和其他宗教摆脱了反动阶级的控制和影响，从而为继续实行新民主主义时期曾经实行的宗教信仰自由政策和与宗教界的统一战线政策奠定了基础。我国1954年制定的第一部宪法规定："中华人民共和国公民有宗教信仰的自由。"在宪法的保护下，我国人民在新中国成立初期充分享受着信仰宗教和不信仰宗教的自由权利，宗教界的广大爱国人士也在党的统一战线政策和争取、团结、教育方针的关怀下发挥着自己的积极作用，信教群众与不信教群众互相尊重，团结战斗，共同为祖国的社会主义革命和建设贡献自己的力量。

不好的是，1957年以后，我们党的宗教政策和宗教工作即受到"左"的错误的干扰，特别是"文化大革命"中遭到林彪、江青反革命集团的全面破坏。这个反革命集团全面否定马克思主义的宗教理论和我们党在新中国成立以后实行的宗教政策，他们丧心病狂地"向宗教宣战"，"横扫"菩萨、庙宇，砸烂宗教工作机构，对宗教工作干部、宗教界人士及大批信教群众实行"专政"。他们这样做在政治上是别有用心的，在理论上搞的是彻头彻尾的布朗基主义。其结果不但没有"消灭"宗教，反而还刺激了信教群众的宗教感情，引起了新的宗教狂热。同时，这样做还使少数反革命分子和坏分子趁机利用宗教，大搞违法犯罪活动和反革命破坏活动。粉碎江青反革命集团以后，特别是党的十一届三中全会以来，我们党拨乱反正，使马克思主义的宗教政策得到了恢复；信教群众和宗教界人士正常的宗教生活得到了保护；宗教界的冤假错案得到了平反，爱国宗教组织的活动重新得到开展；被封闭的寺观教堂及宗教活动场所重新得到开放，年轻的爱国的宗教职业者重新得到培养。第五届全国人民代表大会通过的新宪法规定："公民有信仰宗教的自由和不信仰宗教、宣传无神论的自由。"这使党的宗教信仰自由政策得到了宪法的保障。这样做使党巩固和扩大了与各民族宗教界的爱国政治联盟，加强了党对宗教界人士的爱国主义教育和社会主义教育，从而调动了他们的积极因素，使他们为建设现代化的社会主义强国，为实现台湾回归祖国，为反对霸权主义和维护世界和平服务。

回顾我国在处理宗教问题上的正反两方面的经验，对照学习马克思、恩格斯关于宗教问题的基本观点，我们清楚地看到，中国共产党用自己的实践丰富和发展了马克思主义的宗教理论。主要有以下几点。

第一，在社会主义条件下，宗教不可避免地还会长期存在。我国的实际情况说明，在社会主义革命废除了资本主义的生产关系及产生这种关系的生产资料私有制，建立了社会主义的生产关系之后，宗教仍然继续存在。这是因为，在社会主义条件下，随着剥削制度和剥削阶级的消灭，一切社会成员虽已摆脱奴役状态，宗教存在的阶级根源虽已基本消失，但是由于人们意识的发展总是落后于社会存在，由于传统在思想体系的所有领域内都是一种巨大的保守力量，旧社会遗留下来的旧思想、旧习惯不可能在短期内彻底消除，由于社会生产力的极大提高和建立征服自然的高度发达的文化、科学、技术还需要长久的奋斗过程，而物质尚未极大丰富和不可控制的某些天灾人祸所带来的种种困苦，也不可能在短期内彻底摆脱；同时还由于存在一定范围的阶级斗争和复杂的国际环境，因而宗教在社会主义社会一部分人中的影响，也就不可避免地还会长期存在。

第二，宗教信仰自由政策是无产阶级政党在社会主义条件下必须继续执行的唯一正确的政策。所谓宗教信仰自由政策，就是要让每个公民既有信仰宗教的自由，也有不信仰宗教的自由，有信仰这种宗教的自由，也有信仰那种宗教的自由；在同一宗教里，有信仰这个教派的自由，也有信仰那个教派的自由。为什么要执行宗教信仰自由的政策呢？这是由社会主义社会不可避免地还会存在宗教的客观情况所决定的。宗教信仰是一种思想认识问题，既然它不可避免地还在社会主义社会中存在，所以就不能用暴力或其他任何一种强制的手段去消灭它。正如毛泽东所说："企图用行政命令的方法、用强制的方法解决思想问题、是非问题，不但没有效力，而且是有害的。我们不能用行政命令去消灭宗教，不能强制人们不信教。不能强制人们放弃唯心主义，也不能强制人们相信马克思主义。"① 实践证明，采取强制的手段去消灭宗教，只会增加信教群众和不信教群众之间的隔阂，刺激和加剧宗教狂热，给社会主义事业带来严重的危害。要解决社会主义社会的宗教问题，只能在保证宗教信仰自由的前提下，通过社会主义经济、文化和科学技术事业的巨大发展，通过社会主义物质文明和精神文明的巨大飞跃，使绝大多数的公民彻底摆脱贫困、愚昧和精神空虚的状态，自觉地以科学的态度去对待世界，对待人生，而不再也不需要向虚幻的神的世界去寻求精神寄托。

第三，在社会主义条件下，马克思主义政党和宗教界人士或宗教组织仍然可以而且必须结成为社会主义现代化建设而共同奋斗的统一战线。这条统一战线是共产党在社会主义时期所领导的规模广大的爱国统一战线的一个重要组成部分。应该指出，就世界观而言，马克思主义同任何有神论都是对立的，共产党员是无神论者，不得信仰宗教或参加宗教活动。但是，在政治行动上，他们是可以与宗教界人士合作的。因为宗教界人士中的绝大多数是爱国的、守法的、拥护社会主义制度的，违法的、反对社会主义甚至里通外国的反革命分子和坏分子只是极少数人。宗教界人士，首先是宗教职业者中的许多人，不但同信教群众在精神上有密切联系，对群众的精神生活有不可忽视的影响，而且还在履行宗教职务的形式下，进行着许多服务性劳动和社会公益方面的工作，如维护寺观教堂和宗教文物，从事农耕和造林、护林及进行宗教学术研究等；爱国宗教组织，在帮助国家贯彻执行宗教信仰自由政策，带领广大信教群众进行正常的宗教活动，帮助信教群

---

① 以上所引均见《毛泽东选集》第 5 卷，人民出版社 1964 年版，第 368 页。

众和宗教界人士不断提高爱国主义和社会主义觉悟，抵制外国宗教中的敌对势力的渗透等方面还发挥着重要的作用。共产党人与宗教界结成爱国的统一战线，根本的目的是要削弱宗教的影响，并为宗教的消亡创造条件。

第四，在多民族的社会主义国家中，宗教问题具有"五性"（群众性、复杂性、长期性、民族性和国际性)①，无产阶级政党处理一切宗教问题都必须从这"五性"出发。所谓群众性，就是指广大人民群众中信教的人数比较多。如在我国，汉族因受几千年"孔孟之道"、祖宗崇拜的影响，真正信教者虽然不算多，但有十多个少数民族都是信教的，因此，处理宗教问题，必须有利于争取、团结和教育广大的信教群众。所谓复杂性，指的是有各种不同形式和各种不同发展阶段上的宗教同时存在（如我国有基督教、天主教、伊斯兰教、佛教、道教、各种民间宗教和残存在一些少数民族中的原始宗教等）；各族内的不同教派同时存在；宗教问题上的人民内部矛盾和敌我矛盾同时存在；等等。所谓长期性，指的是宗教问题在整个社会主义历史阶段，在全世界完全消灭宗教反映的基础之前都会存在。民族性指的是有些少数民族几乎全都是信教的（如信仰伊斯兰教和喇嘛教的民族），宗教问题和民族问题往往交织在一起；不同民族间的宗教歧视又往往发展成民族之间的矛盾和斗争。所谓国际性，指的是有的宗教是世界性的；这些宗教在不受外国支配的情况下，有发展宗教方面的对外友好关系的一面，也有遭受外国敌对势力渗透的一面。

由于存在"五性"，无产阶级政党在处理宗教问题和执行宗教信仰自由政策时，应注意下列几点：（1）必须坚持宗教同政权、司法、

---

① 周恩来同志将我国社会主义时期宗教的特点概括为这"五性"。

教育相分离的原则①，绝不允许宗教干预国家行政、司法、学校教育和社会公共教育，绝不允许强迫十八岁以下儿童入教、出家和到寺庙学经，绝不允许被废除的宗教封建特权和宗教压迫剥削制度重新恢复，更不允许利用宗教反对无产阶级政党的领导和社会主义制度，破坏国家的统一和民族的团结，或者利用宗教进行反马克思主义的宣传。（2）必须正确处理反映在宗教问题上的两类不同性质的矛盾，把正常的宗教活动同在宗教掩盖下进行的违法犯罪活动严格区别开来，坚决保障一切正常的宗教活动。要尊重信教群众，不歧视他们，并主动帮助他们解决生产、生活上的困难，教育他们接受共产党的领导，走社会主义道路，自觉维护国家的统一和民族的团结。对于宗教外衣掩盖下的违法犯罪活动和反革命破坏活动，对于披着宗教外衣的反革命分子和其他犯罪分子，必须依法进行严厉的制裁。对于封建迷信活动，如已被取缔的反动会道门及神汉、巫婆妖言惑众、骗钱害人和破坏生产、扰乱治安的活动，必须严加取缔。（3）处理宗教问题有利于民族团结和国家统一，因为民族问题和宗教问题常常紧密地联系在一起，而且既相区别又有联系，所以要善于体察并正确处理，不要把二者混为一谈，以致影响民族的团结和国家的统一。（4）应积极支持和帮助宗教界开展国际友好活动，但必须坚持独立自主、自办教会的原则，坚决抵制外国宗教中一切敌对势力的渗透，并打击在宗教外衣掩盖下进行的间谍破坏活动。

总而言之，马克思主义的宗教理论是在批判继承资产阶级唯物论、无神论的基础上发展起来的，其理论基础是马克思主义哲学——辩证唯物主义和历史唯物主义，并以此和一切伪宗教神学做论证，和一切以信仰主义的唯心主义作基础的资产阶级宗教学相区别，也以此

---

① 早在1871年，巴黎公社就宣布了政教分离的原则。俄国十月革命胜利后，苏联宪法亦规定了这一原则，该宪法的第124条规定："为保证公民信仰自由计，在苏联实行政教分离，及教育与宗教分离。"

和旧唯物主义的无神论相区别。因此,它是唯一彻底的、科学的无神论,是颠扑不破的真理。在我国革命和建设中,我们党用它解决中国的宗教问题,并使它在社会主义条件下获得新的重大发展。

四 用马克思主义的宗教理论指导西南少数民族宗教的研究

我国西南不仅是一个多民族的地区,而且是一个有多种宗教(包括佛教、伊斯兰教、基督教、天主教、道教、原始宗教等)存在的地区。宗教问题、民族问题、边疆问题交织在一起,用马克思主义的宗教理论指导研究这个地区的宗教,处理好宗教问题,认真执行好宗教政策,不仅是加强民族团结,巩固和发展安定团结的政治局面,加快民族地区的改革、开放和两个文明建设的需要,也是发展马克思主义理论的需要。由于各种各样的历史原因,宗教在西南少数民族中有着不可忽视的传统的影响。不少民族对所信宗教非常虔诚,许多宗教活动实际已经民俗化,成为少数民族心理素质中的一个十分重要的因素。因此,研究西南少数民族问题,必须认真研究他们的宗教。

在西南少数民族地区多种现存的宗教中,以万物有灵为核心的原始宗教几乎在所有民族中都存在。如果说我们对其他的宗教研究还比较多、比较深入,那么对这种宗教则很少研究或研究得很不深入。这种宗教产生于人类的童年时期,故又称其为史前宗教、自然宗教、氏族宗教或石器时代的宗教。这种宗教随着原始氏族制度的发展而发展,但并未随着氏族制度的消亡而消亡,经过发生适应统治阶级需要的蜕变,它可以在阶级社会中长期残存下来。建立了社会主义制度的民族,由于旧社会遗留下来的思想意识和习惯势力不可能在短期内消除;由于社会生产力还没有极大提高,文化科学还没有高度发达;某些天灾人祸还不可能控制和摆脱；阶级斗争在一定的范围内还存在，加之存在一个复杂的国际环境，因此，像其他宗教一样，原始宗教也还有存在的基础。

这种宗教除了具有一般宗教的属性之外，还具有不同于他种宗教的特点：第一，它是一种以氏族血缘为纽带或以部落地域为范围的一种氏族或部落宗教。不同氏族、不同地域的人们的信仰虽有相同之处，但他们的崇拜对象及仪式往往是不相同的，因氏族、部落的不同而异的。第二，它有很大的自发性。往往是人自信仰、村自信仰，既无团体式的宗教组织，也无庙堂式的宗教组织；既无专门的宗教领袖，又无专门的神职人员。第三，它的崇拜对象是多种多样的，崇拜仪式也五花八门。以崇拜对象而言，他们崇拜图腾，亦崇拜精灵，崇拜祖先，崇拜天、地、山、石、森林等自然物以及某些自然现象。第四，它有很强的原始性。无论是在宗教的观念形态方面、祭祀仪式的复杂程度方面还是经典的深度、广度方面，比之其他的宗教，它都是很原始的。

用马克思主义的宗教理论来研究西南民族的宗教，任务是多方面的，但研究原始宗教在某种意义上说更显得紧迫。这是因为，它除了可以引导少数民族摆脱原始神学的束缚之外，还在理论上具有极大的研究价值。因此，我们希望有更多的学者来进行这方面的研究，以进一步帮助我们揭开宗教发端时期的各种秘密。

（原载《云南社会科学》1983 年第 2 期）

评《凉山彝族奴隶制社会形态》

　　胡庆钧长达四十余万言的民族学专著——《凉山彝族奴隶制社会形态》，是新中国成立以来我国民族学研究所取得的一项重大成果。该书作者是我国民族学界知名的老一辈学者，他为写作本书倾注了三十五年的心血。1950 年，他参加中央西南民族访问团，深入今四川凉山彝族自治州西昌的红毛玛姑彝区去访问。次年，中国人民解放军进驻昭觉县城以后，他又前往大凉山腹心的神秘禁地——美姑牛牛坝、利美夹谷、利美莫姑去开展工作，在那里，他耳闻目睹了人类历史上的第一个剥削制度——奴隶制度给彝族人民带来的苦难。他说："从这个时候开始，我就暗自下定决心，一定要用自己的秃笔，写下这些备受折磨的人民漫长历史时期的深沉惨痛经历，同时也要探索这个社会能够长期维持下来的内外因素及其历史传统。"正是从那个时候开始，他一步一个脚印地以实际行动实现着自己的诺言。还在 20 世纪50 年代初期，他的研究，就以其具有重要的科学价值及现实政治意义，而引起学术界及党和政府的重视。

　　该书有一个极为显著的特点，以大量摸得着、见得到、信得过的第一手资料，生动地再现了古代奴隶制社会形态的图景，印证了马克思主义关于奴隶制社会的唯物史观。作者说："我在进行工作时，首先根据同志们包括自己调查得来的第一手资料做成卡片，进行排比研究，整理归类。然后把了解到的情况到彝族群众中反复核对，写出初稿后又再找有关同志共同审核，去粗取精，去伪存真，即使是一个人名和地名也不放过。作者指出，凉山彝族奴隶占有制度下的阶级关系，基本上是以等级关系的形式表现出来。其等级的划分是兹莫、诺伙、曲诺、安家、呷西。兹莫意为掌权者，是元、明以来封建中央王朝封授的土司、土目，诺伙（汉称黑彝）是贵族中仅次于兹莫的等第，与兹莫同属于奴隶主阶级。呷西是奴隶主的家内奴隶，其人身完全被主子占有，未与主子分居分食，为奴隶主担负家务劳动与生产劳动。奴隶主对非彝族呷西可任意处置和支配，包括屠杀和买卖。安家是奴隶主的家外奴隶，人身被主子占有，与主子分居分食，主要为奴隶主负担生产劳动。奴隶主对非彝族的安家可以拆卖远方，无须找到借口可予以杀害。曲诺就其经济地位与法律地位而言，应视为凉山彝族社会的被保护民，亦可视为普通奴隶。其人身在一定意义下被主子占有，主要为奴隶主提供战斗兵员，奴隶主对未形成家族的曲诺可以买卖和屠杀。作者的论证说明：呷西、安家、曲诺是三种不同类型的奴隶，在古代奴隶制社会中，奴隶的类型并不是单一的。但不论何种类型的奴隶，人身都被奴隶主所占有，都是奴隶主的私有财产。其区别只是被占有的程度不一样。

该书的第二个特点是理论分析全面透彻，在重要的学术理论问题上有自己独到的见解。如作者对奴隶制的分析不是仅仅局限于阶级压迫奴役的特点，而是在认真揭示其社会经济发展水平的基础之上来分析这些特点的，使人们在认识各种社会现象的时候能够认识隐藏在这些现象后面的经济社会根源。如作者指出，凉山地区生产力发展水平的低下，不仅使生产中保有大量氏族时代的残余，而且使大多数生产者被迫为别人劳动，成为供养少数奴隶主的奴隶。这种把社会生产关系置于社会生产中去分析的做法，无疑是正确的。又如作者在分析奴隶制的生产关系时，并不是把它仅仅局限在经济关系方面，而是同时注意了剖析它的上层建筑的特征和作用，包括作为政权机构的氏族机关、婚姻与家庭、政治思想与道德哲学、艺术和宗教信仰等方面。这就使读者能通过上层建筑的各个不同的侧面，加深对生产关系本质特点的了解。同时也能看到上层建筑对奴隶制生产关系所发生的反作用。再如对奴隶是否能有财产占有权、奴隶主是否可以进行地租剥削等实际的理论问题，作者也进行了卓有说服力的论述，并提出了自己的见解。

特别应该提及的是，该书有图文并茂的特色。全书附插图六十五张，并编入有关的章节。其中多数插图是摄影家庄学本 1938—1939 年在凉山实地拍摄的，它真切地向人们展现了 20 世纪 30 年代彝族奴隶社会的现实；读文看图，使你有如临其地、如接其物、如见其人之感。

（原载《书林》1986 年第 10 期）

关于全国首届彝族学术讨论会
文集的编辑出版

中国西南民族研究学会 1985 年召开的全国首届彝族学术讨论会的论文，在云南人民出版社的支持和帮助下已选编完交付出版。全书选文 37 篇，30 余万字。计划 1986 年出版。

彝族历史悠久，文化遗产丰富，卷帙浩繁的彝文文献是中华民族文化宝库中的一份瑰宝。彝族"四化"建设中提出的理论问题和实际问题，是建设中国特色的社会主义所必须研究和解决的重大问题之一；处于不同社会形态下的彝族在中国共产党的领导下向社会主义过渡的经验，是马克思主义解决民族问题的理论宝库中的一个重要组成部分；民主改革前所保留的凉山彝族奴隶制形态和滇、黔彝族地区的封建领主制形态，是研究人类社会发展史的活化石。开展彝族学术研究的领域是十分广阔的，摆在我们面前的研究任务是十分艰巨的，只有从事马克思主义政治学、哲学、经济学、历史学、民族学、社会学、语言学、考古学等学科的学者进行联合的攻关和多学科的综合性研究，才能把彝族的历史文化和现实问题研究好。现代科学的进步以学科的不断分化和相互渗透为自己的特征，各门学科不断分化和在更多学科的基础上得出综合性的研究成果，反映了当代科学发展的趋势。因此，这本集子的内容，包括各种不同分支学科，如民族现状问题、民族学、民族史、民族语言、民族风俗、民族考古和彝、汉文历史文献等的研究成果。

　　加强彝族现状问题的研究，是摆在我国彝族研究工作者和民族地区党政机关干部面前一项迫切的刻不容缓的任务。近几年，胡耀邦深入凉山彝族自治州、楚雄彝族自治州和黔西北彝族地区进行调查研究，对彝族的社会经济发展和改善彝族人民的生活做了许多极为重要的指示。他访问了凉山州喜德县的东河公社和海拔一千九百多米高的昭觉风籍口林区，和彝族干部群众亲切交谈，他说：凉山彝族人民要变富，应发挥当地的优势，着重发展畜牧业。如果凉山州能够发展到六百万只奶山羊，就抵得上养一百万头奶牛，不仅产奶，还有许多肉、皮、毛，这是多么可贵的财富。胡耀邦说：我国的蒙古族、藏族和维吾尔族畜牧业比较发达，喝奶、吃肉比较多，所以个子大、体质好，在这一点上，应该向他们学习，逐步改变彝族人民的食物结构。凉山彝族自治州现有耕地六百万亩，而山林、草坡、水面比耕地大十多倍，显然要从这个实际出发，实行农林牧结合，把发展畜牧业提到更高的位置上来。这是农业上的一场革命，要一步一步地搞下去，搞它个十年、二十年，情况就会发生很大变化，山上的文章多得是，只有走这个路子，才能逐步富裕起来。否则，单一抓粮食，忽视多种经营，在五六十度的山坡上开荒种玉米，是改变不了现状的，只会越搞越穷。胡耀邦的调查研究，为我国从事彝族研究的专家、学者和在彝区工作的干部研究彝族地区"四化"建设中提出的理论问题和实际问题树立了光辉的榜样。许多专家、学者和从事民族工作的人们，在这几年中以胡耀邦为榜样，对彝区现状进行了许多深入的调查和研究，他们触及了一些新的课题，提出了许多有重要理论意义和实践意义的新思想、新结论、新总结和新建议。因此，在这本集子中我们尽量选编了有关这一方面的稿子，以期推动对现状问题的调查与研究，为彝族的"两个文明"建设做出积极的贡献。

　　开展彝族的研究，必须大力培养和依靠本民族的学者和干部，充分发挥他们的特殊作用。因为他们在掌握彝族历史和现状的第一手资料方面，比其他民族的学者占有优势。在选编这本集子的时候，我们力图将彝族学者和干部的论文收入集子之中，哪怕他们的文章在局部上还不那么完备，也予以优先选收。希望这本集子出版之后，能够促进更多的彝族学者和干部来从事与本民族直接有关的学术理论问题研究。

彝族的研究为国外学者所关心，无以数计的老彝文经典被作为珍贵的人类文化遗产在国外保存着。外国学者在研究彝族文化方面有许多卓有价值的成果，我们应该积极从中汲取营养，为此，我们从这次与会外国学者提交的论文当中，选了一篇放入集子之内。我们相信，这将有助于今后的研究和进行国际之间的学术交流。

（用文生的笔名发表于《西南民族研究动态》1986 年第 16 期）

弘扬彝学，丰富世界文化宝库

——在德国特里尔大学第二届国际彝学研讨会开幕式上的讲话

尊敬的会议主席托马斯·海博尔教授

尊敬的特里尔大学院长 Hettich 教授

尊敬的各位女士、先生、朋友们：

    第二届国际彝学研讨会今天在这里隆重开幕，我代表中国彝学代表团，代表中国西南民族研究学会、中国民族学学会、中国社会学学会，对出席这次会议的各国学者表示崇高的敬意，对筹办这次会议的德国特里尔大学东亚太平洋研究中心及提供经济资助的德国学术研究基金会（DFG）表示衷心的感谢；我还要感谢在座的美国华盛顿大学人类学系的斯蒂夫·赫瑞教授，他倡导并成功地举办了 1994 年在美国西雅图召开的第一届国际彝学会议，自那次会议以后，致力于彝学研究的各国学者日益增多，联系日益加强，彝学由一个单纯的中国的学科，变为一个国际性的学科。这次会议是在第一届会议之后一次范围更广、层次更高、影响更大的彝学会议。它不仅将对彝族的发展产生巨大的影响，而且将对中德、德中友谊的增进产生巨大的作用。

    彝族历史悠久，以勤劳、勇敢、富于创造力著称于世。1965 年，在云南楚雄彝族自治州的元谋县上那蚌村出土两颗距今 170 万年的"元谋人"牙齿化石；1984 年 12 月又在该地出土元谋人胫骨化石及大量旧石器文化遗物。"元谋人"不仅会制作原始工具，还发明了人工取火。在元谋大敦子，大理的佛顶、马龙、白云及滇池东岸，考古学家们先后发现彝族先民新石器时代的遗址、遗物，那时的彝族先民种植粳稻，饲养猪、牛、羊、狗、鸡等家畜家禽，兼营狩猎，是当时世界上最先进的共同体之一。其社会组织具有"生子不见父"的母系特征。170多万年以来，彝族先民及彝族人民不知为世界文化宝库注入了多少光彩夺目的精华。

彝学是一门综合性的学科，以研究彝族从古至今的政治、经济、文化、历史、哲学、宗教、语言、文字、医药、天文历法、舞蹈、音乐、绘画、民风民俗及现代化建设、传统社会文化的变迁等人文生态为对象，其宗旨是为世界各民族的发展和繁荣提供自己有益的借鉴，不断满足各国人民对世界五彩缤纷的多元文化的需要。彝学进入国际学术殿堂，是跨世纪世界文化发展的重要特征。

彝学作为一门国际的新兴学科，任重而道远，它的内涵需要界定，外延需要延伸，理论体系和研究方法需要探索，发展形式需要创新。本届研讨会以"世纪之交的国际彝学与现代化进程中的中国彝族社会与文化变迁"为讨论的主题，以广泛的学术对话精神、多边合作的田野调查、开拓新的研究领域及推进彝族的现代化进程作为彝学发展之本，无疑是为彝学发展和彝学的国际化树立了一块新的里程碑。

我相信，这次会议必将永远载入世界学术发展的史册，必将永远为中、德两国人民的传统友谊增热增辉。预祝国际第二届彝学研讨会取得圆满的成功，祝与会的各国学者身体健康，学术再创辉煌。

（1998年6月19日于德国特里尔大学，原载《云南社科动态》1998年第1期）

图腾信仰述略

　　图腾信仰又称图腾主义或图腾崇拜，是一种原始的宗教意识形态。它产生在早期氏族制度时代。那时，人类社会的生产力发展处于十分低下的水平，劳动未曾充分发展，人们对于大自然的依赖性特别大。对自然界的软弱无力使他们不能正确认识自己本身的自然和周围的外部自然，因此，他们错误地认为，某一人类集团（如氏族）与某一种动物或某一种植物或某一种无生物或某一种自然现象之间存在血统亲属关系；他们把其中的某种东西称作自己氏族的图腾，而且以它作为自己集团的名称和标记，禁止食用或杀害它。他们常常把它的形象雕刻在自己的住处或自己的身上，而且崇拜它，相信它的强大象征着自己的强大，它的衰微也象征着自己的衰微。他们的崇拜仪式是一些特殊的好像是促进图腾繁殖的巫术形式。图腾主义在澳大利亚土著居民中间最为发达。

　　"图腾"一词是北美印第安人阿而金工部落的语言，原意是"他的亲族"，首先为18世纪的欧洲文献所应用。在麦克林南（1869年）和佛雷泽（1887年）著作之后，图腾主义这一术语就广泛为学术界所使用。人们把这一概念理解为对于超自然的血统关系的信仰。但是人们深感难以解释这种异乎寻常的信仰，对它做出不同解释的理论已超过五十种。1910年，佛雷泽出版了四卷本的著作《图腾主义与外婚制》，1935年这一著作再版，1937年出版它的补编，作为第五卷。这一著作收集了许多有关图腾主义的事实。在国际民族学杂志《人类》（*Anthropos*）上曾展开了关于图腾主义问题的长期的（1914—1922 年）争论。英国历史学家斯密特（Robertson Smith，1884）、法兰达斯民族学家汪洒甫（Arndavon Gennep，1911，1920）、法国哲学家和社会学家闪尔干（Emil Durkneim，1900—1912）、德国民族学家安克曼（B. Ankermann，1915）等在争论中发表了一些有见解的意见，尽管他们的许多观点是错误的，但其中不少是有研究价值的。1920 年，汪继逦波（Van Gennep）出版《图腾问题之现状》一书，综合介绍了四十多种不同的看法。应该指出，尽管资产阶级社会学家、人类学家、民族学家的看法有一定的贡献；但是由于他们的资产阶级立场和世界观的局限，他们对于这个问题是不可能真正做出科学的解释的。只有马克思主义的社会科学工作者才能做出科学的解释。图腾主义的本质是早期氏族社会的宗教，它歪曲地反映着社会制度这一原始的形态。原始的狩猎公社是按血统关系原则建立的群体，生产关系本身在这里是采取血缘上有亲属关系的形态的。氏族把他们居住地区的动植物界与自己的关系当作和它们有血缘关系来理解，这是图腾主义所赖以成长的物质基础和心理基础。

图腾信仰在世界各民族中间的流传是普遍的。除大家熟知的澳大利亚土著民族中普遍存在的图腾主义外，在美洲印第安人中间还普遍存在著名的图腾主义。马克思说，在北美的阿吉布洼部落，"他们说同一方言，组织成氏族。摩尔根收集了他们的 23 个氏族的名称。在他们的方言中，'图腾'（往往也发 dodaim 的音）一词表示氏族的标志或符号；例如，狼是狼氏族的图腾。斯库尔克拉夫特（《印第安部落史》）根据这一点，就以'图腾组织'来表示氏族组织：23 个氏族（已知者）：（1）狼氏族，（2）熊氏族，（3）海狸氏族，（4）泥龟氏族，（5）鳖氏族，（6）小龟氏族，（7）驯鹿氏族，（8）鹬氏族，（9）鹤氏族，（10）鸠鹰氏族，（11）秃鹫氏族，（12）阿比氏族，（13）鸭氏族，（14）鸭氏族（另一种），（15）蛇氏族，（16）麝鼠氏族，（17）貂鼠氏族，（18）鹭氏族，（19）牡牛头氏族，（20）鲤氏族，（21）鲶氏族，（22）蝶鲛氏族，（23）棱鱼氏族。"马克思摘引1860年撒母尔·郭尔曼的报告，对拉弓纳部落（新墨西哥）的图腾做了介绍："每个村庄分成若干部落或家族（读作氏族），每个这种团体都取有任何一种兽、鸟、草、木、星或四元素（地、水、火、风）之一的名称。在共计有一千左右居民的拉弓纳村落中有17个这种部落；一个叫作'鹿'，另一些叫作'响尾蛇''玉蜀黍''狼''水'等等。"[①] 图腾主义作为一种原始宗教形式，不能把它与自然崇拜（如动物崇拜、植物崇拜）混为一谈。因为图腾主义不是把图腾当作神明来看待，而是把它当作亲族来看待的，而且图腾信仰概念不是以图腾动物为唯一的崇拜对象的。根据澳大利亚土著民族的图腾信仰，这一概念包括整个地域即氏族游牧的地方，特别是它的神圣中心，涉及此中心的有各种神秘的图腾传说、氏族神话。在这些神话中说到半动物半人的图腾"祖宗"，说到祖宗有流浪生涯和它的丰功伟绩。在此，图腾祖先的幻想是第一位观念，而不是图腾动物或其他自然体。

在澳大利亚的库奈部落中，图腾不是以氏族、胞族或部落为单位，而是以性别来划分的，即只分为男性、女性两个不同的图腾组织。男性图腾的信仰者包括部落的全部男子，其图腾是一种善歌的小鸟，女性图腾则包括部落的全部女子，她们的图腾是莺科鸟类中一种善歌的鸣禽。男子相见，彼此以图腾鸟来称呼，并称其图腾鸟为"老兄"。妇女亦然，也以其图腾鸟相称，并称此种鸟为"老姊"。两性之间，常因这两种鸟而产生交恶和冲突。若女性之图腾鸟为男子所害，全部落的女性便联合起来向男子进攻，以替图腾报仇。反之亦然，而彼此攻击之目标，都不是凶手本人，而是异性全体。因为在原始社会

---

① ［德］马克思：《摩尔根〈古代社会〉一书摘要》，人民出版社1956年版，第134—135、144页。

内，行为的负责者不是本人，而是其所属的图腾。因此，一家的父母、子女、兄妹、夫妇，平时相亲相爱，有时因性别图腾之故，顿时可变成仇敌。这种由于性别不同而划分的图腾称为"性别图腾"，它是由于两性分工的不同和两性斗争的存在而存在的。

图腾主义的世俗基础是人类集体（如氏族），因此有些民族学家不把图腾主义列入宗教现象中，而列入社会制度的形态，有些学者甚至提出"图腾社会"为社会发展的独特阶段，这是不正确的，而且是有害的。图腾主义的基础——早期氏族组织早已消失，依附于这一基础的图腾主义也早已随着基础的消失而解体了，现在在世界一些民族中所能见到的，都只是它的残余形式。这种残余形式，多数依然作为一种原始的宗教形式存在。在我国许多少数民族中，甚至在经济文化先进的汉族中，图腾主义的残余形式至今还或多或少地存在，有的民族虽已不存在任何有关这个问题的残余形式，但他们的历史文化中也还有这方面的遗迹，有关种种属于图腾主义的神话在流传，研究这些残余形式以及有关的遗迹及神话，对了解人类早期氏族时代的历史和精神文化有重要的帮助，同时，弄清这些客观存在的情况，对于执行党的民族政策，尊重少数民族的信仰和风俗习惯，加强民族团结以及促使某些少数民族摆脱原始宗教意识形态的束缚，是具有重要意义的。

（用笔名文生发表于《思想战线》1983 年第 4 期）